고려 開京·京畿 연구

정은정

부산에서 태어나 부산대학교 사학과에서 학부를 거쳐, 같은 대학에서 석사·박사 학위를 받았다. 숙명여자대학교 다문화연구소에서 박사후과정을 마쳤다. 부산 경남지역 대학에 출강하고 있다. 주로 고려시대의 수도권을 중심으로 연구를 진행해 왔으며, 현재는 전근대 도성제는 물론 고려시대 지방도시와 상업유통 분야에 관심을 두고 연구 중이다. 2014년 한국중세사학회에서 주관한 우수학술논문상을 수상하였다(「원간섭기 開京의 雜戱藝人과 후원자 출현」 『한국중세사연구』 37, 2013).

대표적인 글로는 「고려전기 慶州圈域 정비와 邑內·外 분리」(2011), 「고려중기 경주의 邑基 이전과 景觀」(2012), 「원간섭기 개경의 賜宴 변화와 그 무대」(2013), 「고려말 東北面 경계의 공간분절과 多層的 권력」(2016), 「14세기 胡漢共存과 개경의 望闕禮 공간」(2017) 등이 있다.

민족문화학술총서 64

고려 開京·京畿 연구
정은정 지음

초판 1쇄 발행 2018년 4월 20일

펴낸이 오일주
펴낸곳 도서출판 혜안

등록번호 제22-471호
등록일자 1993년 7월 30일

주 소 ⑂ 04052 서울시 마포구 와우산로 35길 3(서교동) 102호
전 화 3141-3711~2
팩 스 3141-3710
이메일 hyeanpub@hanmail.net

ISBN 978-89-8494-602-6 93910
값 30,000 원

고려 開京·京畿 연구

정 은 정 지음

혜안

책을 내면서

실력이 곧 운인 사람, 실력은 있으나 운이 미치지 못하는 사람, 오늘도 불빛 아래서 미래를 태우는 사람, 떨구고 싶어도 용기가 없어 무심한 듯 세월을 견뎌낸 사람. … 역량도 부지런함도 대단한 열정도 없는 내가 시간만 축내고 그 세월을 견뎌내지 않았나 싶다.

어느 길이 나의 길인지 몰라, 산길도 흙길도 걸으면서 산과 들, 강을 천천히 돌아보며 에둘러 살아왔다. 그래서인지 아직까지 어느 길이 내 길인지, 이렇게 쭉 흘러가도 될 일인지 헷갈려 한다. 하지만 누군가 그랬던가. 길을 잃은 자만이 다시 시작할 수 있다고 …. 이 책이 나에게 조금이나마 길잡이 역할이면 좋겠다.

게으름이 축적된 시간만큼이나 학위논문을 얽어 책으로 내기까지 참으로 버거웠다. 이제야 매듭을 짓는다. 십여 년 전의 글을 좀 더 대중적인 문체로, 또는 전혀 다른 구성으로 완전 바꿔볼까 이런저런 궁리를 하다가 결국 다시 원점으로 돌아왔다. 돌이켜 보니 학위를 쓸 당시의 고민과 여러 선생님의 지적만큼 완성도가 있을까 싶었다.

십여 년이 흘러간 사이, 정작 학위논문을 쓸 당시 개경의 수도성, 도시성격에 따르는 副都 경영과 京畿 운영 원리의 변화라는 주제의식이 이미 낡은 것이 되어 버린 듯하다. 그러나 앞으로 새로운 연구주제를 탐색하려면 학위논문과 그간 발표한 개경·경기 논문은 어떻든 정리하는 방식으로 짚어야 할 것이다. 이 마음으로 책은 전체 학위논문의 틀을 그대로 끌고가되, 그간 발표한 논문을 사이사이 끼워넣는 형식을 취했다.

왜 하필 고려시대 도시사를 공부하는가. 명확하고 소신있는 답변이 아니어서 매우 부끄럽다. 책머리를 쓰면서 어쩌면 쓸모없던 고민과 학문에 대한 애정의 바닥 얇음이 노출되려나 보다.

대학을 졸업하고 학문이 아닌 다른 길을 택하려 방황하다가 다소 늦게 대학원에 진학했다. 고려시대사를 선택한 것도, 개경·경기를 연구해야겠다고 마음먹은 것도 어쩌면 中世都市像을 그려봐야겠다는 포부에서가 아닌 다분히 적절한 타협에서였다. 고려시대가 타 한국사 영역보다 알아가야 할 게 더 많은데다, 열려있는 매력적인 시대라는 어렴풋한 생각, 그 시절 학문적 자존감이나 역량이 부족하다고 느낀 나로서는 한결같이 따뜻하게 배려해주시던 김기섭 선생님의 제자가 되어야겠다는 마음에서 대뜸 고려시대사를 선택하였다.

석사과정 수업을 들으면서 도시사를 전공하게끔 해주신 분은 한국민족문화연구소 소장이신 김동철 선생님이시다. 박사과정을 수료한 후에도 선생님의 강의는 꼬박꼬박 챙겨들었다. 지역사·경제사·상업사 수업에서 일본 도시사와 상업사 연구경향을 알려주신 선생님은 그 시절 그때만 하더라도, 근대도시나 조선후기 한양에만 주의를 기울여 온 학계의 동향을 읽으시고 고려시대 도시연구를 권해주셨다. 어렴풋하게나마 박사학위논문의 얼개가 선생님의 수업을 들으면서 갖추어질 수 있었다.

연구를 거듭할수록 고려시대 개경과 경기제에 접근하는 내 글이 옳은 것인지, 글 쓰는 것 자체가 두렵고 적잖이 회의감이 들었다. 자신없어 하는 제자에게 필요한 책을 선뜻 내어주시면서 도시사의 틀을 세워보라고 격려해주신 채상식 선생님의 용기의 말씀이 없었더라면 논문 한편한편 쌓기가 쉽지 않았을 것이다. 고려시대 도시사를 선택해서 그나마 책으로 얼기설기 엮을 수 있도록 끌어주신 선생님들께 감사의 말씀을 올린다.

박사학위논문 심사 당시 멀리 서울에서 세 차례 오시기를 마다않고 오실

때마다 꼼꼼히 고칠 부분을 챙겨주신 채웅석 선생님께도 감사드린다. 한자한자 문장을 살뜰히 다듬어주신 이종봉 선생님, 박사후 과정의 연수 지도교수님이신 박종진 선생님, 같은 분야를 연구하면서 석사시절부터 이것저것 챙겨주시던 홍영의 선생님께도 기회를 빌어 감사함을 표한다.

뭐하느라 대학원 진학이 늦었냐는 선배들의 질문에 '군대 다녀왔다'고 농담삼아 응대하던 기억이 있다. 부산대학교에서 중세사를 연구하며 세미나를 끌어주시던 구산우·위은숙·이정희·정용범·조명제 선생님의 氣에 눌려, 아, 나는 공부하면 안되겠구나 도피하듯 빠져나갈 궁리만 했던 생각이 난다. 그 분들과의 세미나를 통해서 고려시대사 전체상은 물론 적잖은 문제의식을 키워낼 수 있었다.

여성으로서, 엄마로서, 연구자로서, 어느 것 하나 제대로 건질 수 없는 내겐, 큰 산과 같은 동지가 있다. 여성 학자로서 너무나 커보이는 위은숙 선생님, 언제나 이모같이 이런저런 고민도 묵묵히 들어주시던 이정희 선생님, 김현라 선배, 함께 공부하고 상업사·도시사의 안목을 넓힐 수 있게, 또 모자란 글에도 격려를 아끼지 않던 정용범 선배, 여전히 허덕이는 선배를 곰살맞게 챙겨주는 한정훈 선생, 귀찮은 심부름도 마다않는 후배 정영현에게도 고맙다는 인사를 전한다.

해가 거듭할수록 연구자의 입지가 줄어드는데다, 긴 세월 노공에 비해 가질 수 있는 대가는 한없이 작다. 이런 저런 고민에다 엄마로서, 여성연구자로서 느껴야 할 공허감이 극에 달한 적이 있다. 돌이켜 보니 적당한 보상이 주어지지 않고 열정만으로 내가 견뎌낼 수 있을까라는 고민을 끊임없이 달고 살았던 것 같다. 박사논문을 매듭짓고 나서, 당시 부산대 총장이시던 지도교수님을 무턱대고 찾아갔다. 공부는 여기까지만 하겠다고 선전포고하듯 말씀드리고 주책맞은 눈물을 흘리고 나왔다. 저돌적이며 한심하기 짝이 없는 행동들에 크게 당황하셨을 것 같다. 그때 지도교수님께서 해 주신 말씀이 아직도 생생하다. '시작을 했으면 끝매듭을 잘 지어야 한다. 매듭을 짓지 못하면 시작할 당시의 고민 자체도 무의미해지지 않겠나.' 이 책이 지금이라도 매듭지어진 계기는 무엇보다 지도교수님의 아낌없는 조언 때문이다. 그간의 여타 고민과 부끄러움은 이 책으로 마무리하고 싶다.

이 책이 또다른 시작의 발걸음이 될지, 견뎌낸 시간의 끝이 될지 나조차 모른다. 허겁지겁 허덕이며 살아온 나 자신에게 내가 주는 작은 선물이자 위안이면 충분하다. 책이 내 손을 떠나면서 얼마나 부끄러울지 감히 챙겨볼 엄두가 나지 않는다. 남에게 냄비받침 정도의 가치라도 가질지 두렵다.

석사·박사논문과 함께 세상을 나온 아들 준성, 딸 준서, 半白이 다 되어서도 세상에 우뚝 서지 못하는 딸 때문에 아직도 마음고생 많으신 엄마·아버지, 가족 모두에게 이 책을 바친다.

목 차

머리말

1. 연구 현황

都市라는 개념은 정치 중심지로서의 都와 경제중심지로서의 市가 결합된 지역을 의미한다. 도시는 인구가 집중되고 정치·경제·사회·문화·종교활동의 구심점으로서 정보와 물류가 집결되는 지역이다. 이때 도시주민의 대부분은 농업에서 파생하는 수입보다는 공업 혹은 상업의 영리수입으로 생활하는 定住형태를 갖는다. 따라서 일반적 개념의 도시는 행정·상업 중심지에 많은 사람들이 집중적으로 거주하는 공간을 말한다.[1]

도시에 대한 이러한 인식은 도시를 자본주의체제의 산물로 이해하는 서구적 이론에 바탕한다. 서양의 도시는 근대 발생의 원천으로서 문명의 한 전제라 할 수 있다. 외부적 권위로부터 독립해 자치적 법과 행정조직을 갖추고, 다수에 의해 共治되는 민주적 자유권을 획득하여 봉건적 신분관계를 탈각해 새로운 경제관계를 맺어야 도시가 된다. 이에 의하면 동양 전근대 사회의 도시는 전제군주의 통치 하에 자생적 상업부분의 성장이 저지되고, 아시아사회에서 도시는 부재한다는 논리로 귀결된다.[2] 이는 곧 전근대

---

[1] 金關恕,「都市の出現」『古代史の論点』3, 小學館, 1998, 64쪽 ; 前川要,「中世村落と都市 – 地域社會における集村化と都市の成立」『考古學研究』第45卷 2號, 1998.

[2] 淺野忠,「古代日本朝鮮における國家形成と都市」『朝鮮史研究會論文集』30, 朝鮮史研究會, 1990.

동양사회에서 도시는 존재하지 않았다는 정체론적 시각에 머무는 결과를 초래하였다.

이러한 논리에 대항하는 방향으로 그간 한국 도시사 연구는 전개되어 왔다. 주로 1970년대 자본주의 맹아론, 내재적 발전론의 입장에서 조선후기 사회경제사 연구에 적용되었다. 70~80년대까지는 조선후기 서울, 일제강점기 개항장을 중심으로 집중된 결과 조선후기 이전 전근대사회의 도시에 대한 연구는 제대로 이루어지지 못했다. 이로써 행정·관아시설이 집중해 있는 한국 전근대사회의 행정도시를 '도시'로 파악하지 않았다. 대체로 도시에 대한 본격적 연구라기보다는 사회경제사의 주변에 머물러 온 실정이었다.

1990년에도 도시사 연구는 앞선 시대의 연구경향을 산발적으로 이어오다가, 2000년대에 이르러 집중적 성과물이 나왔다. 도시사와 지방 혹은 지역사 연구의 필요성에 대한 인식이 확대되어, 이 방면 연구가 특히 부각되었다. 조선후기 이전 시기의 도시에 관심을 두기 시작하였는데, 계기는 2000년 중엽 한양 定都 기념사업의 일환으로 서울의 연혁을 검토하게 되면서부터이다. 2000년 중엽에 비로소 시기적으로는 조선후기 이후로 머물러왔던 서울 연구를 조선전기, 더 소급해 고려시대 남경으로 확장시켰다.[3]

---

3) 서울학연구소에서 창간한 『서울학연구』의 간행물은 대표적이다. 서울특별시사편 찬위원회에서 간행한 『서울 600년사』와 『향토서울』 등에서도 고려시대 남경의 연혁을 검토하려는 일련의 논문들이 확인된다. 이미 이른 시기부터 남경연혁에 대한 연구가 진전되었지만, 2000년부터 고려시대 남경에 대한 재점검이 이루어지고 있다(權純馨, 「高麗中期 南京에 對한 一考察 ; 文宗−仁宗代를 中心으로」 『향토서울』 49, 1990 ; 羅恪淳, 「高麗時代 楊州地方의 變遷과 그 官人의 任用形態」 『향토서울』 53, 1993 ; 서울시정개발연구원, 『東洋 都市史 속의 서울』, 국제공동연구1 아시아도시 비교연구, 1994 ; 崔惠淑, 「高麗時代의 南京遷都」 『竹堂李炫熙敎授華甲紀念韓國史學論叢』, 1997 ; 『高麗時代 南京研究』, 景仁文化社, 2004 ; 동양사학회, 『역사와 도시』, 서울대출판부, 2000 ; 김갑동, 「고려시대의 남경」 『서울학연구』 18, 2002 ; 이익주, 「고려시대 남경연구의 현황과 과제」 『도시역사문화』 3, 2005 ; 박종기, 「고려중기 남경건설의 배경과 경영」 『향토서울』 68, 2006 ; 이기봉, 「고려시대 양주의 읍치 이동에 관한 연구」 『문화역사지리』 23-3, 2011, 12 ; 최종현, 『남경에서 서울까지』, 현실문화, 2012 ; 김철웅, 「고려 국왕의 南京 巡幸과 儀禮」 『향토서울』 85, 2013 ; 서울특별시

서울 도시사 연구는 크게 도시입지와 구조, 인구와 도시민의 생활사, 행정편제와 영역 변화를 다루었다. 특히 주민생활과의 연관성을 강조하는 연구는 도시사회사와 문화도시이론을 적용하려는 시도이다. 사회경제사의 틀 안에서 도시사회사에 대한 고민의 흔적이 묻어난 것이라 하겠다.[4]

한편 전근대 동양사회의 도시를 어떻게 볼 것인가에 논제가 확대되면서 전근대 도시의 용례와 개념이 재정립되기에 이르렀다. 전근대 동양도시는 행정·정치중심으로부터 출발하며, 都市性은 국가권력으로부터 창출되는 것으로 견해가 일치되었다.[5] 그 결과 국가 공권력이 투영되고 행정·상업중심지로서 대표성을 띠는 首都를 중심으로 한국 전근대사회의 도시연구가 전개되었다. 전근대 한국사회의 도시 용례와 범주의 모호함은 '首都'로서 타협점을 찾아 해결된 셈이다. 2000년 즈음에 한국도시사 연구는 사회경제사에 국한된 시각을 넘어 전근대 수도 일반·도성으로 확산되는 성과를 일구어 내었다.

도성제에 대한 연구는 1930년대부터 일본학계를 중심으로 정력적으로 추진되었다. 당시는 중국·한국의 도성제가 일본 도성에 영향을 미쳤는가의 여부, 일본 도성제의 독자적 발전 정도를 가늠하기 위한 목적에서 전개되었다. 초창기 도성제 연구에서는 도성 복원안에서 주목되는 坊里制에 집중되었다. 律令制 아래 왕권이 도성공간에 드러나는 坊里制의 실시유무는 고도의 중앙집권력을 상징하는 것으로 이해되었다. 일본학계를 중심으로 한 도성 복원안 연구는 집권적 관료국가·국가론의 관점으로부터 출발했던 것이다.[6]

시사편찬위원회, 『서울 2천년사 8 : 고려시대 정치와 남경 ; 9 고려시대 경제와 남경 ; 10 고려시대 문화와 남경』, 2014 ; 김난옥, 「고려말 남경과 친원세력의 동향—금석문을 중심으로」 『향토서울』 90, 2015. 6).

4) 장지연, 「明·淸時代 동아시아 도시사회의 제문제 ; 조선시대 도시사 연구의 현황과 과제」 『명청사연구』 17, 2002에서 정리한 연구사 검토가 참고된다.

5) 都市史硏究會 編, 「首都性」 『年報都市史硏究』 9, 1999 ; 日本史硏究會, 「首都論の創造」 『日本史硏究』 476, 2002. 4.

6) 藤田元春, 『尺度宗考』, 刀江書院, 1929 ; 藤島亥治郎, 『朝鮮建築史論』 1·2, 경인문화사복각본, 1930 ; 岸俊男, 『古代宮都の探究』, 塙書房, 1983 ; 中村春壽, 『日韓古代都市計劃』,

이를 답습한 경향에 있지만, 최근 일제시대 도성연구사를 되짚는 방향에서 한·중·일 고대도성제의 비교 검토가 진전되고 있다.[7]

저간의 도시사 연구경향 속에서 고려시대 도시연구도 크게 벗어나지 못했다. 초창기 개경에 대한 연구는 첫째 일제시대 고고학적 발굴성과를 토대로 한 실증적 성과를 재검토, 둘째 군현제 정비과정에서 개경의 행정체계를 구명하는 두 방향으로 진전되었다. 최근에는 발굴성과와 제도사의 연구축적 위에 지리학·건축학 등 인접학문과의 접목이 병행되는 추세이다.

일제시대 이래 고적조사의 성과를 통해서는 개경의 유적에 대한 검토가 이루어졌다.[8] 실증적 작업을 통해서는 개경의 궁궐·관아시설·공간구조 등 외형 복원이 가능해졌다. 그러나 북한학자들에 全的으로 의존할 수밖에 없는 개경의 발굴작업은 배수시설·분묘·문화공간의 현존자료가 없어 참고 자료로 삼기에는 한계가 있었다. 최근 남북역사학자의 공동 발굴조사 결과 개성 서부건축군 궁궐과 문화유적이 밝혀져 연구에 상당한 활력을 불어넣고 있다.[9]

六興出判, 1978 ; 龜田博, 『日韓古代宮都の研究』, 學生社, 2000.

7) 度邊申一郎, 『古代中國と皇帝祭祀』, 及告書院, 2001 ; 妹尾達彦, 『長安の都市計劃』, 講談社, 2001 ; 『長安은 어떻게 세계의 수도가 되었나』, 황금가지, 2006 ; 足二建洋, 『古代都城平安京の都市計劃と使臣』『地理』 5, 2004 ; 邢基柱, 「도성계획과 우주적 상징주의」 『지리학』 20-2, 1985 ; 박해옥, 「백제와 飛鳥의 都城景觀 比較」『文化歷史地理』 9, 1997 ; 박한제, 「북위 낙양사회의 胡漢體制」『태동고전연구』 6, 1990 ; 조법종, 「中國唐代長安城의 都城計劃 및 園林研究」『韓國庭園學會誌』 19, 37, 2001 ; 「古代都城 景觀의 復原과 管理에 대한 研究」『韓國地域開發學會誌』 13-2, 2001 ; 「北魏 洛陽城의 考古發見과 研究」『中國史研究』 40, 2006 ; 강태호, 「한·중 역사도시의 도시공간구조」『국토계획』 32-5, 1997 ; 「6-7세기 동아시아 도성제와 고구려 장안성」『한국고대사연구』 43, 2006 ; 이우종, 「중국과 우리나라 도성계획원리」『대한건축학회지논문집』 10-11, 2006.

8) 今西龍, 「古開城考」『大正五年度古蹟調査報告』, 1916 ; 前間恭作, 「開城宮殿簿」『朝鮮學報』 26, 1963 ; 高裕燮, 『松都의 古蹟』, 悅話堂, 1977 ; 전룡철, 「고려의 수도 개성성에 대한 연구」『력사과학』 2호, 1980.

9) 『국립문화재연구소』 개성의 문화유적, 2010 ;『고려수도 개경과 동아시아의 도성문화』, 2011의 발굴보고서를 바탕으로 정전 궁궐전각의 배치와 원명교체기 새로이

개경 연구는 1996년 박용운이 개경의 행정구역과 開城府와의 행정적·제도적 문제를 언급한 이후 재개되었다.[10] 이후 개경의 궁궐·관아시설·시전·五部坊里·사찰 등 각종시설과 공간구조에 천착하면서 개경의 외형복원이 가능해졌다. 개경의 궁궐은 尺度 연구의 일환으로 제기된 후 만월대·회경전·장경전의 위치, 건물의 遺址 등에 대한 실증적 검토가 이루어졌다.[11] 개경의 正殿·便殿에 대한 前間恭作의 선험적 연구를 중첩적으로 답습해 오다가 고려시대 궁궐 기능과 운용방식의 변화를 시기구분해서 검토하기까지 이르렀다.[12]

개경 市廛에 대해서는 상업사에 부수하여 北村秀人이 개경시전을 분석한 후, 조선시대 한양시전과 연계하여 연구되었다.[13] 시전 연구에서는 조선건

망궐례 의식이 도입되면서 궁궐전각의 운영과 조영물이 달라진 양상을 점검한 연구도 나왔다(박성진, 「고려宮城 正殿 배치관계 연구 : 제2정전 건덕전과 주변 전각(殿閣)의 배치관계를 중심으로」, 『先史와 古代』 37, 2012. 12 ; 「개성 고려궁성 남북공동발굴조사의 최신 조사성과」, 『서울학연구』 63, 2016. 5 ; 정은정, 「14세기 胡漢共存과 개경의 望闕禮 공간」, 『한국중세사연구』 49, 2017. 5).

10) 서성호, 「한국중세의 도시와 사회」, 『東洋 都市史 속의 서울』, 서울시정개발원, 1994 ; 朴龍雲, 『고려시대 開京 연구』, 일지사, 1996 ; 홍영의, 「고려 수도 개경의 위상」, 『역사비평』 통권 45호, 1998 ; 박종진, 「고려시기 개경사 연구동향」, 『역사와 현실』 34, 1999 ; 장지연, 「총론 : 고려시기 개경의 구조와 기능」, 『역사와 현실』 38, 2000.

11) 藤田原春, 『尺度宗攷』, 1933 ; 장상렬, 「만월대 장화전 건축군의 배치와 거기에 쓴 자에 대하여」, 『조선고고연구』, 1986 ; 「고려왕궁-만월대 건축에 쓴 척도 기준」, 『고고민속론문집』 11, 1988 ; 「만월대 회경전 건축군에 쓴 자에 대하여」, 『조선고고연구』, 1989 ; 정찬영, 「만월대 유적에 대하여」, 『조선고고연구』 1989-1, 1989.

12) 前間恭作, 「開京宮殿簿」, 『朝鮮學報』 26, 朝鮮學會, 1963 ; 김창현, 「고려 개경의 궁궐」, 『사학연구』 57, 1999 ; 「고려시대 개경 궁성 안 건물의 배치와 의미」, 『한국사연구』 117, 2002 ; 「고려 개경의 나성문과 황성문」, 『역사학보』 173, 2002 ; 『고려개경의 구조와 그 이념』, 신서원, 2002 ; 장지연, 「개경과 한양의 도성구성 비교」, 『서울학연구』 15, 2000 ; 「麗末鮮初 還都論議에 대하여」, 『韓國史論』 43, 2000 ; 「고려후기 개경 궁궐 건설 및 운용방식」, 『역사와 현실』 60, 2006.

13) 北村秀人, 「高麗時代京市の基礎の考察」, 『人文研究』 42-22, 1990 ; 「高麗時代京市の機能について」, 『朝鮮史研究會論文集』 31, 1991 ; 蔡雄錫, 「高麗後期 流通經濟의 조건과 양상」, 『한국 고대·중세의 지배체제와 농민』, 金容燮教授停年紀念韓國史學論叢, 지식산업사, 1997 ; 朴平植, 「高麗時期의 開京市廛」, 『韓國史의 構造와 展開』, 河炫綱教授定年紀念韓國史學論叢, 2000 ; 「高麗後期 開京商業」, 『國史館論叢』 98, 2002 ; 서성호, 「고려시기 개경의 시장과 주거」, 『역사와 현실』 38, 2000.

국으로 한양을 설계할 때 개경 시전을 참작했던 사실에 따라 舊京 시전의
위치와 기능을 분석해 내었다. 대체로 시전을 국가가 재정적 물품과 대외
교역품을 분배한 후 잉여물을 처분하는 공적 시장으로 이해하면서, 고려말
시전의 공적 기능이 와해되자 한양 定都에 이르러 국가시장으로 회복된
사정이 주요 검토대상이었다. 그러나 최근 일련의 연구는 고려시대 시전을
송대 강남의 虛市와 같이 국가적 부문 외의 시장까지 포괄하는 것으로 파악해
주목된다.[14]

개경 주거지역으로서 5部坊里는 開城府 직제와의 관련성 및 행정체계,
수취문제와 관련해서 검토되기 시작했다.[15] 5部坊里 구획의 면밀한 검토를
위해서는 개경의 성곽체제와 각종 시설의 배치에 대한 점검이 선행되어야
할 것이다. 그런 점에서 태조대 王都로 설정된 송악현·개성현 가운데 각종
시설의 배치로 개발이 집중된 송악현을 나성의 성곽이 둘러싸고, 개성현은
王畿로 전락한다고 한 구상은 의미가 있다.[16]

개경 거주민의 생활공간, 개발로 인해 교외지역으로 5部坊里가 점진적으로
확정되는 것을 검토한 홍영의의 연구는[17] 교외공간에 대한 본격적 문제제기
를 했던 점에서 후속 연구에 일정한 영향을 주었다.[18] 그는 인구증대와

14) 김창석, 「삼국 및 통일신라의 상업과 유통」, 서울대 박사논문, 2001 ; 「삼국 및
    통일신라의 현물화폐 유통과 재정」『역사와 현실』42, 2001 ;『삼국과 통일신라의
    유통체계 연구』, 일조각, 2004 ; 「고려 전기 虛市의 성립과 그 성격」『역사와 현실』
    53, 2004 ; 정용범, 「고려중후기 유통경제 연구」, 부산대 박사논문, 2014.
15) 朴宗基, 「高麗時代 村落의 機能과 構造」『震檀學報』64, 1987 ; 이기성, 「고려시대 五部坊
    里의 구조와 운영」, 국민대 석사논문, 1995 ; 박용운, 「고려시대 開京의 部坊里制」
    『韓國史學報』창간호, 1996 ; 홍영의, 「고려전기 개경의 五部坊里 구획과 영역」『역사
    와 현실』38, 2000 ; 정학수, 「고려 개경의 범위와 공간구조」『역사와 현실』59,
    2006 ; 「고려시기 개경 행정구획과 '里'의 양상」『한국중세사연구』28, 2010. 4.
16) 정은정, 「고려전기 開京의 도시기능과 그 변화」『한국중세사연구』11, 2001.
17) 홍영의, 「고려전기 개경의 五部坊里 구획과 영역」『역사와 현실』38, 2000.
18) 신안식, 「고려전기 개경의 영역정비」『한국의 도성-도성 조영의 전통』, 서울시립대
    학교 서울학연구소, 2003 ; 「高麗 開京의 '都內와 郊'」『역사민속학』18, 2004 ; 「고려시
    대 개경의 四郊와 그 기능」『명지사론』14집, 2004 ; 정학수, 「고려 개경의 범위와

그에 따른 택지개발 요구의 결과, 주거구역의 행정편제로서 5部坊里가 확정된 것으로 보았다. 다만 시기적으로 현종대 나성건설까지만을 다루어, 현종 이후 도성의 정비방향과 개경의 영역 변화에 대한 점검은 이루어지지 않았다. 전기에 국한되어 왔던 京城의 문제를 중기에 도시공간 확장에 따른 교외 개발과 편제의 문제로 접근하거나, 고려말 원의 시봉 시위기구가 개경 都內에 핵심적으로 배치되어 가는 양상을 검토한 최근 연구에서 보강이 이루어졌다.[19] 都內 郊外 공간의 문제는 坊里의 확장개편과 결부된 만큼 양자를 연결지어 검토해야 하나, 그러한 연구성과는 전무한 것으로 파악된 다.[20]

전근대 도성에서 도시시설·공간의 문제는 성곽 축성과도 결부되어 있다. 따라서 개경의 공간문제를 천착하는 과정에서 성곽에 대한 점검도 이루어졌 다. 도성은 처음 태조대 발어참성을 황성으로 삼다가, 현종대 나성건설로 도성체제와 영역이 확정 일단락된 것으로 이해되었다.[21] 수도 개경의 도시범 위가 외곽으로 확대되는 경향과 함께 사찰 및 제사 시설의 외방 조성과 개경의 공간 확대가 시기적으로 일치함을 살핀 연구도 나왔다.[22]

공간구조」,『역사와 현실』 59, 2006.

19) 정은정, 「12·13세기 개경의 영역 확대와 郊外 편제」『역사와 경계』 67, 2008 ;「13·14세 기 개경 都內의 변화-侍奉·侍衛기구의 배치를 중심으로」『한국중세사연구』 41, 2015. 4.

20) 최근 이종봉은 동아시아 도성의 건설이념과 구조를 검토하면서 坊里制에 대한 약간의 언급을 하고는 있지만, 개경 도성공간과 방리제를 직접 다룬 연구는 아니다 (이종봉, 「高麗·唐·日本 都城의 건설 이념과 구조-高麗 都城·長安城·平城京의 비교 검토를 중심으로-」『한국민족문화』 47, 2013).

21) 細野涉, 「高麗時代 開城-開城城門の比定を中心とする復元試案」『朝鮮學報』 166, 1998 ; 신안식, 「고려전기의 축성과 개경의 황성」『역사와 현실』 38, 2000 ;「고려시대 개경의 나성」『명지사론』 11·12합집, 2000 ; 金昌賢, 『고려 개경의 구조와 그 이념』, 신서원, 2002.

22) 박윤진, 「高麗時代의 開京 一帶 寺院의 軍事的 政治的 性格」『韓國史學報』 3·4호, 1998 ; 박종진, 「고려시기 개경 절의 위치와 기능」『역사와 현실』 38, 2000 ; 박용운, 『고려시 대연구』Ⅱ, 한국정신문화연구원, 2000 ; 허흥식, 「朝鮮前期 紀行文으로 본 開京의 遺蹟化過程」『高麗時代研究』Ⅱ, 한국정신문화연구원, 2000 ;「開京 山川壇廟의 神靈과

이외에도 북한 향토학자와 건축학자가 풀어 낸 개경연구와 생활사에서 접근한 연구가 속출하였다. 생활사 관련해서는 개경사연구반에서 성과를 낸 단행본을 들 수 있다.[23] 그러나 개경의 도시사에 특화된 것이라기보다는 제도사·생활사와의 단순 접목이라는 한계를 안고 있다.

고려시대 개경에 버금가는 도시로서 西京·南京에 대한 연구를 들 수 있다. 서경에 대해서는 크게 세 가지 방면으로 연구가 축적되어 왔다. 첫째, 초창기 연구는 건국 당시 북방민족과의 대치국면에서 국방 전략상의 요충지로 서경이 중시되었다는 입장이다.[24] 둘째, 태조의 지지기반인 浿西지역에서 서경권역으로의 형성, 北界의 성립, 북방개척 부문에서 일부 다루어졌다.[25] 셋째, 정치사 방면에서 서경천도론, 서경세력의 추이에 대한 일련의 분석이 이어졌다.[26] 최근에는 북한의 고고학 성과를 인용하면서, 서경의 공간을

八仙宮」『民族文化論叢』27, 2003 ; 韓基汶, 「高麗時代 開京 現聖寺의 創建과 神印宗」 『歷史教育論』第26, 2001 ; 김창현, 「원간섭기 고려 개경의 사원과 불교행사」『인문학 연구』제32권, 2005 ; 한정수, 「고려시대 개경의 사전(祀典) 정비와 제사 공간」『역사 와 현실』60, 2006.

23) 송경록, 『북한향토학자가 쓴 개성이야기』, 푸른숲, 2000 ; 한국역사연구회, 『고려의 황도 개경』, 창작과비평사, 2002 ; 『개경의 생활사—고려 오백년 서울』, 휴머니스트, 2007.

24) 李泰鎭, 「金致陽亂의 性格—高麗初 西京勢力의 政治的 推移와 관련하여」『韓國史研究』 17, 1977 ; 李丙燾, 『高麗時代의 研究』, 乙酉文化社, 1948 ; 河炫綱, 「高麗西京考」『歷史學 報』35·36, 1967 ; 「高麗時代의 西京」『高麗地方制度의 研究』, 韓國研究叢書32, 1977 ; 朴 漢髙, 「高麗建國의 研究」, 고려대 박사논문, 1985 ; 이혜옥, 「高麗初期 西京勢力에 대한 一考察」『韓國學報』26, 1982 ; 鄭淸柱, 「新羅末 高麗初의 羅州豪族」『全北史學』14, 1991 ; 『新羅末 高麗初 豪族研究』, 一潮閣, 1996.

25) 金光洙, 「高麗建國期의 浿西豪族과 對女眞關係」『史叢』21·22合集, 1977 ; 崔圭成, 「高麗 初期 女眞問題의 發生과 北方經營」『白山學報』26, 1981 ; 「高麗初期 女眞關係와 北方政 策」『東國史學』15·16, 1981 ; 李基東, 「新羅下代의 浿江鎭」『韓國學報』4, 1984 ; 李根化, 「高麗成宗代의 西京經營과 統治組織」『韓國史研究』58, 1987 ; 「高麗 太祖代 北方政策의 樹立과 그 成果」『朴性鳳教授華甲紀念論叢』, 1987.

26) 李丙燾, 「妙淸의 遷都運動에 就いて—考察」『東洋雜誌』38-9, 1927 ; 「仁宗朝의 妙淸의 西京 遷都運動과 그 叛亂」『高麗時代의 研究』, 乙酉文化社, 1948 ; 瀨野馬熊, 「高麗 妙淸의 亂に就 いて」『東洋學報』18-2·4, 1929·30 ; 金南圭, 「高麗 仁宗代의 西京遷都運動과 西京叛亂에 대한 一考察」『慶大史論』1, 1985 ; 진영일, 「高麗諸王의 西京巡幸考」『濟州大學校論文

복원해 보려는 움직임도 있다.[27]

남경에 대한 연구도 서경 연구와 같은 경향을 크게 벗어나지 않는다. 초창기 남경 연구는 정치세력 문제에 치중되어 왔다. 고려중기 남경천도론에 대한 몇 편의 연구가 있지만, 국왕권 강화의 측면에서 정치적 역학관계를 주로 다루었다.[28] 남경의 각종 도시 시설과 영역의 문제에도 관심이 제기되고 있다.[29] 대체로 서경·남경의 副都에 대한 연구는 정치사의 외연에 치중되거나, 시설을 구명하는 데 국한되어 있다. 개경의 副都·제2 수도로서의 도회적 조건을 전제하지 못한 채 기존 연구 경향을 재검토하는 수준에서 전개되어 왔던 것이다.

한편 수도와 인접한 지역으로 경기제에 대한 연구도 들 수 있다. 그러나 경기지역에 대한 논의 자체는 한국사 전체 속에서 구체적·독자적으로 진전되

　集』26, 1987 ; 金永春, 「高麗太祖의 西京遷都論」 『芝邨金甲主教授華甲紀念史學論叢』, 1994 ; 朴性鳳, 「高麗 仁宗朝의 兩難과 貴族社會의 推移」 『高麗史의 諸問題』, 三英社, 1986 ; 金床基, 「妙淸의 西京遷都運動과 稱帝建元論에 대하여」 『國史上의 諸問題』 6, 1960 ; 문성렵, 「12세기 묘청일파가 주장한 서경천도와 건원칭제에 대하여」 『력사과학』 3, 1980 ; 姜玉葉, 「高麗前期 西京勢力의 研究」, 이화여대 박사논문, 1997 ; 김창현, 「고려의 운수관과 도읍경영」 『韓國史學報』 15, 2003 ; 金基德, 「高麗時代 開京과 西京의 風水地理와 遷都論」 『韓國史研究』 127, 2004 ; 신안식, 「고려시대의 三京과 國都」 『한국중세사연구』 39, 2014 ; 장지연, 『고려 조선 국도풍수론과 정치이념』, 신구문화사, 2015.

27) 김창현, 「고려 서경의 성곽과 궁궐」 『역사와 현실』 41, 2001 ; 「고려 서경의 사원과 불교신앙」 『韓國史學報』 20, 2005 ; 「고려시대 평양의 동명 숭배와 민간신앙」 『歷史學報』 188, 2005 ; 「고려초기 정국과 서경」 『史學研究』 80, 2005 ; 「고려 서경의 행정체계와 도시구조」 『韓國史研究』 137, 2007 ; 윤경진, 「고려시대 西京畿의 형성과 재편 - 『고려사』 지리지 연혁의 補正을 중심으로」 『東方學志』 148, 2009, 12.

28) 李丙燾, 「高麗南京建置に就いて」 『靑丘學叢』 2, 靑丘學會, 1930 ; 나각순, 「高麗末 南京復置와 漢陽遷都」 『江原史學』 17·18, 2002 ; 김성환, 「고려시대 '中古'의 인식과 도참」 『史學研究』 61, 2000 ; 權純馨, 「高麗中期 南京에 對한 一考察 ; 文宗－仁宗代를 中心으로」 『향토서울』 49, 1990 ; 崔惠淑, 「高麗時代의 南京遷都」 『竹堂李炫熙教授華甲紀念韓國史學論叢』, 1997 ; 「高麗時代 南京 設置背景에 대한 再檢討」 『史學研究』 58·59, 1999 ; 「高麗時代 南京巡幸」 『鄕土서울』 58, 1998 ; 『高麗時代 南京 研究』, 景仁文化社, 2004.

29) 김창현, 『고려의 남경, 한양』, 신서원, 2006.

지는 못했다. 초창기 일본인 학자가 삼국시대 都城制 연구에 수반해 王畿 지역의 존재, 위치비정 문제를 제기하면서 시작되었다.[30] 고려시대 경기제 연구는 시행사실 여부에 주목해, 군현제도사의 측면과 여말 私田捄弊策과 관련한 토지분급제에 부수되면서 시기적으로는 전기와 후기에 집중되었다.[31]

먼저 군현제 정비과정의 일환으로 다루어진 개성부, 경기제 문제는 촌락의 인보조직 논의에서 선험적으로 거론된 이후,[32] 5部坊里와의 관계, 통치체계

---

30) 村上四男, 「新羅王都考略」 『朝鮮學報』 24, 1962 ; 西本昌弘, 「畿內制の基礎的考察」 『史學雜志』 93-1, 1984. 王畿制를 부정하는 입장에서는 『三國史記』 地理志에 9州 5小京의 郡縣 名稱만 나열해 王畿지역이 사실상 부재한다는 점을 강조하고 있다(村上四男, 「新羅王都考略」 『朝鮮學報』 24, 1962). 王畿지역의 존재를 긍정하는 입장에서는 『三國史記』 地理志 良州條와 『三國史記』 雜志 三國有名未詳之分 385개 지명을 주목해서, 이 지역들이 경주 중심으로 외곽에 포진된 점을 강조하고 있다(井上秀雄, 「新羅王畿の構成」 『朝鮮學報』 43, 1968 ; 木村誠, 「統一新羅の王畿」 『東洋史硏究』 42-2, 1978 ; 武田幸男, 「六世期における朝鮮三國の國家體制」 『東アジア世界における日本古代史講座』 4, 學生社, 1980).

31) 군현제 방면 경기제 연구성과는 다음과 같다(邊太燮, 「高麗時代 京畿의 統治制」 『高麗政治制度史硏究』, 一潮閣, 1971 ; 鄭學洙, 「高麗前期 京畿制 硏究」, 건국대 박사논문, 2008 ; 윤경진, 「고려사 지리지 '대경기' 기사의 비판적 검토-공민왕 18년 경기 度田으로의 재해석」 『역사와 현실』 69, 2008). 토지제의 측면에서 경기제를 검토한 연구성과는 다음을 들 수 있다(洪淳權, 「高麗時代의 柴地에 관한 考察」 『震檀學報』 64, 1987 ; 李景植, 「高麗時期의 兩班口分田과 柴地」 『歷史教育』 44집, 1998 ; 『高麗前期의 田柴科』, 서울대학교출판부, 2007 ; 金琪燮, 「高麗末 私田捄弊論者의 田柴科 인식과 그 한계」 『歷史學報』 127, 1990 ; 「高麗前期 田丁制硏究」, 부산대 박사논문, 1993 ; 『韓國 古代·中世 戶等制硏究』, 혜안, 2007).

32) 末松保和, 「高麗開城府考」 『稻葉還曆記念滿鮮史論叢』, 1938 ; 『靑丘史草』 1, 笠井出版部, 1965 ; 金庠基, 「開城府의 復設과 京畿地域의 擴張」 『高麗時代史』, 東國文化社, 1961 ; 윤경진, 「고려전기 京畿의 편성과 운영」 『역사문화연구』 33, 2009. 6 ; 홍영의, 「려말선초 개성부의 위상과 판사(유후)의 역할」 『한국학논총』 35, 2011. 2 ; 박종진, 「고려전기 開城府의 변천과 지리적 범위」 『동방학지』 157, 2012. 3 ; 「조선후기 개성읍지에 기록된 '개성'의 산」 『한국문화』 62, 2013. 6 ; 「고려말·조선초 개성부의 위상」 『東方學志』 170, 2015. 6 ; 김창현, 「고려 개성부와 조선초 한성부의 직제와 영역」 『서울과 역사』 95, 2017. 2 ; 朴龍雲, 「高麗開京의 五部坊里制」 『韓國史學報』 創刊號, 1996 ; 邊太燮, 「高麗時代 京畿의 統治制」 『高麗政治制度史硏究』, 一潮閣, 1977 ; 尹武炳, 「소위 赤縣에 대하여」 『李丙燾博士華甲紀念論叢』, 一潮閣, 1956 ; 李基成, 「高麗時代 五部坊里의 機能에 대하여」, 국민대 석사논문, 1994 ; 안병우, 「경기제도의 성립과 경기의 위상」 『경기도 역사와 문화』, 경기도시사편찬위원회, 1997.

와 영역을 다루어 연구의 진전을 보이고 있다.[33] 최근 정학수는 고려전기
경기제의 성립과정에서 중국의 禮的·신분적 질서가 고려에서 어떻게 통치체
계로 정착해갔는가라는 점과 이전의 王畿制에 대해서도 점검하였다.[34] 제도
적 부문에 치우쳐 온 경기제 연구에 禮制·통치 이념 부문을 추가함으로써
연구를 풍성하게 한 측면이 있다. 다만 고려전기까지만 검토함으로써 아쉬운
감이 없진 않다. 여하튼 군현제 속의 개성부·경기제 논의는 개경과 경기의
영역적 경계를 해명해 줄 기초적 단서가 되었다.

다른 한편으로 고려시대 경기제 연구에서는 문종조 경기확대 사실을
두고, 이를 부정·인정하는 입장으로 나뉜다. 우선 부정하는 견해는 경기확대
사실이 공양왕 2년 細註로 기록된 점, 문종 23년에 편입된 新京畿의 41주현은
고려말 때의 개명으로 기록된 점, 대경기제가 다시 원경기로 복구된 기록이
없다는 점을 들고 있다.[35] 최근에는 공양왕 2년 田制 개혁 과정에서 언급된
문종조의 경기확대에 관심을 가지고 이를 적극 인정하기에 이르렀다. 문종
30년 田柴科 柴地 분급지로 설정된 군현은 同 23년 경기 52현, 공양왕 2년
京畿左右道의 군현 범위와 대체로 일치한다는 데 근거를 두고 있다.[36]

일단 문종조 대경기제의 실시를 긍정하는 연구에서도 몇 가지 간과한
점이 있다. 田柴科 柴地가 畿內에 분급되는 조치를 문종조에만 집중적으로

---

33) 朴宗基, 「高麗時代 村落의 機能과 構造」 『震檀學報』 64, 1987 ; 구산우, 「중세의 지역촌과
    자연촌」 『역사비평』 28, 1995 ; 「고려시기 한국과 일본의 촌락 구조 비교 연구」
    『韓國民族文化』 9, 1997 ; 『高麗前期 鄕村支配體制研究』, 혜안, 2003.
34) 鄭學洙, 앞의 박사논문.
35) 변태섭, 앞의 책 ; 윤경진, 앞의 논문, 2008.
36) 문종조 대경기제는 田柴科 柴地가 畿內에 분급되는 조치를 통해 그 시행사실을
    인정하는 데 견해가 모아지고 있다. 군현제에서 경기제 성립이 확실한 성종·현종조
    의 경기로부터 文宗代 田柴科 柴地의 畿內 분급 지역이 대폭 늘어난다는 점에서
    문종조의 경기를 '대경기'로 이해하는 데는 이견이 없다(안병우, 「경기제도의 성립과
    경기의 위상」 『경기도 역사와 문화』, 경기도시사편찬위원회, 1997 ; 박종기, 「고려시
    대 남경지역의 개발과 경기제」 『서울역사박물관 연구논문집』 창간호, 2003 ; 정은정,
    「고려전기 京畿의 형성과 大京畿制」 『한국중세사연구』 17, 2004 ; 「고려중기 경기지
    역의 공한지 개발」 『지역과 역사』 16, 2005).

검토한 데 따른 문제이다. 문종조만 주목했기 때문에 성종·현종조, 현종 이후 문종조까지 전시과 柴地가 畿內에 순차적으로 지급되었을 가능성에 대해서 관심을 두지 않았다. 또한 문종 이후 고려말까지 경기의 추이에 대해서는 밝혀내지 않고 있다. 고려시대 경기제 연구는 전 시기를 일관되게 설명하지 못한 점, 경기지역의 하강요인 및 수도와의 역학관계를 구명하지 않고 제도사에 치중해 왔던 것이다.

이상에서처럼 그간 고려시대 도시사는 건국초 수도 개경으로의 定都 과정과 도시시설에 국한되어 연구되어왔다.

이 책의 접근 방향처럼, 수도 개경에 인접해 도회적 영향을 직·간접적으로 받는 경기지역, 수도의 도시변화에 따라 달라지는 경기지역의 운영 문제 및 副都를 한데 묶어 검토한 연구는 전무하다.

2. 연구 방법과 방향

1) 연구 방법

일국의 수도는 대내적으로는 국왕의 권위체계가 드러나는 권력중심이자, 대외적으로는 국가를 대표하는 교역 창구이다. 수도는 대내외 변화가 투영된 공간으로, 시기에 따라 그 '都市性'도 달라진다.[37] 고려 수도 개경도 마찬가지로 都市性 자체는 전 시기에 걸쳐 고정 불변하는 것이 아니라, 변화한다. 시기적으로 달라지는 수도의 도시변화는 인근 경기지역에도 영향을 주었

---

37) 도시는 군사·행정·상업·종교 중심의 총체이다. 이때 都市性은 도시를 이루는 제반 군사·행정·상업·종교의 중심성 가운데 두드러지는 성격을 가리킨다. 본서에서도 都市性을 시기에 따라 달라지는 도시의 군사적·행정적·상업적 기능이라는 개념으로 사용하려 한다.

다. 경기는 왕경을 군사·행정·재정적 부문에서 지원하는 지역이다. 그런데 고려시대 경기지역은 그 광협과 위치가 경기 북부로부터 점차 경기 남부 일대로 하강하고 있다. 이러한 경기지역의 편성과 범위 및 운영문제는 수도의 도시변화와 맞물려 있다고 할 수 있다.

수도 개경의 都市性 가운데 초창기 정치·군사적 부문이 두드러질 때는 경기제도 수도를 정치·군사적으로 보완할 서경 방면 경기 북부 일대에 집중적으로 편성되었다. 이후 개경이 물화집산지로서의 기능이 부각될 때는 유통·물류 이동에 편리한 남경 방면의 경기 남부 일대가 중시되었다. 고려시대 경기지역의 편성에는 수도를 보완하게 될 副都의 문제까지 내포되어 있다고 해도 과언이 아니다.

고려시대 수도의 도시변화에는 경기지역·副都까지 그물망처럼 얽혀있다. 따라서 수도·경기지역·副都를 한데 묶어 검토하는 작업은 고려시대 도시연구가 전기의 도성공간에만 국한된 그간 연구경향에 하나의 대안이 될 것으로 기대한다. 동양 전근대사회의 도시는 각국 간에 차별적 부문도 있겠지만, 동아시아 문화권이라는 측면에서는 동질성도 분명 존재한다. 그런 점에서 최근 중국·일본에서 中世都市를 바라보는 입장은 고려시대 도시 부문에도 어느 정도 적용 가능할 것으로 여겨진다.

이하에서는 본서를 엮어내면서 몇 가지 틀을 최근 도시사 연구 경향과 결부지어 제시하고자 한다.

첫째, 고려시대 수도 개경의 도시변화에 따른 경기지역의 편성원리와 추이를 '景觀'을 통해서 살펴보려 한다. 원래 景觀이라는 개념은 도시지리학에서 사용된 용어이다. 景觀 개념은 1920년대 도시사 연구가 시작된 이래 용례 자체도 변화되고 재정립되어 나갔다. 1920년대 시카고 학파[38] 등이

---

38) 시카고 학파에서는 도시를 생태적·역동적 공간으로 파악하였다(Park, Robert, "The City"; Suggestion for the Investigation of Behavior in the Urban Environment," *American Jurnal of the socialogy* 20, 1969).

도시를 생태학적으로 접근하기 시작했고, '景觀'은 서양·일본학계 모두 경치·풍경·landscape로서 가시적 자연조영물이라는 개념에서 출발했다. 1960년대 중반 이후 독일학자 슐터의 '문화경관론'에서 경관에 대한 개념이 새로이 정립되기에 이르렀다. 문화경관론에서는 자연경관 위에 가해진 인간활동이 구체화되어 표출된 형태로서 경관에 주목하였다. 1970년대에는 景觀 관념에 내재한 시각적 권력·이념에 주목하게 되었고, 경관의 다양성·상징성을 문화정치적 관점에서 분석해 내었다. 이 무렵부터 景觀은 공간 형성과정에 담긴 이념을 축출해 볼 수 있는 도시지리학의 핵심부문으로 부각되었다.

　문화경관론·경관유물론에서는 도시형태를 심미적·물리적 차원보다는 사회변동이나 생활양식의 결과물로 이해했다.[39] 경관 형성과정의 권력관계·정치적 의미에 주목하면서, 지배권력이 표출되는 도시 경관의 변천을 탐구하는 '景觀論'이 형성되기에 이르렀다.[40] 경관론이 정립됨으로써 도시공간을 생태학적으로 이해하고, 사회변화와 도시권력이 경관에 투영되는 과정에 주목하게 되었다.

　景觀論의 관점을 고려시대 수도 개경 연구에 이입해 보면 몇 가지 의미있는 결론을 끌어낼 수 있다. 우선 수도 개경은 사회내외의 변화에 따라 달라진다는 점, 개경의 경관변화를 추적함으로써 해당사회의 운영원리·국가적 대응관계를 읽어낼 수 있다는 것이다.

　그러나 현재까지는 '경관'을 중히 여기는 도시지리학에서도 생태적 측면에서 경관변화를 적극 검토하지는 않고 있다. 마찬가지로 역사학계에서도

---

39) 배영수, 「도시사의 최근 연구경향」『서양사연구』17, 1995 ; 李武容, 「韓國 都市景觀의 近代性−景觀 硏究의 지평확대를 위하여」『문화역사지리』11호, 1999 ; 仁木宏, 「前近代都市論の射程」『都市』, 靑木書店, 2002 ; 中世都市硏究會 編, 『都市硏究の方法』中世都市硏究6, 新人物往來社, 1999.

40) 愛知大學綜合鄕土硏究所, 『景觀から地域像をよむ』, 名著出版, 1992 ; 金田章裕, 『古代日本の景觀』, 吉川弘文館, 2002 ; 西村幸夫, 『日本の景觀計劃』, 泰林文化社, 2006 ; Hiroo Fuzita 지음·이정형 옮김, 『도시의 논리』, 도서출판 국제, 1997.

경관론을 염두에 둔 연구는 현재까지 거의 전무한 것으로 파악된다.

따라서 본 책에서는 고려 수도 개경의 도시변화에 따른 경기지역의 편성원리와 추이를 '景觀 변화'[41]를 통해서 살펴보려 한다. 해당사회의 변화는 수도의 景觀과 도시성격에도 영향을 미친다. 이때 개경의 경관 형성에서 '周禮的' 질서와는 구분되는 고려적 변용과 국왕이 王都에서 권력을 표출해 내는 양상을 고려 전 시기에 걸쳐 살펴보고자 한다. 아울러 수도의 도시적 영향력 아래 놓인 경기지역의 경관 및 편성 원리와 운영 등도 유기적으로 검토하고자 한다. 고려사회 전시기에 걸쳐 수도·경기지역의 역학관계를 해명해내는 장치로서 '景觀' 읽기는 적합한 방법이 될 것이다.

둘째, 수도의 도시변화와 경기지역의 편성원리·운영 변화를 점검하는 기본시각을 '首都論'에 두었다. 首都論이라 함은 국가권력·통치권력이 수도의 공간구조에 어떻게 표출되는가를 구명하는 연구방법론이다. 도시사 연구에서 首都論은 2000년 중반 즈음 일본학계에서 전근대 도시사회를 분석하는 근간으로 제기되었다. 종래 일본학계에서 중세도시를 설명하는 데 주류를 형성했던 것은 1990년대 중반까지는 網野善彦의 無緣論과 自治都市論이다. 網野善彦은 天皇·神佛과 결합한 상공업자, 漂流하는 비농업민이 모인 도시적 場을 無緣이라 했다. 網野善彦의 無緣論에 의해 해당시기의 상공업사 논의는 풍부해졌지만, 과도하게 漂迫性을 강조한 것은 한계이다.[42] 無緣論·자치도시론을 비판하고 등장한 새로운 논의가 2000년 중엽에 출현한 소위 首都論이다.

---

41) 도시경관의 변화는 '촌락의 도시화'를 뜻하며 기본 시각은 막스 베버의 도시와 농촌의 대립이라는 관점에서 출발한다. 서양의 도시사가들이 특정도시와 주변농촌의 경제활동과 문화형태 가치관의 변동을 분석하였고 도시공간의 물리적 확장·도시 인프라망의 확산·도시적 현상이 낳은 문화변동·가치관 변동을 도시화로 분석한 것과 같은 맥락이다.

42) 網野善彦,「中世都市論」『岩波講座日本歷史』7, 中世3, 1976 ;『日本中世都市の世界』, 筑摩書房, 1996 ; 脇田晴子,『日本中世都市論』, 東京大學出版會, 1981. 일본중세도시에서의 자치를 강조하는 입장은 기본적으로 서양 중세도시의 자유·자치분위기와 유사한 면모를 지적하기 위한 것이다.

이 논의는 국가가 다양한 방식으로 수도를 관리 통제하려 노력했다는 점에 주목한다. 전근대 사회의 국왕은 王都가 갖는 국가 구심으로서의 상징성을 지속적으로 유지하려 노력했다. 首都性은 각 시기마다 달리 표출되는 국가권력을 지칭하는 것으로, 도성공간에서는 체제유지를 위한 각종 시스템이나 도시정책으로 구현된다.

도시사 연구에서 首都論을 통한 접근방법은 서구와는 다른 동양 전근대 사회의 도시를 어떻게 규정지을까에 대한 일본 도시학계의 선구적 고민에 의한 것이다.[43] 首都論은 이 무렵 왕조론·국가론을 수도에 대입한 시도로서, 중국·일본학계 모두 도시수리·행정·경찰·화재방지체제·홍수관리체제 등을 다루면서 도시사 연구의 시각을 확대시켜 놓았다.[44] 首都論은 동양 전근대 수도에서 왕권이 도성공간에 어떻게 가시화되는가에 주의를 환기함으로써, 서양 도시와의 차별화를 시도한 의미있는 가설이다.

동양 중세사회의 도시를 분석한 首都論을 고려시대 수도 개경과 경기지역·副都의 경영문제에 적용해 보려 한다. 수도·부도·경기의 운영문제를 뒷받침하는 것으로 왕도의 공적 구심력 부문을 들 수 있다.[45] 권력중핵으로서 왕도의 변화는 국가집권력의 확산, 王都로서의 도시환경 정비·도시청정성

---

43) 都市史研究會 編,「首都性」『年譜都市史研究』9, 1999 ; 日本史研究會,「首都論の創造」『日本史研究』476, 2002. 4月 ; 大村拓生,『中世京都首都論』, 吉川弘文館, 2006.

44) 중국의 경우 도시의 문제를 국가가 규제하려는 측면은 治水事業과 防災체제를 통해 잘 드러난다. 이에 대해서 다음이 참고된다(本田知生,「宋代の都市研究の諸問題－國都開封を中心として」『東洋史研究』37-2·1, 1978 ; 藤田騰久,「漢唐長安の都市水利」『中國水利史研究』22, 1992 ; 斯波義信,「中國都市をめぐる研究概況－法制史を中心に」『法制史研究』23, 1973 ; 西岡弘晃,『中國近世の都市と水利』, 中國書店, 2004). 최근 일본의 도시사 연구에서도 수도에서 발생하는 각종 사회문제에 대해 권력이 대응하는 양상을 추적하는 데 초점이 모아지고 있다. 이를 수도론·국가론이라고도 하는데 王都의 공공성 유지를 위해 도시청정, 환경위생 정비, 치수사업 등을 국가에서 '格'으로 정비하는 방식을 적극 검토하고 있다. 이에 대해서는 다음이 참고된다(大村拓生,「中世前期の首都と王權」『日本史研究』439, 1999 ; 櫛木謙周,「古代國家の都市政策－清掃の制を中心して」『日本史研究』517, 2005).

45) 中世都市研究會,『都市の求心力－城·館·寺』, 新人物往來社, 2000.

대책 등 일련의 도시정책과 관련있는 것으로 보고, 고려 건국 초창기, 12세기 전후, 무인집권기, 원간섭기에 각각 王都에서 권력을 표출해 내는 방식을 시기별로 검토하려 한다.

수도론·도시권력·도시정책은 고려 전시기에 걸쳐 해당사회의 양상을 이해할 수 있을 뿐 아니라, 12세기와는 구분되는 무인집권 이후의 도시사회를 해명해내는 근간이 될 것으로 기대한다.

셋째, 고려건국 초부터 원간섭기까지 수도의 도시변화를 가져 온 요인으로 국내 자체의 생산력 수준보다는 동아시아 국제질서에 연동된 국내시장권의 조응이라는 측면으로 검토하려 한다. 비교적 이른 시기부터 도시발달에 있어서 대외교역·원거리 교역에 관심을 가져 온 연구 분위기는 서구학계에서 부터 시작되었다.[46] 원거리 교역에 대한 관심의 증대는 일면 국내 상업발달 을 간과한 것이라 비판받게 되었다. 이에 대한 대안으로 제기된 것이 크리스 탈러의 중심지 이론이다.[47]

중심지 이론에서 서양 중세도시는 주변지역과의 관계에서 발현되는 통치 중심성을 가진 지역으로, 농촌에 대해 경제적 중심지·수탈지로서 기능을 갖는다. 중심지 이론은 중세도시의 형성과 도시발전의 원동력을 원거리 상업활동 등 외부요소에서 찾지 않고, 지역내 경제 수준, 특히 농업생산력 부문에서 모색할 수 있는 계기를 제공한다.

중심지 이론이 한국 역사학계에 투입되면서, 한국전근대 사회의 시장구조 를 파악하는 기본 시각에도 관여하지 않았나 싶다. 곧 한국 전근대 도시는 정치권력에 의해 농촌의 광범한 희생을 바탕으로 하였고, 지방에서 자생하는 場市는 성장하지 못한 것으로 이해되어 왔다. 이로써 시장구조는 수도의

---

46) 서양 중세사회의 도시를 원격지 상업 발달에 기인한 것으로 보는 오래된 논저가 있다(M. M. 포스탄 저·이연구 옮김, 『중세의 경제와 사회』, 청년사, 1989 ; アンリピレ ンヌ 著·佐佐木克巳 譯, 『中世都市』, 創文社歷史學叢書, 1926).
47) 크리스탈러, 『중심지 이론-남부독일의 중심』, 나남, 2008.

市廛과 場市의 이원적 교역권으로 설정되어 온 것이다. 이러한 논의의 연장선
상에서 고려의 시장구조도 이원적·단절적 측면으로 이해해 온 연구가 대부분
이다.[48]

　　그러나 중심도시가 주변촌락에 대해 갖는 통치의 중심성·수탈성은 모든
시기의 도시와 농촌에서도 마찬가지이다. 따라서 중심지 이론은 중세도시를
해명하는 데 있어서 그다지 유효한 틀은 아닌 것으로 보인다. 이로써 서양
중세도시와 마찬가지로 동양사회에서도 대외교역이 수도의 유형변화에
미친 영향력은 지대하다.

　　중국 역대 왕조의 경우 동아시아 국제질서와 그로 인한 사회 내적 변화는
수도유형의 변화로 이어진 것으로 보인다. 중국의 수도는 隋·唐 長安城의
군사·정치도시로부터 宋代 開封府 이후에는 경제도시로 진전되었다.[49] 물론
중국 내부의 상업혁명·도시혁명이라고 불리는 경제적 발달 요인이 크지
만,[50] 대외교역이 국내상업 발달에 영향을 미치고 수도의 유형변화까지
끌어낸 것이다.

　　隋·唐의 경우 중국적 정치질서는 대외교역에서도 공무역 틀로 강제되었다.
국내외 제국적 질서의 강제는 도성공간에서도 그대로 표출되었다. 엄격한
井田制型 도성구획으로 황제권력을 표상하는 坊里制는 그 외현이라 할 수

---

48) 李景植, 「16세기 場市의 성립과 그 기반」 『韓國史研究』 57, 1987 ; 蔡雄錫, 「高麗後期
　　流通經濟의 조건과 양상」 『韓國古代·中世의 支配體制와 農民』, 金容燮教授 停年紀念韓國
　　史學論叢, 지식산업사, 1997 ; 朴平植, 「高麗時期의 開京市廛」 『韓國史의 構造와 展開』,
　　河炫綱教授定年紀念韓國史學論叢, 2000.

49) 山根幸夫 著·李相求 譯, 「中國의 中世都市」 『東洋 都市史 속의 서울』, 서울시정개발원,
　　1994 ; 서울대동아문화연구소, 『중국역대 도시구조와 사회변화』, 서울대출판부,
　　2003 ; 董鑒泓 著·成周鐸 譯, 『中國城發達史』, 學研文化社, 1993 ; 朴漢濟, 「隋唐 長安城의
　　市場風景」 『歷史教育』 제84집, 2002. 12 ; 「조조의 鄴都를 아는가」 『역사비평』 1998년
　　여름호(통권 43호), 1998. 5 ; 「위진남북조 시대 각 왕조의 수도 선정과 그 의미—洛陽
　　과 鄴業都」 『역사학보』, 2000.

50) 周藤吉之, 『唐宋社會經濟史研究』, 東京大學東洋文化研究所, 1981 ; 周藤吉之·中嶋敏, 「商
　　業の發達と都市發展」 『中國の歷史』 第5卷, 講談社, 1974.

있다. 唐末·宋代에는 종래의 중국적 정치질서가 무너진 반면 경제적으로는 동아시아 통상권 및 국제시장이 형성되었을 정도로 대외교역과 국내시장권 형성이 활성화되었다.[51] 宋代의 경우 국가가 국내상업과 유통을 전제적으로 장악하려 했지만, 隋·唐처럼 강고하게 교역을 규제하지는 못했다. 이로써 宋 開封府의 도시공간은 坊里制의 해체라는 景觀변화로 드러나게 되었다.[52] 元은 육상·해상 모두를 통해 중세 세계무역로와 연결되었다.[53] 元의 수도권은 강남과 복속국의 물화를 수송하기 위한 전진기지·漢地 지배의 전략 차원에서 건립되었다. 元 大都로 수합된 물화는 내몽골리아에 위치한 上都의 주요 재정원이 되었다.[54] 元代 해상교역로의 확대와 전례없는 상업정책, 대몽골 울루스 체제 유지를 위한 국가적·시장적 물류체계의 운영은 원의 수도권정비에도 그대로 이어졌던 것이다. 이처럼 중국 내에서 정치질서·대외교역에 수반된 국내상업 발달은 수도의 도시 유형변화와 수도권 정비에 일정한 요인이 되었다.

당송변혁, 몽골제국 등장과 같은 동아시아 국제환경에 묶인 고려도 대외교역과 국내상업 발달이라는 변수가 개경의 도시변화에 한 계기가 될 것은

---

51) 中村榮孝,「十三·四世紀の東アジアと日本」『日鮮關係史の研究(上)』, 吉川弘文館, 1965, 15~25쪽 ; 谷川道雄,「東アジア世界形成期の史的構造」『隋唐帝國と東アジア世界』, 唐代史研究會 編, 1979.

52) 加藤繁,「宋代に於ける都市の發達に就いて」『支那經濟史考(上)』, 東洋文庫, 1974 ; 周玉珠, 『宋代東京研究』, 河南大學出版社, 1992 ; 伊原弘,『中國人の都市と空間』, 原書房, 1993 ; 「中國宋代の都市とエリート常州の發展とその限界」『史潮』 新28號, 1990 ; 愛宕元,『中國の城郭都市』, 中公新書, 1991 ; 梅原郁,「宋代の地方都市」『歷史教育』 14-12, 1966 ;『中國近世の都市と文化』, 京都大學出版府, 1984 ; 學生社刊,「中世の都市」『中世史講座』 3, 學生社, 1983 ; 林和男,「中國近世の地方都市－太湖平原の鎭市と交通」『空間·京觀·イメージ』, 地人書房, 1983.

53) 森克己,「日元貿易の發展」『新訂 日宋貿易の研究』(卷1), 國書刊行會, 1975 ; 魏榮吉,「元·日貿易」『元·日關係史の研究』, 教育出判センター, 1985 ; 佐藤圭四郎,「元代における南海貿易」『イスラーム商業史の研究』, 同朋社, 1981.

54) 陳高華·佐竹靖彦 譯,『元の大都－マルコポーロ時代の北京－』, 1984 ; 杉山正明,『モンゴル帝國と大元ウルス』, 京都大學出版會, 2004.

짐작된다. 고려시대 국제환경은 隋唐의 제국적 질서가 강고하게 작용하던 9~10세기, 제국적 질서가 다소 느슨해진 宋代 12~13세기, 새로이 몽골제국이 흥기한 13세기 후반 이후로 구분된다.

고려와 중국 간의 대외교역은 국가주도의 공무역에서 唐末宋代의 사행무역, 元代 사무역이 활기를 띠었다.[55] 12세기를 기점으로 점차 비중이 높아진 사무역은 국가주도의 폐쇄적·단절적 상태보다는 고려의 국내상업 발달을 끌어들이는 동인이 된다. 이처럼 대외교역과 국내상업 발달간의 역학관계는 수도 개경의 위상에도 이어져 도시변화에 촉매가 되었다. 대외교역의 형태 변화로 국내교역권은 점진적으로 국지성을 극복해, 원간섭기에는 市廛-村市가 유기적으로 결합한 것으로 파악한다. 동아시아 국제질서에 조응한 국내시장의 문제는 수도·경기지역의 도회적 양상, 그 변화의 과정을 점검해 볼 수 있는 계기가 될 것으로 여겨진다.

넷째, 고려시대 수도의 도시변화와 경기제의 추이 속에서 副都 경영의 양상도 함께 추정해 보았다. 우선 경기지역의 공간구조를 성종대 赤縣·畿縣·關內道의 위계적 구조→ 현종·문종대 三京을 망라하는 동심원 구조→ 무인집

---

55) 중세무역의 형태와 구분에 대해서는 다음의 논문이 참고된다. 홍희유는 무역의 주체에 따라 공무역(국가 또는 국왕의 이름으로 국가의 직접적 장악하에 이루어지는 무역)과 사무역(관리나 상인들이 개별적으로 행하는 무역)으로 구분했다(홍희유, 『조선상업사-고대·중세』, 과학백과사전종합출판사, 1989). 전해종은 관무역·일반무역·밀무역으로 구분, 중세무역을 관무역·부대무역·공인민간무역·밀무역으로 유형화하기도 했다(全海宗, 「麗·元 무역의 성격」『東洋史學硏究』12·13, 1978 ; 「中世韓中貿易形態 小考」『韓國과 中國』, 知識産業社, 1979). 장동익은 국가 대 국가, 국가와 개인, 개인과 개인의 무역으로 유형화하였다(張東翼, 『高麗後期 外交史 硏究』, 一潮閣, 1994).

한편 일련의 공동연구를 통해 그간 혼선을 빚어왔던 무역의 개념과 용어가 재정립되기에 이르렀다. 이에 따르면 공무역은 국가간의 조공무역, 사행무역은 조공무역에 편승해 외교사행에 참여한 사신이 행하는 무역형태, 사무역은 개인이 관의 승인을 받아 합법적으로 무역하는 형태, 밀무역은 사무역이 활성화되지 못한 경우 불법적으로 행한 무역으로 구분했다(이정희, 「고려전기 對遼貿易」 ; 위은숙, 「원간섭기 對元貿易-『老乞大』를 중심으로」 ; 鄭龍範, 「高麗時代 中國錢 流通과 鑄錢策-성종·숙종 연간을 중심으로」『지역과 역사』4호 1997).

권 전후 시기 兩京을 포괄하는 구조 → 원간섭기 경기지역의 分節구조56)로 설정한다.

경기지역 공간구조 변화를 통해 副都는 처음 개경·서경의 兩京制, 문종대 전후 三京制, 12세기 전후 兩京制로 변화해 가는 양상을 점검해 보려 한다. 수도가 정치·군사도시로서 중시될 건국 초창기에는 이를 보완할 副都로서 서경이 중시되었고, 경기지역 편성도 경기 북부에 국한되었다. 12세기를 기점으로 수도의 물화집산지로서의 기능이 부각되면서, 남경이 주목받기 시작했다. 이로써 경기의 군현편성과 국왕의 관심도 해당방면에 지속되었다.

고려시대 三京制에서 개경·남경의 兩京制로의 전환은 京의 축소와 함께 수도유형의 변화와 맞물려 있다. 원래 복수의 京은 중국에서도 그 연원이 오래된 것으로, 대체로 정치세력간 탄력적 조화를 염두에 둔 것이다. 중국에 서도 초창기 多京은 수도의 행정기능을 보완하는 副都로서, 정치통합 지점에 위치한다.

수도 외의 京은 시행초기 周代의 兩京制, 당송대 三京制를 거치면서 점차 수도주변의 교통·물화집산의 요충지에 입지하게 되었다.57) 중국 역대왕조 에서 수도를 보완하는 副都는 수도 유형의 변화에 따라 점차적으로 입지조건 과 지역을 달리한다. 이러한 사정은 고려에서도 유사하다. 특히 三京制에서 兩京制로 전환할 때 남경이 지속적으로 중시된 사정은 수도의 물화집산지·유 통경제중심지로서의 기능을 보완하기 위한 때문이다.

아울러 副都 경영과 축소 현상을 구명하는 데 있어서 천도론을 점검하려 한다. 종래 천도론에 대해서는 부정적·정치적 부문으로 연구가 일관되어 왔다. 남경천도론은 정치세력간 갈등요소로 비치지만, 실은 남경의 경제적

---

56) 分節構造라 함은 都市 社會史 영역에서 사용하는 개념으로, 도시공간이 사회 각 계층에 따라 분절되어 가는 현상을 지칭한다(伊藤裕久, 「都市社會の分節構造」『年報都 市史研究』8, 都市史研究會, 2000).

57) 鄭自明·富樫長榮 譯, 『支那地方政制史』, 1941, 137~140쪽.

효용성이 가시화된 것으로 보려 한다. 12세기 전후 수도의 도시변화에 따라 국왕들은 남경에 정책적 관심을 두었고, 그 연장선상에서 무인집권기 三蘇천도론, 원간섭기 남경천도론, 조선의 한양 定都까지 이어졌음을 밝힌다.

특히 그간 연구에서 주목하지 못한 무인집권기 三蘇 천도론의 의미를 적극 부여하고자 한다. 무인집권기 三蘇 가운데 더욱 자주 거론되는 左蘇는 여말에 이르면 남경 방면으로 특정되기에 이른다. 무인집권기 左蘇에 대한 논의를 조선의 한양 定都까지 이어지는 개경·남경의 兩京制 논의의 단서로 규정한다. 아울러 수도의 도시변화와 이의 영향권 내에 있는 경기지역의 운영 및 편성원리 副都 경영의 문제, 수도의 유형변화와 그에 따른 천도론의 전개양상을 상호 연결고리를 가지고 적극 구명하려 한다.

2) 연구 범위와 방향

이 책은 전근대 그 중에서도 조선후기사에 집중되어 온 도시사 연구를 고려시대에 적용하고 수도운영의 실태를 축출하려는 의도에서 출발한다. 지나치게 도성 그 자체에 매몰되어 오던 한계를 극복하고자, 首都와 京畿制, 그 안에 내재된 多京 경영의 역학구도까지 염두에 둔 연구이다.

京·畿內 副都의 개별 분산적 혹은 정체적 관점에서 각각의 시설·군현제·정치세력에만 국한되던 그간 연구에서 한 단계 나아가, 삼자를 유기적으로 엮어 그 운영원리를 밝힘으로써 고려사회의 특수를 밝히려는 의도에서 출발한다. 왕도를 중점한 공적 시스템의 결속과 해이가 인근하는 畿內, 畿內에 포섭된 多京까지를 망라하는 수도권의 역동적 운동성과 운영에 직결되는 것으로 파악한다. 이 문제는 여기서 그치지 않고 실은 동양삼국의 중세수도권의 운영과 더불어 정치행정도시에서 경제도시로서 수도의 입지 여건과 성격이 변전하는 '보편'과 '독자'의 지점을 확인하는 작업이기도 하다.

간략하게 소개한 대강의 연구 구상을 바탕하여, 이 책의 범위와 방향을 제시하도록 한다.

1장은 태조 건국 직후 왕도 개주가 도읍으로 선정될 수 있던 요인과, 왕권이 안정되는 태조 후반부터 성종·현종대까지 왕도가 일개 거읍단위를 벗어나 왕도로서 중핵적 기능을 확보해 가는 과정을 점검한다. 수도가 왕도로서 지위를 구축하는 데는 국가집권력의 강화·국내외 교역에 대한 국가 주도력·왕경인으로서 거경인식이 전제되어야 가능한 것으로 파악한다. 왕도의 위상이 강화되는 방향성을 도시시설의 구축과 수도권역 보강작업을 중심으로 살핀다.

2장은 개경이 왕도로서 도읍체계를 구축하면서, 권력중핵·정치도시로서 王都의 위상이 제고되는 사정을 서술한다. 개경의 내외 경계가 분명해져 왕도의 공적 구심력이 강화되는 배후에 수도권역의 강화가 연동되어 있다. 군사·정치도시로서 개경의 성격이 점차 경제도시로서 변전한다고 규정짓고, 물류 유통중심지로서 남경 일대가 경기영역에 포함되며 그 운영원리도 성종대 적현 기현 관내도의 위계적 구조에서 현종 이후 문종대 재정적 물화이동의 흐름을 감안한 위에 개경·서경·남경의 삼경제 영역이 차츰 대경기에 포섭되는 것을 밝히려 한다.

3장은 12세기 전후로 개경의 도시변화에 연동되어 경기지역의 개발이 이루어진 측면을 각종 도시시설의 증·개축을 통해 살핀다. 도시공간의 확장은 부정적 부문이 두드러지면 도시병폐로 이어지지만, 12세기 당시의 국왕은 개경·경기 일대의 도회적 변화에 대하여 공세적으로 대처하였다. 국가차원에서 각종의 도시위기 관리책을 제시함으로써 아직까지는 긍정적 도시화 분위기가 京·畿內에 유지된 것으로 본다.

4장은 무인집권 전후 개경의 도시문제가 확산되면서 왕도의 구심력이 이완되었음을 살핀다. 일원적 도시권력이 부재한 탓에 왕도의 공적 구심력을 유지하기 어려워졌으며, 더불어 직전까지 확장되었던 수도권역(대경기)은 축소 환원되었다. 개경·서경·남경의 삼경제 영역을 망라하던 대경기의 위축은 실제 삼경제 자체가 파행된 데 따른 것으로, 후속하여 이 시기에 삼소제 논의가 등장한다. 삼소제는 도참을 배경으로 한 국도 재편안이지만 실제 좌소로 지정된 장단현 방면이 주로 거론된다. 당시 좌소 장단현 외에 임진현 일대도 함께 부각되는 과정을 양경제로 이어지는 과도적 현상으로 이해하고, 삼소제 논의 속에서 여말선초 양경제의 시원을 찾으려 한다.

5장은 원간섭기 '대몽골 울루스' 체제 하에 개경과 인근 경기지역의 도시경관과 운영이 왜곡된 것으로 파악한다. 원간섭기 경기지역의 公的 기반 약화와 元의 정책에 따른 경기 각 영역의 분립 상황에 대하여 이후 국가차원에서 통제하려 한 노력은 경기좌우도제 시행으로 일단락된다. 좌소를 남경 일대로 특정하거나 개경·남경의 양경 천도가 거듭 진행되다가 한양 정도가 결행되면서 單京制가 정착하게 된다. 앞선 무인집권기 때 거론하기 시작한 좌소가 경기 북부에 한정된 것이라면, 여말선초에는 보다 명시적으로 남경 남한강 유역으로 구체화되었음을 밝힌다.

이 책에서 그간 고려시대 도시연구가 건국 초창기 수도개경의 도성 정비에 치우쳐 온 한계를 극복하고, 사회 내외변화가 수도의 도시변화에 결합되어 있는 측면을 구명하려 했다. 수도의 도시적 영향권 내에 한데 묶여 있는 경기지역의 편성원리와 王都의 역학관계를 공간구조의 변화라는 시각으로 접근하였다. 아울러 고려시대 경기지역의 편성은 副都 경영과도 맞물려 있음을 전제로 하여, 首都·副都·京畿 지역의 문제를 상호 유기적으로 다루어 보려 했다.

그러나 京과 경기 북부, 서경의 공간구조와 영역 각종 시설 관련한 발굴성과를 두루 섭렵하지 못한 한계가 있다. 사실 동북아시아 전체 도성제와 기내제 배도제가 상호 공유 변용되는 양상을 점검해야 하지만 이 책에서는 담아내지 못했다. 추후의 과제가 될 것이다.

여하한 한계에도 불구하고, 이 책이 고려시대 수도·부도·경기지역의 편성과 운영, 역학관계를 검토한 점, 경기제 실시에 내재한 고려시대 副都 경영의 문제, 수도와 경기지역의 도시발달 양상이 갖는 중세적 특징을 축출하려한 점에서는 나름 의미있는 시도라 여긴다.

제1장 開京 定都와 圈域의 정비

1. 도읍 선정과 開州의 위상

1) 후삼국 분열에서 통합으로

고려의 건국은 분열된 후삼국을 통합하고, 새로운 통일국가를 이룩한 것으로 평가된다. 통합초기 고려의 통일은 각지에서 할거하던 세력을 물리적으로 결합하는 정도에 불과하였다. 국가질서의 구축은 통일과정의 내홍을 겪은 후 태조 17년 예산진 조서를 반포한 이듬해 후삼국 통일을 달성한 다음에야 가능했다.[1] 이전까지는 신라하대 진성여왕대부터 이어져 온 말폐화된 잔재를 청산하고, 김헌창의 난으로 촉발된 각지 할거적인 호족의 쟁투를 수습하는 데 전력을 기울여야 했다.[2]

태조 초창기 국내통합 과정의 어려움이 예상되는 가운데 국왕 주도로 정국을 운영하기란 사실상 곤란한 여건이었다. 결국 태조로서는 전왕조인 신라, 태봉 정권과의 단절보다는 각종 정치·제도·역사적 지향의 연속선상에서 초창기 정국안정을 모색하였다. 혼란을 수습하는 과정에서는 안으로

---

[1] 『高麗史』 권2, 太祖 17년 5월 乙巳.

[2] 朱甫暾, 「新羅 下代 金憲昌의 亂과 그 性格」 『한국고대사연구』 51, 2008. 9 ; 金東洙, 「新羅 憲德·興德王代의 改革政治－특히 興德王 9년에 반포된 諸規定의 정치적 배경에 대하여－」 『三國史記 研究論選集(國內編)』 2, 1985.

고려왕실의 신성성을 천명하고 삼한일통의식을 수립하였다.[3]

궁예 휘하에서 국정경험을 한 이력이 있던 왕건은 궁예 후반부의 마진·태봉 대신에, 초기 정권 창출과정에 쓰인 '고려'를 국호로 채택하였다. 마진·태봉은 각각 마하진단·대동방국, 이상향으로 진시황이 태산에서 봉선했다는 의미를 차용한 국호이다.[4] 태조로서는 후삼국시대 唐을 중심으로 하던 세계제국적 질서가 붕괴된 이후 여러 천자가 난립하던 상황 속에서 궁예가 자신의 국가를 천하의 중심, 마하진단으로 자처하던 단계와는 결별할 필요가 있었다. 이제 천하의 주축이 태조왕건 자신이 건국한 국가가 되어야 할 상황에서, 굳이 전 왕조 궁예정권에서 천하질서의 중심을 자처하던 國名을 차용할 이유가 없었다. 왕건은 원년 포정전에서 즉위하고 국호를 고려라 자처하면서 天授 연호를 채택하여[5] 천자국 지위를 스스로 부여하였다.

원래 고려라는 국명은 이미 고구려·구려라는 명칭으로 기원 전후부터 국호로 등장하였다. 태조왕건 정권에서 국호를 굳이 '고려'로 채택한 데는 고구려 계승의식의 표방과 함께 궁예 초기정권의 각종 체계를 참작하겠다는 의향도 포함된다. 실제로 궁예 초기정권 창출과정에서 수립한 정책과 정복전쟁 수행의 과실은 태조가 계승하여 국정운영에 체현되었다.

궁예는 신라 왕족 출신으로 하대의 중앙정치무대에서 도태된 者이다. 그 후원세력은 5小京과 州治의 내륙에 소재한 낙향 진골귀족으로 각지에 고르게 분포한다. 이 때문인지 궁예 초기정권의 제반 지향은 신라중대 왕권체제로 회귀하는 데 방점이 두어졌다. 일례로 궁예가 자신의 세력을 키워가는

---

3) 이정신, 「고려 태조의 건국이념의 형성과 국내외 정세」, 『韓國史研究』 118, 2002.
   9 ; 김갑동, 「고려의 건국 및 후삼국통일의 민족사적 의미」, 『韓國史研究』 143, 2008.
   12 ; 윤경진, 「고려의 건국과 고구려 계승의식」, 『한국문화』 68, 2014.
4) 서금석, 「궁예의 國都 선정과 國號·年號 제정의 성격」, 『한국중세사연구』 42, 2015.
   마하진단은 대동방국, 태봉국은 이상향으로 진시황이 천하를 얻을 때 태산에서
   봉선한 데서 따온 명칭이다. 마진으로 국호를 설정하던 시기에 궁예의 영역은
   신라고토와 백제지역까지 아우르는 넓은 지역이었다.
5) 『高麗史』 권1, 太祖 원년 6월 丙辰.

과정에서 행한 일련의 도읍경영, 이를테면 離宮·徙民·遷都 같은 각종 시책은 신라 중대왕권에서 시행한 多京制의 경험에 따른 것이다.

명주를 떠나 철원에 도읍을 정한 후 궁예는 효공왕 9년에는 다시 철원으로 도읍을 옮기기 위해 철원의 지리적 형세를 살폈다.[6] 淸州人戶 1000여 戶를 徙民한 직후 철원을 京으로 승격하였다.[7] 궁예가 철원으로 도읍을 정한 때는 각각 진성여왕 10년과 효공왕 8년 두 시기이다. 진성여왕 10년의 철원은 궁예가 이 지역을 확보하기 이전부터 존재하던 지역이다. 효공왕 8년 移都 목적으로 相地할 무렵의 철원은 궁예가 자신의 본거지로 삼던 東州山城과는 다른, 궁예도성으로 新京이라 불렸다.[8] 궁예 휘하에서 체험한 遷都·還都·徙民·離宮 조영은 태조 건국 직후 개경 외에도 서경을 잠재적 도읍지, 陪都로 삼는 밑거름으로 작용하였다.

궁예는 신라 중대 정치체제의 영향을 받아 전제주의적 성격을 강하게 띠었다. 당시 미륵불사상에는 진표계와 태현계가 나뉘어 있었지만, 궁예는 양 계파를 적절히 조율하면서 정권유지에 탄력적으로 활용하였다. 계율을 어겨 음행이나 거짓을 행한 자를 미륵관심법으로 처벌한 사례는 계율을 중시하던 진표계를, 궁예 자신과 아들을 각각 미륵불·청광보살·신광보살이라 칭한 경우는[9] 미륵과 미타를 중시하던 태현계의 법상종과 맥이 닿아있

---

6) 『三國史記』 권12, 孝恭王 9년 7월.

7) 『三國史記』 권50, 列傳10 弓裔 ; 『三國遺事』 권1, 王歷 後高麗 ; 『三國史記』 권12, 孝恭王 2년 7월.

8) 丁善容, 「궁예의 세력 형성과정과 都邑선정」 『한국사연구』 97, 1997, 62~64쪽 ; 이재, 「궁예와 태봉의 역사적 재조명」 제3회 태봉학술제, 철원군·철원문화원, 2003 ; 강문석, 「鐵原還都 이전의 궁예정권의 성격」, 한양대 석사논문, 2004 ; 이재범, 「弓裔政權의 都邑禪定 및 移都에 관한 사료적 검토」 『史學硏究』 80, 2005. 진성여왕 10년(896) 궁예가 도읍으로 삼았다는 철원성, 효공왕 9년(905) 궁예가 정도했다는 신경은 다르다. 新京은 東州의 북쪽 27리 풍천원에 있는 것으로 도읍을 정하기 전까지 궁예는 동주산성에 머물렀다. 도성 정비의 준비작업을 마치고 이듬해 철원으로 국도를 옮겼는데 궁궐과 누정이 사치스러웠고 궁예도성의 외성 길이가 12km 정도로 규모가 컸다고 한다(육군박물관, 「강원도철원군 군사유적 지표 조사보고서」 『육군박물관유적조사보고서』 3집, 1996).

다.10) 미륵신앙은 계율을 엄수하도록 이끄는 전륜성왕으로서 궁예자신의 군주로서 역할을 강조하며 호족의 충성을 확인하는 이념적 도구로 기능하였다. 각지의 세력을 평정하는 과정에서 五戒十禪을 수행하도록 이끄는 법왕·성왕의 이미지를 구축할 목적으로 팔관회도 개최하였다. 불교신앙을 매개로 왕권의 전제화를 달성한 궁예정권의 국정 운영기조는 고려 건국 직후 태조가 신라하대 각 종파의 禪僧을 개경으로 초치함으로써11) 사상결집과 왕권강화를 도모하려던 이념 통합작업에 그대로 승계되었다.

후삼국전쟁 수행과정에서 궁예에게 일찌감치 포섭된 세력과 해당 지역은 차제에 태조의 정권창출에 주요 기간이 되었다. 궁예는 세력형성의 초창기에 처음 기훤에게 기탁하려 했으나 거절당했다. 곧이어 양길에게 의탁한 후, 명주의 김순식과 부친인 승려 허월의 도움으로 명주에서 자립하였다. 895년 궁예는 신라의 통치권 밖으로 세력을 확장하여 저족(인제)→ 성천(화천)→ 부약(김화)→ 철원→ 금성으로 진출하였다.12) 패서지역을 석권한 직후 궁예는 승령→ 임강→ 인물현으로 진출하였고, 이듬해 송악으로 천도하였다. 천도한 새 도읍지 송악의 주변을 방어할 목적으로 공암→ 검포→ 혈구를 점령하여 재지기반을 확보한 다음에는 송악에 성곽을 수축하여 궁예 자신의 도성 시설을 마련코자 하였다. 이즈음 왕건에게는 양주→ 견주를 공격케 함으로써 한산주 관내의 대부분이 궁예영역으로 편입되었다.13) 궁예 자신이 기탁해 왔던 양길세력과 대결하는 과정에서는 광주 충주 당성 청주 괴양

---

  9) 『三國史記』 권50, 列傳10 弓裔.

 10) 金杜珍, 「弓裔의 彌勒觀心法사상과 그 의미」, 『韓國學論叢』 29, 2007 ; 임평섭, 「궁예의 미륵관심법을 통한 정국운영」, 『전북사학』 45, 2014.

 11) 韓基汶, 『高麗寺院의 構造와 機能』, 民族社, 1998, 43~47쪽.

 12) 『三國史記』 권11, 眞聖王 9년 8월.

 13) 898년(孝恭王 2) 7월 궁예는 패서도와 한산주 관내 30여 성을 공취하였다(『三國遺事』 권1, 王歷 後高麗 ; 『三國史記』 권12, 孝恭王 2년 7월). 공취한 30여 성은 진성여왕 9년(895) 철원을 점령한 후 효공왕 2년(898) 7월 송악으로 천도하기까지(『三國史記』 권12, 孝恭王 2년 7월) 궁예가 치지한 전체영역으로 파악된다.

일대를 확보하기 위해 비뇌성 전투를 치렀다. 여기서 양길은 대패하였다. 결국 궁예는 원주와 남한강 유역 일대의 近畿지역까지 모두 확보하였다.

궁예의 철원 정도와 잇따른 세력 팽창에 위기의식을 느낀 패서지역과 근기지역 호족은 궁예에게 차례로 귀부하였다.[14] 송악의 왕륭 가문이 궁예에게 귀부한 시기도 이즈음이다. 궁예는 왕륭을 금성태수에 임명하는가 하면 아들 왕건에게는 철원군 태수의 직함을 부여하였다. 궁예로서는 왕건가문을 포섭함으로써 인근에 포진한 해상세력의 군사·경제적 기반을 확보할 수 있었다.[15]

궁예가 태봉을 건국하는 과정에서 일찍 복속된 패서와 한산주 관내의 近畿는 차제에 태조의 국가건설 과정에서 주요 지지기반이 되는 지역이다. 궁예 휘하에서 정복활동을 주도한 왕건은 끝까지 저항한 후백제 세력에 비해 패서 근기지역과는 상대적으로 긴밀한 연결관계를 지녔다. 이들과의 깊은 유착고리가 훗날 태조의 고려 건국을 추동하는 주요인이었다.

태조는 건국 후 북방한계선을 대동강·청천강 일대의 浿西로 설정하였다. 건국 당시 패서지역은 변경에 해당한다. 북방의 군사위협이 상존하는데도 태조가 초창기 정국안정의 동력을 이곳에서 모색한 연유는 패서권역이 궁예정권 시절부터 태조 자신과 연고가 깊은데다, 선대의 지지기반인 때문이다.

주지하듯 왕건의 선조 虎景은 성골장군으로 백두산이라 불렸던 구월산에 遊歷하다가 扶蘇山 左谷에서 정착했다.[16] 虎景의 아들인 康忠은 西江 永安村

---

14) 『三國史記』 권50, 列傳10 弓裔.

15) 鄭淸柱, 『新羅末高麗初 豪族研究』, 一潮閣, 1996, 30쪽, 199쪽.

16) 虎景이 백두산으로부터 유력해왔다는 사실은 그의 출자와 관련하여 연구되어 왔다. 이 백두산을 현재의 백두산으로 이해해 왕건가문이 백두산 부근인 남만주 또는 함경도 개마고원 근처로부터 정착해왔다고 보는 견해(朴漢卨, 「고려 왕실의 기원-고려의 고구려 계승이념과 관련하여」, 『史叢』 21·22合集, 1977, 98쪽), 백두산을 구월산으로 비정해 왕건의 선대는 구월산 근처의 패서지방에 살던 고구려 유민이었다는 견해도 있다(申瀅植, 「통일신라시대 고구려 유민의 동향-왕건 세계의 출자와

부인의 딸 具置義와 혼인해 五冠山 摩訶岬에서 살았다. 이후 산의 남쪽으로 옮겨 거주하면서 松嶽郡이라 고치고 上沙粲이 되었다. 作帝建은 商船을 타고 가던 중 서해용왕을 만나 딸 용녀와 혼인한 후, 白州의 正朝 劉相晞가 開州·貞州· 鹽州·白州의 패서지역 4州와 江華·喬桐·河陰 3현의 사람들을 거느리고 작제건을 위해 永安城을 쌓고는 궁실을 지어 주었다.[17] 왕건의 선대는 해상세력으로 개성을 중심으로 한 浿西地域 일부를 포함하여, 강화도 한강하류지역에서 해상무역에 종사하면서 재지실력자들과 연결을 맺었다. 당시는 강화도·혈 구진과 한강하류와는 연결이 다소 미약한데 비해 패서지역 세력과는 관계가 깊었다.[18] 태조대의 건국이념 수립에 일조한 세력도 黃州 崔凝과 함께 平山朴 氏·黃州黃甫氏·長端韓氏 등 패서지역 출신이다.[19]

패서권역은 鹽州·白州·貞州를 포함하는 넓은 지면이다. 浿西에 포함된 貞州는 궁예시절부터 태조의 후백제 공격기지에 해당한다. 貞州는 태조가 견훤의 나주를 공략할 때 주요 공격로의 출발지점이기도 하다. 뒤이어 태조 15년 견훤이 수군을 거느리고 예성강 일원을 공략할 때도 해로 루트는 나주→ 염주→ 백주→ 정주에 이르는 지역이다.[20] 정주는 한강·임진강·예성 강이 합류하는 장소로서 서해로 빠져 나가는 전략적 요충지이자, 왕건의 세력전체를 후원할 수 있을 정도로 서해안 해상무역의 거점이었다.

후삼국통일전쟁의 주요 공격루트는 태조 후반부터 정비되기 시작한 고려 驛道網과 대체로 일치한다. 궁예정권은 강원·경상지역권, 경기·황해지역권, 청주지역권으로 세력을 나누어 형성했다.[21] 궁예 휘하의 태조는 광주에서

　　　그 남하시기를 중심으로」『統一新羅史研究』, 1990, 106~107쪽).

17) 『高麗史』 권1, 高麗世系.
18) 鄭淸柱, 앞의 책, 1996, 99쪽.
19) 金甲童,『羅末麗初의 豪族과 社會變動 研究』, 고려대 민족문화연구소, 1990 ; 趙仁成, 『태봉의 궁예정권』, 푸른역사, 2007.
20) 『高麗史』 권1, 太祖 卽位前 開平 3년 己巳, 4년 甲戌, 15년 9월.
21) 金甲童,「高麗 建國期의 淸州勢力과 王建」『韓國史研究』 48, 1985, 35~42쪽.

시작해 후백제를 공략하였다.[22)]

후백제 지역을 경략할 당시 육로 공격로는 松嶽 → 楊州 → 原州 → 忠州→ 槐壤 → 靑州 → 康州 → 竹州 → 唐城 → 樹州 → 廣州 → 松嶽이었다. 후백제의 청주·충주·직산·공주는 태봉의 영향력이 미치는 남쪽 경계선이 되었다. 궁예정권 하에서 태조가 강원 청주 일원의 후백제 방면을 공략하려면, 이후의 고려 역도망에서 청교도·도원도·평구도가 경유하는 지역을 거쳐야 했다.[23)] 해당 방면으로 진출하기 위해서는 X자형 간선대로 구간인 王都 開州의 주변지역, 곧 차제에 원경기가 될 지역을 지나야 했다. 궁예의 정복활동은 영월에서 강원도 지역 재지세력을 규합해 송악에 정착하는 과정, 임진강을 넘어 한강 이남과 남한강 유역으로 진출, 대동강 이남의 패서지역을 복속하는 것에 있었다. 이 지역은 이후 22驛道 체제 아래에서 도원도, 청교도·평구도, 산예도 ·금교도·절령도 경로로 편성되어 있었다.[24)]

이후 정권 말, 궁예는 학정을 일삼아 민심과는 이반하였다. 최응을 위시한 삼한공신 세력이 태조를 추대하였지만 건국 직후 국내외 정세의 불안 특히 후삼국통일전쟁이 미처 수습되지 못한 가운데 기대만큼 고려 독자적 질서의 수립은 쉽지 않았다. 결국은 태조 초창기 시급한 국정 현황은 경주세력과의 타협으로 해결하였다.[25)]

---

22) 대후백제 전쟁은 해상작전을 통해서도 진행되는데 궁예의 명령을 받은 왕건은 수군을 지휘해 나주로 진출하였다. 왕건의 나주 진출을 계기로 궁예정권은 후삼국통일의 기반을 완전히 장악하였다(김갑동,『나말여초호족과 사회변동연구』, 고려대민족문화연구소, 1990 ; 문수진, 「고려건국기의 나주세력」,『성대사림』4, 1987 ; 신호철,『後百濟甄萱政權硏究』, 一潮閣, 1993 ; 문안식·이대석, 「왕건의 서남해지역 경략과 토착세력의 동향」『한국고대의 지방사회』, 혜안, 2004 ; 신성재, 「궁예정권의 군사정책과 후삼국전쟁의 전개」, 연세대 박사논문, 2006).
23) 『高麗史』권82, 兵2 站驛條.
24) 한정훈, 『고려시대 교통운수사 연구』, 혜안, 2013.
25) 경주세력의 동향에 대해서는 다음이 참고된다(金甲童, 「신라의 멸망과 경주세력의 동향」『新羅文化』10·11합집, 1994 ; 金晧東, 「나말여초 혁신기의 경주세력」『慶州史學』16, 1997 ; 朴龍雲, 「고려전기 慶州의 위상에 대한 고찰」『慶州史學』16, 1997 ; 李基白,『高麗光宗硏究』, 一潮閣, 1981, 56~61쪽 ;『高麗貴族社會의 形成』, 一潮閣, 1990 ;『崔

경순왕의 從弟 金裕廉은 태조 13년 왕건이 고창전투에 승리한 이듬해 경주를 방문했을 때 경순왕을 따라 고려에 귀부한 인물이다.[26] 원성왕계 후손인 金仁允은 태조를 섬겨 후삼국통일에 공훈이 있다하여 이후 삼한공신으로 추대되었다.[27] 경주최씨 崔彦撝는 고려가 개국하자 太子師父로서 文翰職을 담당해 태조에 적극적으로 공헌한 인물이다.[28] 경주이씨 李金書 역시 태조에게 협조한 인물로 삼한공신에 추대되었다.[29] 적어도 태조 초창기 경주세력은 정권의 튼실한 지원세력으로 역할을 하였다.

2) 개경 定都와 그 위상

건국 당시 고려의 북쪽 경계는 북방한계선인 대동강과 원흥만을 연결하는 선에 가까웠다. 전국의 효율적 통치를 위해서 수도는 국토의 중심부에 위치해야 하지만, 개경은 북쪽 변경에 치우쳐 수도 입지로서는 적합하지 않았다. 적어도 태조 초창기에는 수도로서 개경은 전국 통치행정과 물류체계의 중심에 서지 못해서, 중앙과 주변거리의 최소화 결과 나타나는 통치의 시간과 비용절감 효과를 기대할 수도 없었다.

개경의 자연지세와 풍수적 형국도 수도의 입지조건을 충족하지는 못했다. 개경은 북쪽으로 松嶽山, 서쪽으로는 蜈蚣山, 남쪽으로는 龍首山을 마주한다.[30] 松嶽山 뒤로 五冠山이 鎭山의 역할을 하고 남쪽으로 朝山에 해당하는

承老上書文研究」, 一潮閣, 1993 ; 具山祐, 「鄕村支配層 통제와 향촌사회의 내부 질서」 『高麗前期 鄕村支配體制 硏究』, 혜안, 2003, 462~463쪽 ; 정은정, 「고려전기 慶州圈域 정비와 邑內外 분리」 『한국사연구』 154, 2011. 9 ; 「고려중기 경주의 邑基 이전과 景觀」 『史學硏究』 106, 2012. 6).

26) 『三國史記』 권12, 新羅本紀 敬順王 5년 2월 ; 『高麗史』 권2, 太祖 14년 2월 辛亥.
27) 『韓國金石文追補』 金之祐墓誌.
28) 『高麗史』 권92, 列傳5 崔彦撝.
29) 『高麗史』 권109, 列傳22, 李瑨 附 李金書.
30) 『新增東國輿地勝覽』 권4, 開城府(上) 山川條.

進鳳山이 소재한다.[31] 水勢는 만월대 內局에서 모아지는 한 줄기, 자남산 동쪽 선죽교를 지나는 한 줄기, 오공산 남쪽에서 동으로 흐르는 한 줄기가 모여 內城의 남대문 밖에서 합수하여 동남방의 보정문 아래 수구문을 지나 성 밖으로 유출되는 形局이다.[32] 성 밖으로 유출된 물줄기는 沙川과 합류해서는 동강, 임진강으로 유입된다. 개경 내외 水流는 外水인 임진강과 합류할 때까지 줄곧 빠지고 물흐름이 급해져 강우기의 자연재해에는 열악했다. 환경적으로 열악한데다 변경에 치우친 한계는 '명당관념'을 덧입혀 극복하려 했다. 扶蘇明堂이니 松嶽明堂이니 하는 明堂의 땅이라 하여 백성들에게 심리적 안정감을 갖도록 기대하였다.

전반적으로 수도 입지조건의 열세에도 불구하고 개경을 도읍으로 삼은 까닭은 이미 지적한대로 북으로는 황해·강원지역, 남으로 충청·경상지역의 중심에 입지하여 후삼국전쟁 수행의 전략적 요충지라는 요인이 크게 작용하였다. 송악은 태봉과 후백제를 공략하기 유리한 육상작전 수행의 전진기지로서 수도로서는 군사적·전략적 입지를 두루 갖추었다. 개경은 태조 자신의 세거지인 浿江鎭 지역에 인접해 있어 사실상 초창기 국왕의 정치적 기간지로 활용할 수 있었다.

태조는 원년 철원을 도읍으로 삼은 이듬해 도읍을 송악의 남쪽으로 옮기면서 송악군과 개성군의 2군의 땅에 걸쳐 王都 開州를 설정하였다.

> 신라 松嶽郡은 본시 고구려 扶蘇岬이요, 開城郡은 본시 고구려 冬比忽인데 고려 태조 2년 鐵原으로부터 都邑을 松嶽의 남쪽으로 옮기면서 2郡의 땅에 걸쳐 開州를 두고는 궁궐을 창건하고 市廛을 세우며 坊里를 가리어 5部로

---

31) 村山智順 著·崔吉成 譯,『朝鮮의 風水』, 民音社, 1990, 223~230쪽.
32) 孫禎睦,「風水地理設이 都邑形成에 미친 影響에 대한 研究」『都市問題』8~11號, 1973 ; 李基白,「韓國風水地理說의 起源」『韓國史市民講座』14, 1994, 9~10쪽 ; 金基德,「高麗時代 開京의 風水地理的 考察」『한국사상사학』17, 2001 ; 金昌賢,「高麗의 運數觀과 都邑經營」『國史學報』15, 2003.

나누었다.[33]

開城郡은 본래 고구려 冬比忽이었는데 景德王이 이름을 고쳤다. 지금은 開城府이다. 領縣은 2개이다.[34]

松岳郡은 본래 高句麗 扶蘇岬이었는데 孝昭王 3년(694)에 성을 쌓았으며 景德王이 그대로 따랐다. 태조가 개국하면서 王畿로 삼았다. 領縣은 2개이다.[35]

王京開城府는 본래 고구려 扶蘇岬이다. 신라에서 松嶽郡으로 고쳤다. 太祖 2년(919)에 松嶽의 남쪽에 도읍을 정하여 開州라 하고 궁궐을 창건하였다.[36]

송악군은 고구려 부소갑인데 신라 효소왕대 축성한 후 송악군으로 개칭하였다. 태조 2년 송악의 남쪽에 도읍을 정한 후에는 郡을 올려 開州라 하였으며 王畿로 삼았다.[37] 개성군은 본래 고구려 동비홀인데 그 영현이 2개이다. 개성군과 송악군의 2郡에 걸쳐졌다고 밝힌 왕도 개주의 실제 범역은 송림현과 강음현이 속해 있던 송악군, 덕수현과 임진현이 속하던 개성군 전체를 아우르는 영역이다.[38] 넓은 범역의 開州 중에서는 송악의 남쪽에 宮闕 坊里

33) 『新增東國輿地勝覽』 권4, 開城府(上) 山川條.
34) 『三國史記』 권35, 雜志4 地理2 開城郡, "本高句麗冬比忽, 景德王改名 今開城府 領縣二."
35) 『三國史記』 권35, 雜志4 地理2 松嶽郡, "松岳郡 本高句麗扶蘇岬 孝昭王三年築城 景德王因之 我太祖 開國爲王畿 領縣二."
36) 『高麗史』 권56, 地理1 王京開城府 沿革, "王京開城府 本高句麗扶蘇岬 新羅改松嶽郡 太祖二年 定都 于松嶽之陽 爲開州 創宮闕 …."
37) 『三國史記』 권35, 雜志4 地理2 松嶽郡.
38) 정학수는 태조 2년 설치한 王都 開州는 王都이자 京畿로서 후대의 京과 경기제의 토대가 되는 것으로 보았다. 5部坊里가 적용된 개경은 開州 직할읍을 바탕으로 都內 10利이 분포한 주변지역까지 포괄하는 범위로 설정하였다(鄭學洙, 「고려전기 京畿制 연구」, 건국대 박사논문, 2008). 기본적으로 정학수의 견해와 동일한 입장에서

市廛을 둠으로써 이곳을 開州의 중심으로 삼고, 남은 開州의 영현을 주변부로 설정하였다. 왕도 開州 전체에서 邑治(邑內)는 송악군 전부와 현종대 羅城으로 둘러싸일 일정영역이 해당한다. 외곽에는 차후 京畿地域으로 분리될 개성현까지를 포함하여 태조 2년 王都開州가 만들어진 셈이다.

定都 당시 王都開州는 일개 大邑 단계로서 송악군 治所를 중심으로 궁궐과 시전을 조성한 國邑 정도의 제한적 의미만을 지녔다.[39] 중심인 송악현(邑內 邑外)과 주변으로서 개성현이 혼합되어 지방과 도성이 분리되지 못한 채 그 명칭에서도 알 수 있듯, 王都는 州 정도의 지위에 불과하였다. 왕도 개주를 중심과 주변의 양면으로 나누어 본다면, 중심은 송악현 일대를, 주변은 개성현을 칭한다. 현종대에 가서야 송악현이 5部坊里로 분리되어 중심성이 더욱 부각되고, 개성현은 지방으로서 경기에 편성되어 주변부로 격하된다. 적어도 현종 이전 태조대의 王都 開州는 중앙과 지방이 완전하게 분기되지 않았으며, 개성현의 촌락적 경관까지 혼효되어 있었다.

후삼국통일을 달성한 태조 후반부터는 王都로서 개경이 본격적으로 정비되기 시작했다. 개경을 중심으로 각종 군사·행정·재정관련 시설이 집중되어 王都의 공적 구심력이 점차 확보되기에 이르렀다. 王都의 위상은 국가집권력 강화와 물류체계의 중추로서 부각되면서 확고해지는 경향에 있다. 王京人 스스로도 수도 거주민이라는 인식의 확립과 함께 도성과 지방의 차별화가

박종진은 태조 2년 군현제 초석을 신라하대 군현제에서 찾고, 開州의 기본구조 역시 직전의 9州를 계승한 것으로 파악한다. 王都開州의 범역을 송악군과 그 영군현, 개성군과 그 영군현을 합한 전체(송악군·송림현·강음현, 개성군·덕수현·임진현)로 보고, 협의로는 개경이 되는 송악군의 都內를 칭하지만 광의로는 송악군 외에 나머지 5군현(강음·송림·개성·덕수·임진현)의 공간을 포괄하는 것이라 보았다(박종진,「고려전기 開城府의 변천과 지리적 범위」『동방학지』157, 2012. 3, 171~174쪽). 일제강점기의 일본학자는 2郡의 땅에 걸쳐진 왕도 개주는 신라하대에는 開城의 大井이 있던 경기도 개성군 중서면 토성리 일대로 비정하였다(今西龍,「古開城府考」『朝鮮古蹟調査報告-大正5年度』, 朝鮮總督府, 1917, 影印本 1974, 土城里土城, 196~198쪽).

39) 鄭學洙, 위의 박사논문, 2008, 61~66쪽.

전제되어야 한다. 이는 태조 이후 현종대까지 왕경 용례의 변화와 왕경의식의 성립, 국가의 대외주도권 장악, 국가 재정적 유통영역으로서 시전 기능의 강화로 왕도의 위상을 구체화할 수 있다.

태조대 도성건설 추진세력은 이후 거경관인이 되지만, 京을 주 근거지로 여길만한 국가차원의 물적 공급이 제대로 이루어지지 못했다. 태조대 結負制에 의한 租 수취가 이루어지다가 수조율이 종래 3/10에서 1/10로 낮추어졌다. 한때 후삼국전쟁을 치르면서 귀순한 성주 장군, 왕실 근친·개국공신에게 녹읍을 지급하기도 했다. 그 지배적 내용은 일정지역에 대한 독자적 지배권을 용인하는 방식으로, 출신 지역의 재지적 기반을 추인해 주는 형태였다.[40]

태조 17년 예산진 조서에서 녹읍 지급의 가혹한 수취를 지적한 데 이어[41] 同 23년에는 役分田을 지급하는 조치가 뒤따랐다.[42] 이 해에 녹읍 지급의 문제를 제기한 것은 민의 재생산 기반을 안정화하려는 의도에 있다. 祿邑과 役分田은 거경관인에게 관직복무의 대가로 일종의 호혜적 관계 즉 관인에게는 거경인식을, 국왕에게는 신료와의 사이에 봉건적 禮 질서를 구축케 하는 田柴科의 국가적 토지분급 의도까지는 미치지 못한다. 田柴科의 수립에 따른 거경인식의 성장은 제도의 시원이 마련되는 경종 원년까지 기다려야 했다.

태조대 미온적이나마 관인의 생활보장책으로 기능한 祿邑과 役分田은 실질적으로 왕경보다는 재지사회와 보다 용이하게 결합하였다. 태조 후반부에도 王京人 스스로 지방과 구분되는 차별의식을 갖기는 어려웠을 것이다. 결과 태조대 王都 開州는 거경인식의 측면에서도 권력중핵이라는 위상을 갖기에 다소 부족하였다.

건국 이듬해부터는 송악에 市廛을 두면서 국가 주도의 官市체제 정비에도 착수했다. 시전은 태조 2년 건립 이후 동 3년 개경의 乳岩에 油市가 건립되면서

---

40) 洪承基, 『高麗太祖의 國家經營』, 서울대출판부, 1996, 253~264쪽.
41) 『高麗史』 권2, 太祖 17년 5월.
42) 『高麗史』 권78, 食貨1 田制 田柴科, 太祖 23年 初定役分田.

수도건설 입안 단계부터 정비되었다.[43] 고려의 시전은 수당 장안성, 경주와 같이 정연한 坊里制 하에 立廛한 것이 아니라, 하천변이나 十字路 부근에 주로 소재하였다.[44]

수도 상업시설로서 시전은 이후 王都에 각종 시설의 정비로 소비인구가 많아지게 되자 일상적 소모품을 매매할 목적에서 증개축이 이루어졌다. 그러나 태조 초창기 당시만 하더라도, 궁예의 폭정으로 민심이 이완되고 후삼국 통일전쟁 수행과정에서 발생한 광범한 陳田으로 인해 농업생산에서 항상적 잉여창출은 기대할 수 없었다.[45] 국내통일 과정의 긴급한 재정은 귀부호족의 경제력과 군사력에서 지원받았다. 시전 경영을 통한 상업재정이 국가수입원에서 차지하는 비중도 크지 않았다. 국내 유통을 관할하면서 중앙집권력을 강화하려던 노력은 태조 초창기에는 별다른 소기의 성과를 거두지는 못하였다.

초창기 王都 開州가 갖는 제반 한계는 태조대 이후 상당동안을 잠재적 도읍지 수준의 불안정한 위상에 머물게 했다. 이러한 이유로 定宗代에 이르러 建國主 태조의 정권 창출 원동력인 패서세력은 서경을 도읍지로 경영하려 했다. 서경천도가 실패로 귀결된 직후 패서세력의 중앙정계 진출은 잠시나마 차단되었다. 광종대에 패서지역 세력 기반을 제압한 다음부터는 개경·서경 간에 定都를 둘러싼 불균형은 사라지면서, 개경의 도읍경영이 착실히 진전될 수 있었다. 광종 11년에는 개경을 皇都로 격상하고, 서경을 서쪽 방면의 도읍 정도의 의미를 갖는 西都로 특정하면서[46] 천자국의 지위를 왕도 개경의 도읍 명칭에서 구현하려 했다. 王都를 격상시키려는 노력은 일련의 禮制 정비과정 속에도 있었다. 皇都로 도읍 위상을 격상시킨 광종대는 중화를

43) 『三國遺事』 권1, 王曆1 太祖 庚辰.

44) 서성호, 「고려시기 개경의 시장과 주거」 『역사와 현실』 38, 2000, 94~100쪽.

45) 金琪燮, 「고려시기 농민의 토지소유와 전시과의 성격」 『한국사론』 17, 1987, 112~120쪽.

46) 『高麗史』 권2, 光宗 11년 3월.

모방해 官服을 제정하고,[47] 국왕 자신이 『貞觀政要』를 읽어[48] 유교적 이념에 입각하여 통치 질서를 구현하려 했다.

성종 14년 王都開州를 王京開城府로 대체하면서[49] 州 단계의 지위를 벗어난 데다, 광종대의 皇都보다 지위가 격상된 王京의 용례를 획득하였다.[50] 연이어 성종대에는 唐律을 수용함으로써 국가체제를 정비했다. 성종 7년 李陽은 封事에서 禮記的 사상의 구현을 강조하면서 月令에 입각해 籍田과 토우의례를 제안하고, 周禮에 의거해 나라의 풍속을 밝히라고 상서하였다.[51] 현종 9년 劉瑨이 刑政을 율령에 준수하여 집행하라고 건의하는가 하면 同 16년에는 禮記의 月令이 수용되어[52] 국가의 전반적 지배이념으로 고착화되었다. 周禮 的 질서로써 중앙집권체제를 확립하려는 의도는 都城 공간에 천자국의 지위 를 구축하려는 노력으로 이어졌다. 그 결과 원구·종묘·사직을 『周禮』에 근거하여 도성에 순차적으로 배치하였다.[53]

성종 14년 王都開州를 대체한 王京開城府의 영역은 5部坊里와 赤縣·畿縣 일대까지를 포괄했다. 왕경개성부의 중심은 어디까지나 五部坊里와 각종의

---

47) 『高麗史』 권2, 光宗 11년 3월.

48) 『高麗史』 권2, 光宗 元年 正月.

49) 『高麗史』 권56, 地理1 王京開城府 沿革 成宗 14년.

50) 京과 都는 유사한 개념으로 사용되지만, 엄밀히 따지자면 京은 천자의 皇居만을 지칭하고 都는 제후국·성읍에 국한된다(『大漢和辭典』 권2, 546쪽 ; 권11, 277쪽). 일반적으로 수도를 지칭하는 명사는 京城·王城·都城 등이 있다. 비슷한 개념으로 國都·京城·都城·京師·皇都가 있다. 수도와 동일한 의미를 갖는 보통명사로서 王都라 함은 왕조의 의미가 농후한 것으로, 王京·王城도 모두 수도를 지칭하는 개념이다. 고려시대 경우 수도를 지칭하는 용례는 다양하나, 주로 王都·王師·王京·京師·京都·松嶽·開城으로 표기되었다. 송악현과 관련해서는 송도, 개성현과 관련해서는 개성으로 양자가 병행하여 쓰이다가, 성종 이후에는 수도일반을 칭하는 용례는 왕경으로 단일화되었다(朴龍雲, 『고려시대 開京 연구』, 一志社, 1996, 44~45쪽).

51) 『高麗史』 권3, 成宗 7년 2월.

52) 『高麗史』 권5, 顯宗 16년 6월 己未 ; 권94, 列傳7 劉瑨 ; 권85, 刑法2 恤刑 顯宗 9년.

53) 李熙德, 『高麗儒敎政治思想의 硏究』, 一潮閣, 1984, 61~93쪽 ; 鄭學洙, 앞의 논문, 110~119 쪽 ; 한정수, 「高麗時代<禮記>月令思想의 도입」, 『史學硏究』 66, 2002 ; 「고려시대 개경 의 祀典 정비와 제사 공간」, 『역사와 현실』 60, 2006.

도시 시설이 집중한 송악현 일대이다. 송악현의 邑治를 중심으로 赤縣·畿縣이 함께 왕경개성부의 일괄적 관할을 받았던 것이다.[54] 이처럼 성종대 왕경개성부의 구조는 왕경 五部坊里를 정점으로 赤縣 畿縣이 순차적으로 배치되어 서열적 구조를 형성하였다. 상징적이나마 공간구조 측면에서 개경이 國都로서 지위가 높아진 데 따른 것이다. 성종대 왕경개성부로의 전환은 태조 후반부터 수도를 중심으로 하는 전국 통치행정력이 제고된 것으로 정치구심력이 강화된 결과, 도읍 명칭도 京으로 승격된 것이 아닌가 한다.

국초부터 일련의 노력이 진전되었으나, 국가가 중심이 되는 유통질서의 수립은 성종대 전후해서 가능해졌다. 성종 2년 이미 개경에는 成禮, 樂賓, 玉漿, 喜賓, 延靈, 靈液의 酒店이 증설되었다.[55] 당시 상업정책의 기본구도는 실질가치를 지닌 米布의 비축을 통해 거란침입에 대한 국방비 마련과 성종의 왕권강화 목적에서 진행되었다.[56] 鑄錢策은 귀족층에 통용되던 고액화폐 銀이 국가의 장악대상에서 제외되므로 鐵錢 주조는 호족층의 유통영역에 대한 통제조치이다.[57] 국가가 국내 유통경제를 전면 통제하려 했지만 지방과 연결되어 있던 중앙귀족과 재지세력의 기득권까지 전면적으로 흡수하는 것은 불가능했다. 귀족층의 사적 유통 영역은 자생적으로 유지되었으며, 국가가 운영하는 市廛 역시 개경 내에 한정되는 것이었다. 성종대까지 시전의 건립은 제한적인데다 도성 공간 배치의 형식적 차원에 불과하여 상업적

---

54) 성종 14년의 이 조치로 개성부는 지방관청이 아니라 중앙관서의 기구로 편입되었다. 赤縣은 京都가 직접 관할하는 현, 畿縣은 京都 주위의 현이 해당한다. 赤縣이 관할한 6군현은 송악·개성·정주·덕수·송림·임진현, 畿縣이 관할한 7현은 토산·임강·적성·파평·마전·강음·장단현으로 비정된다. 중국에서 이궁이나 행궁이 있는 곳이나 능묘가 많은 곳을 별도로 선정하여 京都 治所의 현=赤縣을 설치한 것처럼 고려의 赤縣도 그러한 취지에 있다(尹武炳,「소위 赤縣에 대하여」『李丙燾博士華甲紀念論叢』, 一潮閣, 1956).

55) 『高麗史』권3, 成宗 2년 10월 己亥.

56) 蔡雄錫,「高麗前期 貨幣流通의 基盤」『韓國文化』9, 1988, 102~103쪽.

57) 鄭龍範,「高麗時代 中國錢의 流通과 鑄錢策」『지역과 역사』4, 1997, 116~119쪽.

성향을 가진 개경주변 재지호족의 경제기반을 국가차원으로 환수하려는 목적을 달성하지는 못했다.

성종대 왕도가 京으로 승격되어 태조대의 군사적 거점이라는 한계를 벗어나 정치적 구심력을 크게 확보할 수는 있었다. 그러나 여전히 국내외 물류의 중추에 서지는 못해 권력중핵, 왕도로서는 한계가 있었다. 성종대까지 개경이 '京'의 지위에 상응하지 못하는 미비점은 추후 현종대 재정 유통체계의 정비가 일단락되면서 채워질 수 있었다.

주시하는 현종대는 건설에 착수한 지 20여년 만에 나성이 완공되어[58] 개경은 도성의 형태면에서 궁성·황성·나성의 3중성 체제를 갖추었다. 나성의 성곽이 각종 도시시설이 입지한 송악현을 에워싸게 되어, 5部坊里 영역과 지방으로서 경기지역은 이제야 분리되었다. 종전까지 도성과 지방으로서 京畿가 미분화된 상태는 현종대에 이르러 크게 극복되었다. 나성건설로 인해 비로소 중국적 도성체제가 갖추어진다.[59]

그런데 현종대 나성건설을 전후한 시기는 王都에 대한 개념적 구별이 필요하다. 성곽 축성을 계기로 수도를 지칭하는 용례가 왕경에서 왕성으로 정착되었다. 아울러 종래까지 성안 도내 등 모호하게 가리키던 왕경의 범주도 나성 안을 구체적으로 칭하게 되었다. 왕경의 범위가 고작 '나성 내외'의 협애한 곳에 제한되는 것처럼 보일지 모르지만, 성안=도성의 핵심부라는 인지적 분별의식이 나성축조를 계기로 성숙되어 갈 것은 분명하다.

현종대는 개경의 용례가 왕성으로 부기된 외에도, 개경에 상주할 관료군에

---

58) 『高麗史』권5, 顯宗 20년 8월.

59) 賀業鋸 著·윤정숙 譯, 『中國都城制度의 理論』, 이회출판사, 1995, 40~41쪽 ; 金關恕, 「都市の出現」『古代史の論点』3, 小學館, 1998, 62~67쪽 ; 山尾幸久, 「日本古代の都市について」『彌生の環濠都市と巨大神殿』, 池上曾根貴跡史蹟指定20周年記念事業實行委員會編, 1996 ; 朴方龍, 「都城·城址」『韓國史論』15, 1985, 337쪽, 341~342쪽 ; 邢基柱, 「都城計劃縱考」『日本學』5, 東國大日本學研究所, 1987, 279쪽 ; 金起燮, 「百濟初期 都城에 대한 一考察」『淸溪史學』7, 1990, 1~3쪽.

대한 국가적 토지분급제, 즉 전시과 제도가 景宗代 그 시원이 마련되어 폐기되지 않은 채 착실하게 정비가 진척되었다.[60] 거경관료로서는 물적 지급을 매개로 지방과는 구분되는 왕경인으로서 인식이 확장될 수 있었다. 거경의식의 성장은 처음 관료개인의 인지적 자각에서 비롯할 테지만, 京이 그만큼 각종의 물적 토양을 구축해야 비로소 발현된다.

이에 가세하여 현종 연간은 성종대까지 이루어진 정치 구심력의 확보 위에 국내외 물화집산에 대한 수도의 통제력은 더욱 강화되었다. 최승로가 성종에게 올린 시무 28조 가운데 승려의 館驛 유숙을 금지하거나[61] 이후 현종대에 승려의 불법적인 釀造행위를 규제한 조치는[62] 사원을 중심으로 한 개경과 지방의 국내교역이 발전할 수 있던 소지를 말해준다. 그러나 중앙정부는 이들의 상업활동을 전면 통제하였다. 현종 5년 객사한 商旅를 성명과 본관을 알 수 없는 자는 소재 관사에서 대략적인 나이와 용모, 특징을 기록해 두라고 하였다.[63] 상인층이 국가 규제 속에 있었음을 알 수 있다.

현종대 국내외 상업활동에 대한 공적 통제력이 크게 신장된데다, 국가 주도의 재정운영과 유통기구 정비도 한층 진전되었다. 지방단위에서 독자적 으로 운영되던 재정이 중앙 중심으로 편성되었고, 물류수송의 대동맥이 되는 교통로 또한 왕도 개경을 중심으로 재편되어 국가적 물류체계 정비가 일단락되었다. 태조 후반부터 성종 현종대까지 점진적으로 국가 재정기구와 유통체계를 수립하면서 개경은 전국운영의 중심부가 될 수 있었다. 이러한 제반 사정은 현종대 개경이 정치와 재정 국가적 유통체계의 중추로서 도읍지

---

60) 田柴科 제도는 경종대 시정된 이후에도 문종대 경정되기까지 단속적이지 않다. 田地와 柴地를 畿內에 분급하는 전시과제도 자체는 군현제와 토지제가 착종되는 제도이다. 비록 현종대 田柴科제도 자체를 입증할 관련기사를 확인할 수는 없음에도 전시과와 경기제의 전후맥락을 보아 현종대에도 관료의 대우체계로서 田柴科가 여전히 기능을 유지했을 가능성은 충분하다.

61) 『高麗史』 권93, 列傳6 崔承老 ; 권85, 刑法2 禁令 崔承老 上書.

62) 『高麗史』 권5, 顯宗 18년 6월.

63) 『高麗史』 권4, 顯宗 5년 6월.

위를 굳히게 되었음을 뜻한다.

이상 개경은 태조 선대부터의 군사적 기반이 있던 지역이며, 태조 왕건의 정치적 배후지였다. 개주는 분지 지형으로 후백제와 태봉영역의 중심부에 위치해 방어와 공격의 군사작전을 펼치기에 유리한, 수도로서 전략적 입지를 갖추었다. 태조대 巨邑 단계의 王都 開州→ 성종대 王京開城府→ 현종대 王城으로 개칭되면서 차츰 수도로서 지위를 갖추어갔다.

王都 開州로 불리던 시점과 京으로 불리던 시점은 구분되어야 할 것이다. 성종대 왕경개성부가 된 것은 일개 읍호 정도를 벗어나 왕경으로 성장한 데 따른 것이다. 다만 성종 14년 왕도 개주가 왕경개성부로 승격되면서 특별행정구역의 지위를 획득하긴 했어도 개성부 체제 하에 왕경 5부방리와 적현 기현 모두를 함께 관할하는 형태였다. 이를테면 수도에 촌락적 경관까지 함께 혼효한 상태로서 경의 지위가 불안정한 상태였다. 차제에 나성건설로 도성체계 정비가 일단락되는데다, 수도가 정치 구심성을 확보한 위에 재정적 측면에서도 실질적으로 전국운영의 중핵으로 자리매김되었다. 현종대 수도 개경은 정치·경제 양 방면에서 공적 구심력을 확보하여 비로소 王都로서 그 위상이 강화되기에 이르렀다.

2. 도성 정비와 도시 시설의 배치

1) 중세전환기 동북아시아 도성제

고대의 동양삼국은 당을 중심으로 한 세계제국적 질서에 편입함으로써 당령을 정점으로 소위 동북아시아 율령 네트워크가 형성되었다. 국왕의 권위는 唐令으로 뒷받침되는가 하면, 그 상징적 권위는 국가권력이 일차적으로 침투하는 도성공간에 고스란히 구현된다. 당 장안성과 일본의 전기 헤이안경, 신라 경주는 당시 보편으로 작동하던 唐令의 본원인『周禮考工記』방식의 도시모델을 자국실정에 맞추어 능동적으로 적용해 나가지만, 어느 정도 수준에서는 상호 유사한 도시경관을 연출하였다.

唐令을 정점에 둔 동북아시아 세계제국적 틀은 주시하듯 10세기 후반부터 흔들리기 시작했다. 대체로 11세기 초까지는 중세전환기로서 唐末五代·일본의 후기 헤이안 시기가 이에 해당한다. 당 전기 장안성이 가진 정치·행정도시적 성격은 후기 장안성과 송 개봉부 단계에 이르면 경제도시로서 전환한다. 경제도시가 갖는 물류 유통거점으로서 기능은 도성공간에서 각종 유통기구의 배치와, 종전까지 도성을 엄격히 통제하던 坊市制·坊里制의 해체로 우선해서 드러난다. 결국 唐令이 이완된 후기의 장안성이나 송 개봉부는 周禮考工記에 엄격하려던 전기의 도성구조와는 확연히 차이난다.

중세전환의 시점, 동북아시아 각국간 인적·물적 교류의 결과 당 후기 장안성 모델이 인접국가의 도성에도 공유될 개연성이 있다. 실제 당 후기 장안성과 송개봉부, 일본의 후기 헤이안경 개경의 도성경관은 상호 유사한 측면이 간파된다. 도시혁명기라 불리는 송대 사회의 도시화의 결과, 송 개봉부의 공간구조 패턴은 당 전기와는 확연히 구분된다. 게다가 이 시기 인접하는 고려, 일본의 도성에도 당 후기 장안성과 경관을 공유한다. 원래 도성설계의 전형인 주례고공기식의 도시모델이 더 이상 '보편'으로 작동하지 않게 되면서, 각국 실정에 맞춰 독자의 중세적 도성경관을 구축하였다.

동아시아 삼국이 중세전환기에 도성경관을 만들어 가는 과정에서 상호 유사한 경관 패턴을 갖게 된 결정적 사유를 동아시아 율령네트워크의 이완과 공유라는 관점에서 주목하려 한다. 율령의 수용과 고대국가의 도성제 성립은 짝을 이루는 바, 율령의 이완과 중세전환기의 도시 경관도 역시 톱니바퀴처럼 맞물려 있다.[64] 율령이 禮로써 국왕을 통치의 정점에 두는 것이라면, 국왕의

---

64) 율령이 동북아시아 각국을 공통분모로 엮어내기도 하지만, 각국의 차별적 상황에 맞추어 독자적 법질서를 구축하였다. 율령·국가권력·도성제의 정비가 맥락을 같이

일상공간에서 권위를 높이려 한 것이 都城制이다. 당령이 이완되던 동양 삼국의 각국에서 변화해가는 자연스러운 도성경관은 직전의 律令이 규율하던 정치 행정도시적 면모를 탈각하여 경제도시로서 모습을 구현하기에 이른다.

특히 경제도시적 변화의 외형적 측면은 종전의 도성을 엄격히 규율 통제하던 坊里 坊市制의 해체나 가로망의 부정형성, 다소 자율적인 시전의 배치로 구현된다는 점에 착안하여, 동시기 당·일본·고려 수도의 도시시설 분포 현황을 차례로 살필 것이다. 율령제와 도성제를 짝해 '율령도시'라는 시각에서, 이 무렵 율령의 이완과 도시변화의 코드를 '공유와 차별화'라는 맥락에서 점검하는 것을 본 장의 최우선 과제로 삼으려 한다.

(1) 중국과 일본의 중세전환기 도성

천하질서의 투영이라는 관점에서는 율령제와 도성제는 상보적이다. 국왕이 수도를 옮기려 할 때 혹은 왕권의 교체나 신왕조의 수립 시 각종 교서가 수시로 반포되는 것에서 알 수 있다. 국왕이 권력 강화를 시도하거나 都를 재정비하고자 할 때 수반되는 것이 율령과 그 하부의 세부적 법조항인 것이다.[65] 이렇듯 율령의 성립과 도성제의 양식적 정형화는 시기적으로 맞물린 데다 국왕권 강화의 매 시기마다 율령조칙의 반포와 도성정비가 중첩적으로 단행된다. 이처럼 令의 반포와 도읍정비 시점이 일치한다는

한다는 관점은 일본사의 율령제도사와 국가론 부문에서 상당한 관련 연구성과가 있다(北村優秀,『日唐都城比較制度試論』池田溫 編著,『中國禮法と日本律令制』, 東方書店, 1992 ; 館野和己,「天武天皇の都城構想」, 榮原永遠南 外,『律令國家史論集』, 塙書房, 2010).

65) 율령은 형벌 법규로서 율과 행정법규인 령이 합치된 것으로 형벌 행정의 법규에 기반한다. 천자 곧 황제의 御所를 중심으로 한 세계질서를 율령을 통해서 도성공간에 구현하려는 것은 율령과 도성이 공유하는 본질에 해당한다.

점에서 중세전환기에도 율령도시의 관점을 적용할 수 있다.[66] 도성제와 율령제, 국가론 부분은 상호 같은 맥락에 있다 해도 과언이 아니다.

당 후기 장안성과 송 개봉부는 주례적 질서가 엄격히 적용되던 전기 장안성과는 도성 경관의 연출방식이 확연히 구분된다. 행정도시로서 성격이 확실시되던 전기 장안성과 송 개봉부의 경관이 차이나는 것은 지형지세가 『周禮』에서 표방하던 평지형의 도시상을 구축하기 어려웠던 사정을 우선 꼽을 수 있다. 그러나 지형적 입지만을 고려한다면 송 개봉부는 어떻게든 설명이 되더라도 후기 장안성의 경우는 선뜻 납득하기 곤란하다. 전기 장안성의 도읍터 위에 각종의 도시시설이 새로이 추가 배치되는 탓에, 전 후기 장안성은 기본적으로 동일한 지형의 입지조건을 갖는다. 따라서 도성의 입지 외에 중세전환기 도시경관의 차이를 초래한 결정적 요인은 『周禮考工記』 도시모델 적용을 놓고, 그 이념적 지형의 변화를 지적할 수 있다.

『周禮考工記』는 중국인의 세계관이 반영된 것으로,[67] 중화사상과 皇權지상주의가 都城 공간 속에 표출된다.[68] 중국 고대의 도시들은 대부분이 井田制에 따라 바둑판 모양으로 설계되는데 천자는 하늘과 땅의 매개자로서 항상 북쪽에서 南面자세를 취해야 했다. 都城 공간은 禮制에서 표하는 天道卽圓·地道卽方 사상에 입각해 평지에 입지하여 주로 방형을 띤다.

국왕이 사용하는 중심건물인 皇宮은 남북 주축선의 중심부에 놓이고, 도시전체의 도로망과 坊里는 宮城을 따라 대칭으로 배치되었다.[69] 궁성 안팎을 구분함과 동시에 도성 통제를 목적으로 坊墻制가 시도되었다. 格子型 도시구획의 중심에 宮城을 두고, 大極殿과 같은 국가의례 기구를 차례로

---

66) 통상 동북아시아에서 중세 전환기 시점은 대체로 10세기말 11세기초에 해당한다. 중국은 唐末五代, 일본은 平安京후기, 고려는 10·11세기를 전환기 시점으로 두는 데는 대부분 견해가 일치한다.

67) 伊原弘, 『中國人の都市と空間』, 原書房, 1993, 33쪽.

68) 駒井和愛, 『中國都城·渤海研究』, 雄山閣出版, 1977, 12~15쪽.

69) 주종원·하재명·박찬규 저, 「中國의 都市」『都市構造論』, 東明社, 1998, 204~206쪽.

포치함으로서 국왕권위는 도성공간에 표상화되었다.[70] 궁성의 외곽에는 각종 관아시설이 분포한다. 관아시설을 둘러싸는 황성을 궁성 바깥에 둠으로써 황권을 최정점에 둔 도성의 입체적 공간지형을 구축하였다.

『周禮考工記』에 가장 충실할 것으로 여겨지는 당 전기 장안성의 도성공간은 禮에 맞게 설계되었다. 前朝後市의 관아시설 배치가 이루어진데다, 坊牆制가 엄격히 적용되었다. 격자형 가로망의 구성과 정전제형 도시구획의 정점에 궁성을 배치하여 周禮의 예가 표방하는 皇權 지상주의가 도성의 공간에 구현될 수 있게끔 조성되었다.

전기 장안성은 『周禮考工記』 領國條를 바탕하면서도 周易 풍수사상의 영향을 가장 많이 받아 易의 8卦사상에도 근간하여 설계되었다. 전기 장안성은 右白虎에 해당하는 산세가 미약한데다 북측이 渭水로 둘러싸여 허한 감이 있었다. 부족한 풍수지세를 보완하기 위해 장안성 북쪽에는 禁苑을 두었다.[71] 龍水原 남쪽 6구릉을 乾卦의 6爻로 구분하여 자연적 지형과 풍수사상을 도입했다. 長安 내에 소재한 6구릉 지역을 九一~九六으로 나누되 제일 높은 지역인 九二爻에 황제가 거처하는 궁궐을 배치했다. 조금 낮은 九三 지역에는 중앙 각 관아건물을 두고, 九五 지역에는 불교사찰과 道館을 배치했다.

전기 장안성은 또한 궁성-황성-외성의 성곽별로 각기의 시설과 수용인구의 분포를 달리하였다. 본래 황성 축조는 隋文帝에 이르러서 시도되었다. 隋文帝는 도성 大興城에서 궁궐과 주민의 거주지가 혼재되는 것을 꺼렸다.

---

70) 金子修一, 『古代中國の皇帝祭祀』, 汲古書院, 2001, 196~217쪽 ; 渡辺信一郞, 『天空の玉座 —中國古代帝國の朝政と儀禮』, 柏書房, 1996, 163~170쪽 ; 梁正錫, 「新羅 宮闕構造에 대한 試論—東西堂制의 採用問題를 中心으로—」 『韓國史硏究』 119, 2002. 12. 논의를 달리하지만, 궁궐의 운영과 관련해서는 당 후기 長安城에서는 正宮의 이원적 구성의 선례가 보인다. 長安城 궁궐은 도성 정북방에 太極宮과 동북 모서리에 새로 추가한 大明宮이 있다. 太極宮은 황제의 즉위·장례 등 大禮공간, 대명궁은 통상적인 상용 正殿이었다. 그런데 正宮의 이원적 운영은 당 長安城과 일본 平城京에 선례가 보인다. 당 長安城의 궁궐은 도성의 정북방에 太極宮과 동북 모서리에 새로이 추가한 大明宮이 있다. 太極宮은 황제의 즉위 장례 등 大禮 공간, 大明宮은 통상적인 상용 正殿이다.

71) 亢亮, 『風水與城市』, 天津 白花文藝出版社, 1999, 25~26쪽.

궁궐을 둘러싼 궁성과 주민의 거주구역 간의 분별을 목적으로 새로운 구역을 설정함으로써 중앙관청을 집중시켰다. 이것이 황성의 시초이다. 궁성과 황성의 이중성 경우, 안쪽을 子城 혹은 牙城·小城, 바깥쪽을 羅城·大城이라 한다. 子城 내에는 황제의 거처와 관아가 세워졌고, 羅城 내에는 민거·사원 및 子城 내에 수용하지 못한 관아가 배치된다.[72]

宋代에 와서 당 장안성의 二重城을 극복하고 三重城을 완비하였다. 開封府의 三重城은 제일 안의 것을 皇城, 다음을 內城·裏城, 맨 바깥을 新城·外城이라고 했다.[73] 대체로 宮城은 국왕의 정치공간으로 하고 관련 시설을 배치하는가 하면 皇城은 각종의 관아시설을 두었고 외성은 民居가 분포한 지역을 각각의 성곽이 아우른 형태이다. 궁성을 황성·나성이 에워쌈으로서 궁성을 위요하던 三重城 체계의 구축은 『周禮考工記』 방식의 엄격한 도성모델 적용이 곤란하던 宋 開封府 단계에 와서 보조적 수법이나마 황권지상주의를 표출하려한 노력의 일환이라 하겠다.

황제 居所인 궁궐로부터 외방으로 뻗어나가는 기점이 되는 御街에 대해서는 路幅이 『周禮』 匠人條에 명시되어 있다. 천자의 도읍에서 路幅은 남북 9軌, 제후는 남북 7軌, 도성을 두르는 길은 5軌, 도성 밖은 3軌로 정해져 있다. 전기 長安城에서는 『周禮』 匠人條의 노폭 규정이 엄격히 적용되었다. 그러다가 宋 開封府에 이르면 御街의 노폭도 균일하지는 않았다. 송 개봉부는 전기 장안성에 비하면 간선도로의 노폭은 급격히 축소되었다. 『淸明上下圖』에서 파악되는 開封府 御街는 너비 15~20m에 불과하다.[74] 御街가 뻗어나가는 방향도 당 전기 장안성과는 달랐다. 大內의 남쪽 宣德門 → 內城 남쪽 朱雀門 → 外城 남쪽 南薰門으로 이어져 남북 일직선상에 놓인데다, 開封府 東京城 御街

---

72) 『長安誌』 권7, 唐 皇城.

73) 山根幸夫, 李相梜 譯, 「中國의 中世都市」 『동양도시사 속의 서울』, 서울시정개발연구원, 1994, 128~129쪽.

74) 成周鐸, 『中國都城發達史』, 학연문화사, 1993.

앞 광장도 장안성에 비해 좁다. 開封府의 御街와 광장이 장안성에 비해 축소된 주요인은 坊市制가 해체되면서 도성 좌우에 相國寺·祠廟·酒店 같은 서민문화 시설이 잡거한 때문이다.[75]

唐末五代는 도시내부에 농지가 확대되어 坊市制 붕괴로 이어지나, 국가차원의 적절한 도시정책을 제시하지 못했다. 후기 長安城에서 진행되던 坊墻制의 해체는 宋 開封府에 일면 계승되었다.[76] 開封府에서는 坊市制 자체는 더욱 흐트러지면서 성곽 구분과 신분에 따른 주거구역의 획정은 사실상 무의미해졌다. 坊市制를 매개로 한 국가차원의 상업통제라는 그 본연의 기능도 상실하였다.[77]

唐末五代에 들어와서는 前朝後市·左廟右社의『周禮』考工記式 관아배치 질서가 약간 변형되었다. 당 전기 장안성에서는 前朝後市 방식에 따라 東·西市는 宮의 북편에 두어졌다. 뒤이은 송대에는 도시내부를 街路로 구획하여 坊制와 市制로 규제하던 도시구조 자체가 해체되었다. 北宋 중엽부터 坊墻制度가 붕괴되면서 간선도로변의 행랑에 도로가 위치하게 되었다. 다만 궁성 뒤편에 市를 두어 後市의 의미만을 남겨 두었다.[78]

당 전기에서 후기에 이르는 사이 도성경관의 원형을 유지하거나 도시 제반의 변화에 대해서 처음에는 국가가 적극 개입하려 했다. 唐令이 전기 장안성에 투입될 당시는 국가차원의 강한 구심력이 작용할 때이다. 長安城의 도시규제와 관련해서는 名禮에서 斷獄에 이르기까지『唐律疏議』30권에 두루 수록되어 있다. 대체로 唐令에서는 황제가 천하의 중심임을 자처하면서, 관료사회를 통제하는 데 초점이 맞추어져 있다.[79] 도성 규제도 이에 상응하

75) 林地煥,「中國 帝都의 御街 計劃」『전북대논문집』 38, 1994.
76) 久保田和男,『宋代開封の研究』, 汲古書院, 2007, 63~68쪽.
77) 伊原弘,『中國人の都市と空簡−變革期の都市形態』, 原書房, 1993 ;『中國中世都市紀行』, 中公新書, 1988 ; 斯波義信,『宋代の都市城郭』, 中嶋敏先生古稀記念論集, 1981.
78) 斯波義信,『宋代商業史研究』, 風間書房, 1968.
79) 隋 開皇令은 당 전기 장안성의 모체가 되는 大興城을 염두에 두고 반포한 것이다.

는 정도의 정치적 측면이 농후하다.

송 개봉부 시절에 天聖令이 성립하였다. 天聖令 단계에서는 운하·시장·재정관련 유통부분을 규제하는 禁制가 다수를 점한다. 天聖令은 현행하는 宋令 이하 唐令을 분별해서 명시한 것으로, 附令勅을 부가하였다. 天聖令 시행 당시 개봉부는 건축물의 배치와 명칭 자체가 당 전기 장안성과 달랐다. 예컨대 唐令에서는 京城 兩都라는 명칭을 썼지만, 송 開封府에서는 開封 三京制를 두었다. 東京開封府·西京河南府·南京興天府라 하였다. 송 개봉부의 도시를 정비하는 가운데 官市令이나 廐牧令의 조문도 추가되었다. 이른바 경제도시로서 성격을 뒷받침해주는 것이 송 天聖令이다.[80]

후기 장안성에서 송 개봉부에 이르는 동안의 도시변화를 각종 詔勅과 令으로 통제하려한 측면은 도성제와 율령제의 쌍방관계를 시사한다. 유통관련한 律令 禁制의 반포도 이 시기 宋 開封府의 도시 성격이 '경제도시'로 변화한 사정까지를 함축적으로 보여준다.

한편 일본에서 京의 성립은 唐令의 계수와 당 전기 長安城 모델을 채용한

大興城의 구조는 宮城 내 太極殿을 사이에 두고 東西 대칭이었다. 門下省을 左省으로 中書省을 右省으로 한 것을 皇城 내에서 左省東西로 각 관사를 배치하였다. 또 황제의 신변을 보호하는 방어시설이나 군사의 배치는 모두 거리와 음양질서에 의거해서 서열을 제시하였고, 좌우대칭의 정점에 황제가 있는 구조였다. 開皇 開元令의 중간단계가 당 永徽令이다. 永徽令에서는 당 武德令의 儀服 貞觀令의 官品 學選擧 公式 倉庫 외에 司令·錄令·祭令의 편목도 확인된다. 永徽令의 편목은 宮衛·軍防·倉庫·廐牧 2편을 포함해서 총 30편이다. 주로 관료사회의 통제에 초점이 맞춰져 있다(唐代史研究會, 『隋唐帝國と東アジア世界』, 汲古書院, 1979 ; 『中國律令制の展開とその國家·社會との關係』, 1984 ; 大津透 編, 『中國禮法と日本律令制』, 東方書店, 1992 ; 『日唐律令比較研究の新段階』, 山川出版社, 2008 ; 滋賀秀三, 「唐代における律の改正をめぐる一問題」『法制史研究』 30, 1981 ; 仁井田陞, 『中國法制史 增訂版』, 東京 : 岩波書店, 1963).

80) 宋代 관직명도 변경되어 창설되었는데 樞密院·三司·皇城司가 그것이다. 宋代 재정제도는 특히 급변하였는데 田令에서는 唐과 다르게 均田制 조목이 삭제되었다. 당 후기 장안과 宋 開封府의 도시를 규제하는 令 가운데 주목되는 것으로는 關市令·廐牧令이 추가된 점이다(山下將司, 「唐の監牧制と中國在住ソグド人の牧馬」『東洋史研究』 66-4, 2008 ; 三橋廣延, 「『天聖廐牧令』の所附唐令によって『唐六典』を訂す」『法史學研究會會報』 16, 2011).

平城京에서 본격화된다. 이보다 앞서 藤原京 단계에서 이미 도성 공간 내에 국왕의 권위를 진작하려던 시도가 있었다. 藤原京은 중국 율령제 수용에 따른 일본 최초의 중국식 도성으로 평가된다. 『萬葉集』에서 후지와라경 御井이 노래되고 있는데 天水라는 관념과 합치하는 것으로 보아 국왕이 토지와 用水를 관장한다는 이데올로기에서 배태되었다.[81]

초기 平安京에서 확인되는 井田制型 토지구획과 엄격한 坊里制는 고대국가 의 왕권을 표상한다.[82] 초기 平安京에서 국왕권을 상징하는 건축물로 大極殿 이 건립되는데 「大寶律令」 시행에 즈음한 의례정비의 일환으로, 大極殿 閣門에 寶鐘을 세우기도 했다. 이는 朝賀儀式에 적합한 이상적 宮室 정비의 한 사례이 다.[83]

이후 793년(延曆 12) 1월 桓武天皇이 遷都를 위해 新都의 입지를 선정하고 그 사전작업으로 田租를 감면하였다. 平安京의 조방은 山城國九世郡의 舊 條里 위에 일부를 삭거하면서 완성된 것으로 開川 分地의 북부에 차례로 조영되었다. 특히 條里의 호칭 가운데는 墾入京이 보인다. 平安京에 천도를 착수하면서 기존의 京城 위에 條里가 확장된 정황을 시사한다. 平安京은 동쪽을 左京, 서쪽을 右京이라 한다. 左京은 東京이라 하는데 『池亭記』에 의하면 중국의 洛陽城에 비견한다. 이때의 坊名은 唐風으로 하였다. 14세기에 완성된 『帝王編年記』延曆 12년 平安京의 造京에 착수한 당시에, 坊의 명칭을 弘仁 이후에는 唐의 兩京制에 대비시키고 있다. 左右京職이 兩京의 행정을 관할하게 된다. 차제에 左右京의 범위 전체를 京中이라 칭하였다.

大寶 3년의 「大寶令」 제정에 수반해 전기 평안경의 左京·右京이 구분될 무렵, 市 역시 東市·西市 체계를 갖추었다. 平安京의 條里는 延喜式 左右京職의

---

81) 井上和人, 『日本古代都城制の研究』, 吉川弘文館, 2008, 16~21쪽.

82) 龜田博, 『日韓古代宮都の研究』, 學生社, 2000, 134~145쪽.

83) 渡辺信一郎, 『中國古代の王權と天下秩序-日·中比較史の視點から』, 校倉書房, 2003, 53~67 쪽 ; 金子裕之, 「儀式と執務の場-朝堂院」『古代景觀史の探究』, 吉川弘文館, 2002 ; 田中塚, 『古都發見-藤原京と平成京』, 岩波書店, 1996, 40쪽.

京丁條에 규정되어 있다. 주작대로는 幅 28丈(약 85m)의 大道이며, 기타의 大路는 幅 8丈이다. 나머지 2條大路는 17丈(51m)로 大宮大路 西大宮大路가 이에 해당한다. 9條大路는 각 12丈(35m)으로 점차적으로 폭이 줄어들고 있다.[84]

전기 헤이안경에서 좌우대칭형의 구조는 당 전기 장안성을 모델로 한 것이지만, 이후의 헤이안 후기에 이르면 左京 右京의 균일한 대칭성이 깨어지고 있다. 점차 헤이안 후기에 이르면 左京의 坊格과 저택 민가의 규모는 정연하지만, 右京은 규모의 엄정성이 흐트러지고 있다. 인구와 저택이 집중하면서 원래의 左京·右京의 용례 외에 上邊里·下邊里가 자주 등장하였다. 개발의 척도에 따라 京洛·洛中으로 분화되면서 차츰 이것이 左京을 의미하는 대표적 표현으로 정립되었다. 새로운 京의 구조에 대응해서 동서남북 4坊의 방위표현이 나타나게 되었다. 左右京制가 상실됨으로써 이를 대체하는 용어로 京都가 출현하기 시작하였다. 나아가 가마쿠라 막부 초기에는 京都가 지명으로 정립되기에 이르렀다. 이를테면 京都라는 지명은 헤이안 후기에 도시화가 사방에서 전면적으로 전개됨에 따라 上京 下京 혹은 左京 右京의 대칭적 구조가 사실상 무의미해지면서 새롭게 수도를 칭하는 용어로 정착하여 등장하였다.[85]

헤이안 후기에는 도시가 팽창하면서 穢 관념도 함께 성립되었다. 신분제의 틀에서 벗어난 非人을 職能人으로 규제하던 일본 전기 헤이안의 도시 청정책에서는 天人相觀 사상에 의한 德政의 일환으로 死後처리 문제가 해석되었다. 그러다가 헤이안 후기의 도시화에 조응해서 救貧對策이 정례화되는데, 재해와 빈곤을 다스리는 右神을 숭배하기에 이른다. 悲檢衛師가 京에서 발생한 유해처리와 청소역할을 담당하였다. 위기책의 일환으로 神祠의 청소나 청정

---

84) 館野和己 編, 「平安京の空間構造」『古代都城のかたち』, 同成社, 2009, 56~63쪽.
85) 高橋康夫, 『中世のなかの京都』, 新人物往來社, 2006 ; 大村拓生, 『中世京都首都論』, 吉川弘文館, 2006.

유지가 최대의 관건으로 중시되었다. 神祠 청소와 유해처리의 해결방안은
『延喜式』 養奴令에 수록하였다.[86]

후기 헤이안경에서는 고대의 국가의례·정무의 중추시설이던 大極殿과
內殿의 주요 殿舍는 法會空間으로 활용되었다. 御齋會의 施主는 당연히 국왕이
다. 왕의 주요 무대인 高御座에 비로자나불·노사나불 등 전제적 왕권을
장엄하는 불상을 안치함으로써 도시의 상징성을 드러냈다.[87] 사찰과 연결된
御街의 전개, 불교적 세계관이 왕권을 지원하는 중세적 지향은 국왕 居所인
王都에 표상되었다.

2) 개경의 도성설계, 『周禮考工記』 수용과 변용

동북아시아 대외교류의 결과는 도성제에 상호 영향을 주었다. 앞서 지적한
대로 중세도성의 경관은 『周禮考工記』 도시모델의 해체와 불교적 세계관의
표상이라는 '보편'의 지점으로 공유된다. 여기에 독자화의 과정을 거치면서
각국간 차이나는 도성 경관을 구축하였다. 나아가 배도 경영에서도 隋唐
長安城은 左右京의 대칭적 兩京制를 고수하지만, 송 개봉부는 兩京制에서
三京制로 변화하였다. 당 후기 長安城, 송 開封府, 일본 후기 헤이안경의
중세도시 경관에서는 『周禮的』 도시모델의 엄격성이 서서히 이완되고 있다.
일면 동양삼국 율령 이완시기에 도성경관이 공유되는 지점에 해당한다.

개경의 도성형태와 운영에서도 당시 중국 일본과 유사한 공유의 지점과
독자적 전개 양상을 찾을 수 있다. 개경의 도성 설계를 살피려면 周禮的
질서를 관철시킬 지형적 조건이 전제되어야 한다. 평지형 도성형태가 아니었
던 만큼 처음 개경 定都 때는 易에서와 같이 지형고저에 따라 국왕의 공간·관

---

86) 榮原永遠男 外, 『律令國家史論集』, 塙書房, 2010.
87) 山中章·仁藤敦史, 『律令國家轉換期の王權と都市』, 國立歷史民俗博物館研究報告, 2007,
    7~26쪽 ; 中村太一, 『日本古代國家の計劃道路』, 吉川弘文館, 1996, 65~76쪽.

아시설·민거가 구획되었다. 풍수적 지세에 따라 궁궐은 지세상 높은 곳인 송악산록에 치우쳐 분포했다. 道觀·사찰은 궁궐 핵심부로부터 점차 비껴난 평지에 입지하였고, 民居는 그 외곽 저지대에 소재한 경향이 있다.[88]

개경은 현종대에 이르러서야 宮城·皇城·羅城의 三重城 체제가 구축됨으로써 도성정비가 일단락되었다. 현종대 나성건설 전까지는 宮城과 皇城의 이중성 구조였다. 宮城은 국왕의 공·사적 공간으로 궁궐과 後園이 배치되고, 황성은 각종의 관아시설, 나성에는 民居가 차례로 분포하였다. 국왕의 공간을 지형상 높은 곳에 배치하여 도성 안에서 신분적 서열구조를 의도하였다. 풍수적 지형고저와 성곽에 따라 治者·被治者의 공간을 계층적으로 구분하면서 궁궐을 최정점에 두고 관아·民居를 순차로 배치하여 국왕권위를 드러내려 하였다. 개경의 궁궐과 街路·시전과 관아시설 분포는 자연지세를 기축으로 설계한 때문에 『周禮考工記』 모델과는 다소 달랐다. 개경의 도시구획과 시설의 배치가 일부 중국적 방식을 수용하거나 고려식의 변용을 거쳐 독자적 경관을 구축하였다. 이하 개경의 각종 관아시설의 배치와 공간 구조를 살필 것이다.

(1) 개경의 궁궐과 後苑 조성

국왕과 관련한 핵심공간은 宮城이다. 宮城은 국왕의 公私 업무가 이루어지는 영역으로 왕권이 가시적으로 표출되는 공간이다. 그 안에는 宮闕과 殿閣·庭園·後苑이 배치되어, 국왕·后妃의 정무와 휴식공간으로 활용되었다.

개경 궁궐이 위치한 宮城 안을 大內 혹은 大闕·闕內로 불렀다.[89] 태조

---

88) 장상렬, 「만월대 회경전 건축군에 쓴 자에 대하여」, 『조선고고연구』 3, 1989 ; 「만월대 장화전 건축군에 쓴 자에 대하여」 『조선고고연구』 4, 1986 ; 「고려왕궁-만월대 건축에 쓴 척도 기준」 『고고민속논문집』 2, 1988 ; 정찬영, 「만월대 유적에 대하여(1)」 『조선고고연구』 1, 1989 ; 杉山信三, 「高麗末朝鮮初の木造建築に關する研究」 『韓國の中世建築』, 1984.

당시는 후삼국 통일전쟁과 중국대륙의 혼란한 정세로 축성공사에 에너지를 소모할 수 없는 상황이었다. 때문에 기존 松嶽城과 勃禦塹城을 활용하는 수준에서 도시 보호시설을 갖추었다.[90] 勃禦塹城의 중간을 가로로 막아 皇城으로 삼고, 새로 쌓은 皇城壁에서 10m 정도의 간격을 두고 만월대터에 궁궐을 건조했다. 이로써 宮城은 자연스레 마련되었다.[91]

『周禮』에서는 前朝後寢 원칙에 따라 도성 중앙을 가르는 남북 주축선을 따라 正殿·便殿·寢殿이 일직선상에 배열된다. 개경의 궁궐분포는 방사상으로 흐트러진 것처럼 보이지만, 큰 틀에서는 正殿을 전면에 두고 便殿 寢殿을 뒤편에 배치하는 前朝後寢의 원칙은 고수되었다. 하지만 개경의 궁궐입지는 남북 주축선보다는 지형과 수로를 참작하여 진입로에서 몇 차례 직선으로 꺾였다.『周禮』와 같이 正殿→ 便殿→ 寢殿을 남북 주축선상에 일렬로 배치하진 않고, 광명천 수로를 따라 서북편에 乾德殿 구역이 소재했다. 乾德殿 부근에는 便殿으로서 宣政殿, 진사를 친제한 延英殿閣이 있다. 乾德殿 뒤에는 萬齡殿이 있다. 千齡殿·萬齡殿은 궁중·비빈·시녀가 거처하는 寢殿이다.[92]

본궐 만월대는 송악산 서북쪽 언덕에 치우쳤다. 만월대 중심 건물지인 會慶殿·長和殿·臨天閣들은 각각 主山인 松嶽과 案山인 龍首山의 坐向과 일치하는 內任의 坐向이다. 長和殿은 북측의 산봉우리와 정남 방향의 朱雀峴을 案帶로 한다. 臨天閣은 蜈蚣山을 案帶로 하는 풍수적 입지를 최대한 살려

89) 김창현,『고려 개경의 구조와 그 이념』, 신서원, 2002, 179쪽.

90) 송악군에는 신라 효소왕 3년에 松嶽城이 축성되고 송악성을 이어서 진성여왕 10년에 勃禦塹城을 축성했다(『三國史記』권8, 新羅本紀 孝昭王 3年 ; 권35, 地理2 松嶽郡條 ; 권 50, 列傳10 弓裔 ;『高麗史』권1, 太祖叢書 無編年). 발어참성은 높고 험준한 송악산을 배경으로 하고 거기서 분기된 산줄기와 등성이에 의지해 쌓은 平山城으로 방어상 유리한 자연 지리적 조건을 갖춘 성이었다(조선기술편찬위원회,『조선기술 발전사』 3, 고려편, 1994, 70~71쪽).

91) 전룡철,「고려의 수도 개성성에 대한 연구(1)」『력사과학』2호, 1980, 19~25쪽 ; 신안 식,「고려전기의 축성과 개경의 황성」『역사와 현실』38, 2000.

92) 前間恭作,「開京宮殿簿」『朝鮮學報』26, 1963.

궁궐이 배치되었다. 宮城의 주출입문은 남북의 중심선에 위치해 正南向이어야 하지만 개경의 宮城 출입문인 廣化門은 東向을 하고 있다.[93]

〈표 1-1〉 개경 궁궐의 기능과 소재지[94]

궁궐	기능	위치	규모	비고
會慶殿	정전	창합문 내	전문, 기단 5장, 행랑30칸	황제의 조서, 표문
乾德殿	편전	회경전 서북	5칸	·
長和殿	편전	회경전뒤 북	양랑, 창고	·
元德殿	편전	장화전 뒤	·	군대, 형벌처리
萬齡殿	침전	건덕전 뒤	·	·
長齡殿	편전	건덕전 동쪽 紫門 내	전 3칸	북송사신의 하례
長慶殿	편전	·	·	북송사신의 하례
延英殿閣	편전	장령전 북쪽	건덕전과 동일	殿試
慈和殿	전각	·	·	연회
寶文閣	전각	·	·	황제의 조서 보관
淸燕閣	전각	·	·	도서 보관
臨川閣	전각	회경전 서쪽 會同門 안	기둥 4	서적 보관
長慶宮	·	유암산 기슭	·	嗣王조문
左春宮	·	회경전 동 춘덕문 안	편액 없음	·
右春宮	·	승평문 밖 어사대 서	·	왕 자녀, 궁녀거처
鷄林宮	별궁	왕부 서쪽	·	국왕 형제 거처
夫餘宮	별궁	유암산 동쪽	·	〃
辰韓宮	·	·	·	〃
朝鮮宮	·	·	·	〃
長安宮	·	·	·	〃
樂浪宮	·	·	·	〃
弁韓宮	·	·	·	〃

궁궐은 정전을 이원화하여 운영하였다. 定都 초창기부터 성종 연간까지는 乾德殿의 단일 정전이다가, 12세기 연간까지 본궐을 광화문에서 승평문을 거쳐 乾德殿과 便殿 寢殿으로 연결된 영역과 회경전으로 연결된 2영역으로 이원화시켜 구성하였다.[95] 본궐구역이 2영역으로 구분된 것은 현종 4년

---

93) 金容雲·金容局, 『空間의 歷史』, 現代科學新書, 1992 ; 이원교, 「전통건축의 배치에 대한 지리체계적 해석에 관한 연구」, 서울대 박사논문, 1992, 146쪽.
94) 〈표 1-1〉은 『高麗圖經』 권5·6의 宮殿條와 『中京誌』 권4, 宮殿條를 참고로 작성.

본궐 중수 때로 보인다. 궁궐 내 대규모 불교행사를 치를 正殿의 필요성, 현종대 왕권강화에 따른 국왕의 정치적 목적에 의한 것으로[96] 국왕의 정치적 영향력 증대에 따라 본궐 행사를 안배할 장소의 확충이 요구된 까닭이다.

〈표 1-1〉에서 파악되듯 궁궐에서 국가의식은 차별적으로 배설되었다. 궁궐 정전·편전에서 국내외 사절단 영송 조하의식, 국가의례의 배설 장소가 달랐다. 본궐의 전각 가운데 회경전은 의례용 공간으로 중국황제의 조서를 받는 특별한 행사 때에만 사용했다. 회경전 다음 규모의 건물로 건덕전이 있다. 송 사신을 접대할 때는 회경전에서 맞았으나 금·요 사신들은 대부분 건덕전에서 맞았다. 주 전각 正殿은 便殿·寢殿에 비해 대규모여서 제1의 정무공간으로서 위용을 갖추었다. 초창기 정전으로 기능하던 건덕전 구역으로는 국왕의 편전·침전 등 궁전의 일상적 거주시설, 업무시설이 가까이 소재했다. 현종 4년 전후 등장하는 正殿인 회경전 뒤쪽 행랑에는 왕실의 보물을 보관하던 장화전이 배치되었다. 회경전·장화전 주변에는 국가 위급 상황시 군사회의를 설행한 원덕전이 소재했다. 회경전 동편 가까이에는 세자궁으로 동궁전을 두었다.[97] 회경전 본 건물의 좌우에 건물 폭을 줄인 부속건물이 소재한다. 회경전은 정면 3칸, 건물 좌우에 바닥을 약간 낮춘 각각 3칸의 딸린 건물을 두었다. 종묘·좌우 협실을 2방으로 표현한『太宗實錄』에 비추면 회경전을 正殿으로서 格을 높인 것이다.[98]

궁성에 소재한 後苑은 궁궐 조경시설로서 국왕과 후비의 사적 공간이다.

---

95) 金子裕之,「儀式と執務の場」『古代景觀史の探究』, 吉川弘文館, 2002 ; 田中塚,『古都發見－藤原京と平城京』, 岩波書店, 1996, 40쪽 ; 김동욱,「11·12세기 고려정궁의 배치」『건축역사연구』6-3, 통권13호, 1997.

96) 김동욱, 위의 논문, 31쪽 ; 장지연,「정치와 행정의 중심지, 궁궐과 관청」『고려의 황도 개경』, 창작과 비평사, 2002, 50~51쪽.

97)『高麗圖經』권6, 宮殿.

98) 金東旭, 앞의 논문, 1998, 15~17쪽.

개경 後苑의 소재지를 명확히 단정할 수는 없다. 다만 후원은 대체로 궁성 후면에 배치되는 것이 원칙이라[99] 개경의 후원 역시 正殿 뒤편에 소재한 것으로 파악된다.[100] 궁성과 황성의 북쪽 벽면 사이가 10m라는 발굴 성과로 볼 때, 勃禦塹城의 상반부는 皇城의 방어시설 혹은 後苑이었던 것이라 추정된다.

그런데 국왕권과 園林조성은 밀접한 관련이 있다. 국왕권이 안정적일 때는 원림의 정비와 植樹·造林도 원활하지만, 불안정할 때는 원림에 대한 관심도 소홀했다.[101] 禁苑 내에 위치한 시설로는 정자와 전각이 있다. 초창기부터 정자와 전각 시설물이 확인되지만, 국왕권 강화를 시도한 시기에 禁苑의 누정 조성은 더욱 빈번했다.[102] 禁苑 내에 초창기부터 소재한 것으로는 구령각·산호정·옥촉정이 있다. 구령각 옆에는 東池가 있어 연회·군사사열을 했다.[103] 산호정은 금원 내의 정자로 예종이 佛事를 개최하기도 했다.[104] 정종대 확인되는 옥촉정에서는 예종대에 원시천존상을 모시고 초제를 지내고 불골을 안치하기도 하였다.[105] 교방을 혁파하고 궁녀 100여 명을 방출한 다음 闢苑亭을 헐어내고 진기한 각종 조류와 짐승 어류를 산과 늪으로 놓아 보냈다는 현종 즉위년 기사에서 闢苑亭도 확인된다.[106] 御苑은 국왕의 유렵·연회장소이자 여기서 군대사열이 행해졌으며, 대체로 궁과 가까이 입지하는 경향에 있다. 추후에는 국가 행사에 따른 기능별 공간 활용에 따라 후원을 포함한 궁성 공간이 차츰 분화되어 간다. 正殿을 중심으로 한 정무공간,

---

99) 杉村龍造, 『中國の庭』, 東京 來龍堂, 1966.

100) 전룡철, 앞의 논문, 1980, 20쪽 ; 신안식, 앞의 논문, 2000, 23~24쪽 ; 신안식은 황성 북쪽면은 궁성의 북쪽면을 중심으로 勃禦塹城을 동서로 가른 장벽으로, 皇城과 後苑을 구분하기 위함인지는 불확실하다고 하였다. 동아시아 고대도성 일반이 그러했듯이 개경 後苑도 正殿 뒤편에 소재한다.

101) 梅未達言, 『中國近世の都市と文化』, 京都大學出版部, 1984.

102) 『高麗史』 권6, 靖宗 元年 4월 丁巳.

103) 『高麗史』 권6, 靖宗 7년 12월 辛巳 ; 권13, 睿宗 9년 8월 丙寅.

104) 『高麗史』 권12, 睿宗 元年 5월 戊戌 ; 『中京誌』 권4, 宮殿 樓院條.

105) 『高麗史』 권12, 睿宗 2년 閏10월 庚子 ; 권14, 睿宗 15년 5월 戊辰.

106) 『高麗史』 권4, 顯宗 卽位年 2월.

조하 및 일상연회를 보좌하는 의식공간, 유렵·휴식·군사훈련의 장소로의 구분이 그것이다.

後苑은 궁궐 뒤편에 소재한 국왕의 사적 공간이자 휴식공간이지만, 전왕의 禁苑 정자를 헐어내기도 한 사례로 미루어 왕권의 위상 제고 문제와도 직결되는 시설이다. 後苑 경영 횟수는 의종대까지는 국왕권이 현저히 약화되는 무인집권기보다는 다소 빈번했다.[107) 後苑 정비와 여기서 전개된 군대사열이 현종대에 특히 집중되는 것은 이 무렵 제반 부분에서 이루어진 王都의 위상이 제고된 사정과 맥락을 같이한다.

(2) 御街의 배치

원래 국왕 전용 길로서 御街는 황성과 궁성을 가로질러 외성에 이르는 중심대로를 축으로 사방으로 뻗어간다. 御街의 전개방향은 일률적이지 않고, 궁성이 어느 방향에 치우치는가에 따라 다르다. 태조가 수도계획 시 구상한 街路網은 각 성문을 중심으로 간선도로를 긋고, 각 도로를 따라 도성 내 택지를 조성하면서 나름의 정형성을 갖추었다.

개경의 御街와 路幅에 대해서는 관련규정이 없고 이를 확인할 수도 없다. 다만 조선 태조 때 건설된 경복궁 앞 大路가 9궤인 점이 황제국체제를 지향한 개경의 가로망을 모델로 한 것으로 이해할 때, 개경의 궁궐 앞 御街도 이에 상응하는 넓은 노폭이었음은 짐작된다. 개경의 궁성이 서북 방향으로 전개되는 까닭에 御街도 서북으로 치우쳤다. 定都 당시 개경의 御街와 광장의

---

107) 국왕이 즉위하면서 禁苑에서 정자 조성이나 신축·훼철 사례는 고려말까지 확인된다 (『高麗史』 권39, 恭愍王 10년 2월 西樓, 暎湖樓 ; 권45, 恭讓王 2년 6월, 積慶園 園林 ; 권46, 恭讓王 4년 2월 癸亥, 解慍亭). 공양왕은 즉위 직후 積慶園을 특히 중히 여겨 왕권강화의 매 시기마다 이곳을 행차하였다. 적경원 등을 공양왕 자신의 정국주도권 장악에 매우 중요한 장소로 활용한다. 전대왕의 정치세력을 불식시키려는 의도와 맞물려 후원 정자의 훼철과 신축이 이루어지는 측면과도 부합한다.

규모를 확신할 수는 없지만 수천의 군대사열을 감당한다든지 격구와 같은 놀이를 행하거나 사신의 퍼레이드 행렬이 이루어진 것으로 보아, 상당한 인구의 수용이 가능한 넓은 부지를 갖추었다.

〈그림 1〉은 개경의 관아와 사찰의 분포를 작성한 것이다. 御街는 정전인 會慶殿으로부터 시작해 나성의 문을 경유하여 외방으로 뻗어나간다. 궁성에서 일정한 노폭을 갖추었을 御街는 점차 황성 나성을 빠져 나가면서 변화하게 되었다. 태조 당시 御街로 추정되는 길은 궁성의 회경전에서 창합문에 이르는 길, 순마소 병부 앞의 官途,[108] 승천부 북교에서 승평문을 경유해서 궐내로 들어가는 길이다. 승평문은 御街가 진입하는 곳으로 상원·연등회의 국가행사가 치러진 후에는 반드시 이 문을 경유해 궐내로 진입하게끔 되어 있다.[109] 회경전·승천궐 등 궁궐과 관아로 진입하는 길은 행사 규모와 수용인구를 감안한다면 노폭이 넓은 大路로서 御街였던 것 같다. 황성 정문인 광화문 바깥에서 동쪽으로 난 관청거리에서 다시 남쪽으로 난 큰 길이 南大街이다.

南大街와 官道 주변에 大刹이 들어서면서 御街는 각 사찰 앞길과 연결되어 복잡한 양상을 띠었다. 주시하는 법왕사는 궁성 바깥에 위치하고 흥국사는 남대가의 북쪽에 소재한다. 왕륜사는 황성 밖 나성 안, 봉은사는 황성 밖으로부터 개경의 십자가 가까이 위치하면서 都內의 御街와 직접 연결되어 있다. 안화사는 왕성의 동북 산길로 3~4리쯤 올라가면 산기슭에 소재하며, 官道의 남쪽에 있는 玉輪寺에서 수십 보에 위치한다.[110] 보제사는 왕부의 남쪽 태안문 안에서 곧장 북쪽으로 100여 보 지점에 있고, 절의 편액이 官道 남쪽에 향해 있다는 점으로 보아 官道 주변에 소재한다.[111] 흥국사[112] 봉은사[113] 왕륜사[114] 앞 길은 都內의 御街와 맞닿아 있으면서, 街路 주변에 수만의

---

108) 『牧隱詩藁』 권18, 巡馬所.
109) 『高麗史』 권59, 禮1 吉禮大祀 圓丘 ; 권69, 禮11 嘉禮 上元燃燈會.
110) 『高麗圖經』 권17, 祠宇 靖國安和寺.
111) 『高麗圖經』 권17, 祠宇 廣通普濟寺.
112) 『高麗史』 권10, 宣宗 4년 9월 戊寅.

등불과 법석을 치를 수 있을 정도의 路幅을 갖추었던 것이다. 개경 궐내 진입로 가까운 官道·南大街 주변의 사찰과 연결된 御街는 노폭이 넓었을 것으로 파악된다.

南大街는 나성의 서문인 선의문과 동문인 숭인문으로 이어진 동서 간선도로와 만나는데, 이것이 개경의 十字街이다. 십자가 주변의 사찰은 南大街보다는 시기적으로 늦게 조성되었으며, 분포에서도 덜 밀집되어 있다.[115) 나성 안팎에 소재한 사찰도 개경으로의 주요 진입로에 입지하지만, 사찰 앞 길과 十字街는 앞서 南大街 만큼 직접적으로 연결된 것 같지는 않다. 사찰 앞 길에서 연결된 노폭은 南大街 만큼 넓지는 않고, 御街에서 뻗어 나와 지름길·첩경을 형성했다.

정치·사상·경제적으로 수도를 구심점화하려는 노력은 국가적 사찰의 분포를 통해서 확인할 수 있다. 태조는 도성 건설의 추진을 시작할 시점부터 왕도에서 국왕권위를 장엄하기 위하여 개경 내 사찰의 건립을 적극적으로 주도하였다. 태조 말부터 성종·현종대 나성건설 전까지 사찰의 분포는 궁성 안에서부터 점차 외곽으로 전개되었다. 태조 2년 都內에 10大寺를 위시한 26개의 사원을 창건하여 개경중심으로 불교계를 재편했다.[116) 이들 사원명이나 그 신앙에서 드러나듯이 毘盧遮那·帝釋·盧舍那의 상징과 권위를 이용해서 新都로서 면모를 갖추고 국왕 자신을 佛法의 수호자로서, 절대적 군주로 부각시키려 했다.[117) 개경을 불교적 상징체계로 정비한 후에는 해당 사찰에 종파의 종교행사를 고르게 안배했다. 집단 내 사회적 통합이나 연대감 생성으

---

113) 『高麗史』 권9, 文宗 27년 2월 丁酉.

114) 『高麗史』 권13, 睿宗 8년 2월 辛亥.

115) 박종진, 「고려시기 개경 절의 위치와 기능」 『역사와 현실』 38, 2000.

116) 金杜珍, 「王建의 僧侶結合과 그 意圖」 『韓國學論叢』 4, 1982 ; 金煐泰, 「高麗 開國初의 佛敎思想」 『韓國史論』 18, 1988 ; 韓基汶, 「高麗太祖의 佛敎政策」 『大邱史學』 22, 1983.

117) 徐閏吉, 「高麗의 帝釋神仰」 『佛敎學報』 15, 1976, 85~86쪽 ; 金煐泰, 앞의 논문, 143~147 쪽.

〈그림 1〉 개경의 사찰·관아시설 분포

로 사회적 통제효과까지 도모하려 하였다.

　개경의 지세는 평지형태가 아닌데다, 도성에서는 사원의 조성을 통해 국왕
권위를 구현하려 했기 때문에 御街와 官寺는 자연스레 연결되었다. 개경의
御街는 『周禮考工記』 모델과 같은 엄격한 주작대로의 형태를 띠지 않는다.
개경 御街와 官寺가 연결된 도로망의 구축은 중세 도성 일반과 마찬가지로
사찰을 통해서 도성공간에서 국왕권위를 표출하려 한 시도의 일환이다.118)

118) 中村太一, 『日本古代國家の計劃道路』, 吉川弘文館, 1996, 65~76쪽 ; 梁正錫, 「신라 황룡사·
　　북위 永寧寺 그리고 일본 大官大寺－5~7세기 동아시아 도성제와 관련하여」 『韓國史

개경은 井田制型 도시구획이 시행되지 않았기에 국가적 사찰이 입지하더라도, 寺域이 坊里구획과 일치한 고대 도성제와는 구분된다. 坊市制가 느슨한 상태에서 도성의 도로망은 규칙적이기보다는 불규칙한 면모를 띠게 된 것이다. 개경에서 御街는 회경전 앞 毬庭에서 시작되어 외방도로와 연결된다. 개경은 자연지세를 최대한 활용한 平山城으로 도성내의 도로도 格子形이 아니라 지형에 충실해 불규칙한 형태였다. 회경전을 출발해 외곽으로 빠지면서 路幅이 점차 줄고 官寺로 연결되었다. 도성 내 官道와 국가 주요사찰의 前路가 연결되어 있는 점은 개경의 도로가 처음부터 계획된 것이 아니라 지형을 최대한 고려하여 설계된 때문이다.

(3) 개경의 관아 시설

수도를 지원할 각종 관아시설은 궁성 내외로부터 황성 안, 황성 바깥의 일정 구간에 집중적으로 분포하였다. 前朝後市의 周禮的 질서에서는 天子가 南面하므로 시장은 궁궐의 북쪽에 위치하는 것이 원칙이다. 본래 市廛은 京에 다수 관료인구가 결집한 데 따라 이들에게 경제적 지원을 해주기 위한 국가적 시장이다. 官市는 국가체제 구축과 함께 관인의 공적 생활유지 차원에서 설립이 요구되었다. 따라서 시전은 京의 조영계획에 있어 핵심되는 중요시설이다.

前朝後市·左廟右社의 周禮考工記式의 관아 배치질서는 개경에서는 변형되었다. 개경의 시전은 앞서 제시한 〈그림 1〉에서 보는 바와 같이 배천 주변의 하천가와 십자로 가까운 거리에 주로 분포하였다. 市廛거리인 京市司로부터 興國寺橋, 廣化門~奉先庫는 周禮的 질서에서와 같이 궁궐 뒤의 한 구석에 위치한 것이 아니라, 北宋 開封府의 시전 배치 유형을 닮아 주로 간선도로변에

學報』 9, 2005 ; 「金堂と太極殿の比較からみて東アジア都城制」 『考古學論考』 28, 2005.

위치한다.

원래 궁궐 남쪽에 위치해야 할 관아건물도 개경에서는 변칙적으로 입지하였다. 개경 皇城의 동문인 廣化門으로부터 十字街를 잇는 官道에 배치되어 궁궐의 동쪽에 위치하는 형식을 취한다. 관청 앞 大路는 십자로와 직접 맞닿지 못한 채, 황성 문 앞 좌우에 중앙관서가 도열한 중국 및 조선의 六曹거리와도 차이가 난다.[119]

〈표 1-2〉 개경 내 관아시설의 위치[120]

관사	위치	관사	위치
尙書省	승휴문 내	兵部	官道 남쪽
中書省	상서성 서 宮 남쪽	刑部	〃
門下省	〃	吏部	〃
樞密院	〃	鑄錢監	官道 동남쪽
禮賓省	건덕전 앞	將作監	주전감 북쪽
八關寺	승평문 동	監門	북문 안
御史臺	동덕문 안	千牛	〃
翰林院	건덕전 서	金吾	북문 안 동쪽
上乘局	·	大市	남대가
軍器監	·	京市	〃
大盈倉	내성	管絃坊	외성 안
右倉	내성	幞頭所	〃
工部	광화문 밖 官道 북쪽	占星臺	〃
考工	〃	國子監	남쪽 회빈문 안
大樂局	〃	龍門倉	선의문 밖
良醞局	〃	芙蓉倉	*(충청) 洪州 산

〈표 1-2〉와 앞서 제시한 〈그림 1〉에서 보듯 개경의 관아시설은 궁성 안팎에 집중된다. 궁성 안 ① 구역에는 상서성·중서성·문하성·추밀원·예빈

---

119) 張志連, 「麗末鮮初 遷都論議와 漢陽 및 開京의 都城計劃」, 서울대 석사논문, 1999, 29쪽 ; 신혜원, 「14세기를 전후한 한양과 남경의 도시구조에 관한 연구」, 한양대 석사논문, 2006.
120) 〈표 1-2〉 '개경 내 관아시설의 위치'는 『高麗圖經』 권16, 官府와 『中京誌』 권4, 官廨條를 참고.

성, ②구역에는 어사대·팔관사·한림원·상승국·군기감, 궁성 밖에서 십자가와 맞닿는 官道의 북쪽, ③구역에는 공부·고공·대약국·양온국, 官道의 남쪽, ④구역에는 병부·형부·이부·주전감·장작감이 분포한다.

그런데 태조대로부터 정비되기 시작한 도성 내부의 각종 관아시설은 성종대를 거치면서 중앙기구로 확립되었다. 개경은 전국 통치·행정의 중심지로 부각되었다. 관할업무가 국왕과 밀접한 관계가 있는 청연각·보문각·예빈성·한림원 등은 王府 內城의 궁궐 가까이 위치한다. 관아시설의 배치는 개성궁성 서부건축군 발굴조사의 누적된 성과가 참고된다. 견해의 대부분은 서부건축군 하부를 대관전(건덕전)터로 비정하였다.[121] 대관전 가까운 거리에 만령전이, 합문사 예빈성은 그 남쪽에 위치한다.[122] 그 밖의 대부분 관아시설은 廣化門 내외 특히 長街와 그곳에서 十字街에 이르는 지역에 밀집 분포함으로써[123] 官府 상호간에 연락의 신속함과 행정집행의 효율성을 기하고 있었다.

실질적으로 재정 차원에서 왕도를 지원할 京倉·구휼기관도 배치되었다. 國都의 내부시설은 수도의 각종 役事에 동원될 수취원의 안정적 확보를

---

121) 김길식, 「고려 개경 서부건축군의 성격과 배치구조의 사상적 배경」 『고고학』 11-1, 2012 ; 홍영의, 「고려 궁궐내 景靈殿의 구조와 운용」 『한국학논총』 37, 2012 ; 박희용, 「宮闕正殿唐家의 形式과 空間構造」 『서울학연구』 33, 2008 ; 조재모, 「朝賀儀禮動線과 宮闕正殿의 建築型式」 『대한건축학회 논문집 계획계』 26-2, 2010 ; 이정국, 「15세기 궁궐 正殿영역의 내부공간 이용방식에 관한 연구」 『건축역사연구』 13-3, 2004 ; 梁正錫, 「高麗宮闕正殿廊의 構造와 意味 : 安鶴宮南宮正殿廊과의 比較를 중심으로」 『역사와 세계』 30, 2006.

122) 박성진, 「고려궁성 정전 배치관계 연구—제2정전 건덕전과 주변 전각의 배치관계를 중심으로」 『선사와 고대』 37, 2012, 227~230쪽. 발굴성과에 따른 추정 모식도에 의하면 대관전 건물 전면의 계단 배치양상에서 1 3 5 12구역의 중심건물에 3개의 계단이 배치되지만 대부분 계단이 양결채 가장자리에 위치하여 회랑에 포함된 것으로 보인다. 12구역의 중심건물(대관전)과 3구역의 중심건물인 경령전 만이 완전하게 3개의 계단을 가지게 된다. 계단의 존재를 통해서 대관전과 경령전 영역이 가까이 소재한다는 사실을 확인할 수 있다.

123) 朴龍雲, 앞의 책, 32~38쪽.

위해 개경의 구휼기관 마련부터 서둘렀다. 태조대 국내정치의 불안정으로 유리 걸식하는 기층민의 정착을 위해 개경에 설치한 黑倉은 현종대 義倉으로 개칭되면서 지방에까지 가설되었다.[124] 구휼기관 마련은 기층민의 수도 정착을 유도해 國都의 경제 기반을 견고히 할 수 있는 기본적 조치이다.

國都를 국가재정 운영의 핵심부로 부각시키려는 시도는 전국 부세창구의 단일화로 이어졌다. 전국에서 수합된 부세의 최종 결집처가 되는 京倉을 언제부터 정비가 시작되는지 명확하진 않으나, 문종대에 완비된 것으로 미루어 성종·현종대 제도적 정비가 한창이었음은 분명하다. 개경에는 左右倉을 비롯해서 大倉·龍門倉·雲興倉 등의 京倉과 內庫·內房庫·料物庫·德泉庫 등의 庫가 있었다. 左倉은 文武百官祿을 지급하고 右倉은 國用을 지급한다.[125] 京倉을 통해 국가재정의 일원적 파악과 관리를 하고 國都 중심의 경제권 편성을 도모했다. 현종대에 수도 개경이 정치·행정·재정의 중추로서 부각되어감을 여실히 보여준다.

(4) 개경의 주거구역 5部坊里

국가가 조성한 각종 관아시설의 증축·신축이 이어지면서 시설을 운영할 인력이 관료제를 통해 충원되었다. 公的 기관에 투입될 관료들은 率家居京하여 중앙관리로서 수도에서 생활하는 것이 원칙이었고 왕경 내 5部坊里에 정착하는 것이 대부분이었다. 관료기구의 정비에 따른 거경관료의 수적 증가로 인해 개경에 인구가 포화하면서, 5부방리가 순차적으로 개편되었다. 태조 2년을 시작으로 성종 6년·현종 15년까지 5部坊里는 확대 편성된다.[126]

5部坊里는 태조 2년에 방위에 따라 동·서·남·북·중부의 5부로 구획되었

---

124)『高麗史』권80, 食貨3 常平義倉.
125) 金載名,「高麗時代의 京倉」『淸溪史學』4, 1987, 64~70쪽.
126)『高麗史』권56, 地理1 王京開城府 ; 권77, 百官2 五部.

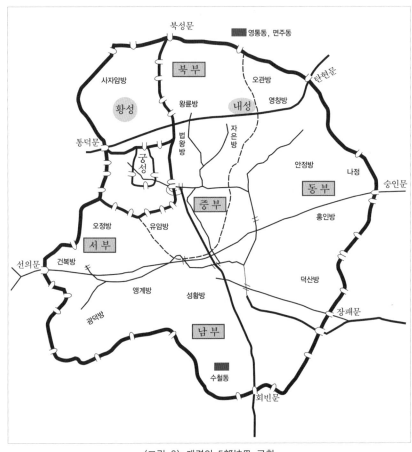

〈그림 2〉 개경의 5部坊里 구획

다.[127] 南北의 會賓門과 北城門을 잇는 선을 기준으로 東·西部로 나누고 다시 東西의 崇仁門과 宣義門을 잇는 선을 기준에 놓고 南·北部로 나뉘었다. 이 구획선이 교차하는 十字街의 한 가운데를 中部라 하였다.[128] 십자가를 중심으로 관아 시전시설이 밀집하여 십자가 근처의 중부방은 개경의 최번화가이다.

---

127)『高麗史』권1, 太祖 2년 1월 己卯.
128) 전룡철, 앞의 논문, 22쪽.

〈표 1-3〉開京의 5部坊里制 [129)]

部名	坊數	坊 名	里數	坊當里數
東部	7	安定·奉香·令昌·松令·楊堤·倉令·弘仁	70	10
南部	5	德水·德豐·安興·德山·安申	71	15
西部	5	森松·五正·乾福·鎭安·香川	81	16
北部	10	正元·法王·興國·五冠·紫雲·王輪·堤上·舍乃·師子岩·內天王	47	4~5
中部	8	南溪·興元·弘道·鸎溪·由岩·變羊·廣德·星化	75	9~10

〈그림 2〉에서 보듯 東部는 나성의 동남쪽문인 안정문·홍인문과 방명이 일치하므로 나성문을 경계로 설정되었다. 西部는 오정방·건복방이 오정문· 건복문 일대를 중심으로 설정되었다. 南部는 덕풍방·덕산방의 명칭이 나성의 동남쪽 문과 대체로 일치한다. 北部는 황성 주변과 송악산 기슭의 坊名과 사찰명이 일치한다.[130)] 中部坊은 유암방, 광덕방, 앵계방이 나성의 서남문인 광덕문과 앵계문을 서쪽 경계로 한다.[131)] 중부방은 십자가를 기점으로 남쪽 으로 치우쳐 있으며, 시전거리가 위치한 南大街와 중첩되고 있다.

5부방리 영역은 동서남북의 교차점인 중부방을 제외하고는 궁성·황성의 외곽으로부터 나성이 건설될 지점까지를 그 경계로 했다. 나성 일대에는 개경민의 거주구역으로서 5부방리 등이 차례로 입지하였다. 나성은 5部坊里 의 거주민과 도시 시설을 보호하는 外城의 역할을 했던 것이다.

현종 20년에 비로소 이가도를 시켜 開城城을 쌓았습니다. 후에 금산왕자가 몰고 와서 서해도와 충청도 사평진 이북 일대에 걸쳐 침범하지 않은 곳이 없고 … 수도에 들어올 수 없었으니 이것은 城이 있었기 때문입니다.[132)]

---

129) 〈표 1-3〉은 박용운, 앞의 책, 〈표 3〉 部別 坊里의 수와 비율 ; 홍영의, 「고려전기 개경의 五部坊里 구획과 영역」『역사와 현실』 38, 2000을 참고로 작성.
130) 홍영의, 위의 논문, 33쪽.
131) 『松都誌』 권2, 山川 鸎溪.
132) 『高麗史』 권110, 列傳23 李齊賢.

현종 원년 11월 거란의 대대적 침략 이후 전황이 소강상태인 이듬해 8월 기존의 송악성을 중수했다.[133] 동왕 11년 거란과의 전쟁이 종결된 직후부터 강감찬의 건의로 축성공사가 추진되어 현종 20년에야 나성의 축성이 매듭지어졌다.

〈표 1-4〉 개경의 성곽체제

성곽	특 징	연도	참고문헌
宮城	둘레 2,170m, 동서 373m, 남북 725m, 마름모, 넓이 25만㎡(약 76,000평)	919	전룡철
皇城	2,600間(약 4,700m)	919	『고려사』 지리지
	둘레 4,700m, 동서 1,125m, 남북 1,150m 사각형, 넓이 125만㎡(약 378,000평)		전룡철
羅城	城周圍 29,700步(약 63,200m), 羅閣 13,000間(약 23,600m), 城周 10,660步(약 22,700m), 高 27尺(약9.5m), 厚 12尺(약 4.2m)	1009 ~ 1029	『고려사』 지리지
	둘레 23㎞, 동서 5,200m, 남북 6,000m 넓이 2,470만㎡(약 7,471,000평)		전룡철

나성은 송악산의 기존성곽은 그대로 사용하면서 오공산, 용수산, 덕암봉의 산세를 이용해 쌓은 토성으로, 성 둘레는 23㎞였다.[134] 나성이 거란침입에 대한 방어시설로서의 기능만 갖는 것이라면 막대한 인적·물적 재원을 투입한 성곽 건설 만이 해결책은 아닐 것이다. 방어전략의 변화나 군사 동원체제의 정비도 하나의 방법이 되었을 수 있으며 이 같은 정비조치는 오히려 축성경비의 절감까지 가능했을 수 있다. 외성으로 확대된 도성지역은 오히려 외적방어의 효율성이 떨어진다는 논의도 있다.[135] 이를 볼 때 현종대 나성건설에는 수도 방어역할 만이 아닌 부수적 기대효과도 있었던 것으로 파악된다.

〈표 1-4〉에서 보는 바와 같이 宮城 25만 평방미터, 皇城 125만 평방미터, 羅城 2,470만 평방미터이다. 나성건설로 도성의 가용면적이 20배 가량 증대하

133) 『高麗史節要』 권3, 顯宗 2년 8월.
134) 전룡철, 앞의 논문, 19쪽.
135) 『高麗史』 권114, 列傳27 金湊 ; 권46, 恭讓王 3년 4월.

여 도성공간의 사실상 확장이 이루어졌다. 궁성·황성 바깥의 생활공간을 새로운 성곽으로서 나성으로 추인해 준 사실은 이들 백성들에게 都城民이라는 명목적 지위를 부여함으로써 왕도의 각종 力役 부담에 동원하려 했던 것이다.[136]

나성이 건설될 영역 안팎으로는 王都의 생활을 지원할 각종 수공업 전문취락도 소재했다. 王都의 수공업장으로는 長覇門으로 가는 官道의 남쪽지대에 水鐵里가 있다. 水鐵제품을 전문적으로 생산하는 匠人들이 살던 데서 나온 지명이다. 五冠山 아래 綿紬洞과 靈通洞[137]도 가까운 거리에 있으면서 직조와 浣布를 전문으로 하는 수공업 전문취락이다.[138] 나성은 수공업 전문취락과 민의 생활공간을 아우르는 형태였다.

요컨대 개경 定都 당시 지형고저와 성곽에 따른 차별적 시설분포를 통해 治者와 被治者의 공간이 구획되었다. 국왕의 핵심공간인 궁궐분포와 운용방식, 후원에 대한 정책적 배려로써 국왕권위를 드러내려 했다. 사원과 관아시설이 소재한 황성 내의 도시 시설도 周禮的 방식보다는 중세적 경관을 연출해 내었다. 각 성문을 따라 난 官道와 사찰이 연결된 점과 현종대를 전후해 대규모 佛事가 설행된다는 점에서 알 수 있다.

개경의 도시정비는 성곽의 축성과 맞물려 있는데, 현종대 나성건설로 도시구조는 완결되었다. 나성건설로 도성은 세 겹의 방어망을 구축하여 도시적 실체도 보다 분명해졌다. 궁성에는 궁궐·전각·후원 등이 분포하였고, 황성에는 수도를 지원할 각종 관아시설이 차례로 배치되었다. 현종대 나성이 건설될 지점까지는 수도민의 생활공간으로 각종 생산 주거 유통시설이 있다. 민거 시설은 나성의 성문이 통과할 지점까지 차곡히 채워졌다.

---

136) 朴龍雲, 『고려시대 開京 연구』, 一志社, 1996, 130~133쪽.
137) 『新增東國輿地勝覽』 권12, 長湍都護府 山川.
138) 徐聖鎬, 「고려시기 개경의 시장과 주거」 『역사와 현실』 38, 2000, 75쪽.

3. 浿西圈域 분리 축소와 개경 주변지역 정비

태조대부터 성종·현종대까지 수도의 행정구심력 강화는 王京과 배후지역을 튼실히 하는 작업과 맥이 닿아 있다. 태조 초창기는 국내외 정세의 불안으로 선대부터 지지기반이 되는 패서지역 세력을 정권창출과 도시 설계의 모체로 삼아야 했다. 그러나 태조 후반 국왕의 집권력이 한층 제고되면서는 패서지역 호족은 태조가 제어해야 할 견제의 대상이 되었다. 패서호족을 견제하려던 태조의 전략은 광역 패서권역을 북과 남으로 쪼개어 분리시켜 일부를 개경권역으로 보태는 작업으로 진전되었다.

일반적으로 패서권역은 대동강~예성강·임진강·한강 이남까지를 넓고 모호하게 칭한다. 이를테면 대동강 연안의 평산과 한강 예성강 일대의 한산주 관내를 통칭하여 패서권역이라 하는데, 이 지역은 대체로 고구려 멸망 이후 성덕왕 34년 당으로부터 대동강 이남을 양도받기 전까지는 중앙집권력에서 먼 변방의 공백지였다.[139] 신라하대까지 상당동안을 국가의 장악력이 미치지 않던 이유로, 패서지역에 거주하던 주민들은 국가 통제권 밖에서 독자적 세력을 키워 궁예정권 창출에 일조하였다.

---

139) 浿西地域은 浿江以西지역을 지칭한다. 浿江의 위치에 대해서는 浿江=예성강, 浿江=대동강으로 보는 설이 분분하다. 최근 강옥엽은 예성강에서 대동강에 이르는 광역의 지구를 지칭하는 것으로 보았다. 또한 패서도와 패강도의 용어문제에 있어서 예성강 서쪽 멸악 이남의 浿西道와 멸악 이북 대동강 이남의 浿江道를 동일한 지역으로 보는 견해와 다른 지역으로 파악하는 견해가 있다(木村誠, 「統一新羅の郡縣制と浿江地方」『旗田巍先生古稀記念 朝鮮歷史論集(上)』, 1979 ; 井上秀雄, 『新羅史の基礎研究』, 東京 大出版府, 1974). 강옥엽은 패강진 설치 이후 平山이 중심세력을 이룰 땐 平山 부근지역을 浿江道, 황해 서부해안 일대를 浿西道로 구분하다가, 신라말 浿江鎭 경영이 혼란해지는 시점에 浿西道와 浿江道가 혼용된 것으로 이해하였다(姜玉葉, 「羅末麗初 浿西地域에 대한 일고찰」『이화사학』20·21合集, 1999). 예성강·대동강 모두를 浿水·浿江이라 불렸으므로 이 일대에 浿西라는 명칭이 생겨났다. 효공왕 2년, 8년에 浿西道 내지는 浿江道가 확인된다. 그 이전에는 浿江 이남, 浿江 이북이라는 용어를 썼고, 浿江鎭 설치 이후 특수행정구획화하면서 平山부근의 지역을 浿江道, 황해 서부지역을 浿西道라 지칭했다(姜玉葉, 「高麗 前期 西京勢力의 研究」, 이화여대 박사논문, 1997).

변방의 특수한 지리적 이점은 대외교역의 기득권과 재지적 기반을 장악하기에 유리하게 작용하였다.[140] 신라정부에서 이탈한 궁예와 이 정권을 계승한 왕건도 패서지역을 자신의 정권창출의 동력으로 삼을만 하였다.[141] 貞州는 왕건이 가장 먼저 연결을 맺은 貞州柳氏의 세거지이다. 貞州는 태조가 903년 羅州를 정벌할 때 거쳐간 곳으로, 한강·임진강·예성강이 합류하여 서해와 마주치는 전략적 요충지이다. 長湍은 태조 선대 龍建의 처가로서 장단지방의 호족 長湍韓氏의 세거지이다. 長湍韓氏와 왕건 가문은 궁예치하에서도 긴밀한 관계를 유지했다. 貞州·長湍 외에도 鹽州 泰評, 黃州 土山縣人 崔凝, 守安尹氏 尹逢, 水原金氏 金七, 水原崔氏 崔承珪, 平山庾氏 庾黔弼, 平山朴氏 朴遲胤·朴守卿·朴守文, 中和金氏 金樂·金鐵도 모두 태조를 지원한 세력이다.[142]

궁예 휘하의 왕건은 처음 패서세력이 가진 정치 경제적 기득권을 용인하고 탄력적 협조를 기대하는 수준에서 권력안정을 모색하였다.[143] 그러다가 고려왕조의 정통성을 수립하고 왕건 중심의 정국 주도권을 장악하려 할 때 平山 일대의 패서호족은 오히려 견제해야 할 대상이었다. 즉위 후 곧바로

---

140) 平山 일대를 포괄하는 광역의 浿西地域은 거란 여진과의 접촉이 잦은 곳이었다(金庠基, 『高麗時代史』, 東國文化社, 1976, 59~89쪽). 여진 입공자에 대해 관사를 제공한 것은 교역을 필요로 하는 여진인이 개경 바깥까지 진입한 것을 보여준다(『高麗史』 권1, 太祖 2년 … 宜令所浿州鎭 築館城外 待之).

141) 『三國史記』 권12, 孝恭王 2년 ; 권50, 列傳10 弓裔傳. 궁예가 895년 철원을 점령한 후 898년 7월 송악으로 천도하기까지 浿西道와 漢山州 管內 30여 城을 수습했다. 이때 평양성주·장군의 투항 경로를 볼 때 당시 궁예의 세력판도는 패강진 13현의 바깥까지 망라하는 대동강·예성강 일대의 浿西道와 漢山州 管內의 전체지역이었다.

142) 姜喜雄, 「高麗 惠宗代 王位繼承亂의 新解釋」 『韓國學報』 7, 1997, 69쪽 ; 鄭淸柱, 앞의 책, 113쪽.

143) 李基東, 「新羅下代의 浿江鎭」 『韓國學報』 4, 1976 ; 金光洙, 「高麗建國期 浿西豪族과 對女眞關係」 『史叢』 21·22合輯, 1977 ; 申瀅植, 「統一新羅時代 高句麗遺民의 動向」 『韓國史論』 18, 1988 ; 方東仁, 「浿江鎭의 管轄範圍에 관하여」 『靑坡盧道陽博士古稀紀念論文集』, 1979 ; 趙二玉, 「8세기 統一新羅의 北方進出硏究」, 이화여대 박사논문, 1996 ; 姜玉葉, 「高麗前期 西京勢力 硏究」, 이화여대 박사논문, 1998.

<표 1-5> 고려초 경기지역 州와 浿西地域의 大京畿 편성[144]

거점	주	원경기	1, 2일정	거점	주	원경기	1, 2일정
개성부	개주	○	○	해주	·	·	◎
〃	정주	○	○	〃	염주	·	○
양주	·	·	◎	〃	백주	·	○
〃	견주	·	○	〃	안주	·	◎
〃	포주	·	○	황주	·	×	×
〃	행주	·	○	〃	봉주	·	◎
수주	·	×	×	〃	신주	×	×
〃	금주	×	×	〃	토산현	·	◎
인주	·	·	○	평주		·	×
수주		·	◎	〃	동주	·	○
광주목	죽주	×	×	곡주		×	×
〃	과주	×	×	〃	신은현	·	○
충주목	괴주	×	×	〃	협계현	×	×
원주	·	×	×	〃	수안현	·	◎
〃	제주	×	×				
교주도	교주	×	×				
〃	춘주	×	×				
〃	동주	·	◎				

* × : 해당사항 없음
○ : 대경기의 1일정
◎ : 대경기의 2일정

<표 1-6> 州의 분포와 浿西地域의 大京畿 편성 여부[145]

주	시기	원경기	1, 2일정	패서지역	원경기	1, 2일정	비고
개주	궁예	○	○	평주		◎	·
정주	태봉이후	○	○	협계		·	곡주 속현
포주	고려초	·	○	안주		◎	·
견주	고려초	·	○	동주		◎	·
행주	고려초	·	○	곡주		·	속현 신은○
양주	고려초	·	◎	봉주		◎	·
수주	고려초	·	·	수안군		◎	·
금주	고려초	·	·	중화현		·	서경기
과주	고려초	·	·	중화속현		·	서경기
수주	태조23	·	◎	염주		○	·
죽주	태조23	·	·	백주		○	·
황주	태조23	·	·	해주		·	속현 안주◎
				토산현		◎	·

---

144) 〈표 1-5〉 고려초 경기지역 州와 浿西地域의 大京畿 편성은 『高麗史』 지리지를 참고로 작성하였다.

145) 〈표 1-6〉 '州의 분포와 浿西地域의 大京畿 편성 여부'는 金甲童, 앞의 책 94~97쪽과

태조는 서경북부의 평산, 멀게는 북부까지 이르는 패서세력의 더 이상 확대를 차단하려 했다. 그 대안으로 평산 방면 패서권역 경영을 지양하고 보다 남쪽의 서경 건설에 착수하였다. 태조 원년 9월부터 堂弟 王式廉과 廣評侍郎 列評을 보내 서경을 지키게 하고, 參佐 4, 5인을 두었다.[146] 뒤이어 黃州·海州· 白州·鹽州의 人戶를 나누어 서경에 살게 하고 大都護府로 삼았으며, 浿西지역 의 良家子弟로 채우게 했다.[147] 태조 4년에는 두 해 전 10월 평양에 성곽을 축성한 데 이어서[148] 이 방면을 순행하였다.[149]

태조대 축성은 대동강에서 청천강 일대, 雲中道·興郊道 등을 중심으로 한 北界에 설치되다가 점차 청천강 이북의 興化道 주변 朔方道의 東界로 진행되고 있다.[150] 북계의 중심은 안북도호부 일대로서 태조는 서경을 위시 한 북변 일대도 빈번하게 순행하였다. 전체 패서권역의 북부에 해당하는 서경 이북 중심으로 거란을 상대한 북방정책을 수립하는가 하면, 잦은 순행을 통해서 후삼국통일을 위한 지원세력을 위무함으로써 타협을 유도하였다. 그러한 노력의 일환으로 태조 3년 골암성을 축성하여 도호부를 둔 뒤,[151] 태조 14년 영주에 안북도호부를 설치하였다.[152] 태조 후반부에 이를수록 종전까지 막연하던 패서권역은 점차 북부와 남부가 영역적 군현제적 차원에 서 분리되는 징후가 뚜렷해졌다.

넓은 패서권역이 분리되는 추세 속에서 서경 건설도 본격적으로 추진되었 다. 태조 원년 평양에 축성하고 서경성 안에 각종 사찰을 설치한 다음

『高麗史』권56, 地理1 王京開城府條를 참고로 작성.

146) 『高麗史』권1, 太祖 원년 9월 丙申 ; 『高麗史節要』권1, 太祖 元年 9월.

147) 『高麗史』권1, 太祖 5년 11월.

148) 『高麗史』권1, 太祖 2년 10월.

149) 『高麗史』권1, 太祖 4년 4월.

150) 『高麗史』권82, 兵2 城堡條.

151) 윤경진, 「고려 태조대 도호부 설치의 추이와 운영-북방개척과 통일전쟁」 『군사』 64, 2007. 8.

152) 『高麗史』권58, 地理3 安北都護府 寧州.

5部로 나누어 개경과 동일한 지배체제를 구축하였다. 왕도 개주가 태조 2년에 설치된 점을 감안한다면 태조 원년 서경 경영은 개경보다 일찍 시도되었다. 개경 定都가 단행되고 각종 도시시설을 구축하는 편차로 본다면, 원년에 단행한 평양 대도호부 설치는 사실상 서경의 위상이 개경보다 높았음을 뜻한다.

서경권역은 서경 궁궐을 중심으로 都內 郊의 좁은 영역에서 문종 16년 서경기가 설치될 때까지 확대되어 간다. 그런데 정주 장단 외의 지역은 태조 초창기 패서지역과의 연결고리를 끊어야 하는 곳이었다. 얼마 뒤 패서권역의 북부는 예성강 방면을 중심으로 하는 본경기에는 제외되며, 남부의 서경권과 가까운 대동강 방면은 차후에 서경기에 편성된다. 일례로 중화현 중화속현은 문종 16년 서경기에 편입되는데, 실제 예성강 방면보다는 대동강 일대의 서경에 가깝다. 초창기 전체 패서지역 중 서경에 보다 근접하는 지역만이 서경기에 편입되어, 사실상 패서권역이 분해된 것이다.

浿西圈域의 분리 축소는 외형적으로는 개경 서경 모두를 모호하게 망라하던 영역 편성을 벗어나, 兩京의 권역을 보다 선명하게 정리하는 계기가 되어 주었다. 패서권역 중 북부는 전일화된 방어구역을 특정하여 후일 北界로 정비되고, 남부는 각각 서해도와 교주도가 성립하는 흐름에 있다. 특히 서해·교주 두 道의 일부 군현이 문종 연간까지 개경을 보익하는 본경기로 포섭되는 것을 감안하면, 태조대 추진한 패서권역 분리 시도는 西京의 威勢를 줄이고 개경의 왕도로서 위상 확보에도 직결된다.

태조는 패서권역 분리작업을 추진하는 하면, 國都 개경을 보익하는 지역의 수적 증가와 수도권역 강화에 주력하였다.

> 高麗 太祖가 三韓을 통합하고자 松京에 도읍하고 長湍으로 東翼을 삼고
> 開城을 西翼으로 삼았다.[153]

건국 이듬해 태조는 개성군과 송악현의 2郡의 땅에 걸쳐 開州라 칭하고, 송악현을 보익하는 지역으로서 長湍·開城을 각각 東翼·西翼으로 삼았다.[154] 그러나 송악현을 에워싼 東翼·西翼의 兩翼지역의 두 곳만 갖고서는 왕경배후지로 기능을 수행하기엔 여러 한계가 있었다. 태조는 보다 실질적 측면에서 개경 외곽에 주를 설치함으로써 왕경을 튼실하게 보호하는 역할을 기대하였다. 전반적으로 태조 당시는 州를 설치함으로써 지방세력을 재편하였다.[155] 태조대 州의 분포는 경기 북부로부터 확산되어 나갔다. 王都開州를 시작으로 점진적으로 확산되어 설치한 경기 북부의 州는 보다 실효적 차원에서 취약한 수도권역을 보강해 주었다.

경기 북부에 분포한 州는 고려 건국 이전부터 존재했던 것으로, 開州 주변의 州 설치를 중심으로 개경 경기 북부의 정지 작업이 선행되었음을 뒷받침한다. 그 작업은 개경 경기 북부 일대의 군현개편과 前史로서 신라말·후삼국시대의 성곽을 활용하는 차원에서 이루어졌다. 개주 주변지역에 대한 관심은 이전부터 중시되어 왔던 성곽을 재편하는 것으로 나타났다.

방어적 전략적 거점으로서 성곽을 확보하는 것은 국내외 정치 불안 속에서 중요했기 때문이며 성곽 단위로 군수품을 비롯한 각종 재화가 이동되는 점을 감안하면 요충지의 성곽은 주목될 수밖에 없었다. 때에 맞춰 전 왕도 경주 인근의 군사시설과 성곽의 중요도를 낮추고 개경인근 관문시설을 중시하였다. 『高麗史』城堡條에 경주권역의 성곽은 폐허화되고 단일성인데 비해, 경기 북부 일대의 성곽은 이중성 형태를 띠어 가는 사정은 이를 반영한다.[156]

대체로의 성곽은 중심성곽에 治所가 설치되는 부근에 山城이 포진된 형태

---

153) 『新增東國輿地勝覽』 권12, 長湍 宮室條.
154) 『新增東國輿地勝覽』 권4, 開城府(上) ; 권12, 長湍 宮室條.
155) 金甲童, 『羅末麗初의 豪族과 社會變動硏究』, 고려대 민족문화연구소, 1990.
156) 『高麗史』 권82, 兵2 城堡條.

가 郡 정도의 영역에 고르게 분포하였다. 성곽 단위에 속한 촌락은 시가지로서 의미보다는 산성과 한 세트를 이루어 분산적으로 배치되었다. 고고학 자료를 통해 살피면 성곽은 관아가 설치된 중심치소 주변에 산성이 방사상으로 배치되었음이 확인된다. 이때 중심성곽과 주변시설은 밀집도 면에서 흩어지는 경향도 있지만 경기 북부 일대의 성곽은 州治간 거리가 조밀하다. 이는 경기 북부 일대가 비교적 이른 시기부터 성곽과 관방시설이 잘 갖추어진데다 방어체계가 촘촘히 조성되었음을 뜻한다.[157]

발굴성과를 통해서 고려초 경기지역 호족은 해당지역에서 사찰을 기준으로 중심과 주변 寺域을 조성해나갔음을 살필 수 있다. 발굴자료의 한계로 인해 경기지역 전체에 걸친 사례를 망라할 수는 없지만, 경기 남부 일대의 성과를 바탕으로 경기지역의 일반적 경향을 추정해 볼 수 있지 않을까 한다.

후삼국 통일전쟁 수행 당시의 경기도 하남 일대에는 광주 王規, 진천 林曦, 이천 徐弼, 충주 劉兢達의 대호족이 갈등하거나 연합하였다.[158] 대호족 주변에는 중소호족이 산포하는 형태로 결합되어 있었다. 왕규와 관련깊은 시설로 교산동 건물지는 9세기 전후에 축조되었는데 왕규가 건물 조영의 재정적 후원자였고, 장군 朴達과 哀先도 건물구성에 관여했다. 교산동 일대 이성산성의 남쪽에는 고대지와 석축시설이 있는데 교통로를 통제하는 시설로 보인다. 금암산 덜미재 객산 새미재 마금태미는 도피길로 활용되었다.[159] 불교유적과 관련해서는 天王寺 桐寺 藥井寺 神福禪寺 등도 소재하는데, 인근으

157) 金樂起,「경기 南部지역 소재 고구려 군현의 의미」『고구려연구』20, 2005 ; 百種伍,「京畿地域 高麗城郭 研究」『史學志』35, 2002 ; 崔鐘澤,「경기북부지역의 고구려 관방체계」『고구려연구』8, 2002 ; 徐榮一,「경기북부지역 고구려 보루고찰」『문화사학』17, 2002.

158) 蔡尚植,「淨土寺址 法鏡大師碑 陰記의 分析」『國史研究』36, 1982 ; 鄭淸柱,『新羅末高麗初 豪族研究』, 一潮閣, 1996, 184쪽.

159) 경기문화재연구원,『河南 校山洞 建物址 - 발굴조사 보고서』, 경기도 하남시, 2004 ; 황보경,「하남지역 나말여초 유적 연구」『선사와 고대』21, 2004.

로는 춘궁리 철불, 춘궁리 5층석탑, 태평 2년명 마애불을 조성해 天王寺址를 중심으로 주변 사역이 포진하는 형태의 배치를 보인다. 사찰주변에 가마터가 산포하는데 춘궁동 유적과 사찰간 수급관계를 알 수 있다.[160]

죽주 일대에는 두 유력집단이 있었다. 토호세력으로 죽산박씨·죽산안씨, 초적 세력으로 이곳을 근거지로 불평세력을 규합해 주변 군현을 병합한 기훤이 있었다. 죽산안씨 족보에 의하면 戸長 安帝京은 안성 長命寺 5층석탑의 건립에 참여했다.[161] 죽주는 기훤세력의 기반으로, 궁예가 양길에게 투탁한 후 기훤은 광주·충주·청주·괴산 등지를 왕건에게 평정될 때까지 관할하였다.[162]

궁예가 기훤을 타도한 이후 죽산지방에는 朴奇悟로 대표되는 중소호족이 등장했다. 죽산박씨는 주변의 촌주를 결합한 지배체제를 성립하고는 주변 대호족과 연합을 도모했다. 박기오는 興寧寺澄曉大師寶印塔碑 陰記에 등장하여 佛事에 참여했던 것으로 보인다.[163] 죽산박씨와 관련있는 것으로는 매산리석탑·永泰 2年銘 塔誌가 있고, 인근에는 죽산리 석불입상·칠장사·기솔리 석불입상이 조성되었다. 역시 中心 寺域과 주변 寺域이 결합되어 하나의 권역이 형성되는 양상을 보인다.

그런가하면 후삼국전쟁 기간 신라하대 자위조직을 운영하는 과정에서 군소 영역이 다수 존재했다. 각 지방세력 간에 갈등·연합하면서 세력이 상대적으로 강한 지역을 중심으로 권역을 형성해 나갔다. 후삼국전쟁을 수습하는 과정에서 태조는 각 지역거점을 포섭해야 했다. 지역 내 중심거점과 군소거점 간에 형성된 관계망을 기본 축으로 하여, 군현제도를 편성함으로써 국가차원에서 해당지역을 효율적으로 통제할 수 있었다.[164] 경기 남부 일대

---

160) 단국대중앙박물관, 『안성시의 역사와 문화유적』, 1999, 482쪽 ; 경기도박물관, 『奉業寺』, 2002.
161) 『竹山安氏族譜』 ; 『韓國金石遺文』, 淳和銘安城長命寺石塔誌.
162) 『三國史記』 권50, 列傳10 弓裔.
163) 「興寧寺澄曉大師寶印塔碑」 『譯註 羅末麗初金石文』, 혜안, 1996, 160~161쪽.

의 사례를 들었지만, 개경 주변지역인 경기 북부에도 교통의 요충지에 성곽과 사찰이 중심이 되어 각각 지역거점을 창출했을 것은 짐작된다.

王都 開州 주변지역의 정비에는 州의 분포와 축성공사와 함께 국가적 祭場의 이전 작업도 수반되었다. 다음 〈표 1-7〉에서 보는 것처럼 신라의 국가 祭場을 새로이 고려 국가의 사전체계로 지정하였다.

〈표 1-7〉 赤畿縣 지역의 시설[165]

군현	雜祀	驛道	나루	기타	왕릉
開城縣	松嶽神祠	狻猊道(狻猊驛) 靑郊道(靑郊驛)	崎平渡	開城大井	○
貞州	·	개경 서남부	河源渡	長源亭 重房堤	○
德水縣	·	靑郊道(平理驛)	祖江渡, 引寧渡	·	○
江陰縣	·	金郊道(金郊驛) (玉池驛)	·	·	·
長湍縣	長湍岳祠	桃源道(白嶺驛)	長湍渡	·	·
臨江縣	·	桃源道(臨江驛)	·	靈通寺	·
兔山縣	·	桃源道	·	·	·
臨津縣	·	靑郊道(通波驛)	臨津渡	·	○
松林縣	·	桃源道(桃源驛)	·	佛日寺	○
麻田縣	·	桃源道(臨江~章州)	·	·	·
積城縣	紺岳神祠	靑郊道(橡林驛丹棗驛)	·	·	·
坡平縣	·	靑郊道(長湍~積城)	·	·	·

개경 인근에는 신라의 국가 祭場을 새로이 고려국가의 사전체계로 지정하는 형태로 산천제사와 같은 잡사가 거행되었다. 재지의 세력은 神祠 등의 건립을 통해 제사권을 장악함으로써 해당지역에서 기득권을 행사해왔다. 건국 후 잡사 항목으로 거행되는 산천제를 祀典으로 등재한 것은 재지세력의

---

164) 채웅석은 고려초 지역내부에서 豪富들에게 토성과 직역을 분정하고 복수적 豪富에 의한 자치적 지배조직, 관반을 체계화 하는 과정의 일환이라 했다. 대호족 주변으로 중소호족이 포진하는 형태를 종래 족단세력으로 이해했지만, 군소호족의 연합적 성격을 시사하는 것으로 파악한다(蔡雄錫, 『高麗時代의 國家와 地方社會』, 서울대출판부, 2002, 87쪽).

165) 〈표 1-7〉 '赤畿縣 지역의 시설'은 『高麗史』 권56, 地理1 王京開城府 ; 『新增東國輿地勝覽』 권4·5, 開城府(上)(下)를 참고로 작성.

기반을 국가가 포섭하려는 의도이다. 송악현의 도성 인근인 개성현에는 산천제사의 祭場이 분포하였다.[166] 산천제사의 祭場이 분포한 지역은 國制로 편제되기 이전부터 인적 왕래가 잦아 교통로의 이용이 활발하던 곳이다.

雜祀가 설행되는 지역은 역로와 나루시설이 소재하여 도시적 기반이 비교적 일찍 갖추어진 지역이다. 長湍嶽祠가 있던 古長湍縣은 開城府의 東25리 지점에 있는데, 長湍渡가 있어 감악산으로 건너려는 사람들이 많이 익사하였다고 한다. 물론 長湍渡를 건너다가 익사하는 경우가 있긴 했어도 桃源道의 驛道와 장단나루를 건너 長湍嶽祠로 가려는 사람들로 일대의 통행이 빈번했다.[167] 長湍嶽祠 외에도 開城府에서 확인되는 雜祀는 積城縣의 紺岳神祠이다. 감악신사는 신라의 小祀를 잡사로 등재한 것이다. 감악신사는 감악산에 소재하는데 역시 감악산으로 가기 위해서는 長湍渡를 경유해야 했다.[168]

개경인근 지역의 잡사는 모두 통행에 편리한 지점에 위치해 있다. 개경과 경기 북부에 국가적 제의기구가 분포함으로써 해당지역 왕래가 빈번해진 결과 이른 시기부터 각종 편의시설이 갖추어졌다. 경기 북부 주변으로 도회발전이 선행적으로 이루어져, 추후 왕경을 보익하는 지역(적기현)으로 선정될 수 있었다. 〈표〉에 제시한 13군현은 성종대 적기현에 포함된 지역으로 태조 2년부터 왕도 보익기능을 수행한 결과 경기의 원형이 될 수 있었다.

요컨대 태조는 건국 직후 왕도 개주를 설정한 후 주변의 수도권지역을 강화할 필요에 있었다. 태조대 개경의 배후지역을 튼실히 하려는 노력은 광역의 모호하던 패서지역을 서경권역과 개경권역으로 분리하는 정책에서

---

166) 金甲童, 「高麗時代의 山嶽信仰」『韓國宗敎思想의 再照明』(上), 1993 ; 「고려시대 巫俗信仰의 전개와 변화」『역사와 담론』78, 2016 ; 朴昊遠, 「高麗의 山神信仰」『민속학연구』2, 1995 ; 朴昊遠, 「韓國 共同體 信仰의 歷史的 硏究」, 韓國精神文化硏究院 박사논문, 1997 ; 金澈雄, 『한국중세의 길례와 잡사』, 景仁文化社, 2007 ; 김아네스, 「고려시대 산신숭배와 지리산」『歷史學硏究』33, 2008 ; 「고려시대 개경일대 名山大川과 국가제장」『역사와 경계』82, 2012.

167) 『新增東國輿地勝覽』권12, 長湍 古跡條.

168) 『世宗實錄』권148, 地理志 京畿.

부터 출발했다. 태조대 대외적으로는 북방족과의 대치국면에서 서경권이 중시되었다. 태조 원년부터 서경에 도호부를 설치한 다음 동 14년 안북도호부를 영주에 둔 이후부터는 광역의 패서권역은 북부의 북변방어구역(→ 북계)과 남부의 서해 교주도로 구분될 조짐이 나타난다. 안북도호부 설치를 계기로 한 패서권역 분리 축소는 태조 초창기까지 서경 우위로 유지되던 양경제가, 태조 후반부터 개경을 중심에 놓는 불균형을 예견하면서 개경이 왕도로서 비중을 높여가는 추세와 궤를 같이한다.

개경을 중심에 둔 수도권역 강화는 왕도개주를 시작으로 경기 북부의 주 설치와, 연원이 오랜 중심성곽과 주변성곽을 활용하는 방향에서 진전되었다. 초창기 경기 북부에 치우쳐 개경 배후지역을 정비하게 되는데, 당시의 대내외정세로 인해 국초 수도를 군사적으로 지원하는 역할이 요구되었다. 축성과 州는 경기 북부부터 비교적 이른 시기에 분포하였다. 개경에서 서경 방면으로 이어지는 경기 북부 길목에는 국가기구로서 雜祀 제장과 왕릉이 밀집해서 분포하였다. 처음 국왕의 행차 편의를 목적으로 이곳에 특히 公的 나루와 교통시설도 비교적 잘 갖추었다. 경기 북부 일대는 국가차원의 정책적 육성과 관리가 우선됨으로써, 지역 개발이 선행되었다. 결국은 王都를 보익하는 배후지로 선정 가능하였다.

제2장 개경의 경계 확정과 京畿制 확대 실시

1. 都內와 郊外의 설정

전근대 동양사회의 수도는 성곽으로 둘러싸였다. 수도 내부시설을 보호할 성곽을 기준으로 도성 범위가 정해졌고, 안팎의 경계도 구분되었다. 이때 部坊里와 도시핵심시설이 밀집한 공간을 都內라 하고, 그 바깥은 郊外라 하였다.[1] 교외의 바깥에 왕기지역이 분포한다. 도내-교외-왕기로 구성되는 정연한 도성체제는 고대 왕경에 소급된다. 신라의 경우 왕경 주변에 대성군 상성군의 왕기지역이 설정됨에 따라 도내와 왕기의 중간지역이 될 교외공간이 분명해졌다. 이때 왕기제가 성립하는 것은 도내와 교외를 포함하는 도성공간의 확립을 더욱 명확히 해준다.

개경의 도성공간도 전근대 수도 일반과 마찬가지로 성곽을 기준으로 구획 확정되었다. 주지하는 개경의 성곽은 태조대 궁성·황성의 2중성에서 현종대 나성을 건설함으로써 3중성 체계를 갖추었다. 도성 공간의 확립을 보다 명확히 하는 '京畿'는 국초 定都 당시에는 협소한 개성현 일대에만

---

1) 『經世遺表』권5, 地方首制 田制1 井田論3. 郊는 周禮에 의하면 도성으로부터 50리 이내의 곳을 近郊 또는 郊內라 하여 城內의 6鄕과 합하여 國中이라고 하였다. 또한 50리 밖으로부터 100리 안의 지역을 遠郊라 하였다. 도성 주변 100리 안의 近·遠郊 지역은 도성의 영향이 강한 지역으로, 이 지역 내에 있는 邑을 京邑이라 하였으며 그 바깥은 公邑 또는 邦甸이라 하여 지방에 포함시켰다. 京邑에는 大邑을 두지 않는 것이 원칙이었다.

제한적으로 설정되다가 성종대 적기현제를 실시함으로써 법제적 차원에서 정형이 갖추어졌다. 도성의 경계가 되어줄 성곽이 순차적으로 축성되는데다 도성 바깥임을 명확히 부각시켜 주는 경기제 역시 차례로 정비되기 때문에 경기의 범위와 도성의 공간 구성은 처음부터 고정된 것이 아니라 유동적이다.

개경의 도성 공간 자체는 크게 都內와 郊外로 나눌 수 있다. 都內는 郊外와 대비되는 영역으로, 도읍 내 혹은 개경의 전체영역을 칭하기도 한다.[2] 통상 도성의 핵심시설을 보호하는 성곽의 최안쪽의 바깥 주변지역을 교외라 한다면, 성곽 수축이 차례로 진행되는 개경에서는 교외의 경계선이 점차 외부 선으로 밀려난다.

都內는 개경 영역의 안쪽으로 통용되는데 보다 구체적으로는 郊外의 안을 지칭한다. 郊外의 안을 都內라 한다면 개경에서는 궁궐이 집중한 禁內(禁中)와 기타 각종 수도의 도시시설이 소재한 皇城 밖~羅城 안까지 중분류할 수 있다. 성곽 수축에 따른 都內의 영역을 보다 세분류하면 禁中(禁內)이라 불린 궁성 안, 관아지구인 宮城 밖에서 皇城 안, 皇城 밖 羅城 안의 공간으로 나뉜다.

都內의 용례는 태조 2년 都內 10刹의 분포 기록에서 최초로 확인된다.[3] 태조대 확인 가능한 都內 사찰은 대체로 황성을 기준으로 그 안팎에 소재한다.[4] 황성이 외성역할을 하던 건국초의 都內는 황성의 안을 칭하며, 현종대

---

2) 『高麗圖經』 권5, 宮殿1 王府. 개경의 도성공간과 관련한 용어로는 3중성의 성곽 짜임새가 갖추어지는 과정에서 王府 都內 郊外 城內外가 있다. 王府는 『高麗圖經』에서 서긍이 일찌감치 언급한 바 있다. 궁전구역과 관청구역이 각각 담장과 성문으로 구분되는 것으로, 인종대 서긍이 인식한 왕부는 행정 관아시설이 밀집한 궁성에서 황성 영역까지를 범칭한 듯하다. 개경의 都內와 郊外에 대해서는 다음이 참고된다(신안식, 「고려 개경의 都內와 郊」 『역사민속학』 18, 2004 ; 정은정, 「12·13세기 개경의 영역 확대와 郊外 편제」 『역사와 경계』 67, 2008 ; 「13·14세기 개경 都內의 변화-侍奉·侍衛기구의 배치를 중심으로」 『한국중세사연구』 41, 2015. 4).

3) 『高麗史節要』 권1, 太祖 2년 3월.

4) 박종진은 태조 2년에 창건된 10개 사찰 중 王輪寺·普濟寺·圓通寺·地藏寺는 황성 밖이며, 王輪寺의 위치는 皇城 바로 바깥이라고 보았다. 法王寺·慈雲寺·內帝釋院·舍那

나성의 경계 영역보다 다분히 막연하며 넓은 범주에 해당한다.

성종 6년에는 京城의 5部坊里名이 개정되었다.[5] 5부방리가 분포하는 都內의 성종 당시 범주는 郊外에 배치되던 太廟와 같은 국가 祭場의 위치를 통해 추정할 수 있다. 본래 중국 역대왕조의 경우 郊外는 봉황·기린·용 같은 성스러운 동물이 나타나서 하늘의 상서를 전하는 곳으로 제천의례인 郊祀禮를 설행하는 장소이다.[6] 唐과 마찬가지로 개경 교외에도 유교적 국가 제사 시설이 소재한다. 그런데 성종대는 唐制와 唐令의 유교예치 시스템을 수용해 전반적인 국가제의 시설 다수를 정비하였다. 성종 8년 太廟를 짓기 시작하여[7] 同王 11년 12월에 완성하였다.[8] 곧이어 현종 2년 거란침입으로 태묘가 소실되자[9] 종묘에 신주를 안치할 일을 상론하고[10] 同 5년 4월에는 임시로 神主를 봉안하고는 同 18년 2월에야 태묘를 수축했다.[11] 당시 태묘의 위치는 성 밖이다. 성종 8년은 아직까지는 나성이 축성되지 않은 시점이라서, 이때 제시하는 성 밖은 나성이 아닌 황성의 밖을 칭한다. 원칙적으로 郊外에 분포되어야 하는 국가 祭場 다수가, 성종대에 이르러 황성 바깥에 일정한 거리차를 두고 위치하였다. 성종 연간의 都內 역시 나성이 아니라 황성 바깥을 범칭한다.

뒤이은 현종은 거란침입에 대비할 목적으로 9년 나성건설을 추진한데다, 동왕 15년 왕경의 5部坊里名을 개정하였다.[12] 개정된 5部坊里는 동서남북의

寺의 경우는 황성 안이 분명하며, 나머지 위치가 불분명한 新興寺·文殊寺는 대체로 皇城 주변에 소재한 것이다(박종진, 「고려시기 개경 절의 위치와 기능」『역사와 현실』 38, 2000, 70~73쪽).

5) 『高麗史』 권3, 成宗 6년 10월.

6) 박미라, 「中國 祭天儀禮 硏究 ; 郊祀 儀禮에 나타난 上帝와 天의 이중적 天神觀을 중심으로」, 서울대 박사논문, 1997.

7) 『高麗史』 권3, 成宗 8년 4월 乙丑 癸酉.

8) 『高麗史』 권3, 成宗 11년 12월.

9) 『高麗史』 권4, 顯宗 2년 1월 乙亥朔.

10) 『高麗史』 권4, 顯宗 3년 12월.

11) 『高麗史』 권5, 顯宗 18년 2월 戊子.

교차점인 中部坊을 제외하고는 황성 밖에서 나성 건설지점까지 확대되었다. 특히 황성 밖으로는 수도민의 생활을 지원할 각종의 생산 유통시설이 점재하였다. 이들 도시시설은 차제에 나성문이 통과할 지역까지를 경계로 하여 점차적으로 들어찼다. 현종대 나성건설은 앞서 거란의 침입을 방어할 도성 보호 목적으로 추진한 것이지만, 부수적으로는 황성 바깥으로 도시시설과 거주민의 점증에 따른 도성 가용부지가 늘어난 것을 나성의 성곽이 에워싼 것이라 하겠다.[13] 나성 건설의 결과 郊外의 용례는 城外로 대체된 동시에, 교외의 안을 모호하게 칭하던 都內는 나성 안으로 분명하게 인지되었다. 이를테면 개경 都內의 범위는 태조 2년 당시는 궁성 밖 황성 주변→ 성종대는 황성 밖 일정 반경→ 현종대 나성 안을 지칭하는 것으로 마무리되었다. 현종대에 나성은 기왕의 都內 영역보다 좁혀져 축성되는데다, 都內라는 용어는 사실상 城內로 대체된다.

都內의 영역이 태조대부터 현종대까지 황성 주변에서 나성 안으로 변하면서, 都內 바깥 교외의 안쪽 경계지점은 종전 황성 밖에서 나성 바깥으로 바뀌었다. 통상 교외는 사산금표지역이자, 국가제장과 국왕릉이 분포하는 신성지역이다. 개경의 교외에도 금표와 국왕릉이 확인된다. 대체로 나성 서쪽은 봉명산 만수산 곡령 기슭, 나성 남쪽으로는 진봉산 부소산 일대와 북쪽, 나성 동쪽으로는 용흥동 서쪽산과 송림현 장단현, 나성 북쪽으로는 부아봉 나월봉 오관산 서남쪽 일대가 해당한다. 나성 서쪽에 분포하는 릉은 개성현과 접경, 나성 남쪽은 정주, 나성 동쪽은 송림현, 나성 북쪽은 우봉군과 접경을 이룬다. 고려의 국왕릉은 나성을 중심으로 하면 외곽 사산 안에 분포한다. 관련하여 아래 〈표 2-1〉은 태조릉으로부터 공양왕릉까지 역대왕의 능묘 위치를 기록한 것이다.

---

12) 『高麗史』 권77, 百官2 五部 ; 권56, 地理1 王京開城府 顯宗 15년.
13) 정은정, 「고려전기 개경의 도시기능과 그 변화」 『한국중세사연구』 11, 2001, 40~43쪽.

<표 2-1> 고려 국왕릉의 소재지[14]

왕	고려사	문헌비고	세종실록지리지	소재지
세조	·	·	개성현 西江	永安城
태조	송악 서록	개성부 송악서 파지동 남	·	개풍 중서면 고령리
혜종	송악 동록	개성부 탄현문외 경덕사 북	·	개성 송악면 자하동
정종	성남	개성부 남소문외	·	개풍 청교면 안릉동
광종	성남	개성부 송악북록 적답현	·	개풍 금난면 심천리
경종	南畿산록	개성부 진봉산 하	·	개풍 진봉산 탄동리
성종	남교		·	
목종	적성현 남	·	·	개성 동쪽
현종	송악 서록	·	·	개풍 중서면 고령리
덕종	북교		·	개성 북쪽 교외
정종	북교		·	개성 북쪽 교외
문종	불일사 남		·	장단 진서면 경릉리
순종	성남	개성부 진봉산 남	·	개풍 상도면 풍천리
선종	성동		·	개성 동쪽
헌종	성동		·	개성 동쪽
숙종	송림현	경기장단부 송림현 불정원	·	장단 진서면 판문리
예종	성남		·	개풍 청교면 비야리
인종	성남	개성부 성서 벽곳동	·	개풍 청교면 장릉리
의종	성동		·	개성 동쪽
명종	장단		·	장단 지릉동
신종	성남		·	개풍 청교면 양릉동
희종	·	강화부 남 21리	강화부 남 23리	강화 양도면 능내리
고종	·	강화부 서6리	·	강화 국화리
원종	·	개성부 북 15리	·	개풍 금남면 소릉리
충렬왕	·	개성부 서 12리	·	개성 서쪽
충선왕	·	개성부 서 12리	·	개성 서쪽
충숙왕	·	개성부 서 12리	서교(개성부 서12)	개성 중서면
충혜왕	·		·	
충목왕	·		개성부 성 남	개풍 중서면 여릉리
충정왕	·		개성부 서 42리	개풍 청교면 비야리
공민왕	·		개성부 서 봉명산	개풍 중서면 여릉리
우왕	·		·	강원 강릉
창왕	·		·	경기 강화
공양왕	·	경기 고양군 견달산	·	경기 고양

---

14) <표 2-1> '고려 국왕릉의 소재지'는 『高麗史』 『文獻備考』 『世宗實錄地理志』; 장호수,
「개성지역 고려왕릉」 『韓國史의 構造와 展開』, 河炫綱敎授定年紀念論叢, 혜안, 2000을
참고로 재구성.

고려 국왕릉의 분포는 동서남북 고르지 않은데다 왕릉 분포의 정형성을 찾기는 어려우나15) 주로 외곽의 主山 안에 분포하는 경향이 있다.16) 四山지역 안은 곧 四郊이다. 四郊 가운데 윤곽을 알 수 있는 지역은 東郊와 西郊이다. 나머지 南郊와 北郊는 나성의 남·북 경계지로 짐작된다. 東郊는 炭峴, 禿山 狄逾峴, 小梓尾 일대, 西郊는 선의문 밖에서 藥師院, 우지암, 熊川, 大峴 西普通亭 의 골짜기, 馬川, 高寺의 범위를 가리킨다.17) 南郊는 회빈문 밖, 北郊는 현무문 바깥 北郊亭 소재지역의 일정 반경에 해당된다.18)

四郊의 확정은 王都 내에서도 중심과 주변이 분리 인식되면서 가능하였다.

制하기를 서경 궁궐이 세월이 오래되어 무너지고 헐린 곳이 많으니 공장을 뽑아 수리하라. 또 서울 동서 각각 10여 리에 다시 터를 잡아 左右宮闕을 지어 순시할 적에 돌려가며 거처하는 곳으로 하라 하였다.19)

사방 10여 리에 좌우궁궐을 지어 국왕의 순시처를 마련토록 지시한 것은 都內가 국왕 행동반경임을 뜻한다. 사방 10여 리의 都內는 京域에서도 항상적 중심, 그 바깥 郊外는 주변이 되는 것이다. 즉 현종대 전후로 都內·郊外를 지칭하는 용어가 城內·城外로 대체되면서, 都內=나성 안, 郊外=나성 밖으로 명확해짐으로써 京域에서도 중심과 주변이 분리되었다.

개경의 교외는 동·서·남·북교의 四郊로 구성되는데, 각각 방위면에 따라

---

15) 妹尾達彦, 「唐長安の都市生活と墓域」『東アジアの古代文化』123, 2005. 唐 長安에서는 葬地가 대체로 동쪽에 위치하다가 점차 북쪽 방면에 놓이게 되는 정형성을 보인다. 唐 長安城을 모델로 한 日本 平安京에서도 매장지는 도시의 동쪽에서부터 북쪽으로 능묘 공간을 조성해 나갔다.

16) 정학수, 앞의 박사논문, 72~78쪽 ; 홍영의, 「고려전기 개경의 五部坊里 구획과 영역」 『역사와 현실』 38, 2000, 60쪽.

17) 『高麗史』 권83, 兵3 檢點軍.

18) 『東國李相國前集』 권17, 北郊亭.

19) 『高麗史節要』 권5, 文宗 35년 8월.

기능별로 분화되었다. 관련하여 〈표 2-2〉는 四郊에서 국왕의 활동을 기록한 것이다.

〈표 2-2〉 四郊 지역에서 국왕의 활동[20]

郊	국왕의 행동 양식		연도	전거
東郊	의례	籍田禮	성종 7년 2월 임자	권3, 成宗 7년
		風師	정종 11년	권6, 靖宗 11년
		壓兵制	예종 12년	권14, 睿宗 12년
	군대훈련	활쏘기	현종 20년 윤2월	권81, 兵1
		사열	현종 20년 10월	권81, 兵1
西郊	冊命		성종 15년	권3, 成宗 15년
	사신 영접	거란사절	문종 17년 3월	권8, 文宗 17년
		송사신	문종 32년 6월	권9 文宗 32
		달로화적	원종 14년	권27, 元宗 14년
		원 사절단	충렬왕 12년	권30, 忠烈王 12년
	군대훈련	활쏘기	명종 11년 7월 계유	권20, 明宗 11년
			신종 4년 9월	권21, 神宗 4년
			공민왕 2년	권38, 恭愍王 2년
		출병	명종, 조위총 토벌	권128, 李義邦
	遊獵	사냥	충렬왕 26년	권31, 忠烈王 26년
			충혜왕 원년	권36, 忠惠王 원년
			우왕 10년	권135, 列傳48 辛禑 10년
	國恤	국왕 薨		권64, 志18 禮6 凶禮 國恤
南郊	國恤	성종왕릉	성종 16년 10월	권3, 成宗 16년
	冊命	거란사신	문종 9년 2월	권7, 文宗 9년
		〃	문종 11년 3월	권8, 文宗 11년
		〃	문종 19년 4월	권8, 文宗 19년
		〃	숙종 9년	권12, 肅宗 9년
		?	예종 3년	권12, 睿宗 3년
		?	인종 20년	권17, 仁宗 20년
		원 사신	우왕 8년	권134, 列傳47 辛禑 8년
		명 사신	공양왕	권110, 李齊賢
	迎接	거란사신	숙종 5년 5월	권11, 肅宗 5년
	大赦令	南郊 大赦	성종 4년	권3, 成宗 4년
	儀禮	老人星	정종 5년 임오	권6, 靖宗 5년
		醮齋	인종 22년 1월 경신	권17, 仁宗 22년
	遊獵	사냥	우왕 10년	권135, 列傳48 辛禑 10년
			우왕 11년 4월	권135, 列傳48 辛禑 11년
			우왕 12년	권136, 列傳49

			우왕 14년	권137, 列傳50 辛禑 14년
北郊	國恤	덕종릉	덕종 3년	권5, 德宗 3년 9월
		정종릉	정종 12년 4월	권6, 靖宗 12년 4월
	祭禮	풍사	정종 11년 1월	권6, 靖宗 11년
		기우제	명종 11년 4월	권21, 明宗 11년
		望祭	·	권54, 志8 五行2 金
		壓兵制	문종 2년 2월	권63, 志17 禮5
			예종 12년	권14, 睿宗 12년
	군대훈련	활쏘기	문종 23년 10월	권8, 文宗 23년
	冊命	속리대	원종 3년 3월	권25, 元宗 3년
		몽골사신	원종 4년 5월	권25, 元宗 4년
		河西國王	충렬왕 17년 4월	高麗史節要 권21

〈표 2-2〉에서 방위별로 구분된 교외 행사는 동·서·남·북에서 사열·제례·
국휼·책명 등으로 공히 유사한 것처럼 보인다. 그러나 東郊는 籍田, 西郊는
사절단 영송·군대의 사열, 南郊는 국왕의 책명·원구단, 北郊에서는 악해독·명
산대천의 神位를 모아 望祭·기우의식이 구분되어 치러졌다. 사절단의 영송례
와 관련해서는 西郊가 송 사절단, 南郊는 거란 사절단의 영접이 행해졌다.

四郊는 신성공간이자 국가차원의 의례 설행장소라는 상징적 공간이며
국가의 행정 및 물화유통의 기착점으로도 역할을 하였다. 王都와 지방 간의
공문서와 재화 수송을 담당하는 주요역로와 관련짓는다면 東郊는 나성 동문
인 보정문 밖 청교 일대·숭인·적전 등을 모두 칭한다.[21] 이곳에는 청교역이
소재하였다.[22] 靑郊驛은 도성 안에서 외방을 연결하기 위한 출발 驛이다.
현종 23년 서울 각 기관에서 지방으로 공문서를 보낼 때 상서성→ 청교역
관역사→ 지방의 순서로 할 것이며, 靑郊驛을 그 중간기구로 설정해 책임을
명시하기도 하였다.[23] 이 해는 현종 15년 京城의 5部坊里명을 경정한 데
연이어, 同 20년 羅城건설이 종결된 이후이다. 이를 감안한다면 청교역

---

20) 〈표 2-2〉 '四郊 지역에서 국왕의 활동'은 『高麗史』를 참고로 작성.
21) 『新增東國輿地勝覽』 권4, 開城府(上) 山川條.
22) 『新增東國輿地勝覽』 권4, 開城府(上) 驛院 靑郊驛.
23) 『高麗史』 권82, 兵2 站驛, 顯宗 23년.

관역사에게 공문서 주첩 절차를 명시한 것은 나성건설 이후 도성 공간 확대에 따른 행정혼선을 방지하기 위한 조치일 개연성은 충분하다. 東郊의 청교역을 출발지점으로 하는 청교도는 대체로 한강·임진강 유역을 경유하여 王城 외곽의 동쪽 지대와 개경 남부지역까지 연결이 가능했다.[24] 청교도가 개경 남부지역 전체를 망라하려면 문종 21년 남경개발까지를 기다려야 하지만, 적어도 현종대 東郊 일대는 나성 내외를 연결하며 공문서 주첩의 수수 발송을 수행한 출발지점으로 기능하였다.

나성의 서쪽 외곽지대인 西郊는 王城에서 碧瀾亭 사이 지점인 개경 서북부를 칭한다. 왕성 서쪽 20리 지점에 狻猊驛이 소재하는데[25] '산예'라는 驛名은 이 이름의 거란사신이 여기를 통과하다가 죽었기에 그의 이름을 따서 부기한 것이다.[26] 산예역이 소재한 西郊일대는 사절단이 이동하는 주요 통로였음은 틀림없다. 대중국 교역의 길목인 산예역으로는 개경 서남방면의 물화가 경창으로 수송된다.

나성 외곽 동북쪽 경계에는 桃源驛[27]이 소재하여 나성 내외뿐만 아니라, 지방으로까지 연결이 가능하다. 나성 서북 金郊는[28] 金郊驛의 출발지이다.[29] 金郊驛은 거란 여진의 책명을 접수하거나 사절단을 영접하는 것처럼 북방족과 교섭에서 중요한 역할을 하였다.[30] 北郊는 정북보다는 서북 방면에 치우쳐 金郊와 일정 부문 겹친다.

전반적으로 四郊는 都內 회경전 뜰 앞에서 출발하는 길이 각 성문을 경유하

---

24) 『高麗史』 권82, 兵2 站驛. 靑郊道는 15개소를 관할한다. 靑郊(開城) 通波(臨津) 馬山(峯城) 碧池(高峯) 迎曙(南京) 平里(德水) 橡林 丹棗(積城) 淸波(南京) 蘆原(南京) 幸州 從繩(守安) 金輪(樹州) 重林(仁州) 綠楊(見州) ….

25) 『新增東國輿地勝覽』 권4, 開城府(上) 驛院 狻猊驛.

26) 『中京誌』 권6, 關防 驛院 狻猊驛.

27) 『新增東國輿地勝覽』 권12, 長湍都護府 驛院 桃源驛.

28) 『高麗圖經』 권3, 城邑 封境.

29) 『高麗史』 권82, 兵2 站驛.

30) 『東文選』 권80, 金郊驛樓記.

여 외곽으로 연결되는 육로교통의 기착점이 되었다. 四郊지역에는 猋猊驛[31]·金郊驛[32]·桃源驛[33]·靑郊驛[34]의 간선대로인 산예도·금교도·도원도·청교도의 역도명과 일치하는 역이 소재하였다. 사교에 소재하는 역도 구간의 驛은 왕도와 외방을 드나들기 위해서 반드시 경유해야 할 역으로 파악되어, 추후 역제의 편성에서 중요 역으로 규정되었다.[35] 四郊는 교통로의 기착점이자 도성 내외와 지방간의 통행을 이어주는 교두보라 할 수 있다.

개경의 都內·郊外가 확정되는 것은 성종·현종대 경기제의 실시, 나성건설 이후이다. 개경에서 도시 핵심시설이 밀집한 都內는 태조 2년 왕경 5部坊里가 획정된 이후, 성종 6년·현종 9년·동 25년 坊里名이 개정되면서 정비되었다. 5部坊里의 개정과 이후 나성건설을 都內의 재편으로 이해할 수 있다면, 都內 범주의 변화에 연동하여 교외를 포함한 경역도 달라진다. 도성 성곽과 왕기지역 방리명이 순차적으로 정비되면서 개경의 도내 교외가 칭하는 영역은 가변적이었다. 현종대 나성건설 전후 개경 교외는 나성 바깥을 지칭하는 범주로 정리되었다. 교외는 나성 성문 바깥으로부터 四山까지를 범주로 하면서 나아가서는 경기지역과 접경을 이루게 되었다. 개경 경역은 경기지역과 연접하는 지역 안쪽, 都內로부터 사방 100여 리를 포괄하는 교외까지 망라했다. 교외는 막연히 국왕과 관련한 시설로서 국왕릉과 유렵지, 국가제장 등이 분포한 신성공간이었다. 현종 전후 개경 내외를 관통하는 역로망과 대외교역로가 정비되면서 四郊는 공문서 주첩과 수수 물류이동의 기착점으로 기능하였다.

---

31) 『新增東國輿地勝覽』 권4, 開城府(上) 驛院 猋猊驛.
32) 『新增東國輿地勝覽』 권43, 江陰縣 驛院條.
33) 『新增東國輿地勝覽』 권12, 長湍都護府 驛院 桃源驛.
34) 『新增東國輿地勝覽』 권4, 開城府(上) 驛院 靑郊驛.
35) 『高麗史』 권82, 兵2 站驛.

2. 赤畿縣制의 시행과 군사적 畿輔 역할

개경이 都(정치)와 市(시장)의 양 都市性을 확보하여 王都로서 위상을 갖추게 된 시기는 왕경·왕성의 명칭으로 개칭되어가는 성종·현종대이다. 명칭의 개정보다 포괄적인 측면에서 왕도가 전국통치행정의 핵심부로 부각되려면 우선 공간적으로는 주변과 뚜렷이 대비되는 중심성을 확보해야 한다. 중앙인 왕도를 보호할 주변부, 즉 수도권지역의 강화에도 주력해야 함을 뜻한다. 이는 제도적 차원에서 경기제의 실시로 구현된다. 왕도를 보익하는 주변, 경기지역의 실체가 명확해지면서 개경은 왕도로서 권력구심점으로서 성격이 보다 확고해지는 경향이 있기 마련이다.

경기는 王畿·畿甸·畿服·畿內 등과 혼용되는 것으로서 畿外에 대치되는 개념이다. 京邑 외곽의 땅을 公邑 또는 邦甸이라 하여 지방에 포함시켰다.[36] 도성으로서 京과 지방인 邦甸의 사이지점이 畿甸, 畿內이다. 『周禮』에서는 國畿·王畿를 중심으로 사방 1000里마다 1畿씩을 두어 9畿의 지역을 순차적으로 배치하였다. 華·夷의 禮的 질서를 공간에 표현한 것으로 군현제가 정착하게 되는 秦에 이르러 畿內는 중앙을, 畿外는 지방을 지칭하는 것으로 변모하였다. 畿內·畿外에 분급되는 토지도 각각 圭田 菜地로 상이하게 둠으로써 국왕이 주재하는 京邑을 정점으로 순차적 위계질서 구축도 가능하였다.

畿內制는 京邑을 정점에 두고 畿內·畿外 지역을 차례로 배치함으로써,[37] 국왕과 신료들 간 禮的 질서를 공간에 재현한 것이다. 국왕주도의 관료제 운영을 위해서는 필요한 시스템인 까닭에 중국 역대왕조에서는 畿內制를 지속적으로 정비해 왔다. 畿內制의 유형은 수도 인근을 4至로 方 1000里

---

36) 『經世遺表』 권5, 地方修制 田制1 井田論3 ; 『大唐六典』 尙書戶部 第3, 凡三都之縣 在城內曰 京縣 城外曰 畿縣.

37) 曾我部靖雄, 「日中의 畿內制度」 『史林』 47, 1964 ; 「周禮の井田法」 『社會經濟史學』 50-4, 1984, 392~397쪽.

지역을 구분한 平城型에서 몇 개 군현을 畿內로 설정하는 鄰型으로 바뀌고 있다. 그러다가 漢代 三輔制 단계에서야 畿內制는 체계화되었다. 三輔는 정치·경제·군사적으로 漢의 수도 長安을 지원하는 배후지역으로서 渭水 연안의 關中 일대가 여기에 해당된다. 漢의 수도 長安은 京畿를 형성하는 한 지점에 불과한데다, 關中一帶 전체가 畿內로 기능하였다.

唐代에 이르러 長安의 朱雀街路를 사이에 두고 동편 54坊을 萬年縣이 다스리고, 서편 54坊을 長安縣이 다스렸다. 王城內 左右坊의 萬年縣·長安縣을 京縣, 도성의 최외곽을 구성하는 坊里에서 외방을 京畿 畿內라 칭하였다. 당에서는 萬年縣 長安縣의 두 赤縣과 외방에 21개의 畿縣을 두었는데 모두 京兆府尹의 통할하에 있었다. 唐代의 畿內 지역도 漢代와 마찬가지로 도성과 지방을 한데 묶은 영역을 범위로 한다.[38]

唐에서는 赤縣 畿縣의 바깥에 다시 關內道를 두었다. 한대 京兆尹과 左馮翊·右扶風의 三輔制가 당대에 와서 左右二輔制로 변화하였다. 唐代 關內道를 구성하는 華州·同州·商州·岐州 등지에는 교통의 요충지에 관문으로서 關이 설치되었다.[39] 關에는 수도의 내외를 한정하는 四面關과 中華와 夷를 구분하는 邊境關의 2종류가 있었다. 그 가운데 京城의 四面關을 중시하였다. 주요 驛道가 통과하는 것을 上關으로 하고 나머지를 차례로 6關으로 편성함으로써[40] 수도와 외방 간을 서열화했다.

이 같은 畿內制는 법제적 차원은 아니어도 고려 이전부터 확인된다.[41]

신라가 쇠약해진 말기에 정치가 잘못되고 백성이 흩어져 王畿 밖의 주현들이 배반한 것이 거의 반에 이르고 …[42]

---

38) 邊太燮, 「高麗時代 京畿의 統治制」『高麗政治制度史研究』, 一潮閣, 1971, 241쪽.

39) 靑山定雄, 『唐宋時代の交通と地誌地圖の研究』, 吉川弘文館, 1963.

40) 礪波護, 「唐代の畿內と京城四面關」『中國の都市と農村』, 唐代史硏究會 編, 1994, 194쪽.

41) 『三國史記』 권16, 高句麗本紀4 故國川王 13년 4월.

42) 『三國史記』 권50, 列傳10 弓裔.

경순왕 5년 2월 고려 태조가 기병 50여 명을 거느리고 京畿에 이르러
배알하기를 청하므로 왕이 백관들을 거느리고 郊外에서 영접하여 함께
궁으로 들어와 서로 대면하고 정성스런 예를 다하였다. …[43]

왕이 騎兵 50여 騎를 이끌고 畿內에 이르렀다. 먼저 장군 선필을 보내어
신라왕의 안부를 물었다. 신라왕이 명을 내려 郊外에서 백관을 영송하고
堂弟 相國 金裕廉은 성문 밖에서 왕을 영접하게 하였으며 신라왕 자신은
정문 밖에 나와 왕을 맞으면서 절했다. … 臨海殿에서 연회를 베풀었는데
…[44]

제시한 사료는 후삼국통일전쟁 당시의 정황으로 王畿 외의 주현이 모반했
다는 기록이다. 태조가 경순왕을 배알하기 위해 거쳐 간 장소는 신라 경주의
畿內→ 郊→ 성문 밖→ 臨海殿이다. 경순왕은 郊에서 왕건을 맞이했는데
郊는 성문 밖 일정 범위를 가리킨다. 지칭하는 성문이 金城의 4大門을 지칭하
는지 月城 쪽을 뜻하는지 알 수 없다. 다만 郊迎의 절차상 臨海殿이 있는
방향으로 나아갔을 것으로, 四城門祭가 치러진 大井門·吐山良門·習比門·王后
梯門[45] 가운데 어느 한 곳으로 짐작된다.

신라의 王都는 경덕왕 16년 6部 35里[46]로 구성되던 것이 애장왕 9년에는
55里로 증가하여 하대에 도성공간의 확장이 현저하다.[47] 경주의 도성공간이
팽창하면서 王畿로 비정되던 인근의 商城郡을 폐치하여 都城 내로 흡수하였
다.[48] 이들 단편적 기록만으로 王畿가 칭하는 군현이 구체적으로 어디인지

43)『三國史記』권12, 敬順王 5년 2월.
44)『高麗史』권2, 太祖 14년 2월 辛亥.
45)『三國史記』권32, 雜志1 祭祀.
46)『三國史記』권34, 雜志3 地理1 首文.
47)『三國遺事』권1, 紀異1 辰韓條.
48) 鬼頭淸明, 「新羅における都城制の發達」『朝鮮歷史論集』(上), 1979.

명시할 수는 없으나, 신라하대 王畿·王畿外는 王都 가까운 지역을 범칭한다는 점만은 확실하다. 신라 왕경의 공간 확장에 따른 변화를 감안하더라도, 도성 영역 내에 王畿가 포함되어 있는 미분화 상태이다.

도성과 왕기가 미분화된 상태는 고려건국 후에도 한동안 이어졌다. 태조가 건국 이듬해 설정한 王都開州를 구성한 두 현 가운데 송악현에는 왕경 5部坊里와 王都의 각종 도시시설이 분포했다. 성종대까지 송악현에는 왕경을 지원할 각종 생산시설·관아시설과 5部坊里가 분포하였다. 도시 핵심시설이 입지한 송악현에 비해 개성현은 상대적으로 개발이 더딘 지역이다. 태조가 도시체제를 정비하던 초창기부터 王都 開州를 구성하던 두 현은 송악현=都心, 개성현=副心의 이원적 구도 하에 놓였다. 핵심 도시시설의 분포도 차이는 나중에 개성현이 王都에서 떨어져 나가, 외방의 경기지역으로 분리되는 주요인으로 작용하였다. 개성현은 송악현에 비해 邑格이 낮아져 이후 경기제에서는 개성현은 송악현을 보익하는 지방으로 전락되었다. 결국 현종대 羅城은 송악현만을 에워싸고 있다. 자연히 王都를 구성하던 나머지 개성현은 촌락으로서 왕경을 지원하는 역할을 한다.

성종 14년 唐制의 도입에 따른 군현제 정비의 결과, 적기현제가 시행되면서 경기제는 제도적으로 정착한다. 성종 당시는 王都開州를 開城府로 고치고 赤畿 13현을 두었다.[49] 개성부는 왕도의 중심부인 송악현의 龍首山의 북2리, 子男山의 서쪽 1리 지점에 소재하여 개경 관할에 중점을 둔 관서이다.[50]

왕경개성부는 개경 5部坊里를 포함하여 적현 기현의 통일적 통치기구이다. 개성부 관원은 開城府尹·參軍·府尹 아래 少尹·判官·司錄參軍司·掌書記가 있었다. 開城府尹의 지위는 목종 田柴科의 5科 秘書監과 함께 종3品~정4品에 편입되

---

49) 『高麗史節要』 권2, 成宗 14년 7월 ; 『高麗史』 권76, 百官1 開城府.

50) 개성현은 開城府의 서쪽 22리 지점에 開城大井이 있고 개성대정은 宣義門 밖 11리에 소재해 문종대 復置된 開城府는 경기지역인 개성현에 治所를 두고 있다(『新增東國興地勝覽』 권4, 開城府(上) 山川條).

었다. 開城府尹은 都護府나 西京·東京보다 우위에 서지는 못하고, 성종 14년 당시 파견한 외관과 마찬가지로 지방기구의 官格에 상응한다. 다만 王京을 관할하는 특별행정기구로서 그 지위를 고려하여 장관을 府尹이라 하고 京官으로 삼았다.[51] 성종대 개성부는 漢唐代에 京兆府가 그러했던 것처럼, 중앙관서로서 王都와 赤畿 13현 모두를 관장하였다. 이 시기의 적기현제에서는 赤縣 畿縣이 구체적으로 명시되진 않지만, 태조 초창 개주 주변에서 한시적으로나마 왕도 보익기능을 행한 경기 북부 일대 군현 상당수가 차제에 적기현에 수렴된 것 같다.

성종대 적기현제 실시는 군현제 측면에서 공적 기반을 강화하려는 차원에서 이루어졌다. 적기현제로 편성된 지역은 건국 이전부터 대중국교역루트로 활용되어 왔다. 당시 대중국교역로는 老鐵山航路·北部航路가 있다.[52] 대체로 산동반도에서 요녕 일대를 경유해서 신라 서남해안에 이르는 해로 루트로서 고려 건국 당시 북선항로를 여전히 중시하지만 대외교역 창구는 경주 일대에서 개경권역으로 이전되었다.[53] 대중국 항로의 이전에 따라서 개경 주변지역 세력은 대외교역에서 파생하는 각종의 경제적 이윤을 사적인 차원에서 획득하기가 수월했다. 적기현제 시행에 즈음해서 대외교역에 따른 경제적 이윤은 근기호족에게 주어졌다. 최승로가 관료들의 공물진상 외의 때 아닌 매매를 금단하자는 상서를 제기할[54] 정도로 당시는 관료의 대외무역 참여가 높았다.

---

51) 『高麗史』권77, 百官2 外職 西京留守官, 東京留守官 ; 변태섭, 앞의 논문, 각주5), 130~131쪽 ; 박용운, 『고려시대 開京 연구』, 一志社, 1996, 70쪽.

52) 『五代會要』권30, 新羅 天成 2년 3월, "… 新羅金州知後官 李國金州司馬李彦謨 …" ; 朴承範, 「9·10세기 東아시아 地域의 交易－신라말 고려초 한반도를 중심으로」『중국사연구』 29, 2004.

53) 『高麗圖經』권39, 海道6 ; 『宋史』권487, 列傳246 高麗 淳化 4年 ; 나종우, 「5대 및 송과의 관계」『한국사』 15, 국사편찬위원회, 1995, 294~296쪽.

54) 『高麗史』권93, 列傳6 崔承老傳.

徽가 또 有洪을 사신으로 보내와 謝恩하도록 하였는데 그는 海中에서 풍랑을 만나 조공할 물품을 잃어버렸다. 유홍이 글을 올려 자신을 탄핵하니 칙서를 내려 위로했다. 얼마 후 일본에서 만든 수레를 바치면서 아뢰기를 "제후는 거북을 바치지 않는 것이기 때문에 감히 토산 공물과 함께 바치지 못했습니다" 하였다. 이에 앞서 공물이 올 때마다 유사에게 넘겨 그 값을 평정하되 1만겹을 답으로 주도록 하였는데 이때에 이르러서 다시는 공물값을 평정하지 말고 1만겹을 定數로 삼도록 했다.[55]

위 사료에서 보듯 사신의 공물 진상은 정치적·의례적 목적에서가 아니라 경제적 교역도 염두에 두었다. 대송교역로에 연접하는 貞州를 위시한 근기지역의 대송교역에 따른 이윤은 근기호족이 흡수하기에 유리하였다.[56] 관련하여 성종대 외교활동을 한 인물을 분석해보면 이지백, 임노성, 위덕유를 제외하고는 모두 개경과 서경 인근의 近畿지역 출신이었다.[57]

近畿호족은 성종을 뒷받침해 줄 수 있는 지원세력이지만 국왕주도의 중앙집권을 위해서는 저해되는 세력이었다. 때마침 적기현제 시행 얼마 전인 성종 8년에는 최승로의 사망을 계기로, 나주·경주세력을 대체하여 근기호족이 정치 주도권을 장악했다.[58] 근기호족의 무력적 성향은 성종 초창기 거란과의 戰時體制 하에서는 국난 극복에 요긴하나, 평상시에는 오히려 그들 자신의 재지적·군사적 기반으로 왕권을 위협할 수 있었다. 국왕 주도의 탄력적 관료제 운영을 시도하려던 성종으로서는 이들의 기반을 중앙차원으로 흡수할 필요가 있었다. 적기현제 시행 이면에는 근기호족으로서는 본거지를 특별행정구역인 畿輔지역으로 격상하여 우대받는 동시에, 국왕은 정치·군

55) 『宋史』 권487, 列傳246 外國3 高麗傳 元豊 2년.
56) 『高麗圖經』 권36~39, 海道 ; 『文獻備考』 권35, 輿志考23 關防4 海路.
57) 구산우, 「高麗 成宗代 對外關係의 展開와 그 政治的 性格」 『韓國史研究』 78, 1992.
58) 李基白, 『高麗貴族社會의 形成』, 一潮閣, 1990, 52~53쪽.

사·경제적 차원에서 近畿지역의 각종 기반을 중앙으로 수렴하려는 쌍방의 합치된 이해관계가 작동하였다.[59] 결과물이 적기현제이다.

한편 성종대 개경 경기 북부를 적기현제로 편성하여 왕도 보익기능을 수행케 하려면, 상응하는 지역여건이 갖추어져야 한다. 〈표 2-3〉은 적·기현 일대의 역로와 나루시설을 작성한 것이다. 적기 13현 지역은 驛道가 집중해 있고 청교도를 제외하고는 모두 경기이북을 통과하는데다, 한강·임진강 유역에 인접해 있어 내륙수운의 이용에도 편리한 지역이다. 해당지역은 곧 경기서북부 지대 교통의 요충지여서 정보교환과 주민접촉이 이루어져 비교적 이른 시기부터 도시성장의 기반을 갖추었다.

성종대 적기현제에서는 적현 기현간의 법제적 구분은 확인되지 않는다. 적현과 기현 모두 왕경개성부의 일괄 관할을 받아 양 지역은 실제 왕경과도 동일한 통치계통에 있다. 그렇다고 적현 기현에 대한 인지적 차원의 분별의식이 없지는 않았다. 전체 기현 가운데서도 왕성에 보다 인접해 있으면서 왕릉이 소재한 松嶽·開城·貞州·德水·松林·臨津이 적현에 해당한다.[60] 적현으로는 국왕릉을 포함해 각종 국가 핵심시설이 소재한다. 역대왕의 진전사원이 소재하여, 국왕은 節日에 맞추어 능행을 하였다.[61] 왕의 사찰행차가 수시로 이루어짐으로써 통행 보조시설이 제대로 갖추어져야 했기에 국가차원에서 진행되는 개발이 선행하였다. 그 결과 해당지역은 畿縣 가운데서도 우세한 邑勢를 바탕으로 赤縣이라는 지위를 획득한 것이라 생각된다.

성종대 王京開城府 관할 하에 王京→ 赤縣→ 畿縣을 순차적으로 배치한데다, 唐制와 마찬가지로 畿縣 바깥으로는 關內道를 설정하였다. 赤畿縣과 關內道가 중첩적으로 왕경을 보호하는 공간 구조이다. 關內道는 적기현제가 갖는 미진한 수도 보익 기능의 한계를 크게 보강해 주었다.

---

59) 『高麗史』 권93, 列傳6 崔承老.
60) 尹武炳, 「所謂 赤縣에 대하여」 『李丙燾華甲紀念論叢』, 一潮閣, 1956, 264~269쪽.
61) 韓基汶, 『高麗寺院의 構造와 機能』, 民族社, 1998, 222쪽.

<표 2-3> 성종대 赤畿 13縣지역과 교통시설[62]

赤畿縣	연혁	교통시설	驛路
開城縣	현종 9년 개성부 폐지, 개성현령 설치	岐平渡 俊狋驛 靑郊驛	俊狋道 靑郊道
松嶽縣	현종 9년 왕경의 5부방리로 독립		
貞州	현종 9년 개성현의 속현, 문종 16년 개성부 소속, 예종 3년 승천부 소속	河源渡	.
江陰縣	현종 9년 개성현의 속현, 문종 16년 개성부 소속, 예종 21년 감무 파견	金郊驛 玉池驛	金郊道
長湍縣	목종 4년 단주로 승격, 현종 9년 현령으로 복구, 문종 16년 개성부 소속	長湍渡 白嶺驛	桃源道
臨江縣	현종 9년 장단현의 속현, 문종 16년 개성부 소속	臨江驛	桃源道
臨津縣	〃	臨津渡 通波驛	靑郊道
松林縣	광종대 불일사 창건, 오관산 소재	桃源驛	桃源道
德水縣	현종 9년 장단현의 속현	祖江渡 引寧渡 平里驛	靑郊道
兎山縣	〃	.	.
麻田縣	〃	.	.
積城縣	〃	丹棗驛 桑林驛	靑郊道
坡平縣	〃		

刑官御事 李謙宜에게 명령하여 압록강안에 축성하여 關城으로 삼으려 하였는데 여진이 군사로써 이것을 막고 李謙宜를 사로잡아 가자 군사가 흩어져 성을 쌓지 못하고 돌아온 자가 삼분의 일이었다.[63]

성종 3년 李謙宜에 의해 축조된 城은 關城이다. 同 11년 州府郡縣과 關驛江浦의 명칭을 개정한 기사에서[64] 이전부터 외방 출입시 각 요충지에 소재하던 關을 성종대에 국가가 조직적으로 정비하게 되었음을 알 수 있다. 關은 대체로 주요교통로가 통과하는 국경의 長城 부근에 설치된다. 동시에 관문을 비롯한 요해처의 방어를 위해서 望臺·堡子·成을 구축하였다.[65] 關內道 방면은

---

62) 『高麗史』 권56, 地理1 王京開城府 ; 권82, 兵2 站驛條를 참고로 작성.
63) 『高麗史』 권3, 成宗 3년 5월.
64) 『高麗史』 권3, 成宗 11년 11월 癸巳, "改州府郡縣及關驛江浦之名" ; 권56, 地理1 序文.
65) 최희림, 「천리장성의 축성상 특징과 그 군사적 거점인 진성에 대하여(1)」 『력사과학』 1986-3, 사회과학원 력사연구소, 1986, 40~41쪽.

건국 초창기부터 태조의 대북방 외교와 정국이념에 맞물려 중시되어 온 지역이다. 여기에는 건국 초기에 비로소 축성이 이루어진 성곽은 거의 없고, 대부분 삼국의 영토확장 과정에서 비교적 이른 시기에 축성되었다.[66] 이는 고려 이전부터 적기현·관내도 지역이 군사적으로 중시되어왔음을 뜻한다.

> 左翼衛大將軍 宇文述은 夫餘道로 나오고, 右翼衛大將軍 宇仲文은 樂浪道로 나오고 左驍衛大將軍荊元恒은 遼東道로 나오고 右翼衛大將軍 薛世雄은 沃沮道로 나오고 右屯衛將軍 辛世雄은 玄兎道로 나오고 右禦衛將軍 張瑾은 襄平道로 나오고 右武候將軍 趙孝才는 葛石道로 나오고 遂城道로 나오고 … 增地道로 나와서 모두 압록수 서쪽에 모였다.[67]

개경 서북부에서 關內道의 북방 거점인 黃州까지는 성곽의 신축사례보다는 기존 대규모 성곽을 방어에 활용하는 경우가 다수이다.[68] 黃州는 개경과 서경을 잇는 요충지대로서 관방시설인 棘城鎭이 설치되어 있었다.[69] 또한 평양남부 일대에 소재하는 것으로 파악되는 남평양성의 인접지역으로서 고구려가 천도 후 신설한 17개역이 경유하는 구간이기도 하다.[70] 제시한 사료는 고구려에서 확인되는 국내 교통로 관련한 내용을 담고 있다. 遂城道는 遂城 방면의 길이라는 의미로, 수성은 遂安縣을 지칭한다. 甑地道는 증지 방면의 막연한 길을 칭하는 것으로 甑地는 안주 일대를 가리킨다.[71] 遂城道·甑地道가 거쳐가는 鹽州 海州 遂安 安州의 관내도 구간은 고려 건국 이전부터 전략적 요충지로 중시되어 온 지역이다.

---

66) 『高麗史』 권82, 兵2 城堡條.
67) 『三國史記』 권20, 高句麗本紀8 嬰陽王 23년 6월.
68) 『高麗史』 권82, 兵2 城堡條.
69) 『新增東國輿地勝覽』 권41, 黃州牧 宮室, 客館.
70) 손영종, 『고구려사』 2, 과학백과사전종합출판사, 1997, 176~177쪽, 183~185쪽.
71) 『三國史記』 권20, 高句麗本紀6 註釋編 (上), 韓國精神文化研究院, 각주) 77·79 참고.

畿縣~關內道 黃州 거점은 대중국 관계의 관문이기도 하다. 건국 후 거란 여진의 북방족 침입이 빈번하였는데, 이들은 압록강을 넘어 서북계 南路 北路[72] → 서경 → 관내도의 黃州 → 개경으로 침입해 들어왔다. 關內道의 黃州 일대는 태조대로부터 국왕의 사행길로서 왕의 행차가 잦았다. 關內道의 서쪽 거점인 海州는 海路 루트와 대체로 일치하는데 대중국 대외물자 교류처로서 중요하다. 성종 연간에도 대송 교역로는 산동의 登州로부터 대동강 어구의 楸島 甕津口 예성강에 이르는 北路 코스로 고려측 중요항은 貞州·豐州·甕津이었다. 甕津은 海州의 속현으로 대송루트의 중요지역이다.[73] 關內道의 黃州·海州는 비교적 이른 시기에 대중국 전쟁루트와 사행길로 부각되어 도로망 정비와 시설투자가 집중된 구간이다.

시기에 따른 국가차원의 시설 투입 속도와 중요도의 편차는 都城 → 畿縣 → 關內道 → 外方 순차로 공간의 위계적 질서에 구현되었다. 왕경에서 관내도에 이르는 지역간 서열구도는 驛路 편성의 차별로 구체화되었다. 畿縣에서 關內道의 黃州·海州 거점은 대체로 大路·中路의 驛이 다수이다.[74] 關內道의 楊州 거점은 驛道가 분기되거나 中路 이하로 편재되어 처음 국가의 파악대상에서 제외되거나 국가의 기찰에서 상대적으로 자유로웠다. 적기현에서 관내도의 북·서 거점은 전략적 요충지로서, 중국과의 대외관계의 관문으로서 지역 개발이 우선된 것이라 파악된다. 개발이 선행된 지역기반을 바탕으로 성종대 赤畿縣·關內道 지역이 왕경을 비보할 수 있는 특별행정구역으로 수렴될 수 있었다. 성종대 전국적으로 지배력을 관철하려는 노력은 왕경의 都心 강화와 배후지역으로서 적기현제와 같은 수도권 정비로 이어진다.

고려 이전부터 경기의 용례가 확인되나, 제도화되는 시점은 성종 14년에 와서이다. 태조 후반부터 京邑·畿內·畿外에 순차적으로 토지분급을 통한

---

72) 國防軍史硏究所,「여·요전쟁」『韓民族戰爭通史』Ⅱ(高麗時代編), 1993.
73)『文獻備考』권35, 輿志考23 關防4 海路.
74)『高麗史』권82, 兵2 站驛條.

국왕과 신료 간의 봉건적 질서를 유지하기는 곤란했다. 몇 차례 전시과 개정에 따라 관인에 대한 물적 공급원이 체계를 갖추었다. 이를 기반으로 국왕을 중심에 둔 관료제 운영이 어느 정도 자리잡아 갔다. 안정된 왕권을 바탕한 왕도의 권력 구심력 확보 노력은 赤畿縣 관내도의 사실상 수도권역 정비로 이어졌다.

성종대의 王京은 赤畿縣, 10道制의 일환인 關內道가 중첩적으로 에워싸고 있다. 赤畿縣·關內道의 순서로 왕경 기보지역을 차례로 배치함으로써 왕경의 格을 높이는 효과를 가져왔다. 도성-기현-외방 관내도의 중첩된 보호망이 왕경을 에워싸서 군사적 기보기능이 현저하지만, 적기현과 왕경이 일괄 京官인 開城府의 통치를 받는다는 점은 성종대까지도 여전히 京師와 촌락이 혼효한 한계를 지닌다.[75]

3. 경기제의 확대 실시와 그 편성원리

1) 京畿·大京畿制 시행과 京·畿內 분리

현종대 왕경은 정치적 국가재정적 물류 이동의 구심점을 확보하여, 권력 중핵으로서 위상이 한층 강고해졌다. 이러한 왕도의 格에 상응하여 현종 이후의 경기 편성과 운영 원리도 궤를 같이하는 변화를 수반하였다.

현종 9년에 府를 파하고 縣令을 두어 貞州·德水·江陰의 3현을 관할하게

---

75) 태조 2년 당시 王都開州 주변에서 실질적으로 송악현을 지원하는 지역은 개성현이었다. 당시까지만 해도 신라하대와 마찬가지로 도성과 지방으로서의 畿內는 혼효된 상태라 하겠다. 현종대 나성의 성곽은 태조대 왕도 개주 가운데 송악현 만을 둘러싸게 됨으로써 송악현은 왕경으로 완전히 분리되었다. 현종대 비로소 王都에서도 京·外가 분화되기에 이른다.

하고 또 長湍縣令으로 하여금 松林·臨津·兎山·臨江·積城·坡平·麻田의 7縣을
管하게 하고 모두 尙書都省에 直隷케 했는데 그를 일러 京畿라 했다.[76]

성종 14년의 적기현제에서는 경기에 都城이 포함되고, 왕경개성부가 일괄
적으로 개성현 관할과 3현, 장단현 관할과 4현 모두를 관할하였다. 그러나
현종 9년에는 위 사료에서 보듯 王京開城府가 폐지되고 松嶽縣이 王京5部로
분리·독립하면서 개성현과 장단현에 縣令이 설치되어 각각 尙書都省의 관할
아래 있었다. 현종 9년 경기제 변화를 개경의 입장에서 본다면 왕경 5부가
독립되어 도성의 공간중심성이 확보된 것이지만 경기의 측면에서는 지방으
로서 명확히 분기됨을 뜻한다.

경기에 대한 인식은 현종대 들어 앞선 시기와 확연히 달라졌다. 현종
이후 경기는 왕실 경비의 일부를 支用하는 宮院田과 중앙관청의 公廨田 등이
집중되어, 국왕뿐 아니라 관료들의 외방 기간지 정도로 파악되었다.[77] 현종
대 李可道가 나성 축조의 공으로 賜姓과 함께 개성현의 莊田을 하사받거나[78]
후대의 충렬·충선왕이 개성은 왕실의 고향이라고 하여 은면을 베푼 사실로도
뒷받침된다.[79]

경기가 외방으로 인지되어 가는 사정은 경기지역의 통치기구 변화를 통해
살필 수 있다. 현종대 경기체제는 문종 16년 知開城府事가 복치되면서[80]
성종 14년의 開城府가 복구되는 것처럼 보인다.[81] 복치된 개성부는 開城縣의
40리 지점에 소재한다. 그런데 문종 16년 이후 동 23년에는 경기의 군현이
확장되고 있다.[82] 수적으로 늘어난 경기의 통치기관은 역시 지방기구로서

76) 『高麗史』 권56, 地理1 王京開城府.
77) 안병우, 『高麗前期 財政構造 研究』, 서울대출판부, 2001, 115~132쪽.
78) 『高麗史』 권94, 列傳7 李可道.
79) 『高麗史』 권80, 食貨3 賑恤 恩免之制, 忠烈王 8년 5월, 24년 正月.
80) 『高麗史』 권76, 百官1 開城府.
81) 『高麗史』 권56, 地理1 王京開城府 文宗 16년.

개성부이다. 개성현에 위치한 개성부가 지방인 경기를 관할하여, 문종 당시 개경의 통치체제는 각각 왕경 5部坊里와 開城府가 이원적으로 통치하였다.[83]

문종 연간 복치된 개성부는 현종 9년의 운영체계와 몇 가지 닮아있다. 현종~문종대는 개성부가 경기지역 통치만을 전담하게 되고 종래 송악현은 왕경으로 부각되어 중앙의 직할을 받게 되었다. 현종 9년 이래 개성현령과 장단현령이 끌어가던 경기 영역은 문종 16년 개성현령이 知開城府事로 승격한 후 開城府의 영역으로 통합되었다. 知開城府事는 주현이자 界首官이 된다. 문종 16년의 복치된 개성부는 현종 9년의 主縣 屬縣체제를 보강하면서 성종 14년 개성부와는 달리 개경 도성 밖 지방인 경기를 통치하는 기구였다.[84] 왕경 5부와는 별개로 경기가 운영된다는 점, 개성부가 계수관으로 기능하며

---

82) 당해 시기의 사료없이 여말 전제 개혁과정에서 논의되는 문종조의 경기확대에 대해서는 일부 연구에서 부정해왔다. 첫째, 경기확대 사실이 공양왕 2년 細註로 기록된 점, 둘째 문종 23년에 편입된 신경기의 41주현은 여말 때의 개명으로 기록된 점, 대경기제가 다시 원경기로 복구된 기록이 없다는 점 등을 들고 있다(邊太燮, 앞의 책 ; 윤경진, 「고려사 지리지 '대경기' 기사의 비판적 검토-공민왕 18년 경기 度田으로의 재해석-」『역사와 현실』69, 2008). 경기확대 사실을 긍정하는 입장은 문종 30년 田柴科 柴地의 분급지역과 동 23년 경기확대 지역, 공양왕 2년 京畿左右道의 군현 숫자가 대체로 일치한다는 점을 들고 있다(박종기, 「고려시대 남경지역의 개발과 경기제」『서울역사박물관 연구논문집』창간호, 2003 ; 정은정, 「고려전기 京畿의 형성과 大京畿制」『한국중세사연구』17, 2004 ; 「고려중기 경기지역의 공한지 개발」『지역과 역사』16, 2005). 전시과의 토지가 畿內에 분급되는 것을 전제로, 문종대 대경기제의 시행을 인정하는 경향이다. 다만 畿內에 분급된 전시과 토지지목 에 대해서는 이경식은 전시과와 과전법을 동일선상으로 놓고 보아 兩班口分田으로, 김기섭은 田丁 연립제적으로 운영되는 고려 전시과의 특성상 조선의 경기내 과전 설치와는 달리 전시과 柴地만을 개경 주변으로 설정한 것으로 견해를 달리하고 있다(李景植, 「高麗時期의 兩班口分田과 柴地」『歷史敎育』44, 1998 ; 金琪燮, 「高麗末 私田捄弊論者의 田柴科 인식과 그 한계」『歷史學報』127, 1990 ; 「高麗前期 田丁制研究」, 부산대 박사논문, 1993).

83) 朴龍雲, 『고려시대 開京 연구』, 一志社, 1996, 75쪽.

84) 박종진, 「고려전기 개성부의 변천과 지리적 범위」『동방학지』157, 2012, 3, 178쪽. 문종 16년의 開城府는 현종 9년의 경기영역에 平州의 속현이 되는 牛峯郡이 포함된 것으로, 성종 14년 開城府에 속해있던 赤縣과 畿縣이 합해진 범주라 하였다. 성종 14년 이래 官格의 升降은 있었어도 지개성부의 관할범위는 현종 9년 문종 16년까지는 동일한 영역으로 파악하고 있다.

경기의 주속현 체제는 지속된다는 점,[85] 문종대까지 경기는 지방으로서 성격이 부각된다는 점에서 현종 이후 문종대 경기제 간에는 큰 변화가 없어 보인다.

문종 16년 복치된 개성부의 구조에서도 현종 9년에 이루어진 京과 畿內의 분리는 여전하다. 王京과 京畿 지역의 분리는 王都 내부의 都心과 지방의 경계가 분명해진데 따른 결과이다. 京·畿內의 분리 독립 체제는 현종 9년부터 충선왕 관제개혁까지 줄곧 지속되었다.[86]

현종 9년의 경기체제와 문종 16년 知開城府 체제가 큰 틀에서는 동일해 보이지만, 몇 가지 부분적으로는 차이점이 있다. 먼저 서해도 平州 任內의 牛峯郡을 문종대에 이르러 새로이 경기로 영입하고 있다. 즉 문종 16년의 경기 13현은 현종대 原京畿 12현에 우봉군이 추가되었다. 우봉군은 개경까지 실질거리가 57리 정도로서 현종대 원경기 12현과 대략 비슷한 거리에 위치한다.[87] 개경 가까운 거리의 지역을 경기로 묶는다면 문종 16년 우봉군이 경기로 편입되는 것은 당연하게 여겨진다. 문종 16년에는 현종 9년에 경기가 개성현·장단현의 주현이 병렬되던 단계에서, 개성현만을 知府事로 두면서 경기가 일원적으로 통치되고 있다. 문종대의 경기는 새로이 우봉군이 편입된다는 점, 경기가 개성현만으로 일원적으로 통치된다는 점이 현종대 경기체제와는 일정한 거리를 두고 있다.

개경 경기의 이원적 편성과 함께 경기의 군현이 확대되는 현상은 현종 이후 田柴科 柴地의 지급지로서 경기확대가 이루어지는 문종대까지 이어진다. 경기지역에 田柴科 柴地가 1·2일정 형태로 확대 지급되는 조치를 경기확대라 할 수 있다. 〈표 2-4〉에서 문종 30년 田柴科 柴地 분급지로 설정된 1·2일정

85) 구산우, 『高麗前期 鄕村支配體制 硏究』, 혜안, 2003, 189쪽. 開城府가 경기지역 管内郡縣의 貢物, 貢役의 액수를 파악 관리했던 것으로서 경기지역의 界首官을 開城府라 하였다.

86) 朴龍雲, 앞의 책, 77~80쪽.

87) 『新增東國輿地勝覽』 권42, 牛峰郡.

1日程	顯宗9년	文宗23년	睿宗仁宗	監務	元宗~恭讓王	恭讓王2년	2日程	顯宗9년	文宗23년	睿宗仁宗	監務	元宗~恭讓王1	恭讓王2년
開城	○	○		○		▲	安州	○					
貞州	○	○	○	○	○	▲	洞州	○					
德水	○	○	○	○	○	▲	鳳州	○					
江陰	○	○	○	○	○	▲	土山	○					
長湍	○	○	○	○	○		遂安						▲
松林	○	○	○	○	○	△	東州	○					△
臨津	○	○	○	○	○	△	安俠	○					△
兎山	○	○	○	○	○	△	東陰	○					△
臨江	○	○	○	○	○	△	樹州	○					
積城	○	○	○	○	○	△	抱州	○					
坡平	○	○	○	○	○	△	楊州						
麻田	○	○	○	○	○	△	金浦	○					▲
鹽州		○				▲	仁州	○					
白州		○				▲	唐城	○					
新恩		○				▲	守安	○			○		
交河		○				△	孔岩	○					
見州		○		○			僧旨						
幸州		○					黃先						
峯城		○					道尺						
高峯						△	阿等岬						
沙川		○					梁骨				○		
童城		○					荒坪						
通津		○				▲							
昌化													

*△는 공양왕대 京畿左道. ▲는 京畿右道를 표시

44현은 同 23년의 경기 52현, 공양왕 2년 京畿左右道의 44군현과 범위가 대체로 비슷하다. 문종대 舊制를 참작했다는 공양왕 2년의 경기확장은 科田法 시행의 기반을 제공하는 것으로, 문종대 田柴科 柴地의 지급을 위한 대경기제 를 염두에 둔 것이다.

　田柴科 柴地의 畿內 분급은 周代 圭田과 采地를 畿內에 분급함으로써 居京侍衛 하는 사대부를 우대하는 井田制의 구현에 있다.[88] 周代 井田制에서는 畿內

지역에 圭田·采地를 분봉한 것을 이상으로 한다. 國中에 祭田으로서 圭田 50畝를 지급하고, 國中 밖의 野에는 采地를 지급해 卿·大夫의 경제적 기반으로 삼게 했다. 畿內에는 卿·大夫·三公·王子第의 采地가 포함되어 있다.[89] 國中에 지급한 祭田인 圭田은 전시과의 科田에 비유되고,[90] 采地는 柴地에 대비되는 것이었다. 井田制 하에서 圭田과 采地는 畿甸 안으로 지급되는 것이 원칙이지만, 畿甸內에서도 國中과 國中 밖으로 지역을 달리해서 지급되었다. 이는 국가차원에서 도성의 문무백관에게 경제적 기반을 제공하는 의미가 농후하다.

국왕은 경기제를 매개로 문무 백관과 봉건적 질서를 유지할 수 있었으므로 문종대의 경기확대는 국가집권력의 확산과정에 다름아니다. 다만 전시과에서는 周代 井田制에서처럼 圭田·柴地가 畿內에 지역별로 지급되었는지, 혹은 圭田·柴地 모두 畿內에 분급되었는지에 대해 구체적으로 확정할 수는 없다. 전시과 시지가 畿內에 중첩하는 것은 井田制 하에서 王畿에 봉건제후의 祭田과 采地를 둔 것과 동일한 이념에 기초한다는 점은 확실시된다.

문종대 경기확대는 한편으로 송대 畿內 지역의 확대 개편과 유사한 양상을 보인다. 開封府는 開封·祥符의 2赤縣과 15畿縣을 합쳐 17개의 赤畿縣으로 구성되었다. 송 전기까지 畿內의 영역은 수도 개봉부를 구성하는 영역을 합쳐 칭하다가, 인종대 賈昌朝가 건의하여 皇祐 5년(1053) 東京路의 州와 東西路의 陳州 許州 鄭州 및 開封府에 속하는 총 42개현을 합쳐 경기로 하고 京畿에 轉運使를 두었다. 崇寧 4년(1105)에 이르면 개봉부의 경계를 京畿路로 하고, 京畿 四面에 四輔郡을 설치해서 각각 경기에 속하게 하였다. 송대에 들어와서 漢唐代 王畿를 함께 구성하던 京師가 독립하고 京畿는 개봉부와

---

88) 『高麗史』 권78, 食貨1 田制 祿科田, 禑王 14년 7월, 恭讓王 즉위년 12월 趙浚 上書.
89) 曾我部靜雄, 「周禮의 井田法」, 『社會經濟史學』 50-54, 1984, 392~393쪽 ; 金琪燮, 「高麗末 私田捄弊論者의 田柴科 인식과 한계」, 『歷史學報』 127, 1990.
90) 『高麗史』 권120, 列傳33 尹紹宗, "… 殿下中興 革私田 以安民生 給圭田以優仕者意甚盛也".

분리된 지방을 칭한다.[91] 송대에 경기지역의 확장은 왕권강화에 따르는
조치의 일환이다.[92] 관련하여 송의 과거제에서 지방별 정액규정은 왕조의
통합기능이 현저히 증대한 결과로 이해된다. 왕조의 통합기능이 부각되고
수도 선정에 漕運의 이점이 논의되는 사정을 감안하면, 송 仁宗代의 경기제
개편사실은 재정기반의 강화와도 맞물려 있다.

현종대 경기제와 문종조의 대경기제, 송 개봉부 주변의 경기지역 확장
간에 직접적 상관관계를 단정할 수는 없다. 그런데도 문종대 재정기구의
상당부분이 宋制를 수용한 위에다[93] 對宋外交가 활발히 추진되는 점을 감안하
면[94] 이 시기 경기확대에 송 경기제가 끼친 얼마간의 영향은 가늠이 된다.
대경기제 시행 불과 몇 해 전 문종이 太子府 東宮官職을 강화하는가 하면[95]
국왕의 近侍를 개경의 좌우창과 龍門倉·雲興倉의 별감으로 삼아 각 창고에
배치하였다.[96] 문종대 경기확장은 국가차원의 안정적 재정원 확보에 연이은
정책으로 이해된다. 재정기구 상당부분이 송제에 영향을 받은 터라, 현종
문종대의 경기제는 唐制를 모방한 성종대의 적기현제에서 시도한 운영과
편재 방식과는 몇 가지 지점에서 자못 다르다.

첫째, 성종 14년 왕경을 이중으로 에워싸던 關內道는 현종 7년에도 병기되
고 있긴 하나,[97] 현종 9년 주속현체제의 성립에 따라 10도제가 명맥을
유지했는지 여부가 불확실하다. 따라서 해주·황주·양주·광주를 사방거점으
로 하던 關內道 역시 실체가 뚜렷하진 않다.[98]

---

91) 王存 等 撰, 「四京·東京」『元豊九域志』 권1, 北京 中華書局, 1984, 2~3쪽.

92) 寺地遵, 『宋元時代史の基本問題』, 汲古書院, 1996, 84쪽.

93) 周藤吉之, 「高麗における三司とその地位」『朝鮮學報』 77, 1975.

94) 대송관계는 성종 12년 거란의 1차침입을 겪은 후 고려가 송에 원병을 요청했으나
   송이 거절하면서 결렬되다가 문종 25년 송의 요구에 따라 고려에서 民官侍郎 金悌를
   파견하면서 재개된다(『高麗史』 권3, 成宗 13년 6월 ; 권8, 文宗 25년 3월 庚寅).

95) 『高麗史』 권7, 文宗 8년 12월 辛亥 ; 권77, 百官2 東宮官, 文宗 8년.

96) 『高麗史』 권8, 文宗 20년 4월 壬寅 ; 권77, 百官2 豊儲倉.

97) 『高麗史』 권80, 食貨3 賑恤 水旱疾癘賑貸之制, 顯宗 7년 9월.

(문종 10년) 禮部郎中 최상을 모두 山南道의 진주·나주·전주·청주·광주·공
주·홍주 7州의 撫問使로, 겸 감찰어사 시전중내급사 안민보를 關西 關北
關內 세 지방의 撫問使로, 감찰어사 민창수를 관내동도의 撫問使로 각각
임명하여 각 지방으로 파견하되 조금이라도 지체하지 말라.[99]

外獄囚의 경우 西京은 分臺가 東西州鎭은 各界의 兵馬使가 關內西道는 按察使가
東南海는 都部署가 그 나머지는 각 界首官의 判官 이상이 정해진 때 없이
監行하여 推擲한다.[100]

문종 10년 기사에서 關內道는 關內西道·關內中道·關內東道로 세분되어 있
다. 문종 10년 파악되는 관내도의 방위별 세분이 舊關內道 내 구분인지는
불분명하다. 뒤이은 문종 16년 개성부의 복치에 후속하여 동 30년 田柴科
柴地의 畿內 분급은 경기확대, 대경기제의 시행을 염두에 두었다. 문종대
大京畿制에서는 앞선 성종 현종대의 원경기를 포함한 바탕 위에, 그 외곽에
분포한 舊關內道의 광주 거점을 제외하면 황주·해주·양주 영현 상당이 신경
기로 수렴된다. 이는 성종 14년 舊關內道 거의 모든 군현을 대경기 영역
안으로 포함하는 조치로서 唐制를 모방하여 군사 행정력 강화차원에서 설정
한 舊關內道는 문종대에 이르면 의미가 매우 희석되었다. 구관내도 폐지의
결과, 성종대 도성 → 赤縣 → 畿縣 → 關內道 순차로 王京을 최정점에 놓던
위계적 구조의 수도권 圖解는 사실상 형해화되기에 이르렀다.[101]

---

98) 변태섭, 앞의 책, 248쪽.
99) 『高麗史』 권7, 文宗 10년 9월 甲申.
100) 『高麗史』 권84, 刑法1 職制 外獄囚 推擲.
101) 성종 14년의 關內道는 현종 7년 병기되고는 있어도 2년 뒤 전국단위 주속현 체제의
   확립을 계기로 전면적으로 해체되기에 이른다. 물론 현종대 계수관 체제는 차후에
   중간기구로서 5道 按察使가 정착하는 과정에서 일정기간 계수관제와 도제의 운영이
   착종 병용되는 과정을 거칠 시간이 요구되었다. 최근 연구는 道按察使의 파견이
   어느 지역에 우선되는지 세부적 차이는 있어도, 道制가 순차적으로 실시된다고

둘째, 전시과 柴地가 확대된 畿內에 분급되는 조치는 점진적 개정을 거쳐 문종대에 일단락된 것이라 생각된다. 전시과제도가 관료제의 정비와 관인의 인구증가에 따라 여러 차례 조정이 이루어지기 때문이다. 주지하듯 현종 이후 문종대를 전후해 지방품관층의 거경시위가 이루어지면서 관료인구가 증가했다. 품관층의 上京에는 散官 1만 4천여 명을 포함해 가족이 함께 入京한다.[102] 이 과정에서 개경의 소비인구는 증가하였다. 국가차원에서는 거경관인의 경제기반을 안정적으로 제공해 주어야 했다. 호혜적 차원에서 귀족관료의 경제기반을 효율적으로 통제하려는 목적으로 田柴科 柴地도 王都에서 가까운 하루이틀 왕복거리 안으로 지급하였다.

〈그림 3〉에서 확인되듯 문종대 확대된 경기는 1일정 24현, 2일정 22현으로, 원경기의 후방에서 남경 일대는 1일정에, 서경 일대는 2일정에 배치하였다. 경기의 전체 범주를 보자면 1일정 2일정이 등거리의 동심원적 형태로 분포하는 것으로 보여진다. 『新增東國輿地勝覽』에서 파악되는 개경에서 각 군현간의 실질거리를 비교해 보면 1일정 지역은 대개 100리 이내, 2일정 지역은 150~200여 리의 거리에 해당한다.

1일정 2일정의 각 접경 전부가 반드시 개경에서 등거리에 분포하는 것은 아니다. 1일정의 동북·서남 경계에 해당하는 신은현·행주의 사례를 보아도 알 수 있다. 신은현은 개경까지의 실질거리가 대략 70여 리 정도인데, 행주는 130여 리 정도이다. 1일정 내부에서는 개경동북 방면보다는 남경 일대로의 실질거리가 멀게 포진되어 있다. 柴地를 1·2日程의 畿內에 분급하면서 관료의

___

보는 데는 견해가 일치한다. 윤경진은 關內西道(→西海道)는 계수관 단위의 분산적 운영보다는 광역의 圈域으로 묶어 따로 운영한 것으로 이해하였다. 外獄囚 추검은 界首官의 핵심기능인 巡察과 관련깊은데, 按察使 본연의 역할과 중복되는 巡察 기능을 關內西道(西海道)에서는 道按察使가 전담한 것으로, 계수관의 업무 부담을 줄여준 조치라 하였다. 楊州·廣州를 거점으로 하는 關內東道는 界首官 단위로 재편하지만, 關內西道는 界首官 설정에도 여하하게 道 단위를 유지하여 西海道에 편성된 것으로 파악하였다(윤경진, 앞의 논문, 2006, 79~80쪽).

102) 朴恩卿, 『高麗時代鄕村社會硏究』, 一潮閣, 1996, 112~117쪽.

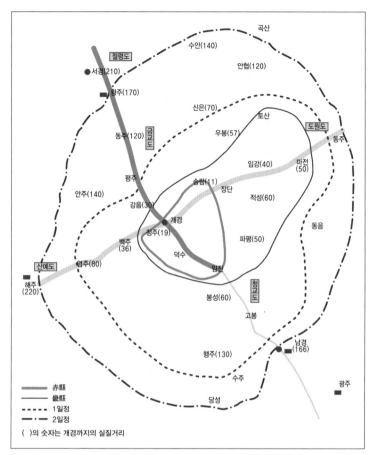

곡산

수안(140)

안협(120)

절령도

서경(210)

황주(170)

신은(70)

토산

동주(120)

금교도

우봉(57)

도원도

동주

임강(40)

마전 (50)

평주

송림(11)

장단

적성(60)

안주(140)

강음(30)

개경

동음

정주(19)

백주 (36)

덕수

파평(50)

산예도

염주(80)

임진

청교도

해주 (220)

봉성(60)

고봉

남경 (166)

행주(130)

광주

수주

당성

赤縣
畿縣
1일정
2일정
( )의 숫자는 개경까지의 실질거리

〈그림 3〉 大京畿의 1·2日程 지역

경제기반을 장악하려 한 점에서, 대경기는 재정적 차원에서 왕권강화를 시도한 제도적 조치이다.

2) 경기 편성의 원리

(1) 물류이동 권역을 감안한 편성

앞서 살핀 대로 성종 14년 赤畿縣→ 關內道가 왕경을 이중으로 에워싸던 형태에서 현종 9년에는 경기의 통치방식과 공간구조가 변화하였다. 성종 14년 적기현제에서는 경기에 도성이 포함되고 왕경개성부가 일괄적으로 관할한다. 현종 9년에는 직전의 王京開城府가 폐지되어 송악현이 왕경 5部坊里로 분리 독립하면서 개성현과 장단현에 縣令이 설치되고 각각 尚書都省의 관할아래 있었다.[103]

현종 9년 경기제의 변화를 경기의 측면에서 본다면 지방으로 명확히 분기되는 것이지만, 개경의 입장에서 본다면 왕경 5부가 분리 독립되어 도성의 공간중심성이 확보되었음을 뜻한다. 이 무렵 경기지역은 개성현·장단현의 주현을 중심으로 각각 영속관계가 성립되었다. 개성현 장단현의 두 현을 중심을 한 경기 편성은 이미 성종 12년 公須柴地의 지급규정에서 그 연원이 소급된다.

> 성종 12년 8월 판에 여러 州府郡縣驛路에 公須柴地를 다음과 같이 나누어 주기로 결정하였다. … 牧은 丁數의 多少를 논하지 말고 100結을 지급하고 知州事는 비록 100丁 이하라도 60結을 지급하고 東西道는 大路驛은 50結 中路驛은 30結을 兩界는 大路驛은 40結 中路驛은 20結을 지급하고 東西南北 小路驛은 15結을 지급한다.[104]

위 성종 12년 판에서 東西道와 兩界는 大路 中路驛으로 편성되어 긴요지역으

---

103) 『高麗史』 권76, 百官1 開城府 ; 권56, 地理1 王京開城府 開城縣, 長湍縣.
104) 『高麗史』 권78, 食貨1 田制 公廨田柴.

로 파악되고 있다. 제시된 東道는 대체로 개경의 保定門 東郊의 桃源驛에서 임진강의 내륙수운이 통과하는 지역을 연결한다. 公須柴地 규정에서 東道에 연접하는 군현은 대체로 장단현·송림·임진·적성·마전·파평 등지이다. 西道로 상정되는 驛道는 개경의 西郊→ 狻猊驛→ 碧瀾渡→ 海州를 잇는 예성강 수운이 통과하는 개성현과 정주·강음현을 경유한다.

현종 9년의 경기 편성은 성종대의 전례, 즉 東西道의 驛道·水運의 방면별 구분을 일정 정도 이어받은 것으로, 각각 개성현과 장단현을 중심으로 속현이 배속된다. 이를테면 青郊道·狻猊道의 역로망과 파평도·벽란도·조강도가 포진한 개성현과 그 속현인 貞州·江陰, 金郊道·桃源道의 역로망과 징파도·장단도·임진도의 수운이 경유하는 장단현과 속현으로 京畿가 분리되었다. 현종 9년에 경기 편성에서 역도와 수운의 방면별 이동로가 중시되는 경향은 경기의 편성원칙 변화와도 무관하지 않다. 태조~성종대까지 왕도 보익기능이 군사적 행정적 중요도가 중시되어 성곽의 분포가 두드러진 지역을 赤畿縣으로 설정한 반면, 현종 이후 京畿는 물화이동에 따른 조세수송권역이 중시되는 방향으로 편성되어 간다.

경기편성의 구조적 변화, 예컨대 驛道와 水運에 따른 구분 방식은 경기지역에서 재정적 물화의 흐름에 따른 거점영역이 형성된 것으로도 살필 수 있다. 국가의 중앙 집권력이 제고되는 현종 이후 문종대까지는 관료의 경제기반에 대한 효율적 관리가 요구되었다. 이 무렵 관료의 주수입원인 녹봉제가 정비되기도 했다.[105] 녹봉은 현직 문무관, 妃主 宗室 權務官 致仕官, 여러 관청의 말단 吏屬, 諸衙門의 工匠 등에게 지급되었다. 이들의 녹봉총액은 대략 15만 석으로서 각 漕倉에서 집결해 온 14만여 석의 세입곡이 최종적으로

---

105) 기존 연구는 녹봉제의 성립시기를 『高麗史』食貨志 祿俸條 기록에 근거해 문종 30년으로 받아들인다. 최정환은 『高麗史』百官志 外職條 규정과 地理志 군현관계 기록을 外官祿 정비와 결부지어 문종 30년 이전 덕종대에 녹봉제가 마련된 것으로 보고 있다(최정환, 『고려 정치제도와 녹봉제 연구』, 신서원, 2002).

재분배되었다.[106]

녹봉의 주세입원은 각 군현의 民田으로서, 군현단위에서 집결된 세곡은 漕倉을 경유해 개경 左倉에 도착하게 된다. 각 군현의 조세곡이 군현단위→ 漕倉→ 京倉으로 제대로 이동하기 위해서는 수취기구는 물론 유통경로의 조정과 이에 걸맞는 수세구역의 정비가 수반되어야 한다. 문종대에 이르러 수취기구가 개편되고 재정관련 직제의 증설이 현저한 것도 이와 무관하지 않다.

田租의 수취는 일단 군현농민에게 田賦 할당→ 村典 守令의 책임 하에 民戶의 輪役으로 漕倉까지 하역→ 개경의 左右倉에 집결한 후 중앙 각 官司에 배분되는 과정으로 이루어졌다. 일반군현에서 집결된 田租가 京倉에 수납되는 과정에서 田租의 수세유형은 현지의 軍需로 충당되는 兩界지역, 租稅直納지역, 漕倉을 경유하는 지역으로 구분된다. 조창을 경유하는 지역은 일반군현의 그것과 같다. 조세직납 경우는 수납된 조세곡이 조창·군창을 경유하지 않고 곧바로 경창에 수납된다. 문종대 대경기에서는 조창이 찾아지지 않는다. 한강 하류유역 남경 일대까지가 '대경기'로 수렴되는데도 德興倉·興原倉의 收稅區域은 경기지역 편성에서는 제외되고 있다. 현종 이후 확대되는 경기지역은 고려시대 田租의 수세유형에서 본다면 조세직납지역이라 이해해도 무방하다.

주목되는 현종~문종대까지 확대된 경기영역은 開城府가 계수관 기능을 하고, 南京·樹州·東州·平州의 주현이 독립적으로 통치하였다. 대체로 조세거점지역은 계수관의 통치영역과 일치하는 것으로 보인다. 경기지역이 조세직납지라 하더라도 田租의 수취는 군현단위로 이루어진다. 문종대의 경기지역에 소재하는 역로 수운을 바탕으로 조선전기『經國大典』반포 당시의 田租收稅區域을 대조해 보면 〈그림 4〉와 같다.

---

106) 安秉佑, 앞의 책, 2002, 91~92쪽.

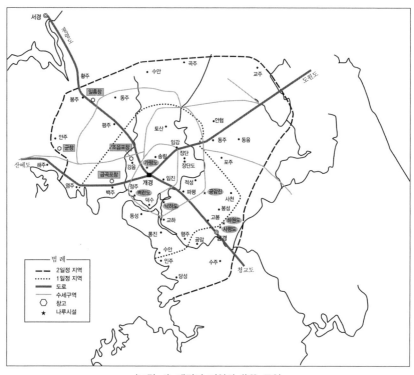

〈그림 4〉 대경기 지역의 收稅 구역

　경기의 중심에 해당하는 적기현 지역은 예성강, 임진강, 한강이 합류하는
수계를 따라 지역적으로 편재되어 있다. 개경 서남 방면은 예성강→ 狻猊道→
碧瀾渡→ 西郊→ 西江 右倉→ 宣義門→ 各司로 분배되었다. 동남부 방면의
물화는 한강 임진강→ 澄波渡·臨津渡·長湍渡→ 桃源道, 靑郊道→ 동강의 右倉
에 직납→ 개경 밖 東郊와 保定門→ 十字街 양변에 배치된 중앙 각 관사에
배분되었다. 이로써 赤畿縣 지역에는 임진강 내륙수운과 桃源道의 교차점,
예성강과 狻猊道의 교차지역을 중심으로 수세구역을 상정해 볼 수 있다.
赤畿縣 지역의 田租 收稅區域은 대체로 赤縣·畿縣의 구분과도 일치한다.
　적기현 지역의 외곽에서부터 1일정 지역의 경계에는 新恩·鹽州·白州의
군현, 한강 본류에 楊州·樹州의 속현이 다수 분포한다. 『勝覽』 편찬 이전

128

조선전기 기록에 의하면 서해도 白州에 金谷浦倉이 있어 관할 수세구역이 따로 정해져있다. 金谷浦倉과 祖邑浦倉의 설치시기를 확인할 수는 없다. 조선전기에 한양을 중심으로 경기지역이 남하되면서 고려시대 직납구역이던 지역에 조창을 신설했을 수도 있다. 금곡포창·조읍포창 모두 육로와 수로가 결절되는 지역인 탓에 물화 이동량이 많았을 것이다. 조창의 後置를 감안하더라도 해당지역에서 각각의 전조 수세구역을 상정해 보아도 무리는 없을 듯하다.

海州·白州·鹽州·海州·豊州 일대 군현의 田租는 금곡포역→ 금곡포창→ 산예도→ 좌창으로 이동되었다. 平州·洞州·新恩·牛峯 등의 군현에서 생산된 田租는 강음현 소재의 祖邑浦倉에 일단 저치된 후, 강음현의 金郊驛을 통해 개경 좌창에 납입되었을 것으로 보인다. 楊州 樹州 일대 군현의 물화는 孔巖津·洛河渡·河源渡·祖江渡→ 靑郊道→ 畿縣을 거쳐 개경 좌창으로 납입된 것으로 보인다.

1일정의 외곽에서 2일정 지역까지는 교주도의 安陜 梨川 일대의 개경 직납지역이다. 서해도 군현에서는 田租가 개경 경창으로 수납되기도 하지만, 일부는 지역 자체의 군자에 소비되었다. 이 지역은 양계와 접경을 이루는 지역특성으로 군수와 관련한 수세구역이 형성되었을 것으로 파악된다. 일례로 鳳州·安州는 軍倉이 소재한다. 鳳州의 日興倉에서는 黃州·遂安·土山·牛鳳·洞州 등지에서 이동해 온 군자곡이 저치된다. 安州의 軍倉에서는 역로·수운에 따라 인근 지역을 관할함으로써 서해도 방면에서는 양 軍倉을 중심으로 한 수세구역이 설정되었다.

현물 수취 가운데 貢物은 田租에 비해 품목도 다양하고 분배처도 복잡하다. 특히 대송외교가 활발히 추진되는 문종대는 대외교역의 지출비용이 증대하였다. 각국 사절단의 내왕에 따르는 하사품은 다양하고, 이의 항상적 수급도 원활히 이루어져야 했다. 이를 관리하는 右倉이 정비되고, 재정관련 직제의 개편과 도감이 증설되었다. 대외교역 품목의 주요 재원이 되는 貢物도 田租

수취에서와 동일하게 군현단위로 차정된다. 貢物의 수송은 일단 군현단위의 생산지→ 각 관아소재의 庫→ 육·수운으로 우창→ 중앙 관사에 분배되는 과정으로 이루어졌다.[107]

군현의 토산물은 所 생산물과 함께 중앙에 납부되기도 하고 일부 민간차원에서 교환되기도 하였다. 한 사례를 들면 서해도 鹽州 白州 지역은 해산물 소금 鵝鶻油의 주산지이다. 이는 생필품으로서 군현민의 貢役에 의해 鹽州 深洞驛, 白州 金谷驛→ 白州 金谷浦倉→ 개경 碧瀾渡→ 右倉에 집적→ 京主人에 의해 개경 각사에 소용에 따라 분배되었다. 이처럼 산예도가 경유하는 鹽州 白州 구간 등지의 공납용 물품의 이동은 田租 수세구역과 중첩되고 있다. 나머지 지역에서도 사정은 마찬가지다.

일단 所 생산품은 중앙 각 관청에 배분되어 왕실 정부기관에서 소비하고, 재정적 용도를 충당한 잔여분은 市廛을 통해 매각되기도 하였다. 所는 군현 읍치로부터 외곽에 위치하며 所에서 생산된 물품은 관아 읍치사이의 지선로를 경유해 개경으로 집결되었다. 공물이 군현의 생산지로부터 개경에 최종 수납되는 과정과 수세구역은 田租의 그것과 일치한다. 이는 경기지역 내 田租·貢物 등 재정적 물류의 收稅 거점이 중첩적으로 형성되었음을 말해준다.

태조대부터 도시계획의 핵심은 송악현으로서 현종대 나성은 송악현만을 둘러싸 왕경으로 분리되었다. 이 시기의 경기지역은 성종대 적기현 편성원리와는 궤를 달리한다. 현종 이후 문종대까지 왕경 5부는 독립되는데다 경기는 지방기구로서 개성부가 관할하게 되었다. 문종 16년 이후 동 23년에는 경기가 확장되지만 역시 지방기구로서 개성부가 통할했다. 현종 이후 비로소 지방으로서 경기의 성격은 분명해지고, 왕경은 분리 독립되었다. 도성과 지방의 구분이 명확해진 것이다.

성종대 적기현 편성이 수도 개경을 군사적으로 지원했던 단계라면, 현종

---

107) 이정희, 『고려시대의 세제연구』, 국학자료원. 2000.

이후 문종대의 경기는 물류의 흐름을 감안한 수세거점을 따라 편성되었다. 현종 이후 문종대까지 경기지역은 국가·왕실의 재정원으로서 중시되었다. 이는 경기의 편성에서도 구체적으로 드러났다. 현종 9년 경기는 驛道·水運의 경유 지역에 따라 각각 개성현·장단현으로 구분되었다. 성종대 왕경개성부 가 도성과 지방이 혼효되면서도 적현 기현 관내도의 서열적 공간구조였던 것과는 달리, 현종대 이후에는 驛道와 水運의 방면별 구분이 경기 편성의 기본 원리로 작동하였다.

(2) 三京制의 시행과 大京畿 권역으로 포섭

경기제 시행초기 성종·현종대는 王畿를 구성하는 군현은 모두 도성 가까운 12개 정도였지만, 문종대 대경기는 개경을 1·2일정의 동심원으로 에워싸 왕경을 정점에 두는 공간배치를 띤다. 사실상 확보된 1·2일정에는 서경권역· 남경권역이 모두 망라되어 있다. 해당지역 세력을 탄력적으로 조율하려던 국왕의 정국 구상은 대경기제의 공간편성에서 확실시된다.

대경기제가 시행되는 문종 당시는 남경의 제도적 성장이 뒷받침되고, 三京制가 탄력적으로 운위되던 시기였다. 삼경제는 국초 開京·西京의 兩京→ 성종대 開京 우위의 兩京制에 東京이 추가되는 三京制→ 문종대 開京·西京·南京 의 三京 수순으로 정비되었다.

태조 2년 개경과 서경의 兩京制가 실시된 이래[108] 평양에 보내졌던 王式廉 의 북부세력을 기반으로 즉위한 定宗은 즉위 2년 西京城을 축성한 후에[109] 본격적으로 서경 천도정책을 추진함으로써 사실상 두 京의 균형은 이완되었 다. 이후 광종대에는 國都 開京을 중심으로 한 중앙집권정책을 활발히 추진하 였다. 일련의 과정에서 서경세력에 대한 제어도 한층 진전될 수 있었다.

---

108) 『高麗史』 권1, 太祖 2년 3월.
109) 『高麗史』 권2, 定宗 2년 築西京王城.

광종 11년 개경을 皇都라 칭한데 반해, 서경은 서쪽의 首都-西都라는 방위명을 가진 제한적 위상만을 띠었다.

광종의 정치에 반동적 형태가 표출되던 경종대,[110] 나아가 성종 초창기까지 개경 우위의 兩京制는 유지되었다. 성종 후반기에는 利川 서희, 長湍한안공 같은 근기세력이 정국을 주도적으로 운영하면서 이 일대 서경 순행은 재거론되었다. 서경 순행을 감행할 때, 태조의 訓要十條를 표방한 것으로 치장하지만, 내실은 성종 자신의 순주를 舜임금의 순행이나 唐 황제의 東都洛陽 행차에 빗대고 있다.[111] 성종 당시 서경순행의 이념은 유교적 예제의 진작과 이를 통한 국왕 주도의 통치질서 구축 의도와 같은 갈래이다.

성종 후반 근기호족의 대두로 인한 서경의 재부각은 목종 원년 西京을 鎬京으로 격상하는 조치로 귀결되었다.[112] 鎬京은 周代의 고사에서 나온 호칭으로 祖宗의 패업이 시작되는 곳으로 중히 여긴다는 의미이다. 鎬京은 周 武王이 거처하던 곳으로 황하 상류에 위치하였다. 周 왕조의 발흥지에 해당하여 宗主로 칭해졌다. 앞선 성종대 당의 수도가 아닌 副都인 낙양에 서경이 비유된데 비한다면, 목종대 鎬京 개칭은 서경의 위상이 성종대에 비해서 높아진 것을 시사한다. 목종이 퇴위한 직후 현종 즉위 과정에서 康兆로 대변되는 서경세력이 대폭 몰락한 것을 기회로 하여 현종 6년 金訓崔質 등 무신을 제거할 목적에서 서경 순행을 단행하였다. 정치적 목적, 특히 이 지역 政敵 제거를 염두에 둔 현종대 서경순행은 종전까지 왕도 개경과 등락을 함께 하던 서경의 지위를 대폭 하락시키는 주요 기제로 작용하였다.

---

110) 경종의 婚事에서 친신라계의 대두, 경종의 遺詔에서 서경 등지 군권자들이 임소를 떠나 부궐하는 것을 금지시킨 점에서 서경세력에 대한 경계와 견제를 읽을 수 있다고 하였다(이태진, 앞의 논문, 89쪽 ;『高麗史』권2, 景宗 6년 7월 ; 장지연, 앞의 책, 87쪽).

111)『高麗史』권3, 成宗 9년 10월 甲子.

112)『高麗史』권3, 穆宗 원년 7월 癸未.

광종 이후 성종 초 개경을 우위에 둔 서경 경영, 즉 兩京制에서 성종대 東京의 설치로 三京制의 전형을 구축하였다. 개경·서경이 긴축을 벌이는 기간 동안, 성종 6년 三京制에 포함된 동경의 지위도 동요하였다. 태조의 건국 직후 초창기 경주세력은 신라멸망 이후 경순왕을 따라 고려에 귀부한 자들이 중심을 이루었다. 태조에게 귀부한 경주세력은 크게 보아 셋으로 분류할 수 있다. 경순왕 金傅·金億廉·金仁允·金裕廉 등 진골출신, 百僚士庶 妃父 林彦·崔行言·平俊 連乂·李金書 등 고려왕실과 통혼한 세력, 崔彦撝·崔承老·孫昭·李恒樞·具足達·柳勳律 등 6두품 지식인층이 그들이다.

김부의 從弟 金裕廉은 태조 13년 왕건이 고창전투에서 승리한 후 경주를 방문했을 때 경순왕을 따라 고려에 귀부한 인물이다. 경주김씨 가문의 원성왕 계 후손인 金仁允은 태조를 섬겨 후삼국통일에 절대적 공헌을 하였고, 경주이 씨 李金書 역시 태조에게 협조한 인물로 삼한공신에 추대되었다. 경주최씨 崔彦撝는 고려가 개국하자 태자사부로서 文翰職을 담당해 태조에게 공헌한 인물이다.[113] 崔彦撝와 같은 경주세력은 平山朴氏, 黃州皇甫氏, 長湍韓氏 등과 함께 태조의 건국이념을 수립하는 데 일조하였다.[114]

태조 초창기 경주세력의 지위가 어느 정도 보장되는 선에서는 경주가 갖는 전 왕도로서 상징성을 유지해주면서 전 왕조세력의 고려 귀부에 따르는 터전을 제공해 주었다. 태조의 정략결혼 과정에서 다수 경주세력이 포섭되어 이들을 위한 이궁 및 후비궁도 마련되었다. 태조는 낙랑공주를 위한 新鸞宮을 개경 都內에 건립하였다.[115] 견훤이 내강하자 南宮을 지급하고 태조 18년 金傅에게는 柳花宮을 개경의 궁궐 동쪽에 조성해 주었다.[116] 경주세력에 대한 우대 조치와 병행하여 태조 18년에는 미약한 수준의 경주세력 통제와

---

113) 전기웅, 『新羅의 멸망과 景文王家』, 혜안, 2010, 281~291쪽.
114) 이정신, 「고려 태조의 건국이념의 형성과 국내외 정세」 『韓國史硏究』 118, 53~59쪽.
115) 『高麗史』 권2, 太祖 18년 12월 辛酉.
116) 『三國史記』 권12, 新羅本紀12, 敬順王 9년 11월 ; 『高麗史』 권2, 太祖 18년 6월.

타협을 종식시킬 만한 적극적 차원의 제어작업이 감행되었다. 태조 후반 경주세력에 대한 통제는 동시기 군현합속을 통한 경주 경계의 정리와 都內의 분리 축소라는 양방향에서 추진되었다.117)

태조가 경주 강역을 정비하는 과정에서 무분별한 팽창을 보여주던 신라하대의 경주 都內는 里制 혹은 村制로 착종되는 등 통치계통 상의 혼선이 나타난다. 태조 18년 경주를 1000丁 현으로 만들고 堂祭를 둔 것을 기반으로 5년 뒤 재향세력인 堂祭의 改差,118) 같은 해 군현 합속과정에서 이루어진 6部名 개정과 都內의 축소는 이전 신라왕도 경주의 지위를 격하시키려는 노력이었다. 다만 태조 23년 경주에 대한 군현개편은 재지관반과 중앙통제력이 절충된 양상이었다. 성종대에도 경주는 東京留守官과 邑司조직의 이원적 구조를 띤 지방조직으로 재편되는데 경주에 대한 통치는 중앙통제력과 재지적 기반이 절충된 형태의 과도적 체제였다. 이러한 속에서 태조 후반 이래 군현합속을 통해서 늘어난 경주강역과 이와는 대조적으로 축소되는 都內 구역은 성종대까지 변함없이 유지되는 형편이었다.

태조대 경주강역 정비와 都內의 축소가 강행된 이후부터 성종 연간까지는 경주권역을 변화시킬 만한 별다른 조치는 없었던 것 같다. 다만 성종대 경주계와 나주계가 집권기반을 확충하면서 거란침입 이전까지 경주의 지위는 높아져 있었다. 성종 6년에는 慶州大都督府를 東京으로 승격시켜 留守官을 설치하였다. 이때의 개편으로 경주에는 중앙에서 屬官이 파견되었다. 같은

---

117) 경주의 정치세력 동향과 그 위상변화에 따르는 기존 왕경 경주의 都內 분리 축소에 이어서 邑格이 격하되어 지방도회로서 경관을 구축하는 사정은 다음 연구에서 밝혔다(정은정, 「고려전기 慶州圈域의 정비와 邑內外 분리」『韓國史研究』154, 2011. 9 ; 「고려중기 경주의 邑基 이전과 景觀」『사학연구』106, 2012. 6).

118) 『世宗實錄地理志』에서 경주토성인 6姓과 天降姓으로 되어 있는 박 석 김 3성의 대표자를 堂祭로 임명한 것으로 보기도 한다. 이들을 총괄하는 책임자로 金魏英을 州長으로 임명하였는데 堂祭의 改差는 신라 경순왕이 고려에 귀순한 직후 아직까지 건재한 경주 잔존세력인 김유렴 김인윤 최은함 이금서 등을 경주의 당제로 두고 이들을 견제하려는 의도가 있다(김갑동, 앞의 논문, 1994, 162~163쪽).

시기 大監 弟監이 村長 村典으로 고쳐졌다. 村主層이 전면 배제되고 大監 弟監이 대신함으로써 지역촌 중심의 촌락지배체제가 확립된 것이다.[119] 이는 촌락에 대한 국가적 장악력이 커진 것으로 경주의 경우도 예외는 아니었다.

저간의 추이 속에서 성종 6년 大都督府 慶州를 東京으로 승격시켜 留守官을 설치하였다. 東京의 설치는 崔承老 崔亮의 경주세력 주도로 이루어졌다. 성종초 정국운영에 있어서 최승로를 특히 신임한데다, 태자시절 스승인 최량의 영향을 많이 받았다.[120] 舊신라 정치세력 우대의 일환으로 東京이 설치되었다.

현종대를 거치는 동안 舊신라 정치세력 상당부분의 제어가 가능해져 전왕조의 수도경주에 대한 정비는 보다 적극적으로 추진되었다. 현종 3년에는 경주 朝遊宮을 훼철해 자재를 황룡사 탑의 수리에 활용하기도 하였다.[121] 현종 12년에는 李可道에게 명령하여 경주 高穿寺에 있던 金鑼袈裟 佛頂骨과 昌林寺에 있는 佛牙를 개경 內殿에 안치한 사실이 있다.[122] 王都 경주를 장엄하던 사찰 시설물 일부도 慶州를 떠나 개경에 옮겨졌던 것이다. 거기에 내적 요인은 아니지만, 현종 2년 동여진 전함 100여척이 경주를 침입한 사실도[123] 경주의 시설 폐기를 가중시킨데다, 경주위상 급락에 요인으로 작용했을 것이다. 현종 3년에는 경주에 유수관을 없애고 다시 낮춰서 慶州防禦使를 설치하였다. 경주세력을 약화시킨 2년 뒤 安東都護府를 慶州에 설치하고 동 21년에는 東京留守府로 복구되었다.[124] 당시 東京의 복치는 銳方이 올린 三韓會土記에 근거를 두었다. 이처럼 현종 21년까지는 동경이 치폐를 거듭하

119) 具山祐, 앞의 책, 2003.
120) 김갑동, 「고려 귀족사회의 성립」『한국사』12, 국사편찬위원회, 1993, 170~171쪽.
121)『高麗史』권4, 顯宗 3년 5월, "撤慶州朝遊宮 以其材修皇龍寺塔."
122)『高麗史』권4, 顯宗 12년 5월 戊子.
123)『高麗史』권4, 顯宗 2년 8월.
124)『高麗史』권57, 地理2 東京留守官 慶州.

기에 이른다.[125] 그 과정에서 현종대 경주세력은 중앙정계에서 대부분 제거되고 그로 인해 동경관직은 지방관으로 전락하였다.

東京이 명맥만을 이어가는 가운데, 현종 이후 楊州 주변 지역 정비에 따라 한강 유역 일대의 군현 정비를 시행하였다. 현종 연간 仁州李氏와 安山金氏 같은 남경세력이 성장한데 따른 우대와 포섭정책의 일환이겠지만, 사실상의 남경 경영과 맞닿아있다.

알다시피 국초 大邑 단계의 楊州가 남경으로 승격한 시기는 문종대에 와서이다. 南京은 통일신라시대로부터 태봉을 거쳐 현종 9년에는 楊州와 그 속현을 중심으로 영역이 확정되었다.[126] 문종 16년에는 장단현령이 폐지되고 5년 뒤에는 南京留守官으로 남경이 승격한[127] 이듬해 南京에 新宮이 창건되기에 이른다.[128] 문종대 남경권역은 현종대의 9속현 외에 도호·지사군·현령관까지를 포괄하지 않았나 여겨진다.[129] 숙종대 규정된 남경의 동쪽 경계는 낙산보다 나아가 용마봉까지 확대되었다.[130] 숙종대의 남경은 동쪽으로는 대봉, 서쪽으로는 기봉, 남쪽으로는 사리, 북쪽으로는 면악으로,[131] 전반적으로 문종대에 비해서는 그 범위가 현저히 줄어들었다. 숙종대 남경 궁궐은 조선의 궁궐터보다 북쪽에 위치했고, 삼각산 남쪽 목멱산 북쪽 평원에 해당된다.[132] 숙종대 정한 남경의 경계는 궁궐이 위치한 남경 치소 범위를 지칭하는 좁은 의미이다. 문종대에 모호하게 넓은 범위를 통칭하다가 숙종대 남경의 군현 치소와 외곽 읍치를 명확히 한 것이다.

---

125) 『高麗史』 권57, 地理2 東京留守官 慶州.
126) 박종기, 『지배와 자율의 공간 고려의 지방사회』, 푸른역사, 2002.
127) 『高麗史』 권56, 地理1 南京留守官 楊州.
128) 『高麗史』 권8, 文宗 22년.
129) 김갑동, 「高麗時代의 南京」 『서울학연구』 18, 2005.
130) 최혜숙, 『高麗時代 南京研究』, 경인문화사, 2004, 75쪽.
131) 『高麗史』 권11, 肅宗 7년 3월 庚辰.
132) 『北漢誌』, 山谿, 1994 ; 최혜숙, 앞의 책, 74쪽.

남경권역의 정비는 앞서 지적했듯 현종 이후 숙종대까지 행정적 측면에서는 일단락되었다. 일반적으로 圈域이라 할 때는 행정적 틀을 넘어서는 물류이동권의 개념이 크다. 남경권역에서 유념해 두어야 할 것은 한강을 끼고 있는 유역권과 지세이다.133)

〈표 2-5〉는 남경의 주속현과 한강 유역권을 표시한 것이다. 〈표〉에서 보면 남경권역은 강 유역권을 따라 한강 본류, 한강~북한강 유역권, 한강~남한강 유역권으로 구분된다. 강 유역권은 지세를 따라 역로와 나루시설이 분포하고 있는데, 역로 나루시설을 용이하게 활용할 수 있는 지점을 중심으로 군현이 배속되어 있다. 한강본류와 하류 유역권의 대부분 군현이 남경권역에 속해 있어서, 남경권역은 임진강·서남해안과도 용이하게 연결될 수 있는 지점이었다. 한강 하류는 안성천 유역과도 가까운데 이 지역은 서해안 해로와도 연결되어 있다.134) 임진강 유역권과 예성강을 통해 서남해안과 개경권역은 유기적으로 엮일 수 있었다.

물화의 이동권에서 본다면 남경권역은 문종 숙종대 협의의 권역으로부터 점차 예성강·임진강 방면 서해안까지를 망라한다. 남경권역은 한강본류를 기점으로 서해안과 임진강 방면까지 실질적으로 확대된 것이다. 좁은 의미의 남경권역은 궁궐 치소가 있던 지역과 주속현 직할읍이지만, 점차 외곽의 도호부·지사군·현령관 관할범위까지 외연을 넓혔다. 개경권역의 활발한 유통을 근간으로 한 도회적 영향력이 남경권역까지 파급된 때문이다.

남경 방면이 국가적 물류수송의 관문으로서, 민간차원의 교역 場으로 두드러지게 되면서 남경권역은 주속현의 행정단위를 넘어서 실질적으로 그 권역이 확장되었다. 경제적 측면으로 중시된 임진강·예성강 유역권과 개경권역을 문종대 대경기제로 망라하기에 이르렀다. 현종대를 기점으로

---

133) 한국문화유산답사회, 『경기북부와 북한강』, 돌베개, 1997.

134) 경기도박물관, 『안성천』 1-3, 2003.

135) 〈표 2-5〉 '남경권역과 한강유역권'은『高麗史』권56, 地理1 南京留守官 楊州 ;『新增東國

<표 2-5> 남경권역과 한강유역권[135]

속현	나루	역로	강 유역권	현 지명
남경 유수관 양주		靑郊道 平邱道	·	·
교하군	洛河渡 長串津 金尺津 炭浦	·	한강본류	경기도 파주시 교하
견주	楊津 禿浦	靑郊道 綠楊驛	한강본류	경기도 양주시 주내면
포주	·	春州道 雙谷驛 安遂驛	한강~임진강	경기도 포천
행주	北浦	靑郊道 幸州驛	한강본류	경기도 고양시 행주
봉성현	·	靑郊道 馬山驛	한강~임진강	경기도 파주시
고봉현	北浦	靑郊道 碧池驛	한강본류	경기도 고양시 일산
심악현	·	·	한강본류	경기도 파주군 교하
풍양현	·	·	한강~남한강	경기도 남양주
사천현	·	春州道 臨川驛	한강~임진강	경기도 동두천
안남 도호부 樹州	直浦	靑郊道 金輪驛		
금주	楊花渡	·	·	경기도 구로구 시흥
동성현	·	·	한강본류	경기도 김포
통진현	祖江渡 甲串津	·	한강본류	김기도 김포 통진
공암현	鐵串浦 楊花渡	·	한강본류	서울시 양천
김포현	堀浦	·	한강본류	경기도 김포
수안현	·	靑郊道 從繩驛	한강본류	경기도 김포
仁州	·	靑郊道 重林驛	·	·
당성군	·	·	한강~북한강	경기도 화성
재양현	·	·	한강~북한강	경기도 화성
水州	多羅高飛津 仇二浦 赤津浦	·	·	·
안산현	·	·	한강~남한강	경기도 안산
영신현	·	·	한강~남한강	경기도 평택
용성현	·	·	한강~북한강	경기도 평택
정송현	·	·	한강~북한강	경기도 화성시 팔탄
양성현	·	·	한강~남한강	경기도 안성시 양성
강화현	·	·	한강~예성강	경기도 강화
진강현	·	·	한강~예성강	경기도 강화
하음현	·	·	한강~예성강	경기도 강화
교동현	·	·	한강~예성강	경기도 강화

輿地勝覽』권6~13 ; 李泳澤·田容新, 『韓國古地名辭典』, 고려대학교 민족문화연구소, 1993 ; 金鐘赫, 「조선후기 한강유역의 교통로와 場市」, 고려대 지리학과 박사논문, 2001을 참고하여 작성.

多京의 내부 구성에서는 기존 개경·서경은 존속하며, 남경이 새로이 편성되는 구조적 변동을 겪게 되었다.

주시하는 문종 이후 중기의 국왕은 물화집산지로서 남경 경영에 주력하면서도 태조 이래의 서경 경영을 소홀히 하지 않았다. 문종 16년 鎬京을 西京으로 복구하고 西京畿 4道를 설치한[136] 이후 同 35년에는 서경에도 左右宮을 설치하였다.[137] 서경 순행 회차는 줄어들지만 서경의 勢는 유지되었다. 서경성 일대는 국초 5部로 나뉘어 개경과 동일한 지배체제를 구축하고,[138] 아울러 5部가 소재한 都內를 중심으로 郊外－西京畿가 서경권역에 해당된다. 서경은 점진적으로 궁궐치소를 중심한 좁은 범위에서 서경기까지 관할하는 광역의 범위를 구가하였다. 문종 연간 개경 중심의 본경기가 확장되는 조치에 상응하여 서경의 畿內도 넓혀졌다.

문종 16년에 유수관을 복칭하고 서경기 4道를 설치하면서 서경은 독립된 형태를 띠게 되었다.[139] 서경기제는 서경의 군액과 재정원을 확보하기 위한 조치이다. 서경기의 관할은 四面都監으로 5部와 마찬가지로 權務職으로 임명하는 使·副使·判官·錄事가 임명되었다.[140] 서경의 四面都監은 서경기 4道의 설치와 밀접하며 이후 4道가 6縣으로 재편될 때도 四面都監은 여전히 기능하였다.[141] 문종 30년 전시과 개정을 대비해 同 23년 경기를 확대한 사실을 상기한다면, 서경 문무반에게 科田 지급을 목적으로 西京畿를 확대했을 개연성은 충분하다.[142]

뒤이은 숙종은 왕권강화를 추진하여 국왕주도로 각종 국가사업을 적극

---

136) 『高麗史』 권58, 地理3 西京留守官.
137) 『高麗史』 권9, 文宗 35년 3월.
138) 윤신영, 「고려시기 서경 5부에 대한 간단한 고찰」 『력사과학』 4호, 1994, 53쪽.
139) 『高麗史』 권58, 地理3 西京留守官 平壤府 文宗 16년.
140) 『高麗史』 권80, 食貨3 祿俸 西京官祿 文宗 30년.
141) 『高麗史』 권77, 百官2 諸司都監各色 四面都監.
142) 安秉佑, 앞의 책, 366쪽.

추진하였다. 숙종 6년 南京開倉 건설사업이 본 궤도에 오른 다음해, 西京을 순주하고 海東通寶 유통을 전면 선언하였다.[143] 숙종 7년 서경에 문무반과 5部를 설치하고는[144] 10년에 이곳으로 재순주하였다. 예종은 서경 순주를 태조 유훈을 실천하는 것에서 의미를 모색하였다. 예종 11년 서경 순주 당시 새로 지은 龍堰宮 乾元殿에서 日官의 상주에 따라 서경에서 新敎를 반포함으로써 선왕의 舊業을 흥하게 하겠다고 밝혔다.[145] 예종 11년 제학사 원을 分司國子監으로 개편하면서[146] 서경의 지위를 점차 낮추어가지만 上京 과 거의 유사하였다.

아래 〈표 2-6〉에서 보면 인종대에는 西京畿 4道에 포함되던 7鄕 16村 6部曲이 독립함으로써 서경권역은 현저히 축소되었다. 인종대 묘청의 난을 계기로 서경기 4도는 폐지되고 속현으로 강등되는 조치가 취해졌던 것이다. 서경 반란이 진압된 인종 13·14년에 관제를 대폭 축소하였다가 2년 뒤 일부 조정하여 복구를 감행하기도 하지만,[147] 서경 지역은 반역의 땅으로 자리매김되어 종전의 상징적 지위에 결정적 타격을 입었다.

인종 이후 서경의 영역이 축소되는 사정도 재정규모의 위축과 함께 서경의 지위 격하와 짝한다. 서경권역이 가장 확대된 시기는 문종 16년부터 인종 13년까지로, 서경의 재원은 이 무렵 최대로 확충되었다.[148] 고려말 누차

---

143) 『高麗史』 권79, 食貨2 貨幣, 肅宗 7년 12월.

144) 『高麗史』 권58, 地理3 西京留守官 肅宗 7년.

145) 예종대의 制書는 태조의 유훈과 서경이 가지는 의미가 도참적 차원으로 축소되었다 는 점에서 문제가 있었다. 예종의 발언은 태조의 훈계를 도참의 영역으로 한정짓고 유교적 덕목은 북송으로부터 도입한 유학적 흐름으로만 설명한 것으로 서경이 예전과 같은 지위를 갖지 못하게 되고, 국왕 순행이 갖는 의례적 기능을 충족하지 못한 것으로 보았다. 결과적으로 서경 순주를 신비적 주술적 차원의 의미만으로 국한시키고 장기적으로는 묘청의 난을 초래하는 배경이 된 것이라 하였다(장지연, 앞의 책, 123~124쪽).

146) 『高麗史』 권77, 百官2 外職 西京留守官 屬官 예종 11년.

147) 『高麗史』 권77, 百官2 外職 西京留守官 仁宗 14년, 仁宗 16년.

148) 安秉佑, 앞의 책, 367~368쪽.

지적되는 '舊制'의 개경 서경 남경의 三京制는 현종 후반 밑그림이 그려진 후, 문종대 완성되다가 인종 13년까지는 일정선상에서 유지된다 해도 과언이 아니다.

<표 2-6> 西京畿 4道의 관할 범위[149]

서경 속현		인종 14년 경기 구분 →6현
江東縣	1향 3촌	仍乙舍鄕 班石村 朴達串村 馬灘村
江西縣	6향	梨岳鄕 大坵鄕 甲岳鄕 角墓鄕 禿村鄕 甑山鄕
中和縣	9촌	荒谷 唐岳 松串 9촌
順和縣	4촌	楸子島 櫻遷村 龍坤村 禾山村
三和縣	3부곡	金堂部曲 呼山部曲 漆井部曲
三登縣	3부곡	成州소속 新城部曲 蘿坪部曲 狗牙部曲

한편 三京制는 중국 唐·宋의 제도에 연원한다. 唐代에는 國都가 위치한 州에 陪都를 설치해 州를 府로 승격시켰다. 陪都 중에서 중시해야 할 곳을 陪京이라 하고 陪京의 장관은 留守司의 관직을 겸임케 하였다. 唐에서 3都(京) 는 옛 도읍지 上都·東都·北都로 경영되었다. 上都는 秦 咸陽·漢 長安, 東都는 周의 洛邑, 北都는 隋의 太原郡이다. 唐은 3京의 요충지 洛中·成都·鳳翔·江陵·興元·興德에 6府를 설치하고 東京·北京·成都·江陵 등 수도 주위의 요충지에 陪都를 설정하였다.[150]

唐末 五代에는 군사력이 현저히 약화된 때 이를 대처하는 수도기능이 요구되었다. 이로써 後晉·後漢·後周에 이르러 都城 내에서 禁軍이 강화되었고 새로이 조운의 편리지점인 開封에 국왕이 거주하게 되었다. 정치 군사적 유지 차원에서는 洛陽이 중시되었고 더불어 경제적 부문 보강 목적에서 開封이 부도로 설정되었던 것이다.

---

149) <표 2-6> '서경기 4도의 관할범위'는 『高麗史』 권58, 地理3 西京留守官 平壤府 屬縣 中和縣 ; 地理3 北界 三登縣을 참고하여 작성.
150) 鄭自明·富樫長榮 譯, 『支那地方制史』, 1941, 137~140쪽 ; 李存熙, 『朝鮮時代地方行政制度硏究』, 一志社, 1990, 263~265쪽.

唐末 혼란기에도 수도 기능을 분리하였다. 後唐은 洛陽을 洛京·東都, 長安을 西都, 太源을 北都, 魏州를 業都로 하면서 京의 지위를 부여하였다.[151] 국왕을 위한 보호처로서 陪都를 운영했던 것으로, 五代 정국 혼란기에 정치 군사적 부문의 열세를 보강하기 위해 수도의 기능을 분리시켜 陪都를 경영한 것이다. 이후 군사력의 중앙집권화가 이루어지고 통일전쟁을 완수한 송대에 이르러 開封이 수도로 선정되었다. 開封은 조운과 물화집산지로서 유리한 조건에 입지하였다. 이에 따라 송의 陪都 역시 수도 주변의 교통 요충지를 선정하였다. 중국 역대왕조에서 수도를 보완하는 陪都는 수도 유형의 변화에 따라 점차적으로 그 입지조건과 지역을 달리한다.

唐宋代의 경기제 운영과 首都의 성격과 입지 변화사정은 고려에서도 유사하다. 유수관으로서 3京은 순행 외에도 전 왕조의 세력을 탄력적으로 견제하고 현 왕조에 대한 보호처로서 중히 여겼다. 三京制 경영은 국초 풍수도참사상 연기설을 바탕에 둔 정치적 헤게모니의 장악과 국왕권 강화에 있었다고 하겠다. 국토의 한쪽에 치우쳐 국가재정적 물류의 흐름에서 다소 차단되었던 동경영역은 현종 이후부터는 이미 배도 경영에서 그다지 중시되지 않았다. 이는 문종대 이후 개경·서경·남경의 三京制 운영이 정치적 구심점 확대 강화라는 목적도 있지만 남경의 경제적·재정적 효용성에 대한 관심에서 출발했음을 의미한다.

현종 이후 문종대를 전후해 관인의 물적 공급원으로서 녹봉 정비와 함께 경기가 확대되었다. 전시과 시지를 개경 가까운 거리에 지급함으로써, 관인 경제기반에 대한 효율적 관리와 통제를 했다. 대경기제에서는 원경기 후방으로부터 한창 개발이 진행되는 지역을 1일정, 1일정 후방에서 이전부터 지역개발이 오랜 지역을 2일정으로 편성했다.

京과 畿內를 세트로 하는 수도권역을 놓고 본다면, 문종 후반부터 개경·남

---

151) 宮崎市定,「五代の國都」『史林』21, 1936 ;『アジア史研究』, 同朋社, 1957 ; 久保田和男, 「五代宋初の首都問題」『宋代開封の研究』, 汲古書院, 2007, 43~47쪽.

경의 신경기와 개경·서경 일부를 중심으로 하는 원경기의 두 畿內가 병존하는
체제였던 것이라 여겨진다. 서경권역을 구성하는 군현은 차제에 남부는
본경기 일부로, 북부는 북계 안으로 포섭되는 까닭에 실제로는 경·기내의
수도권역은 개경·서경·남경의 三京 영역이 긴축하는 공간이다.

대경기제에서는 왕도를 정점으로 서경·남경의 부도 영역이 동심원 형태로
망라되어 있고, 이는 왕도의 권력중핵으로서의 위상 강화를 대경기제의
공간구조에서도 드러낸 것이라 하겠다. 문종 후반 확대된 대경기제에서는
三京의 성립과 함께 수도를 정점에 둔 원활한 副都 경영이 이루어졌음을
알 수 있다. 대경기 지역의 공간배치를 통해서 王都와 서경·남경의 副都지역
을 국왕이 통제하려는 의도를 엿볼 수 있다. 대경기제의 시행으로, 국왕을
정점에 두려는 정국운영의 결과, 정치·경제방면 통치효과를 극대화하면서
서경·남경의 副都까지를 아우를 수 있었다. 문종대 각 京 세력을 탄력적으로
견제하려는 국왕권 강화 노력과 남경의 경제도시로서 위상 제고로 인해,
三京制가 제도로서 결실을 맺기에 이르렀다.

제3장 개경의 도시공간 팽창과 경기지역 개발

1. 토목공사의 설행과 도시공간의 확장

전기 이래 구축된 제반 통치질서는 12세기에 이르면 국가기강의 해이로 점차 느슨해져, 당시는 기층 관인사회가 모두 동요하였다. 국왕은 각종 유신조치를 반포함으로써 국가 중심으로 공적 질서를 수립하려 노력하였다. 국가 운영의 중심부인 王都에서는 공공성 재수립의 일환으로, 도참을 명분으로 삼은 도시 기간시설의 증·개축이 진행되었다. 당시 광범위하게 진행된 王都 내외의 대토목공사는 관인사회의 사치풍조와 결합하여 도시공간의 팽창을 초래하였다. 王都를 둘러싼 제반의 도시문제를 조율할 일원적 국가권력이 아직까지는 건재하는 12세기 전후, 개경의 도시 외연 확장은 오히려 시장적 요소를 끌어내는 기제로 작동하였다.

주시하는 중기 전후의 국왕은 관인사회의 기강을 단속하려 禮制의 진작과 함께 군신간 수직적 질서를 굳건히 하였다. 淸燕閣·寶文閣의 경연시설 조성은 그 일환이다. 당시 경연활동에 참여한 인물은 관직의 품수는 높지 않으나, 국왕 측근으로 활약하였다. 보문각교감 高先柔, 내시양온령 池昌洽, 급제 權適·趙奭·金端, 기거사인 林存을 제외한 나머지 인물은 재신 추신이거나 고시관을 역임한 인물이다. 경연에서 강연 내용은 경학의 심성화 경향, 군주의 정치 도덕적 자각과 道義名節의 명분주의적 경향, 군신 상하의 유교적 질서 수립에 관련한 내용이 주를 이룬다.[1]

왕께서는 총명하고 슬기로우며 독실하고 빛난 덕으로, 儒術을 숭상하고 華風을 흠모하기 때문에, 大內의 옆, 延英殿의 북쪽, 慈和殿의 남쪽에 따로 보문·청연 두 閣을 지어 宋나라 황제의 御製·詔勅·書畫를 모셔 놓고, 訓則으로 삼아 반드시 容儀를 엄숙하게 한 뒤에 절하고 우러러 보았다.[2]

위에서 청연각·보문각은 예종이 華風을 흠모하여 설치했는데 大內 옆, 延英殿의 북쪽, 慈和殿 가까이에 있다. 청연각은 처음 예종이 闕內에 경연을 위한 시설로서 설치했으나, 궁중 내에 있어서 학자들이 숙식이 불편하다 하여 옆에 따로 보문각을 두었다. 예종대에는 국정운영에 정치세력간 갈등을 탄력적으로 활용하여 여타 부문에서 親政體制를 수립해 나갔다. 중앙의 國學에는 七齋를 설치하거나,[3] 國學에 養賢庫를 두어 경제적 지원을 하는 등[4] 교육제도를 개편하여 국왕의 정국운영에 조력할 새로운 인재를 영입하거나 발굴하였다. 누대의 문벌귀족을 견제하려는 차원에서이다. 인종대에도 國學에 儒學齋와 講藝齋로 구성된 7齋를 두었다. 講藝齋는 북송의 新法 수용과 관련해 측근문신을 양성하려는 의도에서 신설되었다.[5] 의종대 에도 유학 전적의 교감과 편찬에 이어 禮制 정비가 이어졌다. 의종 5년 보문각에 文牒所를 설치하여 문사 14인을 두고는 보문각 교감이 그 일을 전담케 하였다.[6] 같은 해 6월에는 보문각학사, 시제 한림학사에게 명을 내려 精義堂을 두어 『冊府元龜』를 교감하도록 하였다.[7] 왕권을 견제하는

---

1) 文喆永, 「고려중기 사상계의 동향과 신유학」『국사관논총』37, 1992, 74쪽 ; 南仁國, 『고려중기 정치세력 연구』, 신서원, 1999, 96쪽.

2) 『高麗圖經』권6, 宮殿 延英殿閣.

3) 『高麗史』권74, 選擧2 學校 國學, 睿宗 4년 7월.

4) 『高麗史』권74, 選擧2 學校 國學 養賢庫.

5) 李重孝, 「고려 인종대 國子監 운영을 둘러싼 정치세력들의 입장」『震檀學報』92, 2001, 76쪽.

6) 『高麗史』권76, 百官1 寶文閣.

7) 『高麗史』권17, 毅宗 5년 6월 壬申.

목적이 우선되어야 할 경연시설에 애초 국왕측근 인물을 포치하였다.[8] 국왕의 居所 大內 가까운 곳에 경연시설을 두어 정치적 안정감을 여기서 모색하였다.

중기 이후에는 국왕과 관련한 시설로 王都 내외에 이궁 별궁의 증축이 잇따랐다. 〈그림 5〉와 〈표 3-1〉에서 보듯 전기까지 국왕의 주거처는 송악산 록에 집중한 정전·편전이 주류를 이루다가[9] 문종 후반부터는 궁궐영역을 벗어난다. 의종대 이궁은 대체로 후원 가까이 소재하면서, 점차 개경 도성 밖으로 분포했다. 당시 조성된 것이라 여겨지는 闕東의 水德宮, 탄현문 너머 東嶺의 淸寧齋, 그 남쪽 衆美亭, 임진강으로 유입하는 沙川의 지류 板積川의 상류 눌목리 근처의 板積窯, 城東 사천 龍淵寺 남쪽 호암의 延福亭, 南大街에 위치한 迎恩館 북쪽 館北宮, 중부 앵계방 泉洞에 위치한 泉洞宮, 탄현문과 안정문 사이 부흥산 기슭 동부 봉향방의 奉香宮은 대체로 개경 동남방면에 치우쳐 있다. 잦은 정치부침으로 국왕은 측근세력의 정치적 지원을 필요로 하였다. 특히 의종대 측근세력과 긴밀한 접촉을 염두에 두고 그들 私邸로 자주 행차한 것이 결국은 관저를 이궁으로 삼아, 이궁 별궁의 외방 조영으로 이어진 셈이다.

〈표 3-1〉 의종대 관인 저택 행차와 별궁화 경향

연월	관인	別宮化	연월	관인	別宮化
11년 4월	王沖	安昌宮	13년 4월	藿井洞 崔湊	·
	金正純	靜和宮	9월	楊堤洞 文公元	·
	庚弼	連昌宮	12월	尹彦寔	·
	金巨公	瑞豊宮	19년 5월	任孝誠	·
12월	鄭誠	慶明宮	21년 5월	李曇	·
13년	金存中				

8) 文喆永, 앞의 논문, 74쪽 ; 南仁國, 앞의 책, 96~97쪽.
9) 김창현, 『고려개경의 구조와 그 이념』, 신서원, 2002, 178~181쪽.

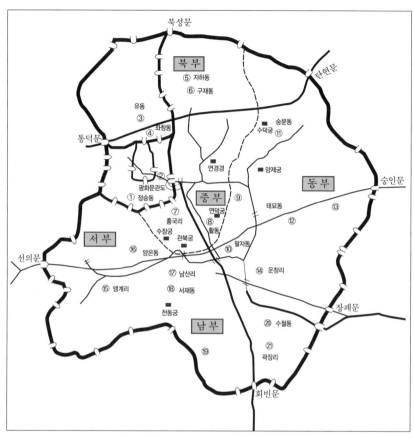

〈그림 5〉 개경의 이궁·관인저택 분포도

번호	리·동명	관 인 명	번호	리·동명	관 인 명
①	정승동	재상	⑪	숭문동	이곡
②	광화문관도 부근	이원로, 원부, 왕충 김정순, 유필, 김거동	⑫	·	성여완
			⑬	·	최영
③	유동	이색	⑭	운창리	최당
④	좌창동	이맹균, 윤모	⑮	앵계리	이규보, 유자유, 김방경
⑤	자하동	채홍철	⑯	양온동	강감찬, 안유, 권부, 남재
⑥	구재동	최충	⑰	남산리	·
⑦	흥국리	이교	⑱	서재동	·
⑧	활동	최충헌, 염흥방	⑲		길재
⑨	·	우현보, 이제현, 한악 송승혜	⑳	수철동	이제현
			㉑	곽장리	민제
⑩	팔자동	김도			

한편 12세기 국왕은 유교적 제례 외에도 雜祀를 주관함으로써, 國家祭主로
서 국왕 자신의 권위를 과시하려 했다. 『高麗史』 예지의 잡사 항목에는
壓兵祭·西京木覓祠·醮祭·南海神·川上祭·名山大川城隍·五溫神·箕子·東明王·老
人星·天祥祭·纛祭가 있다. 雜祀 중에서 醮祭는 기층사회의 동요를 무마하려는
국가차원의 제의였다.[10] 기층사회에 만연한 위기의식을 무마할 목적에서
대부분의 잡사 祭場은 개경을 중심에 두고 점차 외방에 널리 확산되는 추세였
다. 일례로 산천제 천상제는 闕內→ 松嶽→ 中外의 山川까지 확산되었다.[11]

잡사 중에서도 성황은 특히 주목된다.[12] 전기에는 양산의 金忍訓, 밀양
孫兢訓, 곡성현 申崇謙, 의성 金洪術, 순천 金摠, 해평 金萱術, 성주 李能一
같이 후삼국통일전쟁의 수훈자와 지역 토호들이 성황신격으로 모셔졌다.[13]
건국초 지방호족의 재지적 기반을 보장하는 형태의 토호중심으로 유지되다
가 중기 이후는 국가가 주도하여 성황사를 관할하면서 국가 祀典體系 안으로
포섭하였다. 문종 9년 宣德鎭에 성곽을 축조하면서 성황신사를 건립하고
崇威라 號하고는 春秋로 致祭한 사례가 있다.[14] 성황신을 문종 9년 국가가

---

10) 김철웅, 『韓國中世의 吉禮와 雜祀』, 경인문화사, 2007.

11) 『高麗史』 권63, 禮5 雜祀.

12) 박정숙, 「중국 성황신의 원형에 관한 고찰」 『중어중문학』 43, 2008 ; 최갑순, 「宋明淸
시대의 민간신앙과 국가권력」, 동양사학회 발표회논문집 21, 2002, 35~49쪽 ; 예명
해, 「조선시대 지방도시의 공간구성 원리에 관한 연구」 『국토계획』 33-6, 1998 ; 정순
모, 「당 후반기 성황신 신앙과 강남개발」 『중국사연구』, 2004. 원래 성황은 중국에서
기원하였다. 城은 외적으로부터 지역을 방어하기 위한 시설이며, 隍은 城 주변에
움푹 패인 일종의 垓字이다. 초기에 방어시설인 城隍을 주관하는 神이 있어서 지역을
수호해 준다고 믿다가, 당·송대에 이르러 성황신앙은 嶽瀆·仙佛·山神·龍神과 더불어
작위를 받을 정도로 보편화되었다. 이때 성황신으로서 존숭될 자격은 무사적 기질을
갖추거나 상업활동을 수행한 지역 수호신격이다.

13) 『新增東國輿地勝覽』 권22, 慶尙道 梁山郡 祠廟 金忍訓 ; 권25, 慶尙道 義城縣 祠廟 金洪術 ;
권26, 慶尙道 密陽都護府 祠廟 孫兢訓 ; 권39, 全羅道 谷城縣 人物 申崇謙 ; 권40, 全羅道
順天都護府 人物 金摠 ; 「一善誌」 권1, 秩祠 侍中祠(『朝鮮時代 私撰邑誌』 21, 한국인문과
학원, 1991, 117쪽) ; 『星州牧邑誌』 檀廟, 아세아문화사, 1991, 81쪽 ; 金甲童, 「高麗時代
의 城隍神仰과 地方統治」 『韓國史研究』 74, 1991, 17~19쪽.

14) 『高麗史』 권63, 禮5 雜祀 文宗 9년 3월 壬申.

인정하여 祀典體系에 수용한 예시이다.

중기 이후 위치가 확인되는 성황신사로는 개경의 송악신사를 비롯한 계양도호부·덕수현·고양현·온수군·전주·등주·선덕진·계림부·사천·무진군·승령현이다.[15] 후대의 충렬왕 17년 中外의 성황과 명산대천의 성황으로 祀典에 등록된 것에는 모두 德號를 부여한 교시로 미루어, 祀典에 등록되지 않은 성황사도 상당수였다.[16] 中外의 확인되지 않은 성황사 가운데는 麗·宋 교역의 관문으로서 왕래가 많은 지역에 소재할 개연성이 있다. 여·송 海路의 길목인 碧瀾渡·武州·會津·昇平·羅州·康州·全州·貞州·豊州 일대에는 해상교역과 관련해서 객관이나 정자 같은 편의시설이 갖추어졌다.[17] 교역항 주변 정자나 객관 부근에는 대체로 사전에 등록되지 않은 성황신사가 동반하여 입지하였다.[18] 羅州道의 祭告使 大府少卿 李唐鑑은 송 사절단의 교역편의를 위해 정자를 건립하고 安興亭이라 이름지었다.[19] 나주의 혜종사·금성산신사, 豊州의 西海神祠,[20] 貞州의 昇天浦城 내에 있는 德積神祀 三省堂祠,[21] 康州의 姜民瞻祠[22]가 여기에 해당한다.

---

15) 徐永大, 「한국과 중국의 성황신앙 비교」 『中國史硏究』 12, 2001, 188~189쪽.

16) 김철웅, 앞의 책, 127~135쪽.

17) 고승의 행적을 통해서 고려측 교역항을 살필 수 있는데, 天祐 5년(효공왕 12) 7월에 武州의 회진 승평에 도착(「長湍五龍寺法鏡大師碑文」 「破平菩提寺大鏡大師碑」), 天祐 8년 眞澈大師는 나주에 도착(「海州廣照寺眞澈大師碑文」), 태조 4년 元宗大師가 강주 덕안포(「驪州高達院元宗大師碑文」), 태조 3년 洞眞大師는 전주 임피현(「光陽玉龍寺洞眞大師碑文」)에 도착한 사실로 보아 이들 지역이 교역항으로 역할했던 점은 미루어 알 수 있다.

18) 『乾道四明圖經』 1, 明州 祠廟 靈應廟 ; 『淳熙三山志』 8, 公廨類 祠廟 昭利廟 ; 張東翼, 『宋代麗史資料集錄』, 서울대출판부, 2000, 254~257쪽.

19) 『高麗史』 권9, 文宗 31년 8월 辛卯.

20) 『新增東國輿地勝覽』 권43, 豊川都護府 祠廟.

21) 『新增東國輿地勝覽』 권13, 京畿 豊德郡 貞州 祠廟 ; 『太宗實錄』 권22, 太宗 11년 7월 甲戌 ; 徐永大, 위의 논문, 187쪽. 三聖堂祠는 三聖神을 모신 곳으로, 三聖神은 중국의 남방 신으로 水道의 禍福을 주관하는 신이다. 충렬왕이 제국공주와 혼인하면서 삼성신이 유입된 것으로, 고려시대 성황신의 기원은 다양하다.

22) 『新增東國輿地勝覽』 권30, 慶尙道 晋州牧 祠廟.

이렇듯 시기적으로 이른 전기의 성황사는 대체로 재지사회에 산포한다. 반면 중후기의 성황사는 개경에서 외방으로 가는 要路의 경기 남부에 주로 입지한다. 송악산 신사를 중심으로 덕수현[23] 계양도호부[24]의 성황사는 교역편의시설을 수반하여 조성되며 개경의 도심 가까이 내향하는 추세이다. 중기 이후 성황사가 도시 수호신 성격을 강하게 띠는데다 원래 국가 제례시설로서 공적 행정적 기능을 가져야 하지만, 차츰 시장적 유통영역을 확보해간다는 뜻이기도 하다. 대부분의 잡사 설행 장소는 궐내에서는 毬庭·福源宮·會慶殿·康安殿 궁궐중심부에서 이루어졌다.[25] 잡사 제례 의식은 처음 왕도에서 국왕권을 가시화하려던 의도에서 大內를 중심축으로 삼다가, 〈표 3-2〉에서처럼 중기 이후 일부의 잡사 제장은 왕도의 구심보다는 원심을 지향하여 외방 要路에 입지한다.

당시는 관인사회에서 국가적 토지분급 외에도 사적 이윤 추구가 늘어나면서 관련한 시설이 개경 도처에 증축되었다. 전반적인 왕도와 인근 지역의 도시적 분위기는 관인사회의 사치 풍조와 결합하였다. 都內·郊外로 사적 이윤추구를 위한 빈번한 왕래가 이루어져, 각지를 연결할 가교시설을 필요로 하였다. 관련하여 교량 첩로가 주목된다.

교량은 육지와 강 유역의 통행을 이어주는 접점으로서, 교량을 보수 증축하면서 인적·물적 왕래를 원활하게 하는 보조역할을 하였다. 궁성·황성·교외의 교량은 각각 규모와 형태, 건립시기는 조금씩 다르지만 개경 안팎에서 하천으로 단절되던 통행의 흐름을 원활히 잇는 역할을 한다. 〈그림 6〉에서 제시한 개경의 교량은 내외를 관통하는 수로 하천을 따라 가설된다.

교량의 건설은 건국초 일부 사찰이 관여하기도 하지만, 상당수는 국가가 건립을 주도하였다.[26] 태조 2년 개경으로 定都하면서 내외시설이 갖추어질

---

23)『新增東國輿地勝覽』권5, 開城府(下) 祠廟, 松岳山祠.

24)『東國李相國集』권37, 桂陽祈雨城隍文.

25)『高麗史』권63, 禮5 雜祀.

〈표 3-2〉 雜祀 祭場의 위치[27]

제사명	설행 시기	장소	제사명	설행시기	장소
壓兵	목종 11년 10월	·	城隍祭	문종 9년 3월	·
	문종 2년 2월	西京北郊		공민왕 9년	諸州郡
老人星祭	정종 5년 2월	南郊	溫神祭	숙종 5년 6월	五部
	예종 3년 8월	南壇		숙종 6년 2월	五部
	예종 6년 2월	南壇		숙종 6년 3월	·
嶽海瀆・山川祭	현종 2년 2월	紺岳神祠	天祥祭	문종 27년 2월	
	현종 3년 12월	·	禳祭	명종 14년 5월	白馬山
	현종 16년 5월		纛祭	충렬왕 17년 3월	宮南門
	정종 원년 5월	松嶽 溪上		충렬왕 13년 6월	宮門
	문종 5년 12월	·		충렬왕 16년 9월	壽康宮
	선종 6년 2월	毬庭		우왕 3년 7월	
	숙종 6년 2월	山川	諸王陵	숙종 7년 10월	·
	숙종 9년 12월	山川		숙종 10년 8월	
	예종 11년 4월	上京川上 松嶽 朴淵 梯淵		명종 20년 10월	西都
	인종 1년 12월	山川		충렬왕 4년 9월	平壤
	원종 14년	·		충숙왕 12년 10월	平壤府
	충렬왕 1년 6월	忠淸 全羅 慶尙 東界		공민왕 5년 12월	平壤府
	충렬왕 3년 5월			공민왕 20년 12월	平壤府
	충렬왕 4년 9월	平壤			
	공민왕 8년 12월	中外 山川			

무렵 교량도 같이 정비되거나, 기존 교량을 개·보수한 것이라 파악된다.[28] 신라왕이 태조에게 내투하자 신라사신이 떨어져 죽었다는 羅伏橋,[29] 발해멸 망 후 거란사절단이 입성했던 보정문 안 낙타교는 태조 이전부터 이미

---

26) 손영식, 『옛다리』, 대원사 2003, 79쪽 ; 張寶秀, 『北京的長城與橋梁』, 北京大出判府, 2004.

27) 〈표 3-2〉 '雜祀 祭場의 위치'는 『高麗史』 권63, 禮5 雜祀를 참고로 작성.

28) 개경 내부를 관통하는 물줄기로는 북쪽 송악산에서 흘러 내려오는 배천, 서쪽 오공산과 남쪽 용수산에서 발원해 동쪽으로 흘러가는 앵계가 있다. 수로와 관련해서 는 『高麗史』 兵志 衛宿軍條에 궁궐 내 출입문에 호위군사가 배치된 내용이 있다. 광화문에 수구장교 1인, 태정문에 수구장교 1인, 선인문에 수구감문위군 2인을 두었다는 기록에서 광명천은 광화문 태정문 선인문으로 흘러갔음을 알 수 있다(한국 역사연구회, 『개경의 생활사─작고 좁은 물줄기』, 2007, 47~51쪽).

29) 『中京誌』 권6, 橋梁.

152

〈그림 6〉 개경의 교량 분포도

존재하던 교량이다.[30]

황성 부근 배천 일대와 송악산 계류에는 兵部橋·巡軍南橋·巡軍北橋, 자하동에 仙仁橋, 兵部橋 앞에 興國寺橋가 있다.[31] 金吾衛南橋[32] 巡軍北橋[33]는 김원명이 병사를 이끌고 旻天寺 薑池를 수축하였다는 기록에서 확인된다. 황성

30) 『新增東國輿地勝覽』 권4, 開城府(上).
31) 『中京誌』 권6, 橋梁 巡軍南橋.
32) 『高麗史』 권127, 列傳40 李資謙.
33) 『高麗史』 권125, 列傳38 金元命.

내외에 소재한 교량은 군대사열의 주요 장소인데다, 출입통제의 역할도 수행한 것이라 여겨진다.

황성 밖에서 十字街를 관류하는 앵계 주변에는 水陸橋·壽昌橋·白金石橋·猪橋가 있다.[34] 그 외에 나성의 午正門 밖 西郊 일대에는 黃橋가 있다.[35] 吹笛橋와 羅伏橋는 나성 동남방면의 관문인 天壽院과 가까이 있다.[36] 天壽院을 통해 도성 내외 인구 이동이 빈번함을 감안할 때, 주변 교량은 인적·물적 수송을 돕기 위한 보조시설인 듯하다.

臨津에 있는 課橋院을 慈濟寺로 개칭하고 浮橋를 세운 후 다리가 없어 人馬가 건너다가 물에 빠지는 경우가 없어지고 말과 사람의 통행이 수월해졌다. …[37]

… 왕이 梯淵가에서 능숙한 禁軍 5명에게 명하여 옛 사닥다리터를 찾게 했더니 10자 깊이에 다리 초석이 있고 … 왕이 金鋼寺에 가서 중들에게 음식을 먹이고 옛 탑의 유적을 구경했으며 태자를 시켜 강가에 있는 제단과 通漢橋를 둘러보게 했다. …[38]

忠粹가 말하기를 … 금일의 패배는 天運이다. 兄이 臨津以北에 거한즉 나는 臨津以南에 거하겠다 하고 즉시 存沈 등과 함께 말을 달려 保定門에 이르러 문지기를 베고 나가 長湍을 건너 坡平縣 金鋼寺에 도착했다. …[39]

---

34) 『中京誌』 권6, 橋梁.
35) 『中京誌』 권6, 橋梁.
36) 『中京誌』 권6, 橋梁, 吹笛橋 羅伏橋.
37) 『高麗史』 권6, 靖宗 11년 2월 戊子.
38) 『高麗史』 권11, 肅宗 7년 8월 庚辰, 9월 辛丑.
39) 『高麗史』 권129, 列傳42 崔忠獻.

임진원에는 사람과 말의 통행 편의를 위해 浮橋가 가설되었다. 金鋼寺는 保定門 바깥으로부터 長湍을 건너 通漢橋의 교량을 통과하는 지점에 소재하는데, 長湍縣은 開城府의 동쪽 37리에 위치하고 이곳에 長湍渡가 있어서[40] 감악산으로 가려는 사람들 상당수가 익사하였다. 개성부의 동쪽에서 임진강 방면으로 사람들의 왕래가 많았던 것으로, 通漢橋는 통행인구의 편의를 제공해 주었다.

대부분의 개경 내외 교량 건립에는 국가와 사찰이 주도하지만, 중기 이후는 지방관이나 민간 부호층도 적극 가담하였다.

> … 萬春亭은 板積窯 안에 있는데 延興殿이 있고, 남쪽에는 시냇물이 굽이쳐 돌고 좌우에 松竹과 花草를 심었다. … 다리를 金花橋라 하고, 문은 水德門이라 이름지었다. …[41]

> … 이에 옛 물길 위에 정자를 짓고 그 한중간을 거점으로 봇물을 양쪽으로 흐르게 하니, 사면으로 정자를 두른 것이 마치 벽수와 같은 체제가 되었다. 정자의 전후에 흙을 모아 작은 섬을 만들어 꽃나무를 심고, 두 군데에 浮橋를 놓아 출입하게 하고는 그 가운데 앉아 휘파람을 불려 시도 읊으니 …[42]

延興殿 남쪽 시냇물에 金花橋를 두었다고 하는데, 金花橋는 의종 자신이 판적요·만춘정 조성 때 설치하였다. 南山 分水院 부근에 만든 정자는 지방관이 조성을 주도한 것으로 이때 浮橋도 같이 부설하였다. 교량 건립에서 국왕과 지방관이 중심역할을 하여, 국가차원의 役事가 다수를 차지하지만 소규모

---

40) 『高麗史』 권56, 地理1 王京開城府 長湍縣.
41) 『高麗史』 권18, 毅宗 21년 4월 戊寅.
42) 『東文選』 권75, 石犀亭記.

교량은 중기 이후 관인 개인이 건립을 주도한 경우도 생겨났다. 무인집권기에 이의민의 아들 李至榮은 상업활동을 목적으로 벽란강의 普達院을 원찰로 삼아 강에 교량을 세우려 시도한 적이 있다.[43] 시기가 훨씬 지난 뒤이지만, 충숙왕 복위 6년 권근은 崇敎里 蓮池에 정자를 짓고 雲錦樓라 했다. 蓮池에 교량을 가설한 후 雲錦樓를 지은 것으로 파악된다. 「운금루기」에 길을 닦고도 田土를 구하지 않음을 이상히 여긴 대목에서, 관인 개인 차원의 私的 재원 마련을 목적에 둔 교량건립이 관행이었음을 알 수 있다.[44]

중기 이후 관인이 교량 설립 주체가 되면서, 木橋, 石橋,[45] 浮橋,[46] 虹霓[47] 같이 다양한 형태의 교량이 건립되었다. 홍예나 석교는 고도의 토목기술과[48] 국가차원의 요역 동원이 요구되지만, 木橋·浮橋는 관인 개인만으로도 충분히 부설 가능하다. 개인이 마련한 누각이나 암자 근처에 교량이 다수 찾아지는데 설립주체를 확실히 할 수는 없으나 개인이 조성한 것만은 분명하다. 소규모 교량의 신설 보수가 증가한 것은 소상품 생산활동이 왕성해지면서 관인 개인의 경제적 역량으로도 충분히 토목공사가 가능해진 요인이 우선된다.

개경 都內外 곳곳을 잇는 교량의 건설 외에도 捷路·細路의 개축 보수도 산견된다. 이 무렵 왕성해진 국왕의 이궁·별궁 행차를 위해서는 御街에 대한 정비가 이루어져야했다. 관련하여 중기 이후에는 本闕~都內 10利~城門을 연결하는 御街 옆에 별궁 행차를 위해 좁은 新道가 만들어졌다. 의종대 보현원에서 감악산으로 가는 첩로가 실재한데다,[49] 이후 고종 3년 중방을 옮기면서 天齡殿에 새 길을 내도록 한 적이 있다.[50] 관인 개인 주도로 도로를

---

43) 『高麗史』 권128, 列傳41 李義旼.
44) 『역주 고려묘지명집성』(하), 忠惠王 復位 元年 權廉 雲錦樓記.
45) 김영제, 「浮梁에서 橋梁으로」 『동양사학연구』 76, 2001.
46) 『東文選』 권75, 石犀亭記.
47) 『東國李相國前集』 권10, 沙平江上偶吟.
48) 三浦圭一, 「中世人の技術生活と信仰」 『日本中世の技術と社會』 3編, 同朋社, 1993 ; 『조선기술발전사』 3 고려편, 과학백과사전종합출판사, 1994, 92~99쪽.
49) 『高麗史』 권98, 列傳11 金富軾.

개설하는 전반적 추세 속에서 최충헌도 十字街 연변에 정자각을 짓고는 新道를 닦고 있다.[51] 최충헌의 상업활동에 덧붙여 십자가 연변이 부각되고, 유통편의를 도모하기 위해 細路를 建道한 것이라 생각된다. 이렇듯 12세기 전후로 지속적으로 御街 주변에 闌·巷·細路의 조영이 많아져 노폭이 좁아지면서 개경의 도시 경관은 定都 초기와는 다른 형태로 복잡해졌다.

개경 내외에는 도회적 시설이 점증하면서 일면 새로운 인간관계 만들기나 유지를 목적으로 面識의 장이 필요했다. 단적으로 소비·유흥을 향유할 수 있는 민간부문의 시설이 늘어났다. 민간이 건립한 茶店·酒店·茶館은 개경 내외 곳곳에서 확인된다.[52] 茶는 원래 중국 황제에게 사여받은 것을 고려국왕이 국내 관료에게 선물용으로 하사하는 것이 주류였다. 이후의 12세기에 귀족문화가 흥기하여 飮茶 풍속이 정착함으로써[53] 茶가 국내 관료들에게는 인간관계를 유지해가는 중요한 물품으로 인지되었다.[54] 茶店은 다소의 貢茶制로 공급되는 까닭에 민간에까지 유입되기는 어려웠을 것으로 주로 국가가 장악하는 관영 茶店이다. 일부 경원이씨 가문의 李惟誼가 茶店을 매개로 대송교역의 답례품인 몽산차를 시중에 유입시켜 유통이익을 확보한 사례도 있으나[55] 전반적인 경향으로 보기에는 상당히 예외적이다.

그에 비해 주식점은 국가 관할의 관영상점에서나 사찰이 양조이익을 독점하는 수준을 벗어나 민간 부유층도 출입이 가능한 영업 장소였다. 12세기

---

50) 『高麗史節要』 권14, 高宗 2년 7월.

51) 『高麗史』 권129, 列傳42 崔忠獻.

52) 종래 국가관할의 관영 주식점 다점에 대해서 상업정책 주전론과 결부지어 연구가 진행되어 왔다. 그러나 본격적으로 다점 주식점을 관영상점이 아닌 민간의 영업시설로 파악하고 분석한 연구는 정용범의 연구가 최초인 듯하다. 특히 송대의 시장경제 상황을 반추하여 개경 외에 지방사회의 주식점 다점을 검토하면서 술의 위탁판매나 沽酒印을 지참한 매매행위를 밝힌 정용범의 연구는 주목된다(鄭龍範, 「고려시대 주점과 다점의 운영」 『역사와 경계』 92, 2014. 9).

53) 鄭良謨, 「高麗陶瓷の窯址と出土品」 『世界陶瓷全集』 18, 小學館, 1978, 90쪽.

54) 『西河集』 권2, 寄茶餉謙上人.

55) 『西河集』 권1, 李郎中惟誼茶店晝睡二節.

전부터 주식점을 드나들 수 있는 부호층이 출현한데다, 주식점의 재원이 될 미곡의 잉여생산이 진전되었기에 가능하다.

離宮에서 물러나와 승한 놀이에 참예하니
구름 가에 뭇산들은 겹겹이 고개들고
성 밑의 찬 강은 굼실굼실 흘러가네
버들이 어득한 곳은 술 파는 뉘집인가 …56)

새벽 酒店의 안개는 쪽빛처럼 푸르네 …57)

… 바람 불자 기운 더욱 엄하더라
강 다락 난간 가에 깃들였었고
酒店 깃발에도 나부끼네 …58)

… 몸을 던져 평상에 누워 문득 이 몸 잊었더니
한낮 베개 위에 바람부니 잠이 절로 깨누나
… 樓閣에 꿈을 깨니 정히 넉점일세 …59)

서경의 구제궁에서 김부식이 경치를 읊은 것인데, 여기서 확인되는 주점은 국초 개경·서경에 설치한 관영주점에 해당한다. 관영상점 외에도 민간이 주점을 경영하기도 하였다. 민영주점은 대부분 술 소비가 많은 인구 밀집지역에 분포했을 것으로, 고위 지배층이 운영하는 경우가 다반사였다. 이규보가

---

56) 『東文選』 권12, 七言律詩 西都九梯宮朝退休于永明寺.
57) 『東國李相國前集』 권17, 黃驪井泉寺誼師野景樓題.
58) 『續東文選』 권10, 次益齋瀟湘八景詩韻.
59) 『東文選』 권19, 茶店晝睡.

개경의 城西에 거주할 당시 양공로와 함께 찾았던 紅樓, 이규보 본인의 앵계초당이 주점의 문과 붙어 있는데 주점이 청기·홍기를 건 것과 같이 깃발이 나부끼던 모습은 모두 고려지배층이 私的으로 운영한 민간의 상업시설이다. 개경 외곽의 통행 요충지에는 상설 酒樓가 꽉 찬 모습도 확인되는데[60] 주로 일반인을 대상으로 하는 민간의 주점이라 파악된다. 고급의 술이 아닌 질 낮은 탁주를 담던 곳은 민가의 자가소비를 목적으로 할 수도 있겠지만 영업을 염두에 둔 민영의 주점일 것이다.[61]

민간 경영의 酒食店은 개경 성밖, 통행요충지에서 다양한 인간관계의 접점으로 기능한데다, 당시 민영주점의 조성은 전국 단위로 확산되는 풍조였다. 민간차원의 酒店 운영은 술의 재료가 되는 미곡의 축적이 있었기에 가능한 일이다. 미곡의 잉여는 도처에서 거래되는 미곡시장의 형성까지 상정해 볼 수 있는 문제이며, 후술할 전국차원의 국지적 상권의 형성과도 연결지을 수 있다.

요컨대 12세기 안팎으로 사회불안이 증폭하는 가운데 국왕은 각종 위기책을 마련함으로써 이를 통제하려 했다. 국가차원에서 이궁·별궁 조영과 잡사제장의 설치 등 토목공사를 설행했고, 잦은 이궁·별궁·잡사제장의 행차는 개경 都內·郊外에 교량의 증설을 가져왔다. 御街 주변으로 閭·巷·細路의 조영이 많아져, 노폭도 좁아졌다. 개인이 불법적으로 관도까지 잠식하면서 조성한 택지는 결국 개경 내 곳곳에 골목길을 내게 하고 도로를 좁게 만들었다.

교외에도 민간이 유통이익 확보 차원에서 마련한 酒店·茶店이 들어찼다. 원래 遊獵하던 신성의 자연공간인 교외도 왕도의 도시적 영향권 속에 놓여 번화해졌다. 12세기 국왕이 도시위기 대응책으로서 도참을 바탕에 둔 잦은 토목공사나 민간 부호층과 관인 개인의 역량으로 조성한 도회 시설은 수도의 경관변화를 추동하였다. 교량·細路·樓閣·茶店·酒食店의 도시기간 시설의 증·

---

60) 『續東文選』 권9, 七言絶句 郊行, "… 兩江岸春深草色齊 江雨不知衣濕盡 隔林茅店午時鷄."
61) 정용범, 앞의 논문, 2014, 20~25쪽.

개축을 매개로 한 개경의 경관 변화에는 중기 이후 민간의 광범한 잉여 축적이 있었기에 가능하다.

2. 王都의 도시 청정책과 재정비

주시하는 12세기 당시는 전기 이래 구축된 공적 분위기가 팽창하는 가운데 사회 각 부문에서 사적 부문의 증가로 인해 위기의식이 싹트던 시기이다. 이 시기 국왕을 중심으로 하던 관인사회에서는 출신기반의 차이에 따라 계층이 분해되었고 관인끼리의 결합에는 뚜렷한 정치 이념보다는 당여 족당적 결합이 강고하게 작용하였다.[62] 관인사회의 기강 문란을 단속하려는 차원에서 국왕이 주도한 유신조치가 취해졌다. 검약령 금지령이나 가옥규제 령은 관인의 사치풍조를 엄금한다는 취지 하에 더욱 자주 반포되었다. 관인사회를 규율하려는 각종의 금제조치는 관인사회의 기강 문란을 시사하는 것이겠지만, 그보다는 국왕이 전반적 위기 상황에 탄력적으로 조응하고, 국가중심에서 위기를 관리하겠다는 통치 의지의 적극적 표명이기도 하다.

왕도의 공공성을 회복하기 위해 내놓은 개경 내 각종 토목공사와 구제책은 도시위기를 관리하려는 차원이긴 하나, 오히려 수도 개경의 구조적 변화를 초래하였다. 각종의 도시시설이 개경 내외에 입지함으로써 都內의 경계가 허물어진데다 郊外까지 도시적 요소가 확산되었다. 전기에 성곽을 기준으로 한 都內外 구분이 사실상 무의미해지면서 개경의 실질적 도시공간은 그 외연을 확장하였다.

이 시기에는 이자겸·척준경의 난으로 개경 궁궐 상당부분이 소실된 상태였다.[63] 묘청이 개경의 地德이 쇠하고 서경은 王氣가 있으니 西京을 수도로

---

62) 남인국, 『고려중기 정치세력연구』, 신서원, 1999.
63) 『高麗史』 권127, 列傳40 李資謙, 拓俊京.

삼자고 제의한 바,[64) 개경의 왕도로서의 위용과 王氣는 전기에 비해 상당히 실추되었다. 그러나 당시 국왕은 王都의 권위체계 회복을 목적으로 각종 維新之敎의 반포와 함께 궁궐복구와 각종의 위기대책을 마련하였다. 공권력 확보를 위한 일련의 노력으로 인해, 王都에서 국왕의 통제력은 비상의 상태로 나마 지속할 수 있었다.

王都의 구심력 확보 노력은 첫째, 당시 광범위하게 발생한 유동인구에 대해 개경 가까운 지역으로 정착을 유도한 데서 찾을 수 있다. 이 무렵에는 장기간의 농업피폐와 동아시아 전역에 걸친 이상기후 변동을 겪었다. 동아시아는 9~11세기 중엽까지 기후가 안정되지만, 11세기 중엽부터는 해수면이 낮아져 냉해가 자주 발생했다.[65) 잦은 냉해는 안정적인 농업생산을 저해하는 요인으로, 기층민의 재생산기반까지 잠식하였다.

농업생산에서 이탈한 대량의 유민 일부는 동아시아 海域에서 해상활동을 행함으로써 생계를 모색하려 했다.[66) 하지만 11세기 후반~12세기 중기에 걸친 海域의 이상기후 변동으로 해상활동도 수월하진 않았다. 선박의 파선사고가 속출함으로써 동아시아 해역 전역에 걸쳐 표류민이 다수 출현하였다. 〈표 3-3〉에서는 고려·송·일본의 표류·귀화 관련 기사를 정리하였다.

원래 표착·내착·표류는 동일한 개념이다. 귀화는 각국에서 거주하기 곤란한 상태의 流人이 본국송환을 거부하고 귀순한 것이다. 표착인·귀화인 모두 국내외 정착생활과는 거리가 먼 계층이다. 표류민 발생의 요인은 송·고려·일본 각국에서 해상활동을 하다가 풍랑을 만나 표착한 경우가 대다수이다.[67)

---

64) 『高麗史』 권127, 列傳40 妙淸.

65) 峰岸純夫, 『中世の災害と戰亂の社會史』, 吉川弘文館, 2001 ; 磯貝富士男, 『中世の農業と氣候』, 吉川弘文館, 2002.

66) 網野善彦, 『海と列島の中世』, 日本エディタースール出版社, 1992 ;『惡黨と海賊』, 法政大學出版局, 1995 ;『日本中世都市の世界』, 筑摩書房, 1996.

67) 山内晉次, 「古代における朝鮮半島漂流民の送還をめぐって」 『歷史科學』 122, 1990, 27~30쪽.

〈표 3-3〉 고려·송·일본의 표류·귀화인[68]

국왕	표류 기사	비고	전거
광종 23년 9월 23일	고려남원부사 咸吉競→일본대마도	내착	日本記略
광종 23년 10월 15일	고려김해부사 李純達→일본대마도	내착	親新卿記
광종 25년 10월 30일	고려교역사 國雅→일본	내착	日本記略後篇
성종 15년 5월 19일	고려인→ 일본 石見國 내착	내착	小右記
성종 16년 10월 1일	고려인이 일본에 來寇	來寇	權記
목종 2년 10월	일본道要弥刀 등 20호→고려내투	내투	高麗史
목종 5년 7월 16일	고려인이 표착, 20명 일본 이주	표착	權記
목종 7년	고려울릉도인→일본 因幡國내착	내착	權記
현종 3년 6월	송 葉居腆 林德 王皓 귀화	귀화	高麗史
현종 3년 8월	일본 藩明 등 35인 귀화	귀화	高麗史
현종 4년 1월	송 閩越(福建城) 戴翼	귀화	高麗史
현종 6년 윤6월	송 泉州人 歐陽徵	귀화	高麗史
현종 7년 3월	거란 調思高忽 6인 귀화	귀화	高麗史
현종 7년 5월	거란 馬兒保良 王保可新 13戶	귀화	高麗史
현종 7년 6월	거란 志甫 3인 귀화	귀화	高麗史
현종 7년 6월	거란 張烈公現 申豆猷兒王忠 30戶	귀화	高麗史
현종 7년 7월	거란 申道高宗 등 9인 귀화	귀화	高麗史
현종 7년 8월	거란 朱簡宗道 8인 귀화	귀화	高麗史
현종 7년 9월	거란 羅墾 등 5인 귀화	귀화	高麗史
현종 7년 9월	거란 奉大高星 등 19인 귀화	귀화	高麗史
현종 7년 11월	거란 匡乂兒 등 10인 귀화	귀화	高麗史
현종 7년 12월	거란 瑟弗達 등 6인 귀화	귀화	高麗史
현종 10년 5월 29일	康州人 未斤達→筑前國 志摩郡	내착	小右記
현종 10년 7월 7일	일본피로인 內藏石女 10인→고려	피로	小右記
현종 10년 9월 4일	고려국에서 대마도 피로인 송환	피로	小右記
현종 10년 12월 30일	대마도→筑前國 行 고려사선표몰	표착	小右記
현종 11년 2월 16일	鄭子良 등 포로 송환	피로	日本記略後編
현종 14년 11월	송 泉州人 陳億 귀화	귀화	高麗史
현종 20년 7월	탐라인 貞一→일본 표착, 송환	표착	高麗史
현종 22년 2월 19일	고려탐라인 伯達외 8명→일본내착	내착	小右記
덕종 2년 1월	송 劉守全 14명 도주	도주	高麗史
덕종 2년 6월	송 申流 등 12명 도주	도주	高麗史
덕종 3년 3월	고려인→일본 大隅國 표착	표착	高麗史
정종 2년 7월 16일	일본에 표류한 고려인 11인 귀환	표착	高麗史
정종 5년 5월	일본인 남녀 26명 귀화	귀화	高麗史
문종 3년 11월	고려 金存→대마도표류, 金州 송환	표착	高麗史
문종 5년 7월	고려 良漢 3명, 일본에 도주→송환	도주	高麗史

문종 6년 8월	송 咸州 高士文 동여진에서 고려귀화	귀화	高麗史
문종 36년 9월 14일	延歷寺 승려 戒覺, 탐라 통과	내착	渡宋記
예종 3년 2월 9일	고려인 일본 내착	내착	中右記
의종 14년 4월 28일	대마도 貢銀採掘丁→고려 김해부	내착	百錬抄
의종 14년 12월 17일	고려, 대마도상인 억류	표착	百錬抄
고종 10년	고려인 승선→越後國 寺泊浦 표착	표착	吾妻鏡
고종 11년	異國船→越後國 白石浦 표착	표착	百錬抄
고종 28년	聖一國師, 明州貞海縣표류→탐라→일본 博多 도착	표착	聖一國師年譜
충렬 18년 10월 27일	일본상인→탐라 표류	표류	鎌倉遺文
충목왕 원년	일본승 如問→탐라 표류→원	표류	卍續藏經
충목왕 원년	일본 남해보주, 구주→고려 표류→원	표류	續群書類從
공민왕 16년 4월 6일	고려인 30인→일본 嵯峨 天龍山	구금	師守記

표류민·귀화인에 대해서는 본국으로 송환하는 것이 전근대 사회의 일반적 관행으로[68] 고려로 내항한 표류민도 자국에 돌려보내지만, 본인이 귀화를 원하는 경우 종종 개경 가까운 지역에 정착을 유도했다. 앞선 목종 2년 일본의 道要弥刀를 포함하여 20戶가 고려에 내투하자 경기 이천군에 거처를 마련해주었다.[70] 여진의 귀화인 尼迁火骨補도 경기에 거주토록 하였다.[71] 개경 바깥 경기지역에서는 亡姓이 來姓·屬姓보다 많은 점을 보아 자발적 이주도 빈번하였다.

다양한 유동인구의 집거가 개경 서남·동남 외곽 방면의 경기에 두드러지는 것은 대내외 물류이동이 집중함으로써 생계 자구책이 항존한 탓이다. 주지하 듯 12세기 즈음 고려는 대송외교뿐 아니라 거란·여진인의 왕래가 많은데다 일본과 공식적 교류도 전개하였다.[72] 공·사무역의 원활한 전개를 위해 객관

---

68) 〈표 3-3〉 '고려·송·일본의 표류 귀화인'은 金琪燮 외, 『일본 고중세 문헌 속의 한일관계 사료집성』, 혜안, 2005 및 『高麗史』를 참고하여 작성.

69) 『小右記』, 長德 2년 5월 19일 戊午, "高麗國人寄石見國 其車諸卿定申 延喜年中異國人來但 馬國 造船給糧還遣本國 …."

70) 『高麗史』권3, 穆宗 2년 10월, "日本國人 道要弥刀等 二十戶來投 處之利川郡爲編戶"; 권6, 靖宗 6년 9월 壬申.

71) 『高麗史』권6, 靖宗 6년 9월 壬申.

72) 이종봉, 「高麗時代 對日交流와 釜山」『지역과 역사』15, 2004. 12, 84~100쪽.

을 신설 증축하였다. 거란·여진인을 위한 객관으로는 迎恩館·仁恩館·迎仙館이 있다. 송의 객관으로는 順天館, 일본과 교류를 위해서는 金州客館이 두어졌다. 금주객관을 제외하고는 대부분 南大街에서 도성의 서북 방면에 소재한다. 迎恩館은 남대가의 흥국사 남쪽에 仁恩館과 나란히 있고, 迎仙館은 順天館의 북쪽 張慶宮 서쪽에 있다. 南門으로부터 兩廊까지는 淸州·忠州·四占·利賓의 객관이 위치한다.[73] 대체로 외국사절단의 고려 입국루트는 西郊→ 宣義門→ 京市司→ 廣化門을 경유해 각 숙소로 이동하게 된다. 자연스레 교역루트 주변에는 대외교역에서 파생한 인구가 모여들게 되었다.

> 碧瀾亭은 예성항의 언덕에 있는데 王城에서 30리 떨어져 있다. … 곧바른 동서의 도로가 있는데 왕성으로 통하는 길이다. 도로의 좌우측에 10여 호의 민가가 있고 사신과 사절단이 들어가 버리면 많은 배들은 모두 항구 내에 정박하므로 뱃사람들이 순번을 정해 이곳을 감시한다.[74]

예성항의 碧瀾亭에서 西郊에 이르는 도로 좌우측에 民家 10여 戶가 있다. 西郊 일대는 수공업자·상인 등이 거주하는 西部坊과 잇대어 있는 상업거리로,[75] 상업에 기대어 사는 遊離民이 정착했을 가능성도 충분하다.[76] 귀화인· 상인 같은 유동인구가 개경 郊外에 집주함으로써, 문종 후반부터 개경에서는 관료·군인의 상주인구 외에도 다양한 주민구성이 가능해졌다. 그러나 국가 차원에서는 다양한 유동인구와 새로이 집거해 오는 민을 보다 효율적으로 통제하려하였다. 처음 본거주지 쇄환을 강행하다가 移籍 자체를 허락하게 된 것이다. 水州崔氏는 慶州에서 狼川郡 水州로 移籍했다. 무인집권기에 白任至

---

73) 『高麗圖經』 권27, 館舍 客館.
74) 『高麗圖經』 권27, 館舍 碧瀾亭.
75) 徐聖鎬, 「한국중세의 도시와 사회」 『동양도시사 속의 서울』, 서울시정개발원, 1994.
76) 李樹建, 『韓國中世社會史硏究』, 一志社, 1984, 5~6쪽 ; 朴恩卿, 『高麗時代 鄕村社會 硏究』, 一潮閣, 1996, 22쪽.

는 공훈으로 출세한 인물로 大興郡에서 藍浦縣으로 移籍, 京軍으로 발탁되었다.[77] 개경에 籍을 붙여 거주하게 된 사례는 先祖가 외국인도 다수이다. 愼安之는 宋 開封府 사람인데 그의 아버지 愼修가 문종 때에 商船을 따라왔다고 한다.[78] 金希磾는 군산도 사람으로 先祖가 商舶을 따라 개경으로 옮겨가면서 이후 籍을 획득하게 되었다.[79] 김희제는 비록 거경관인은 아니나, 본관을 떠나 상업활동을 하다가 개경의 5部坊里民의 지위를 갖게 된 사례이다. 이러한 조치는 12세기 이후 현거주지 附籍 정책이 시행된 사실과 짝한다.

한참 지난 뒤의 일이지만, 한성부 都內는 坊制가 시행되고 坊制의 주민은 품관층을 위시한 거경관인이 대부분이었다. 城底十里의 郊外는 촌락으로서 面里制가 시행되고, 교외주민은 坊里役과 일반촌락민이 담당해야 할 役 부담을 함께 부담해야 했다. 조선초기 한성부는 건국 초에는 수도 개경을 모델로 삼고 있다. 때문에 한성부의 수취체제를 소급해서 여말의 정황에 적용할 수 있다. 여말에는 개경의 교외민도 방리역과 함께 민이 담당해야 할 일상의 역을 부담했을 것으로,[80] 적어도 중기 이후 발생한 유동인구를 개경 가까이 정착을 유인하거나 5부방리민의 지위에 상응하는 역을 부담지운 것은 국가에서 적극적 통제를 취한 것과 궤를 같이한다.

12세기 당시에는 이미 동서대비원과 국가적 진휼기관은 제 기능을 상실하고 민을 억압하는 상태였다. 그나마 이러한 상황에서 국왕이 민을 통제하고 있음을 과시하려 각종의 임시 대책을 마련하였다.

명령을 내려 나무를 채벌하지 말고 새끼 밴 짐승과 알 가진 날짐승을

77) 『韓國金石文追補』, 崔孝思墓誌銘, 高宗 5년 ; 『朝鮮金石總攬』(上), 白任至墓地 ; 『高麗史』 권100, 列傳13 白任至.
78) 『高麗史』 권97, 列傳10 劉載 附 愼安之.
79) 『高麗史』 권103, 列傳16 金希磾.
80) 이지원, 「17~18세기 서울의 坊役制 운영」 『서울학연구』 3, 1994.

잡지 말며 노출되어 있는 해골을 매몰하게 했으며 동서대비원과 제위포를 수리하여 백성들의 질고를 구제해 주었다. …81)

의종 6년 6월 경진 개국사에서 기근에 굶주린 사람과 역질에 걸려서 앓는 사람에게 음식을 주었다. …82)

왕이 보현원 누각에 가서 거지들에게 각각 포 1필과 솜 두량중 씩을 주었다. … 경신일 왕이 또 절간 누각으로 가서 행려들에게 밥과 국을 주었다. 이튿날 신유일에도 그렇게 하고 임술일에도 그렇게 하다가 궁으로 돌아왔다 가 다시 경룡재로 갔다. …83)

　제시한 사료에서 보듯 토지에서 이탈한 빈민·유랑민이 떠돌아다니면서 개경내 곳곳에 해골이 방치되거나 전염병이 만연했다. 사망한 자에 대해서는 국가차원에서 장례를 치러주었다. 통행요충지에 진제장을 두거나 왕성의 긴 행랑에 장막을 쳐서 귀천을 막론하고 마음대로 먹고 마실 수 있도록 승려가 진제에 적극 참여하였다.84) 의종이 보현원에 가서 걸인과 행려들에게 음식을 제공한 것이라든지, 開國寺, 臨津普通院, 西普通院에다 먹을 것을 마련 해 두고 궁핍한 백성들에게 베풀어 주기도 했다.85) 국가차원에서 적극적으로 진휼책을 제시하지는 못하고, 사찰과 원관에 그 기능을 대행하게 했다. 빈부의 양극화에 대한 적극적 대책은 아니지만, 소극적이나마 민을 지배하고 있다는 입장을 표명하려던 차원이었다. 구제의 대상은 기민 도시빈민이지만,

81)『高麗史』권16, 仁宗 9년 3월 癸亥.
82)『高麗史』권17, 毅宗 6년 6월 庚辰.
83)『高麗史』권18, 毅宗 14년 10월 己未, 庚申.
84)『高麗史』권16, 仁宗 9년 3월 癸亥 ; 仁宗 11년 6월 ;『東文選』권49, 衢僑臺 ;『高麗圖經』 권23, 雜俗 施水.
85)『高麗史』권80, 食貨3 賑恤 水旱疾癘之制.

이들에게서 비롯될 개경의 도시오염을 차단하기 위한 도시청정책의 일환으로 구휼책이 제시된 것이다.

12세기 국왕은 이전과 마찬가지로 後苑 조성을 해 나갔다. 후원은 앞에서도 지적했듯이 궐내의 조경물이지만, 국왕 권위와 관련된 시설이다. 문종대 건립된 것으로 보이는 상춘정은 연회와 소재도량·삼청 등 도교관련 행사, 곡연 연사 등이 배설되었다.[86] 紗樓는 문신의 연회장소로 예종대 청연각이 건립되자 樓 아래 南廊을 靖義堂으로 하고 좌우에 휴식처를 두었던 기사에서 확인된다.[87] 嘉昌樓 역시 문신들의 연회장소이다.[88] 望雲樓는 인종대 觀祥樓로 개정되었다.[89] 의종대 윤언문이 수창궁 북원에 가산을 쌓은 후 만수정을 신축했다.[90] 비록 국왕의 휴식공간이지만, 전왕의 禁苑 정자를 헐어내기도 한 사례는 後苑이 국왕권과 관련된 조경시설임을 뒷받침한다.[91]

후원의 조성은 12세기에 더욱 급증하였다. 의종대는 後苑에서 연회 외에도 격구 관람이나 군대사열을 행하고 있다. 군대사열과 무인의 유희로서 격구는 군사와 관련한 것으로, 의종 자신의 신변이 위협받는 상황에서 군사권을 과시하려는 국왕의 행동으로 이해된다. 이는 국왕의 활동영역을 넓히기 위한 것으로 국왕권 강화를 염두에 둔 상징적 조치가 아닌가 한다.

후원에서 소용되는 장식용 동식물은 인근 民家나 대송교역에서 충당하였다. 예종대 국왕측근들이 私的으로 정각을 세우고 민가를 점탈, 송 상인에게 직접 화초를 구입하는 것처럼 花園 조성이 유행이었음을 알 수 있다.[92] 後苑에서는 궁궐생활에 필요한 소채류를 공급하기도 했다.[93] 國用 가운데

---

86) 『高麗史』 권8, 文宗 24년 4월 辛酉, 25년 9월 庚寅.
87) 『高麗史』 권11, 肅宗 4년 4월 辛巳.
88) 『中京誌』 권4, 宮殿 樓院條;『高麗史』 권12, 睿宗 元年 5월 更子.
89) 『高麗史』 권83, 兵3 衛肅軍; 권16, 仁宗 16년 5월 庚戌.
90) 『高麗史』 권17, 毅宗 6년 4월 丁卯.
91) 『高麗史』 권39, 恭愍王 10년 12월 甲午, 乙未. 西樓, 暎湖樓; 권45, 恭讓王 2년 正月 癸酉, 積慶園 園林; 권46, 恭讓王 4년 2월 癸亥. 解慍亭.
92) 『高麗史』 권14, 睿宗 15년 6월 辛卯; 권18, 毅宗 11년 7월 戊子.

제사비용을 충당하기 위해서 여러 관청이 분담하였다. 太廟는 大常府,[94] 제사용 穀粟은 司農卿이 籍田 경작을 주관해서 조달하거나,[95] 星宿醮·九曜堂· 福源堂의 醮祭의식은 의종대 祈恩色·大醮色이 주관,[96] 어사대의 감찰어사가 監檢하기도 했다.[97]

의종 23년 三界醮를 지내는데 비용이 과다해서 都齋庫·都祭庫가 감당하지 못한 기록으로 보아 醮祭의 비용은 기본적으로 이들 관청에서 관장했음을 알 수 있다.[98] 이후 醮祭에 소용되는 穀粟은 郊外의 籍田에서 조달한다든지, 醮祭비용이 과다해 관청의 수급이 모자랐다고 한다. 의종대 과다한 醮齋 소용품 가운데 소채류는 궁궐 내 後苑과 교외의 園池에서도 조달되었을 것으로 짐작된다. 빈번한 화원 조성은 도참횡행에 따르는 醮祭의식과 雜祀 설행의 식자재 공급을 위한 사정도 있지 않을까 한다.

나아가 12세기는 국왕이 주도하여 王都의 도시행정·치안조직을 확대 개편 하였다.[99] 국초 개경의 방어는 京軍인 2군 6위가 담당했으며, 중요기관을 수위하는 군사조직을 두어 별도로 지키도록 했다. 典廏庫·鹵簿都監 등 국가

---

93) 『延喜式』 권39, 內膳司. 일본의 경우 延喜式 규정에서는 內膳司가 관리하는 園池가 따로 있어 제사를 포함한 국용과 궁궐생활에 필요한 소채류를 제공하였다. 궁중에서 소비되는 소채류는 郊外의 野에서 재배되었고 內膳司가 관할하는 圓池의 소채류는 여기에 부속된 각 烟이 경영하였다.

94) 『高麗史』 권76, 百官1 典儀寺 掌祭祀贈謚.

95) 『高麗史』 권78, 食貨1 田制 祿科田 禑王 14년 7월.

96) 梁銀容, 「도교사상」 『한국사』 16, 국사편찬위원회, 1994, 289~290쪽.

97) 朴龍雲, 『高麗時代 臺諫制度 研究』, 1980, 59~61쪽 ; 안병우, 앞의 책, 112~113쪽.

98) 『高麗史』 권19, 毅宗 23년 2월 乙卯.

99) 韓㳓劤, 「麗末鮮初 巡軍研究」 『震壇學報』 22, 1961 ; 李基白, 『高麗兵制史研究』, 一潮閣, 1968 ; 周藤吉之, 「高麗前期の鈐轄巡檢と牽龍」 『東洋大學大學院紀要』, 1976 ; 『高麗朝官 僚制の研究』, 1980 ; 朴奎孫, 「高麗王朝의 警察制度」 『東國大學校論集』 11·14, 1978 ; 陸 軍本部, 『高麗軍制史』, 1983 ; 鄭景鉉, 「高麗前期 二軍六衛制 研究」, 서울대 박사논문, 1992 ; 吳永善, 「고려전기 군인층의 구성과 宿衛軍의 성격」 『한국사론』 28, 1992 ; 宋寅 州, 「高麗時代의 禁軍」 『한국중세사연구』 3, 1996 ; 金亨中, 『韓國中世警察史』, 수서원, 1998 ; 洪元基, 『高麗前期軍制研究』, 혜안, 2001 ; 朴晉勳, 「高麗時代 開京 治安機構의 기능과 변화」 『한국사론』 33, 2003.

주요관서와 창고를 지키는 看守軍,[100] 궁전과 도성의 각종 門·水口·陵을 방비하는 衛宿軍,[101] 市廛이나 市街 각 요소마다 배치하던 檢點軍이 있었다.[102] 이와는 별개로 야간의 도성 순찰활동, 야경을 담당하는 조직으로 만들어진 것이 巡檢이었다.[103]

> 府兵을 궁궐의 뜰에 주둔시켜 불의의 사변에 대비케 하였다. 이로부터 효용한 자를 뽑아서 內巡檢이라 부르고, 두 번으로 나누어 항상 자줏빛 옷을 입고 활과 칼을 소지하고 궁성 밖에 나누어 서서 비가 오나 눈이 오나 밤부터 새벽까지 순찰하게 하였다.[104]

> 순검좌우부의 영도장 2명(방각 모자에 자색 옷을 입고 칼을 차고 깃발을 들고 말을 탔다) 지유 6명(낭장 별장 산원을 교대하여 임명하는데 의복과 착용물은 앞과 같다) 군사 150명(청자색 옷을 입고 병장기를 들었다)이 행차를 따른다.[105]

내순검군은 兩番으로 조직되었고, 巡檢左右府의 관할을 받았다. 순검좌우부는 국왕이 직접 통수하는 군사조직으로, 정치격변으로 인한 국왕의 안위가 위협받는 상황에 포치된 것이다. 순검군이 국왕을 위한 별도의 시위부대로서 출발하지만, 이즈음 만연한 도성의 범죄 도적활동·야간경비를 강화하기 위해 설치한 측면도 분명 있다. 도성에서 치안 유지·순찰 강화에 노력함으로써 적어도 王都의 공공성 회복노력은 어느 정도 지속되었다.

---

100) 『高麗史』 권83, 兵3 看守軍.
101) 『高麗史』 권83, 兵3 宿衛軍.
102) 『高麗史』 권83, 兵3 檢點軍.
103) 『高麗史』 권82, 兵2 宿衛 毅宗 21년 正月.
104) 『高麗史』 권82, 兵2 宿衛 毅宗 21년.
105) 『高麗史』 권72, 輿服 儀衛 西南京巡幸衛仗.

개경 내외시설의 증대와 京城의 환경에 대해서도 국왕은 지속적 관심을 두었다. 의종대 함유일이 橋路都監을 역임했던 사실,106) 명종 초반 중방에서 金淑으로 左右橋路를 삼고, 도로 곁에 가옥담장이 官路를 침해하면 복구케 한 조치가 그것이다.107) 橋路都監은 의종대 신설된 관청으로서 교량과 도로를 점검하는 기능을 한다. 개경 내외 도로 교량의 증축과 이용이 번다해지자 이에 따르는 행정관련 업무가 많아진 데 따라 신설된 것이라 하겠다. 임시기구로서 설치되었지만, 橋路都監의 신설은 王都 내외 도시시설에 대한 행정적 관리와 통제를 도모한 것이다.

국왕은 王都 주변 소나무 植樹에 관심을 두었다.108) 개경 주변의 명산대천에 柴草를 금지하고, 궁궐을 장엄하기 위해 植樹·造林을 권장하고 있다. 송악이 홍수 피해로 패여 있으니, 송악을 보호하기 위해 나무를 심자고 제의했다. 식수·조림은 이전 기록에는 거의 보이지 않다가 12세기 전후해서 거론되기 시작한다.

확대된 京城에 대해 관리를 파견해 지속적으로 관심을 두기도 했다. 시대가 훨씬 후대의 것이지만, 수도 및 주변지역의 관문과 방어시설에 대한 재조정 시도는 꾸준히 이어졌다. 문종대 京城 사방에 둔 固守炭鐵庫109)는 개성 주변의 탄철창고로서, 나성의 방어기능을 보완하기 위한 것으로 생각된다. 사교에 숙위군의 편성과 五部檢點軍, 四郊細作이 파견되어 교외를 순찰 감시했다.110)

문종대 백관의 柴草地를 마수령을 한계로 금표를 세우는 등,111) 禁山에

---

106) 『高麗史』 권99, 列傳12 咸有一.

107) 『高麗古都徵』 권3, 附 坊市 明宗 8년 3월.

108) 『高麗史』 권6, 靖宗 1년 4월 丁巳, 靖宗 7년 2월 庚辰.

109) 『高麗史』 권8, 文宗 24년 11월 甲午 ;『高麗史節要』 권5, 文宗 24년 11월.

110) 홍영의, 「고려전기 개경의 五部坊里 구획과 영역」,『역사와 현실』 38, 2000, 58~60쪽에서는 『高麗史』 권83, 兵3 檢點軍의 파견지역을 중심으로 해서 동교·서교의 경계선을 검토하였다. 炭峴·禿山·狄逾峴·小梓尾 일대를 東郊, 藥師院·熊川·大峴·西普通亭·馬川·高寺 일대를 西郊로 추정하였다.

111) 『高麗史』 권8, 文宗 13년 5월 丙辰 ;『高麗史節要』 권5, 文宗 13년.

대한 관심이 제기되고 더 나아가 禁山 구역에 대한 재조정을 시도하였다. 공양왕대 폐기한 사면도감은[112] 문종대에 史 각각 2명씩을 두고 職事 3품 이상의 관원을 임명했던 데서 문종 이전에 이미 설치된 기구이다.[113] 공민왕대 사실로 미루어 四面都監이 수도의 방리군 편성과 수비를 담당했던 것으로 보인다. 공민왕 7년 3월 나성을 수리,[114] 우왕대 수도를 아우르는 방어시설로서 內城을 축조하였다.[115] 내성은 실제 황성 바깥으로부터 나성 안의 일정 영역을 보호하는 성곽이다. 내성의 축조는 都內에 국왕관련 시설이 집중되었기에 수도 핵심지역에 대한 정비를 서두른 것으로 이해된다. 우왕 3년 開城府에서 상소한 내용에서 계축년은 공민왕 2년으로 東·西江 축성공사는 왜구에 대한 수비책의 일환이다. 시기적으로는 고려말에 치중되었지만, 교외 및 개경 주변지역에 대한 정비는 교외가 꾸준히 개발되어 京域으로 인지되던 상황을 국가에서 추인한 것이 아닌가 한다.

이상 12세기 국왕은 기층사회 불안과 개경의 도시변화에 적극적 관심을 두었다. 개경에 치안조직으로서 순검군을 설치했고, 王都의 빈민을 대상으로 구제기관을 마련했던 점, 치안 방재체제를 조직했던 점 등은 모두 미진하나마 왕도의 공공성 회복을 염두에 둔 것이다. 국왕 주도로 도시청정책, 환경을 정비함으로써, 권력중핵으로서 王都는 그 명맥이 유지되었다.

---

112) 『高麗史』 권77, 百官2 諸司都監各色 ; 『東史綱目』(下), 官職沿革圖, 高麗諸司都監各色. 四面都監·刪定都監·八關寶·句覆阮·內庄宅·都齋庫·都祭庫·內弓箭庫 倉庫都監·行廊都監·幞頭店·聚仙店·慶仙店·書籍店을 공양왕 3년에 폐지하고 4년에 書籍院을 두었다.

113) 『高麗史』 권77, 百官2 諸司都監各色.

114) 『高麗史』 권39, 恭愍王 7년 3월 ; 권56, 地理1 王京開城府 '修松都外城'.

115) 『高麗史』 권113, 列傳26 崔瑩 ; 권46, 恭讓王 3년 8월 庚辰.

3. 경기 남부지역의 경관 변화

　12세기 이후 京域의 확대나 景觀이 달라지는 것 같은 개경의 도시화는 인근 경기지역에도 파급되었다. 거경관인의 안정적 경제기반 조성을 위해 畿內에 지급된 田柴科 柴地가 해당 지역의 개발을 적극 끌어냄으로써 경기지역의 도회적 양상을 유도하였다. 수도의 도시적 영향권 내에 있는 경기지역은 개경의 도시화에 영향을 받았던 탓에, 지역의 경관도 이에 연동하여 변화가 생겨난 것이다.

　이를 점검하는 작업으로 전시과 시지의 분급지역을 중심으로 지역 개발이 진전되는 양상을 살핀 후 각종 문헌과 고고학 발굴성과에서 관인의 매장지가 점차 경기 남부 일대로 하강하는 경향성을 밝히려 한다. 개경과 한양을 이동하는 통행요충지인 경기 남부 일대에 관인과 부호층 주도로 각종 사적 경제 기반, 예컨대 別墅 樓亭 院館 민간차원의 각종 교역처가 조성됨으로써 중기 전후로 국지적 상권이 형성되어 가는 전망을 제시할 것이다.

1) 경기 남부의 공한지 개발

　문종대에 경정된 전시과 柴地는 그 분급지역이 개경에서 하루 이틀 정도 소요되는 가까운 거리의 畿內이다. 시지의 지목을 일률적으로 재단할 수는 없지만, 薪·炭·草의 땔감초채지 혹은 미개간지로서 광의로는 관료의 부수입원에 해당한다. 일단 전시과제도가 개정됨에 따라 柴地 지급액이 감소하기에, 전시과 시지의 분급에는 점진적 토지개간이라는 의미가 함축되어 있다.[116]

　경기제가 시행되는 성종대부터 현종 연간, 현종 이후 문종 연간까지 대경기가 확대되는 동안에, 신설 추가된 경기의 군현은 대체로 양광도·서해도·교주도의

---

116) 홍순권, 「高麗時代의 柴地에 대한 考察」『震壇學報』64, 1987, 121~129쪽.

강 하천유역 연안에 입지한다. 원래 강 하천지역의 저습한 지역은 12세기 농업발전의 일반적 추세 하에서 간척이 진전된다. 이때에 이르면 堤堰의 수축과 보수사례가 많아지고 연해안 저습지 개발과 간척지 개발을 위한 河渠 공사와 防潮堤·防川의 수축이 특징적으로 나타난다. 河渠와 防潮堤 시설은 관개와 배수에 유리해서 저습지 개간에 활용되었다.[117] 12세기 당시의 전반적인 농업기술의 향상이 한강유역을 부각시킨 결정적 계기로 작용하였다.

문종대 田柴科 柴地가 신설 추가된 畿內로 확대 지급되어, 국가 주도의 개발이 진전될 소지는 충분하다. 경기 일대의 토지개간을 살피려면 토목기술의 조건과 지형을 유념해야 한다. 경기의 지형은 크게 예성강 서해방면 개성현 중심의 충적평야지대, 임진강 장단현 일대의 넓은 하곡지 침식분지, 개경 동북방면 고산지대, 남부방면의 선상지·범람이 잦은 저지대로 구분된다.[118] 개경 동북방면은 구릉성 산지에 촌락이 입지하더라도 넓은 침식평야가 적어 대규모 취락형성은 곤란하였다. 반면 저지의 개간은 범람에 대한 극복이 가능해지는 12세기 이후에야 현저해진다.[119] 이를테면 개경 인근지역의 각기 다른 토양과 지형여건에 따라, 경기의 개발은 순차적으로 진전되는 양상이었다.

도성 소재지는 동북방면에 치우친 폐쇄형 분지 지형으로 수도의 입지상 방어적 조건을 충족하였으나, 그 공간의 평면적 확대는 사실상 곤란하였다. 당연하게 도성공간은 개발이 용이한 남쪽 방면으로 확장이 이루어졌다.

정유일 어사대에서 아뢰기를 "상서공부를 통하여 나성 동남쪽 강안을 높인 것은 서울지세의 허수한 곳을 막기 위해서인데 이번에 하천이 범람하여 제방이 허물어졌으니 3~4천 명의 인부를 동원하여 이를 수축하여야 된다고

---

117) 魏恩淑, 「12세기 농업기술의 발전」『釜大史學』 12, 1986, 3~12쪽.
118) 장재훈, 「경기지역의 위치와 지형적 환경」『경기지역의 향토문화』(상), 2001, 27쪽.
119) 위은숙, 「소농민경영의 존재형태」『高麗後期農業經濟研究』, 혜안, 1998, 112쪽.

하신 명령을 받았습니다. 그러나 저희들의 조사한 바에 의하면 강변 일대가
모두 전답이므로 농작물에 손해를 끼칠 우려가 있으니 …"120)

지대가 낮은 도성 동남쪽 일대의 범람을 막으려 하천과 제방을 축조함으로
써 강안을 높였다는 위의 기록에서 개경과 인근지역 개발의 방향성과 속도의
편차를 짐작할 수 있다.

경기지역 개발의 순차적 진전은 관아 읍치가 소재한 위치에서도 뒷받침된
다. 개경 서부와 동남방면의 적현으로 비정되는 군현 치소는 구릉성 산지
가운데서도 선상지,121) 하곡지에 위치하여 상대적으로 개간이 유리하였다.
貞州는 郡 남쪽 15리 지점의 昇天浦 근처에 소재하는데 貞州 치소의 서쪽
방면은 바다로 빠져든다고 하였다.122) 貞州의 남 4리 지점에 重房裨補라
불리는 重房堤가 있는데, 水門을 고치고 개간했다.123) 貞州 치소는 구릉성
산지에 소재하면서 예성강과 서해의 계류가 혼입되는 곳이다. 상대적으로
개간이 용이한 지대에 입지하였다. 德水縣 치소 역시 東南으로 구릉성 산지의
沙川이 유입되는 扇狀地이다. 선상지도 개간이 수월한 편이다.124) 임진강

---

120) 『高麗史』 권7, 文宗 7년 8월 丁酉.

121) 대체로 구릉성 산지에 촌락이 입지하는데, 溪流의 이용이 가능한 扇狀地에는 畓의
비중이 높고, 구릉지대에는 일반적으로 田의 비중이 높다. 촌락의 입지와 계류에
따른 田畓의 비율은 신라촌락문서에 보이는 掘加利何木杖谷地의 연구가 참고된다(金
琪燮, 「신라촌락문서에 보이는 村의 立地와 개간」 『역사와 경계』 42, 2002, 55~58쪽 ;
위은숙, 「장적문서를 통해 본 신라통일기 農家의 부업경영」 『부대사학』 19, 1995,
128쪽).

122) 『新增東國輿地勝覽』 권13, 豊德 古跡條, "古貞州 昇天府古址 在今昇川浦古城北二里 世傳古
貞州之治 又在古址西偏 今淪入于海" ; 권13, 豊德 山川條, "昇天浦. 郡南十五里."

123) 『新增東國輿地勝覽』 권13, 豊德 古跡條 重房堤, "在郡南四里 高麗稱重房裨輔 每春秋班主率
府兵 修築開南北水門 濆田長八里 廣三里."

124) 『新增東國輿地勝覽』 권11, 坡州牧 古跡條, "德水廢縣. 在郡東三十里 … 文宗十年倉興王寺
于縣 移縣治於楊州" ; 권13, 坡州牧 山川條, "德積山 郡東三十里 ; 三聖堂山 在德水縣南五
里, 如利山在德水縣西五里 ; 仁寧渡 在德水縣. 郡南四十里楊花渡下流 ; 祖江渡 在德水縣 ;
沙川 在德水縣東九里 開城府天磨聖居松嶽諸山之水 合流此入東江 ; 馬池 在德水縣北二里."

174

지류에 해당하는 송림현·임강현·임진현·마전현·적성현의 거의 모든 군현은 背山臨水의 전형적 입지로 하곡지에 주로 소재한다.

적현의 외곽에서 기현을 구성하는 군현은 상대적으로 지형조건상 개간이 다소 어려웠던 듯하다. 畿縣을 구성하는 坡平縣 治所는 파평산 아래 북쪽산록의 험지에 위치한다.[125] 험지의 비중이 높은 곳에 치소가 소재함으로써 적현에 비해 개간이 다소 지연되었다. 기현의 외곽에 입지하여 현종 이후 문종대에 이르면 새로이 확대된 경기지역에서 확인이 가능한 군현의 치소는 구릉성 산지에서 점차 저지대로 하강하는 경향에 있다.[126] 이상 개경 경기의 도시 개발은 토지개간이 유리한 도성의 동남→ 경기 북부의 적현→ 기현→ 경기 남부 일대의 한강본 지류까지 점차로 진전되었다.

앞서 지적했듯 전시과 시행단계부터 꾸준히 확대되는 시지의 지급은 문종 30년 경정전시과에서 언급한 개경에서 하루 이틀 정도 소요되는 1일정·2일정 지역이다. 성종·현종대의 원경기를 제외하고는 현종 이후부터 새로이 추가된 신경기는 양광도 25현, 서해도 10현, 교주도 5현으로서 남경 일대로 그 분포가 현저해진다.

그런데 문종대까지 새로이 확대된 신경기 지역 중에서는 서해도에 전시과 시지의 지급 비중이 낮다. 서해도는 개경까지 해로를 거쳐 나루시설로 이동해야 하는데, 해로의 안정은 장산곶의 험난이 완전히 극복되는 16세기까지를 기다려야 한다.[127] 뿐만 아니라 서해도 지역은 국방상 긴요지역으로 중시된 때문에 서해도 전역에 관인의 경제기반으로서 전시과 시지를 지급하기는 곤란하지 않았나 한다. 교주도 역시 일부지역을 제외하고는 험지의 고산지대가 많고 나루를 통해 개경까지의 柴地 수익확보는 사실상 고된 일이었다.

---

125) 『新增東國輿地勝覽』 권11, 坡州牧 古跡條, "古坡平縣 在州東北三十里"; 『京畿道邑誌』
　　 第1冊, 坡州牧, "城山 在今邑後鎭山山上有石築 古城 周2905尺 今廢 古山城在邑內鎭山…."
126) 朴宗基, 「京畿 北部地域 中世郡縣 治所와 特殊村落 變化研究」 『北岳史論』 8, 2001.
127) 李正守, 「16세기 黃海道의 米穀生産과 商品流通」 『釜大史學』 19, 1995.

원경기 후방의 양광도 일대는 한강을 활용하기 유리하며 지형 자체가 저평한데다, 臨津渡·長湍渡·祖江渡 등 나루가 잘 갖추어진 지역이다. 이 구간은 성종대의 개경~관내도의 동남거점에 해당하면서 中路 이하의 驛路로 편성하였다. 역로 편성에서 大路·中路 구간은 국가의 통제가 강한 반면, 中路 이하 구간은 국가의 관리가 상대적으로 미약한 지역이다. 국가의 기찰대상에서 그다지 중시하지 않았다는 바로 그 지점에서 해당 지역이 국가의 규제를 벗어나 오히려 자생적인 인적·물적 왕래가 이루어질 개연성은 충분하다. 中路 이하 구간에 해당되는 남경 일대는 이후 상업활동의 거점이 되는 곳이자, 군사 행정적 통제가 약했던 점이 오히려 이를 가능케 하는 조건으로 작용하였다.

문종대에 우봉군과 원경기 외곽에서 새로이 경기에 포함된 新京畿를 주목할 필요가 있다. 우봉군은 지선로의 역로가 경유하는 구간인데, 지선로 구간은 국초부터 중시되던 지역은 아니다. 원경기 후방에서 1일정 경계의 신경기는 靑郊道와 平丘道의 일부 驛站이 경유한다. 靑郊道와 平丘道의 역도는 6과체제의 편성 당시에는 靑郊驛 平丘驛의 역명이 보이지 않고 개경 이외의 역 소재지는 속군현 이하에 해당된다. 靑郊道가 개경·남경·적성·인주·수안의 경로로 뻗어있는 점을 보면 현종대 이후 양주 주변지역과의 연결을 위해 신설된 것이라 할 수 있다. 平丘道 역시 평구역에서 원주·광주·충주·죽령·홍주·봉화를 연결하기 위해 驛을 신설 정비한 것으로 짐작된다.[128] 개경에서 楊州를 거점으로 하는 신경기에는 성종 이후 靑郊道·平丘道·春州道 역도에 새로이 역참이 신설되었다.

원경기 후방에서 새로이 경기로 추가되는 지역에 역참 신설과 지선로 구간의 정비가 후속하였다. 역참의 신설은 대읍만을 연결해 역로가 통과하지 않던 기존 역체계의 한계를 크게 보완하면서 실제 읍치와 읍치간의 간극을

---

128) 정요근, 「高麗前期 驛道의 整備와 22驛道」『韓國史論』45, 2001, 45~46쪽.

메우는 역할을 하였다.

> 계림에 사는 朴還古는 일을 좋아하는 유별난 사람이다. 2일에 漢水와 楊州
>   방면으로 유람차 떠난다 하므로 내가 鵠城 全履之와 함께 東郊의 松嶺까지
>   나가 전송하였다. …
> 2월이라 東郊 밖에서 마음의 벗 전별할 제 …
> 天壽寺에서 자면서 화답하다.
> 峯城에 자면서 화답하다 … 여관의 삿자리는 나그네의 조름 부르고 들집
>   솥에 봄나물은 주린 손 위로하네
> 德淵院에 자면서 화답하다
> 오월 일에 黃驪에 가서 놀려고 막 東門을 나서면서 말 위에서 짓다. …
>   한발 한발 고향길을 나서며 유유히 성문을 나서노라
> 施厚館에 쉬면서. …129)

> … (襄陽) 홀로 洛州城을 나와 크고 작은 站驛 몇 리를 달렸을까… 말 몰아
>   다니다가 석양에 가까워져 겨우 田舍 찾아 여장 풀었다네.130)

위 기사는 문종대보다는 다소 시기가 떨어진 명종대 이규보가 개경에서부터
楊州, 개경에서 黃驪까지 가면서 경유한 지역에 관한 내용이다. 이규보는
개경의 東郊를 나와 황려까지 가는 길에 天壽寺·峯城·德淵院·施厚館을 경유하거
나 머물렀다. 개경과 남경 구간에는 교통 보조시설로 사찰 관사 원관이 촘촘히

---

129) 『東國李相國前集』 권6, 古律詩, 執徐歲五月日 將遊黃驪 初出東門 馬上有作, 憩施厚館 ; 권
   7, 古律詩, 次韻朴還古南遊詩 十一首○幷序 和宿天壽寺, 和宿峯城, 和宿德淵院 二首,
   渡臨津, 宿沙平津. 개경 동문 밖을 나와 동교를 지나 황려까지 이르는 길에는 천수사
   덕연원 임진도 사평도 시후관 등의 나루와 원관 같은 통행편의시설이 잘 갖추어져
   있다.
130) 『西河集』 권1, 冬日途中 三首.

밀집하였다. 반면 앞서 제시한 襄陽의 경우 역참이 소재하지 않는 마을에서 인가를 찾기가 쉽지 않다는 내용을 미루어, 인적·물적 수송이 덜한 지역은 교통시설이 미흡하여 국가의 관리권에서도 제외된 영역이라 할 수 있다.

처음 경기지역 내에서 역참의 신설과 지선로 구간의 정비는 국가차원에서 물화 유통·정보 교환을 원활히 하려는 의도에서 이루어진 것이다. 역참신설과 지선로의 정비는 영역간의 공백지를 메우는 국가적 물류망의 보완이지만, 재화 인구의 빈번한 왕래를 재촉하는 요인이 되었다. 전시과 시지는 관인의 경제원으로서 수익확보가 용이한 지역에 지급이 이루어졌다. 전시과 시지의 기내 지급은 경기의 연원이 오랜 원경기를 제외하면 경기 남부 일대로의 지급이 현저하다. 이렇듯 전시과 시지 지급은 해당 지역의 공한지 개발을 유인하는 요소였다.

2) 관인 분묘 조영지의 확산과 近隣生活圈

중기까지는 향리출신 여부를 막론하고 관인이 사망하면 경기지역 매장을 원칙으로 하였다. 관련한 발굴성과나 묘지명을 보면, 고려 관인의 분묘는 대경기가 시행됨에 따라 점차로 확대된 경기지역 안에 조성되는 경향이 간파된다.

관인의 최종 매장지는 성종 전후부터 임강현·강음현·덕수현으로 분산되다가, 문종 30년 田柴科 柴地의 분급지로 포함되는 우봉군까지 관인의 매장지로 확인된다. 현재까지 대경기지역 전체를 망라하는 유물·유적지의 발견은 이루어지지 않지만, 중후기에 확인되는 분묘 대부분은 경기에 위치하며 지배층의 매장지가 압도적이었다. 의종 이후 무인집권기에는 60군데의 매장지가 확인되는 가운데 분포지는 경기 51, 강화 7, 수원·함양 1곳이었다. 박강수·양택춘의 사례에서 보듯 향리로서 중앙에 진출한 인물들은 경기가 아닌 지방에 매장지를 쓰기 시작했다.[131]

〈표 3-4·5〉는 경기지역 분묘와 인근지역에서 출토된 유물을 정리한 것이다. 이를 통해서 경기지역 유물 분포 상황을 통해 몇 가지 추정할 수 있다. 경기 남부지역의 楊州 일대에서는 고려시대 석곽묘와 민묘가 발굴되고 있다. 水州에서도 중기의 것으로 보이는 可居地가 확인되었는데, 고려청자 등을 사용한 관인의 것으로 파악된다. 水州 인근에는 고려시기의 것으로 추정되는 토광묘 3기가 발굴되었는데 중기에 제작된 것으로 파악되는 귀목문 막새, 어골문 등의 기와·자기·도기류 등이 출토되었다. 문종대 대경기에서는 제외되지만 황려현에서는 일상생활용기로 추정되는 병·편병·호의 도기류가 발굴되었다.[132] 관인의 분묘와 지근거리에 일상생활 공간이 조성되어 가는 양상을 알 수 있다.

대개 관인의 분묘 유적지 주변으로는 교통로·주거지·요지·창고가 근거리에 소재한다. 예컨대 坡平 惠陰院址 주변, 관아지로 추정되는 樹州 교산동 인근에 주거지가 산포한다. 東州 伊淡院址 지근거리에는 창고가 가까운 거리에 있다. 春州의 성곽지 지근거리에서도 軍糧倉과 고분군이 밀집 분포한다.

아래 〈표 3-5〉에서 확인되듯 경기지역 유물 출토경향으로는 한 지역 내에서 분묘·사찰·불상이 동시에 조성되고 있다. 파평에는 11세기 중엽의 것으로 추정되는 용미리 마애불은 용암사 북동 150m 지점에서 발굴되었는데, 용암사의 寺域이 그 정도였음을 짐작케 한다. 시기가 다소 떨어진 14세기의 분묘이긴 하지만 파주 서곡리의 벽화묘 주변으로는 동 시기의 것으로 추정되는 마애삼존불이 출토되었다. 사찰부근에 산재하는 불상이나 우물터는 당시 寺域이 그만큼 미쳤음을 뜻한다. 이처럼 관인의 분묘와 可居地·사찰이 한 지역에 운집하는 경향을 찾을 수 있다.

---

131) 김용선, 「고려 지배층의 매장지에 대한 고찰」『고려 금석문 연구』, 일조각, 2004, 172~176쪽.

132) 『畿甸考古』, 경기문화재단 부설 하남시가지 우회도로 확장 포장공사구간 문화유적 시굴조사, 수원 율전지구 발굴조사, 화성 동탄지구 문화유적 시굴조사, 여주 파사성 2차 발굴조사, 2002.

〈표 3-4〉 중기 관인의 최종 매장지 분포133)

〈표 3-4〉 중기 관인의 최종 매장지 분포133)

왕대	관인명	최종 매장지	비고
광종	김은열	경성 북쪽 10리	·
현종	채인범	법운산 동쪽	·
	유방헌	경성 북면	·
정종	유지성	성동 법운사	·
문종	농서이공	경성 북 구룡산	·
	이자연	임진현	·
	최사위	불일사 법운산 남	·
	이예	임진현 백악	·
	정목	홍호사	용흥사 덕해원
예종	정근 처	경성 동 조양산	·
	최사추	경성 서북	자운사 선적원
	최계방	경성 서	보통사
	임의	경성 북 팔덕산	·
	윤언영 처	경성 북	·
	박경인	우봉군 둔이산	성동 대덕산
인종	왕자지 처	임강현	·
	서균	백악산	·
	장문위	개성부 지경	·
	안직승	송림현	·
	정항	송림산	·
	이공수	우봉군	·
	이공저	우봉군	·
	최사전	성남 장미산	·
	허재	정주 경내	·
	최시윤	도성 밖 천태사	·
	배경성	강음현	·

〈표 3-5〉 경기지역 可居地와 인근 유물

지명	발굴지	유물	추정	인근지역
坡平	惠陰院址	귀목문 막새기와. 청자 바리, 청자완송 경덕진요, 開元通寶	사찰터	교통로
樹州	교산	연화문수막새편1, 귀면와1, 成達伯士銘기와, 官大□銘기와, 분청사기	관아지	주거지
水州	죽전지구	청자(대접·접시·잔·대반·호·합·병·뚜껑), 불교유물 1 요도구	요지	주거지

---

133) 〈표 3-4〉 '중기 관인의 최종 매장지 분포'는 김용선, 『역주 고려묘지명집성』(상)(하),
한림대출판부, 2001을 참고로 작성.

東州	伊淡院址	·	사찰터	北倉(창고)
東州	栗梨里	팔각전돌	요지	安養寺
春州	죽정리	질그릇. 녹유대접 죽절굽청자대접.청자접시	고분군	
春州	송현진리	·	고분군	
春州	老古城址	·	성곽지	軍糧倉

경기	유적	시기	유물 분포	현지명
파평	당동리 고려고분군	고려		문산읍
	파주리 고려석실분	고려	·	동북쪽
	동문리 고려고분군	고려	·	법원읍
	임진리사터	고려	흑회색 어골문기와	임진리
	용상사터	전기	청자(죽절굽) 옹기	월롱면
	검단사	고려	흑회색 암막새기와	탄현면
	성동리 고분군	전기	해무리굽 청자대접	
	용미리 석불입상	11c	마애불	광탄면
	용암사터	11c		
	보광사터	13c	·	
	서곡리 고려벽화묘	14c	벽화, 宋錢, 청자, 인화문 백자	진동면
	마애삼존	14c	·	
적성	운계사터	14c	명문 수막새기와(마파흔)	적성면
	가마터	고려		
동주	안양사	전기		철원읍
	이평리사지	전기	마애불 석탑재 와편	동송읍
	심신사지	전기	여래입상	김화읍
이천	1리 고려고분군	고려	토기 청자접시(녹유) 굽다리접시	평창읍
	계촌리 고려고분군	고려	청자	방림면
김포	문수사	전기		월곳면
	용강리 절터	고려	삼감인화문자기(죽절굽), 백자접시, 청자화형접시	
	용강리가마터	고려	백자 옹기	
	용강리 고려고분군	고려	상감청자뚜껑,청자접시, 백자접시	
인주	가을리 고분군	고려		가을리
	대청도 고려고분군	고려	도자기, 石鏡	대청면
	대청도 가마터	고려	와요지	

　경기지역 관인의 분묘와 가거지 주변으로는 민수용 자기·도기류, 청자완
류의 고급자기류가 출토되는 소규모 요지가 분포한다. 경기지역에 소재하는
요지 가운데는 규모가 작고 所 수공업과는 별개의 민간작업장으로 여겨지는
곳도 있다. 용인 죽전지구 가마터, 東州로 추정되는 동두천 율이리 일대의

도요지가 여기에 해당한다.[134] 金浦에서도 사정은 마찬가지다. 11세기의 상감인화문자기가 출토되는 김포 龍岡里 절터 주변에 가마터와 주거지가 세트를 이루어 분포한다. 물론 주거지·사찰·요지는 모두 동일한 시기의 것으로 단정할 수 없어도 소규모 요지에서 생산된 물품이 인근 주거지나 사찰 등지에 공급되었으리라는 점은 충분히 짐작된다. 경기지역에 사찰이나 관인의 일상적 수요에 상응하는 공급처로서 물자를 조달하는 다양한 수공업 장이 조영되었다. 이상 경기지역에 분포한 관인의 매장지는 주변의 생활근거 지와 가까운 거리에 밀집하여 조성되었다. 특히 民長層 이상의 관인 것으로 파악되는 주거지와 분묘 주변으로는 사적 수공업장에서 생산된 것으로 판단되는 공산물과 다양한 유물이 산포한다.

所 수공업장에서 생산되는 물품이나 대외교역의 하사품은 知人들간에 선물로 거래되거나 일부는 개경 市廛으로 유입되었다. 관인 거주지 주변의 민간작업장에서 생산된 물자 일부는 行商의 활동을 통해 京市에서 구매하지 만[135] 지역 자체에서 소비되는 경우가 다반사이다. 민간 수공업장 물품은 所 생산품에 비해 조악하면서도 품질에서도 편차를 보이나 공납품이나 대외교역품 외의 질이 저급한 물품은 지역 자체의 생산장에서 용이하게 공급된다.

관인의 각종 편의시설이 경기에 소재하면서 개경·경기 간의 이동은 더욱 왕성해지기 마련이다. 결과 문종 후반부터 왕경과 경기지역 간 실질거리를 좁혀주는 지선로가 개통되어 군현간 밀집도가 높아졌다. 개경·경기 지역 간 개발은 촉진되는데다 개경·경기를 하루 이틀 왕복거리로 묶는 일상생활이 가능하였다.

계묘년(1183, 명종 13) 공의 나이 16세, 봄에 奄君이 水州의 원으로 갔는데

---

134) 한양대박물관 문화인류학과 연구총서 16집, 『동두천의 역사와 문화유적』, 1999.
135) 北村秀人, 「高麗時代の京市の機能について」 『朝鮮史研究會論文集』 31, 1993, 209쪽.

공은 京師에 머물러 있으면서 司馬試에 응시하였으나 합격하지 못하고 水州로 가서 근친하였다.[136]

7월 21일 문득 가장을 받아 몇 번이고 읽어보니 세속 밖에서 초연한 이는 그 나오는 말도 능히 산뜻하여 … 若齋(김구용)가 여묘살이를 한다 하는데, 마침 官司가 한가하니 도은과 함께 말을 타고 가서 조문하려 하는데 과연 바라는 대로 되면 川寧에서 하룻밤 이야기를 나누겠습니다. 해마다 햅쌀을 받는 은혜를 감히 마음에 새겨 감사하지 않겠습니까마는 …[137]

명종대의 사례이지만 水州·川寧에 弔文 近親한다는 내용이다. 조문·관혼상제의 상호 참가나 일상적으로 긴밀한 상호방문은 지연적 面識을 가진 인접 거주자의 영역을 뜻한다. 곧 近隣 개념과 같은 것으로 일상생활권이 형성되었다.[138] 圃隱이 川寧에서 여묘살이하는 김구용을 하루 만에 조문하고 돌아온다. 水州·川寧은 대경기에 포함되진 않고 후방에 위치한다.[139] 이곳보다 개경에서 보다 가까운 1·2일정의 대경기는 거경관인이 상례·경조사에 신속히 이동할 수 있는 거리로서 해당지역에 일상생활권이 형성된 것으로 이해된다.

---

136) 『東國李相國前集』 年譜 癸卯年.
137) 『圃隱集』 권3, 答逎村書.
138) 宋代史研究會, 『宋代人の認識－相互性·日常空間』, 汲古書院, 2007, 132~134쪽.
139) 『新增東國輿地勝覽』 권7, 京畿 驪州牧 川寧縣 ; 권9, 京畿 水原都護府. 開京에서 水州까지의 대략적 거리는 240여리, 개경에서 천녕까지의 거리는 300리를 넘는다. 이는 100~200리 거리의 문종대 1·2일정 구간을 훨씬 상회하는 거리이다.

3) 경기 남부의 도회, 상업적 환경의 조성

(1) 別墅

문종 후반부터 국가적 토지분급제가 이완되고 교외에는 별서·별업 등이 조성되기 시작했다. 別墅는 別業·田園·田廬·田舍의 용례로 사용되며, 경작지·채소밭·가옥과 혼용된다. 별서는 농장의 한 범주이지만, 토지 수익 외에도 산림경영 및 그 수익형태는 다양하다. 전기에 강감찬이 치사한 뒤 성남의 별서로 돌아가서 鄕道郊居集과 求善集을 저술한 사례가 別墅의 최초 등장이다.[140] 그러나 본격적인 사례는 12세기 이후에 집중된다.

12세기 당시의 관인은 부차적 경제기반으로서 별서 조영에 적극 참여하고 있었다. 한 사례로, 이오는 문종~예종대까지의 인물로서 욕심이 적어 녹봉 이외의 재산을 모으려 하지 않았다고 하는데,[141] 이는 당시 관인이 녹봉 외에도 사적 경제수단을 마련하는 것이 일반적이었음을 말해준다.

산수의 좋은 경치를 먼 곳에서 구하기는 쉬우나 가까운 곳에서 구하기는 어렵다. 그러므로 城 안에서 구하지 못하면 郊畿 밖으로 나가고 近郊와 京畿 밖에서도 구하지 못하면 할 수 없는 것이다.[142]

곽처사 璵는 예왕이 동궁에 있을 때의 관료이다. 왕이 즉위함에 미쳐서는 패관하고 멀리 가니, 조칙을 내려 성의 동쪽 藥頭山 한 봉우리를 내려주자 별서를 열고 이름을 東山齋라 하였다. … 왕이 일찍 북문으로 좇아 나와

---

140) 정용범, 「고려 중후기 별서의 운영과 도시근교농업의 발달」 『역사와 경계』 49, 2016.
141) 『高麗史』 권95, 列傳8 李子淵 附 李顗.
142) 『東國李相國前集』 권23, 泰齋記.

환관 수십 인을 거느리고 종실의 열후라 칭하고 동산재를 찾아갔는데 때마침 처사는 서울에 머물러 있어 돌아오지 않았으므로 …143)

坡州 西郊는 荒蕪하여 사람이 살지 않았는데 정당 安牧이 처음으로 개간하여 넓게 田畝를 만들고 크게 집을 짓고 살았다. … 그의 손자 瑗에 이르러 극성하니 내외에 점검한 토지가 수만 경에 이르고 노비가 100여 호였다.144)

위 사료는 別墅를 도성 안에서 구하지 못하면 近郊와 京畿에서 구했다는 내용이다. 예종이 곽여에게 성의 동쪽 藥頭山을 주자, 별서를 열어 東山齋라 칭했으며, 坡州 西郊 일대에 임진강 하류의 저습지대를 개간하고 별서를 조성한 사례이다. 사료에서처럼 별서는 개경 근교 가까운 곳에서부터 점차 경기지역으로 확산되는 추세에 있다.

玉京의 남녘 요지요 郊里의 서쪽 변두리라 물품의 화려한 종류가 다 모였고 천지의 한 문호를 열었도다. 땅이 서쪽으로 龍首嶺에 접했으니145)

경성 남쪽에 못이 있어 빙 둘러 어염민가가 고기비늘처럼 즐비하게 깔렸으며 지고이고 말타고 걸으며 그 곁을 지나 왕래하는 자들이 줄을 이어 앞서고 뒤서고 하니 … 至元 정축년(충숙왕 6) 여름에 못 위 연꽃이 한창 피었는데 玄福君 權侯가 보고 사랑하여 곧장 못 동쪽에 땅을 사서 다락을 지었다.146)

---

143) 『破閑集』(中), 東山齋.
144) 『慵齋叢話』 권3, 坡州西郊.
145) 『東國李相國前集』 권2, 奇尙書退食齋八詠 并引.
146) 『東文選』 권69, 李齊賢 雲錦樓記.

판서공이 병으로 사직을 칭한 후에 평주 남쪽 철봉의 동쪽에서 안식을 취하며 휴양하자 그 아들 형제가 곁에 모시어 조석으로 봉양했으니 이것은 조씨의 임정이 생긴 유래이다. 平州는 京邑에 가까워 사대부들이 별서를 둔 것이 많았다. 왕래하는 편리함이 벼슬하거나 그만두거나 간에 같았다.[147]

천령 한고을은 경치도 좋거니와 공경들의 별서 서로 바라 뵈는데 춘풍 추월 좋은 때엔 할한 자리 연다네.[148]

어떤 이는 도성 근처에서 晉陽公의 綠野堂과 謝太傅의 별장 같은 것을 얻기도 하지만 참으로 어려운 일이다. 오직 우리 윤공은 국가가 한가한 때를 당하여 젊은 나이에 중추부에 들어가 국가의 기밀에 참여하였고 도성의 동남 모퉁이에 땅을 정하여 草屋을 짓고 거처하였다.[149]

이상은 別墅 일부만 제시하였지만, 경기지역 별서는 그 외에도 상당하다. 별서에서는 과실·花園·진귀한 동식물 등이 집중적으로 양육되기도 했다.[150]

147) 『牧隱文藁』 권3, 趙氏林亭記.
148) 『牧隱詩藁』 권16, 川寧吟.
149) 『東文選』 권77, 鄭道傳 救仁樓記.
150) 최근 別墅에 주목한 연구는 세 범주로 나눌 수 있다. ① 농장확대 과정이나 농장의 한 범주로 보는 이해, ② 여말 관인이 향저로 정착해가는 과도적 측면에서 本第 기능에 주목하거나, ③ 중기 이후 도시인구의 확대에 따른 유통경제의 일환으로 다룬 연구가 그것이다(① 朴京安, 『高麗後期 土地制度硏究』, 혜안, 1996 ; 위은숙, 『高麗後期 農業經濟硏究』, 혜안, 1998 ; 신은제, 「고려시대 田莊의 범주와 용례」 『지역과 역사』 15, 2004. 12 ; 박경안, 「麗末鮮初 純興安氏家의 坡州農莊에 관하여」 『京畿鄕土史學』 5, 2001 ; ② 李正浩, 「高麗後期 別墅의 조성과 기능」 『韓國史學報』 27, 2007 ; 「여말선초 京第 別第 鄕第의 조성과 생활공간의 변화」 『한국중세사연구』 25, 2008 ; 「고려시대 관료층의 別墅 생활-李奎報와 李穡의 사례를 중심으로」 『역사와 담론』 72, 2014 ; ③ 정은정, 「고려전기 京畿의 형성과 大京畿制」 『한국중세사연구』 17, 2004 ; 「고려중기 경기지역의 空閑地 개발」 『지역과역사』 16, 2005 ; 정용범, 「고려 중후기 別墅의

이들 품종은 귀족들이 사치문화를 향유하기 위한 것으로 대가를 지불하고 구입한 것도 있다.[151] 강화도 시절 이규보가 붉은 오얏을 개경으로부터 공수해왔는데 과실류 등이 상품으로 거래된 것이 확인된다.[152] 西郊에서 창포 살구와 같은 작물을 비롯해,[153] 郊外의 花園·園林 등은 작물 판매를 겨냥해 조영되기도 하였다.[154] 일부 전업적 상품작물 배양을 염두에 두고 품종 개량을 도모하기도 하였다.[155] 별서의 경영은 소작료의 수취뿐만 아니라 다양한 작물이 경작·판매됨으로써 관료의 부수입원으로 이용되었을 것이다.

別墅의 소작료나 작물을 효율적으로 수취·판매하기 위해서는 우선적으로 교통이 편리해야 한다. 別墅는 대체로 왕경 거주관인들이 이동하기 용이한 지역에 집중적으로 소재한다. 왕경 가까운 곳의 別墅는 幸州,[156] 鷰溪,[157] 城北,[158] 衿州[159] 등지에서 찾아진다. 이 지역은 왕경과 인접하면서 靑郊道·平丘道 등의 驛路를 경유해 왕경 안의 十字路로 들어가는 길목이다.

교통의 요충지에 조성된 별서는 관료의 수입원 확보와도 직결되었다. 관인이 조성한 대부분의 별서 위치는 처음 왕경 동남 방면에서 개경에서 하루 이틀 소요되는 거리의 경기에 집중한다. 대경기지역 내에서도 수확물의 효율적 확보를 위해서는 교통이 불편한 서해도 교주도 방면보다는 양광도 남경 일대에 별서가 밀집 분포한다. 예외적으로 평주는 京邑에서 지근거리인

운영과 도시근교농업의 발달」『역사와 경계』 99, 2016. 6).
151) 『高麗史』 권101, 列傳14 車若松.
152) 『東國李相國後集』 권4, 初食朱李.
153) 『東國李相國前集』 권2, 遊家君別業西郊草堂二首.
154) 『東國李相國前集』 권23, 草堂理小園記.
155) 정용범, 앞의 논문.
156) 『破閑集』(中), 幸州南湖印賓草堂.
157) 『東國李相國前集』 권5, 卜居鷰溪 偶書草堂閑適 兼敍兩家來往之樂 贈西隣梁閣校.
158) 『東國李相國前集』 권23, 通齋記.
159) 『東國李相國前集』 권15, 謝衿州退老姜大丈惠酒.

데다 이 방면 통행로가 잘 구비되어, 물산의 수확 수송이 용이하다. 평주가 별서 조성지로 선호되고는 있지만 왕경 동남 방면이나 경기 남부에 비하면 별서 조성이 조밀하지 못한 편이다.

중기 이후 수도권역의 경기 남부 일대까지 하강 팽창하면서, 별서 조성도 남한강 수계와 육로 활용이 편리한 여주 여흥 일대가 주목되었다.[160) 주로 개경으로 진입하는 교통의 요충지→ 1·2일정에 별서가 확산되어 소재한 사실은 생산된 작물의 자가소비를 넘어 지인 간 선물거래 용도나 시장 판매도 겨냥했기 때문이다. 별서의 조성은 관인사회를 중심으로 한 유통경제 발달의 단면을 보여준다.

(2) 樓亭

樓亭은 園林을 구성하는 屋宇의 일부인 樓와 亭이 결합된 용어이다. 樓는 중첩해서 지은 집이라는 뜻으로 堂과 조경방식이 동일하며, 주로 2층 이상의 건물을 지칭한다. 亭은 停·행려를 위한 시설에서 유래한 것으로, 건축양식은 3각에서 8각까지다. 기능·양식면에서 구분된 樓와 亭은 이후 결합되었고, 규모에 따라 樓·亭·臺·閣·榭·廊·殿·軒으로 다양하게 불렸다.[161)

    臨軒을 하신 임금님의 간절한 말씀
    얼굴에서 지척도 떨어지지 않았다네
    … 말을 달려 북으로 關山을 넘는도다
    동서남북 모두가 장한 산과 강물이요
    그림 속의 풍경처럼 한가한 누각이라
    응당 보리라 巡遊를 제대로 마치고서

---

160) 정은정, 앞의 논문, 2005.
161) 計成 著·안대희 譯, 『園冶』, 예경, 1993, 84~87쪽.

춘풍 속에 득의양양 돌아오는 그 모습을162)

上國은 경륜의 그릇이요

조선은 예의의 나라이네

참모는 당세의 준일인데

서도에 끼친 풍속은 다시 순후하네

누각은 질펀한 들판에 임했고

풍연은 큰 강에 접해 있네 …163)

길을 재촉하여 밤에 나루를 건너니

오늘이 동짓날이네

대 울타리는 성기어 눈에 비치고

매화언덕에는 따로 봄을 감추었네

누각은 긴 길옆에 임해 있는데

지나는 사람은 몇몇이나 되는가. …164)

숲을 뚫어 굽이굽이 감도는 석관

그 사이에 높이 솟은 누각이 보이기도 하고

들 밖에 바람·깃발이 높이가 열 길

작은 다리가 맑은 물굽이에 그림자를 거꾸로 비쳤네

전에 나귀 탄 외로운 손이 어데로 가노

채찍 들어 여기저기 가리키며 시 읊노라고 느릿느릿 가누나165)

---

162) 『陶隱集』 권2, 詩, 江江陵道廉使郭正言 名儀, "臨軒天語切 咫尺不違顔 聲敎東漸海 驅馳北渡
    關 山川經緯壯 樓閣畫圖閑 見巡游罷 春風得意還."

163) 『東文選』 권10, 五言律詩, 送張衡叔還西都田宰相幕, "相國經綸器 朝鮮禮義邦 參謀今俊逸
    遺俗更淳厖 樓閣臨平楚 風煙接大江."

164) 『東文選』 권10, 五言律詩, 至日還自錦山登日新驛樓.

관아 읍치소에서 5리 내외에 소재하거나 역로 부근에 위치하는 공공시설 면모가 누정의 본래 원형이다.[166] 국초 왕도 개경을 위시한 지방 대읍단위의 읍치나 역로 근방에 소재한 누정은 군현제 정비과정에서 지방관아에 부속하여 필수적으로 조성되었다. 사료의 금산 日新驛樓는 관아 부근에 소재한 것으로 여타 군현 대부분이 관아시설과 누각이 병존하는 형태가 일반적이다. 추산도는 동해안 왜구침입 루트에 해당하는 지역이자 영해가 관할하는 부속 도서이다. 추산도가 침입을 받게 되면 영해→ 내륙으로 진출하는 길이 열리게 된다. 추산도 높은 누각에 깃발이 펄럭이는 모습이나 棧橋의 대략적 윤곽에서 추산도 누각의 소재지는 매우 험지로 짐작된다. 추산도 누각은 여말 왜구침입을 저지하려는 목적에서 신창한 관방시설이라 하겠다.

중기 이후, 지역의 邑勢가 위축되거나 홍건적·왜구 침입으로 망실된 곳의 누정을 증·개축하는 사례가 늘었다. 누정의 중보수에 참여한 인력은 그 지역 외관으로 부임해 오던 관인층이 다수이다. 이들이 관아터 부근의 누정을 중수하면서는 지방관아 소속의 官공장을 대동하거나 누정 관리를 목적으로 民戶를 차출하기도 하였다.[167] 대읍단위에 구축된 누정은 초창·중창 여부와는 무관하게, 대부분이 국왕의 지방순유나 외방사절단의 영빈송객의 장소로 기능하지만, 부분적으로는 지방민의 농업생산을 독려하거나[168] 구휼을 행하기도 하는[169] 공적 시설이다. 大邑 단위의 읍치 가까운 누정은 대부분 평지에 입지하는 것이 일반적이다.

한편 중기 이후부터는 공무차원이 아니라 관인 개인이 누정에 행차하는 빈도가 대폭 늘었다. 물론 관아읍치에 소재하여 공적 임무를 띠고 가야

---

165) 『續東文選』 권4, 七言古詩, 秋山圖爲日本聞上人作.
166) 『新增東國輿地勝覽』의 누정조를 분석하면 대체로 관아 주변 5리 부근이나 역로 부근에 입지한다.
167) 『謹齋集』 권2, 補遺 順興鳳棲樓重營記.
168) 『謹齋集』 권2, 補遺 順興鳳棲樓重營記.
169) 『牧隱詩藁』 권13, 詩, 糶米.

하는 경우가 아니었기에, 관광목적의 단순 유람은 인적 드문 한가한 명승지의 누정이 선호되었다. 유람처로 선호되던 곳은 동해안까지 東遊길이다. 이 방면 누정은 누대의 명승처로서 그 연원도 오랜 곳이 많다. 고갯길의 험로에다 동해연안을 끼고 있어 인적 왕래가 소원한 지역으로서, 東遊 길의 누정은 명승처 유람 목적의 경유처 외에 별다른 부수효과는 없었던 듯하다.

개경에서 남행로의 경기 남부 일대에는 국가나 관아차원이 아닌 관인 개인이 누정 건립을 주도하는 경향이 뚜렷하다. 무인집권기의 관인 최승제는 자신의 누각을 저택 거실의 남쪽에 지었다. 누각의 규모는 위로는 1000여 명을, 아래로는 수레 100대를 놓을 정도인데다, 불상을 안치한 감실, 장랑을 둘러친 격구장까지 갖추었다. 당시 최승제의 거처가 개경 내 部坊里인지 특정할 수는 없어도, 무인집권기 유통경제에 편승하여 창출한 막대한 재원이 아니고서는 이 정도 규모의 누정 조성은 쉽지 않을 것이다.[170]

도성 가까운 경기 남부 일대는 문종 이후 개인이 누정 조성한 사례가 다수 찾아진다. 관련하여 중기이후 확인되는 城北의 冷川亭,[171] 이규보가 자신의 동산에 세우려 했던 四輪亭,[172] 德興의 凌波亭,[173] 파평의 臨津亭[174]의 대부분의 누정은 유람을 목적으로 전망 좋으면서도 인적 왕래가 잦은 곳에 자리잡고 있다. 신창된 樓亭도 차츰 통행요충지에 조성되는 경향에 있었다.[175] 개경에서 南遊하는 길목의 여흥 일대에는 여말에 이르면 누정 조성이 많아진다.

개경에서 한강 방면의 경기 남부에 조성되는 누정은 통행요로에 입지하면서도, 아울러 別墅 근처에 운집하는 양상을 띤다. 樓亭이 국가차원에서 기층민

---

170) 『東國李相國前集』 권24, 崔承制大樓記.
171) 『東國李相國前集』 권24, 冷泉亭記.
172) 『東文選』 권66, 四輪亭記.
173) 『東國李相國前集』 권24, 凌波亭記.
174) 『新增東國輿地勝覽』 권11, 坡州牧 樓亭.
175) 『牧隱文藁』 권16, 碑銘 重大匡 玄福君 權公의 墓誌銘 並書.

의 농업생산을 독려해오던 본래의 임무를 떠나, 이 지역에서는 사적 용도로 국가 부문과는 별도의 부수적 기능을 한 것 같다. 別墅·村市·魚市·鹽市 부근의 누정은176) 시장에서 이루어진 상품작물이 거래와 현황을 조망하려던 시설인 듯하다. 무인집권기에 누정·별서·원당이 특히 육수로 수송의 편이지점인 남한강 포구에 점재하는 현상은 단순한 명승지 유람처 혹은 장례처 마련만을 목적한 것 같진 않다. 이는 경기 남부 일대에 관인이 자신의 일상 생활공간 주변으로 각종 생산·유통·수송의 편의시설을 점차 안정적으로 확보해 나갔음을 시사한다.

(3) 사찰 院館

대체로 한강·임진강 부근의 개경~남경 구간에는 왕실에서 건립을 주도한 사찰이 집중적으로 분포한다. 이 구간에 해당하는 북한산 일대에는 삼천사177)·진관사178)·향림사179)·안양사180)·승가사·문수사181)·장의사182) 같이 왕실이 중히 여긴 사찰이 집중적으로 분포한다.183) 국초 개경의 사찰이 都內·郊外로부터 외곽의 북한산·경기 남부 일대로까지 하강하는 추세에 있었던 것으로, 부분적으로는 현종 이후 해당 방면에 왕실 지원의 사찰 조영이 빈번해진데 따른 것이다.

香林寺는 현종대 거란 침입으로 인해 남쪽으로 피난하는 도중 국왕이

---

176) 『牧隱詩藁』 권3, 早春, 早春天氣冷 氷雪海山深 城市人聲鬧 樓臺鴈影侵 ….

177) 이덕무, 『記遊北漢』.

178) 『高麗史』 권3, 穆宗 2년 7월.

179) 『高麗史』 권4, 顯宗 7년 正月 壬申, 9년 12월 辛亥.

180) 『大覺國師文集』 권9, 詩文.

181) 『高麗史』 권11, 肅宗 4년 9월 丁卯 ; 권13, 睿宗 5년 윤 8월 辛酉.

182) 『三國遺事』 권1, 紀異1 長春郎 罷郎.

183) 대한불교조계종 총무원, 『북한산의 불교유적』 북한산 불교유적 지표조사 보고서, 1999.

체재했다는 기록이 있다.[184] 향림사 寺址의 수습유물과 주건물의 배치양식으로 보아 고려왕실의 원찰이면서도 行宮으로 활용되었을 가능성이 높다.[185] 인근 승가사는 신라 郎迹寺 승려 秀台大師가 경덕왕 15년에 건립했는데, 고려 현종 15년 智光·成彦 등이 승가굴에 석상을 봉안했다고 한다.[186] 승가굴에는 선종 7년 국왕이 행차해 재물을 헌납한 후 龜山寺 領賢에게 중수하게 했다. 또 숙종 4년에는 대각국사와 국왕이 은제향로·금은을 헌납하고 있다.[187] 승가사의 서북에는 10세기에 조성된 것으로 추정되는 구기리 마애불좌상이 위치해 있다.[188] 지근거리에는 숙종 이전에 창건된 것으로 추정되는 중흥사가 있다. 중흥사에는 숙종 8년 承銑이 제작했다는 金鼓,[189] 至正 4년 (1344)에 제작한 것으로 추정되는 향로가 있다.[190] 중흥사 역시 숙종대 金鼓의 제작 사실로 보아 왕실이 건립에 주도적인 역할을 했다.

　三川寺는 현종 18년 금주령을 위반한 핵심사찰이다. 주로 사원의 주조·양조 상행위와 관련해 자주 등장한다.[191] 삼천사에는 李靈幹이 문종대 건립한 大智國師 비명과 귀부가 있다.[192] 얼마 떨어지지 않은 지점에는 11세기에 제작된 것으로 추정되는 마애불이 입지한다.[193] 삼천사도 승가사와 마찬가

---

184) 『高麗史』 권4, 顯宗 7년 正月 壬申, 9년 12월 辛亥.
185) 정병삼, 「북한산의 불교문화사적 의의」, 『북한산의 불교유적』, 북한산 불교유적 지표조사 보고서, 1999, 33쪽.
186) 『韓國金石全文』, 僧伽窟重修碑, 僧伽寺石像.
187) 『高麗史』 권10, 宣宗 7년 10월 丙午 ; 권11, 肅宗 4년 9월 丁卯.
188) 북한산의 불교유적 지표조사 보고서, 앞의 책.
189) 『韓國金石遺文』, 重興寺 金鼓銘 ; 최응천, 「고려시대 금동금고의 연구」, 『불교미술』 9, 동국대박물관, 1988, 76쪽.
190) 김창균, 「한국청동은입사 향완의 연구－고려시대 고배형을 중심으로」, 『불교미술』 9, 동국대박물관, 1988, 32~37쪽).
191) 『高麗史』 권5, 顯宗 18년 6월 癸未.
192) 은평문화원, 『은평구의 불교문화』, 은평향토사료집, 2001 ; 『교감 역주 역대고승비문』, 고려편2 高陽三川寺大智國師碑文.
193) 崔淳雨, 「삼각산 삼천사 대지국사비」, 『미술자료』 10, 1985, 15~18쪽 ; 정명호, 「삼천사지 입구 마애여래상」, 『고고미술』 2-5, 1961, 5. 대개 마애불은 교통의 요충지에

지로 寺址와 가까운 거리에 마애불이 입지하였다. 북한산 일대의 사찰은 고려시대 왕실과 관련 속에서 남경의 설치로 더욱 번창하게 되었다.

남경 방면이 부각되자 통행이 빈번해지면서 요로에 위치한 흥왕사는 종교행사는 물론 상행위를 목적으로 한 지방인구의 상경이 많아졌다. 자연히 상업적 활기를 띠었다. 興王寺는 長覇門을 나와 王城 남쪽 20리 지점에 있어,[194] 개경과 남경의 길목에 소재했으며 흥복사는 京城 남쪽의 城市에 인접해 있는 사찰로 布施者가 많은데,[195] 이들 대찰에서 개최되는 종교행사를 통해 상경인구가 많아지면서 상업활동도 성행한 것이다.

개경 동남부 일대의 天壽院도 東郊에 위치했다.[196] 개경으로 오가는 사람들은 이곳에서 쉬었기 때문에 수레바퀴 말굽소리가 어지럽고, 남쪽으로 내려가는 관리들의 전송과 개선장군의 환영이 이루어지는 迎賓送客의 장소였다.[197]

개경의 동쪽 지대인 임진강 유역에는 임진과교원·임진보통원이 있고, 개경의 남부인 한강 유역에는 멸포원·사평원 등이 소재한다.[198] 이들 원은 개경과 남경을 연결하는 주요도로상에 위치하고 임진강을 거쳐 개경의 속현에까지 이른다. 파평 덕수현 일대에는 분수원·혜음원을 비롯한 이천원·도솔원·흥복원 등이 있고, 교하에는 냉정원, 낙하도 주변에 낙하원·광탄원, 장단 일대에 천수원을 중심으로 냉정원·오목원·약사원·연화원이 있다.[199] 院館은 처음 兜率院·龍寶院·懸鐘院·黑石院·頭川院 같이 국가·왕실의 주도로 건립되거나,[200] 불교사원의 부속건물로 기능했다. 그러나 이후 국가기관에

조성되는 경향에 있는데, 북한산 서부지역의 불상으로는 진관내동 석조보살입상, 삼천사지 마애불 입상이 있다. 마애불 등은 대체로 교통의 요충지에 소재한다.

194) 『高麗圖經』 권17, 祠宇 王京內外諸寺.
195) 『高麗圖經』 권17, 祠宇 王京內外諸寺.
196) 『新增東國輿地勝覽』 권4, 開城府(上) 驛院 天壽院.
197) 『破閑集』(中), 天壽院.
198) 『高麗史』 권6, 靖宗 11년 2월 ; 권8, 文宗 18년 3월 ; 『東國李相國集』 권10, 題沙平院樓.
199) 『新增東國輿地勝覽』 권4·5, 開城府(上)·(下) 京畿.

서 商旅의 숙박시설을 마련해 줄 정도로 商旅의 이동이 허용되면서 院館은 국가 승려만이 아니라 俗人이 주체가 되어 건립하는 경우도 있었다.[201]

국왕 주도로 院館을 건립한 사례의 대표적인 것은 파평 惠陰院이다.[202] 임진강 유역 파평의 혜음원은 혜음령을 넘으면 남경, 파평현을 거쳐 臨津渡를 건너면 개경으로 들어가는 길목이다.[203] 혜음령 일원에는 국왕의 행차 때 편의시설이 갖추어지지 않아 예종 이후 石寺洞 惠陰寺가 있던 자리에 別院으로 서의 惠陰院이 건립되었다.[204] 혜음원에서의 수급유물은 생활용구·집기류 등 왕실관련 소용품이 다수이며, 대부분 국가적 지원을 받는 사찰과 동일한 유형의 기와가 출토되었다.[205]

혜음원에서는 院 자체의 소용물품뿐 아니라 宋 景德鎭窯 외에도 開元通寶와 같은 宋錢도 다량 출토되고 있다.[206] 開元通寶 등 中國錢은 대외교역의 결제수단

---

200) 『東文選』 권49, 兜率院鐘銘幷序 ; 『東國李相國集』 권41, 龍寶院新創慶讚疏 ; 『韓國金石全文』, 龍門寺重修碑.

201) 『高麗史』 권95, 列傳8 李資淵 附 李資玄.

202) 파주 혜음원지 발굴조사 보고서, 『파주시』, 매장문화연구소 학술조사총서 41책, 2006.

203) 고려전기에는 개경에서 남쪽으로 가는 때는 적성 → 양주 광나루 → 감악산 동쪽 고갯길 → 양주 분지 → 서울까지 진입하는 길을 자주 이용했다. 그러나 개경과 남경 사이의 가장 빠른 길은 혜음령이다. 따라서 남경 건설로 인해 양주를 거치지 않고 파주 → 남경으로 통하는 임진도 → 혜음령 길을 자주 이용하게 되었다(崔永俊·金鍾赫, 「京畿地域의 交通路와 交通의 발달」 『京畿地域의 鄕土文化』(上), 韓國精神文化硏究院, 1997, 160쪽 ; 파주 혜음원지 발굴조사 보고서, 『파주시』, 매장문화연구소 학술조사총서 41책, 2006, 51쪽 ; 정요근, 「7~11세기 경기도 북부지역에서의 간선교통로 변천과 장단도로」 『한국사연구』 131, 2005 ; 「고려중·후기 임진도로의 부상과 그 영향」 『역사와 현실』 59, 2006).

204) 『東文選』 권64, 惠陰寺 新創記.

205) 혜음원에서 사용된 막새기와는 만월대, 여주 고달사지, 안성 봉업사지, 원주 법천사지, 강화 선원사지 등 왕실과 관련된 사찰에서 출토된 일휘문 기와이다(경기도박물관, 『奉業寺』, 2002 ; 기전문화재 연구원, 『高達寺址』, 2001 ; 강원문화재연구소, 『法泉寺 指導委員會 資料集』, 2002).

206) 정성권, 「혜음원지 출토막새기와에 대한 고찰」 『문화사학』 19, 2002 ; 강경남, 「파주 혜음원지 출토 고려청자 연구」 『문화사학』 21, 2004.

으로 대부분 지방향리층 이상 인물의 墓域에서 출토되고 있다.[207] 한강 내륙 수원 靈通寺에서는 11세기 강진요 계통의 상감청자가 다수 출토되었다.[208]

강진요에서 생산된 민수용 자기는 신안 해저 유물과 마찬가지로 해로와 내륙의 驛을 경유해 원거리 교역으로 영통사까지 도착한 것이라 하겠다. 경기지역 원관 사찰에서 출토되는 宋錢과 宋 慶德鎭窯 및 고급자기류는 관인이 유통에 적극 개입해 입수한 것이다. 개경 지배층의 생활에 불교적 飮茶文化가 정착하고 불교 교단의 각종 행사에 차가 필수품목으로 중시되면서 靑瓷에 대한 수요가 증대되어 갔다. 사찰유적과 생활유적에서 출토된 자기는 유적근 처의 지방요지에서 생산되어 수급이 이루어지고 있다.

지방 자기소에서 생산된 고려청자를 국내 귀족층과 사찰은 부분적으로는 왕으로부터의 하사나 주변의 선물에 의한 것도 있겠고 직접 지역의 場市에 참여하여 필요물자를 구입했을 가능성도 있다.[209] 한 사례로 충주 단월동 지방의 분묘유적에 출토된 청자류나 은제·철제의 제품들은 기술의 정도로 보아 지방의 窯址나 所에서 생산된 것이기보다는 중앙의 것이 많았다.[210] 중앙에서 생산된 물품을 지방 분묘의 주인공들이 소지하고 있다는 것은 중앙의 京市에서 구매했음을 의미하는 것이다. 지방의 교역활동의 담당자인 상인을 통해 국내 귀족층과 사찰의 수요를 충족할 수 있었던 것이다. 특히 문종 20년에는 州縣에서 바치는 常貢의 일부를 平布로 折價代納케 한 조치 가 있었는데,[211] 이는 12세기 공물대납의 시원적 의미를 갖는다. 지방분묘의 주인공들인 향리층이 공물대납을 통해 京市에 참가함으로써,[212] 중앙의

207) 鄭龍範, 「高麗時代 中國錢 流通과 鑄錢策」 『지역과 역사』 4호, 1997, 103~108쪽.
208) 정은정, 앞의 논문, 2001, 49쪽 ; 尹龍二, 『韓國陶瓷史研究』, 文藝出版社, 1993, 160~203 쪽.
209) 鄭龍範, 위의 논문, 1997.
210) 서성호, 앞의 논문, 1997, 84~95쪽.
211) 『高麗史』 권78, 食貨1 貢賦.
212) 北村秀人, 앞의 논문, 1993, 209쪽.

京市와 지방의 商圈을 연결했던 것은 아닐까 한다. 민간상업과 문종 20년에 나타난 代納과 같은 유통구조의 발전이 전제된 때문이다.

문종 이후 개경은 도시성장의 결정적 요소를 갖추게 되고 주변지역을 도시적 영향권으로 흡수하게 되었다. 인접지역은 중심도시와 단일한 유통권 속에 놓이게 된다. 주변지역과 중심도시가 단일한 유통권 속에 편성되는 것은 개경과 주변지역이 도시적 영향권 속에서 질적 변모를 겪게 됨을 의미한다. 이로써 개경의 도회적 요소는 주변 경기 남부로 확산될 수 있었다.

대체로 개경에서 남쪽으로 향하는 지역에는 왕실의 지원으로 건립된 사찰이 집중하고 있다. 寺址는 개경권역과 남경권역의 결절점에 위치했는데, 남경 방면에 대한 국왕의 관심 증대를 보여주는 것이다. 天壽院을 거점으로 개경과 지방 간의 교류가 활발해졌다. 天壽院이 소재한 東郊는 개경에서 동남부 일대의 지방을 이어주는 요충지이다. 郊外에 인적·물적 왕래가 빈번해 짐으로써 이후 개경과 경기 남부지역까지 도시화의 영향권에 놓이게 되었다. 개경의 동남부 일대를 중심으로 三南으로 진행하기 위한 요충지에 院館 건립이 점증하면서 그 여건이 마련되었다. 혜음원 부근으로는 분수원, 광탄원 등이 소재하면서,213) 개경·남경을 이동하는 行人의 통행을 원활히 했다.

별서·누정·원관은 비교적 경치 좋은 곳의 인적 왕래가 빈번한 지역에 조성되는 추세였는데, 12세기 무렵에는 郊外를 벗어나 경기 남부지역에 집중되었다. 별서·누정이 특히 교통의 요충지에 소재한다는 사실은 관인의 사적 경제기반 조성과도 무관하지 않다. 개경과 경기 남부 일대에는 이처럼 院館·寺址 등이 집중적으로 조성되어, 인적·물적 이동을 보조하게 되었다. 개경 남경권역의 결절점에 위치한 院館·寺址 등은 국왕 주도 혹은 사원에서 건립하는 경우가 대부분이긴 하지만, 이후 관인은 해당지역에서 사적 경제기 반·유통의 이익을 점유할 수 있게 되었다.

---

213) 『高麗史』 권39, 恭愍王 10년 10월 丁卯 ; 『新增東國輿地勝覽』 권11, 坡州驛院 廣灘院條.

(4) 관인 및 민간차원의 국지적 상권

　12세기 전후 경기 남부를 중심으로 각종 교역처가 마련되어 경기지역은
촌락적 경관을 벗어나게 되었다. 이 무렵 경기지역의 변화는 개경의 대외교
역 창구로서의 역할이 커지게 되고, 관인의 사적 교역 참여가 늘면서
가능해졌다.

　개경과 한데 묶인 경기의 도시화는 당시 동아시아 국제환경의 변화에서도
모색된다. 고려의 대외교역은 동아시아 국제질서의 변동과 관련되는데,
10세기 경에는 중국을 중심으로 하던 전통적 책봉체제가 와해되고 송의
정치적 위상도 변화하였다.[214] 10~12세기 고려는 책봉을 받던 전통적 관계에
서 고려가 주체가 되는 위치에 서게 되었다. 국가 간에 공식적 관계의
결렬이 잦았던 시기에는 使行貿易이 대외무역에서 차지하는 비중이 컸다.[215]
다원화된 교역 상대국 가운데서 개경의 도시적 성장을 특히 자극한 것은
대송무역이었다.[216]

　宋船의 정박지를 따라 송 사절단과 고려측 사이에 교역이 활발히 진행되었
다.[217] 송 사절단은 한강 유역의 군산도·자연도→ 예성강의 벽란정→ 선의문
밖 5리 지점인 西郊→ 王城의 정서문인 선의문을 통과한다. 西郊는 羅城의
午正門 외 黃橋 등지가 있는 곳으로 狻猊驛이 소재해,[218] 도성내외 인적교류가
활기를 띠었다.[219] 문종 이후 西郊 일대는 송사신의 영접·책봉으로 활기를
띠면서 사행무역에 수반되는 상행위를 통해 도시적 성장이 이루어졌다.[220]

214) 谷川道雄,「東アジア世界形成期の史的構造」『隋唐帝國と東アジア世界』, 唐代史硏究會 編,
　　　1979, 92쪽.
215) 李貞熙,「高麗前期 對遼貿易」『지역과 역사』 4, 1997, 8~9쪽.
216) 佐久間重男·護雅夫·三上次男,『中國文明と內陸』, 講談社, 1974, 333~334쪽.
217)『高麗圖經』권53, 舟楫 供水.
218)『新增東國輿地勝覽』권4, 開城府(上) 山川 驛院條.
219)『高麗圖經』권4, 門闕 宣義門 ; 권17, 祠宇 國淸寺 ; 권27, 館舍 西郊亭.
220)『高麗史』권95, 列傳8 任懿傳.

개경 都心에서 동남부 일대는 청교역이 소재한 東郊를 통해 연결이 가능했다. 東郊는 이 지역에서 소가 밭갈이를 하거나 牛巷 등의 길이 있는 풍경, 성종대 籍田에서 親耕을 했던 사례를 통해 볼 때,[221] 대체로 농업 경제적 기반을 가진 지역이지만, 차후 개경에서 남경으로 이어지는 동남 방면 왕래가 활발해져 상업적 분위기가 팽배해진다.

개경 郊外를 기점으로 남경 방면을 향한 인적·물적 이동은 차제에 지방교역 활동이 진전되면서 더욱 활발해졌다. 지방교역은 육로로 이동하는 行商과 해로를 이용하는 船商의 상업활동으로 분류할 수 있다. 船商의 상업활동을 매개로 고려전기 이래 개경~남경, 동경~울주, 가까운 도회처를 잇는 국지적 상권은 비교적 이른 시기부터 형성되었다. 신라말 이래 한중 교통로의 거점포구인 서남해를 중심으로 교역거점이 성숙되었다.[222] 숙종대 제주도민이 躶國으로 표류해 일부는 피살되고 일부는 송에 의해 환국되었다는 기사가 있다.[223] 이들 제주도민이 송으로의 사무역 목적으로 항해하다가 잘못 표류된 것인지 아니면 서남해안으로의 상행위가 목적이었는지는 정확히 알 수 없다.[224] 예종대에는 진도현 주민 韓白 등 8명이 물품 매매차 乇羅島를

221) 『新增東國輿地勝覽』 권4, 開城府(上)山川條 ; 『牧隱集』 권19, 籍田別墅 ; 『益齋亂藁』 권7, 松都八景.

222) 金三顯, 「고려후기 場市에 관한 연구」 『명지사론』 4, 1992 ; 강봉룡, 「신라말~고려시대 서남해지역의 한·중 해상교통로와 거점포구」 『한국사학보』 23, 2006.

223) 『高麗史』 권11, 肅宗 2년 6월 甲午.

224) 『入唐求法巡禮行記』에서는 산동반도의 적산포－충청도 원양－고이도(신안군)－거차도(진도군)－안도(여수)－일본항로가 설정되었다. 『擇里志』에서는 전남 영암·구림－흑산도－홍도－가거도－중국 영파, 『高麗圖經』에서는 영파－흑산도－낙월도－위도－식도－군산도의 항로를 서술하였다. 해로교통의 이동은 있지만 모두 서남해상을 경유하는 것으로, 대외교역과 관련한 국지적 상권의 형성에 시사받을 수 있다. 또한 전라도에서 제주도로 항해하는 경로는 3뱃길로 추정되는데 나주－무안 대굴포－영암－해남－어란량－추자도, 해남현에서 출발－삼수포－견요량－삼내도－추자도, 탐진에서 출발－군영포－고자도－황이도－삼내도－추자도에 이르는 경로이다(『高麗史』 권57, 地理2羅州牧 耽羅縣) 이로써 서남해 교역권이 형성되었음을 확인할 수 있다.

향해 가다가 풍랑을 만나 明州에 표착했는데, 송 황제의 명령으로 각각 비단 20필, 쌀 두 섬을 받아 본국 고려로 송환된 일이 있다.[225] 인종 6년에는 명진·송현·아주 등 3현의 해적 820여 명이 고려에 귀부하자, 歸順·就安·和順場 등의 거처를 마련해 주었다. 이들 해적은 거제도를 주활동 무대로 하였다.[226] 전라도와 탐라, 경상도 연안의 거제도의 선상이 서남해 장시권을 연결하여, 12세기 무렵에는 연해안에서 국지적 교역권이 성립된 상태였다.

지방교역의 담당자로서 육상수송로를 통해 이동하는 行商의 상업활동도 점증하였다. 행상의 활동범위는 수백 리에 이르며 편도 100km까지 이동하고 활동 일수도 십수 일 정도에 이르러 전국 각지를 이동했다.[227] 船商이나 行商의 교역활동을 매개로 지방 자기소에서 생산된 자기류 등은 소재지뿐만 아니라 전국적으로 유통되었을 가능성도 배제할 수는 없다.

문종대 공·사 육상교통과 수상교통으로서의 漕倉 정비를 바탕으로 행상과 선상의 이동 반경이 넓어졌기 때문에 상인이 전국 각지의 장시권을 망라할 가능성은 더욱 커진다. 한강 유역의 조창 확보를 계기로 종래 예성강의 제한된 수역만 활용하던 개경은 한강 이남의 전체 내륙수운의 활용이 가능해졌다. 적어도 문종 이후가 되면 전국적으로 확보된 교통시설로 상인의 이동범위가 넓어지면서 각지 상권이 연결될 수 있었다.

개경과 남경권역에는 민간생산의 물품이 거래되는 魚市[228]·村市·鹽市[229]를 찾을 수 있다. 고려시대 각종 문집류에는 포구 주변 고깃배가 다수 찾아진다. 西郊 浦口에 漕船이 가득하다는 것은 본래 포구의 기능이 공물과 조세곡의

---

225) 『高麗史』 권13, 睿宗 8년 6월.

226) 『高麗史節要』 권9, 仁宗 6년 10월.

227) 北村秀人, 「高麗時代の地方交易管見」 『人文研究』, 大阪市立大學文學部紀要 第48卷 第12分冊, 1996, 910쪽.

228) 『陶隱集』 권2, 詩 送金秘監回自京師覲親驪興仍作一首戲呈李知郡, 日暮露華微, 村市魚兒美, 江城稻米肥 何如好時節.

229) 『東國李相國前集』 권23, 南行月日記, … 庚申春三月 又沿水課船 凡水村沙戶漁燈鹽市 ….

200

수송에 있음을 말한다.[230] 경기는 개경으로 현물이 반입되는 중간지역으로서 漕船은 개경으로의 공납용 물품을 적재한 것으로 생각된다. 강화도시절 城市가 포구 바깥에서 開市되었는데 商船과 朝貢船이 도착하면 매매가 이루어 졌다.[231] 이때 포구 인근에서는 공납품 잉여분의 매매뿐 아니라, 항상적 수급을 목적으로 한 통상적 거래가 이루어졌음을 알 수 있다.

12세기 경기지역의 교역권 형성 양상은 특산적 주산지를 통해서 찾을 수 있다. 대경기지역의 남·북한강 유역에서는 갈대·억새류·柴炭·약초·목재 등이 생산되었다. 조선 건국 직후 태조대의 경우지만, 교주도 지역의 삼림이 재목용으로 북한강 수운을 경유해 한양에 납부되고 있다.[232] 이를 참작한다 면 중기 이후 경기지역에서 願堂·佛事의 증대로 벌목이 성행함에 따라 남·북 한강의 지류를 경유해 개경·경기로 목재가 유입된 것으로 짐작된다.

국가적 토목공사용 기자재는 공물로 충당했지만, 사적 건축물 기자재의 경우는 대부분 가까운 교역처에서 구매하기도 했다. 건축물 기자재의 경우는 아니지만 藍浦縣의 백임지 등이 교환한 잎나무는 농가부산물이다. 이영진은 생선을 팔아서 생활하다가 나졸이 되었는데, 지역 생산물품이 교환되거나 판매되는 사례이다.[233] 경기지역의 경우 고려말 驪興의 村市,[234] 西江의 魚市,[235] 남·북한강 연안의 경우 잉여생산된 물품이 자생적 교역처에서 교환되고 있다.[236] 이는 잉여생산물이나 농가부산물을 시장에 내어 파는

230) 『東國李相國前集』 권6, 古律詩, "月色淸可攬 浦口觀叉魚 銀刀亂相枕 膾雪隨刃飛 … 商笛聲 斷續 …"; 권15, 古律詩 桂陽作詩, "… 夕陽漁笛把杯聽 同寮情重那辭飮 …"; 『東文選』 권4, 七言古詩 遊麻浦, "… 偶出西郊尋別浦 馬蹄穩踏西郊土 西郊十里秋氣早 … 風吹黃稻搖 千里 有亭翼然臨江潯 擧纜渡中流 … 蔽江何處運租船 …."

231) 『新增東國輿地勝覽』 권12, 江華都護府 形勝.

232) 『太祖實錄』 권7, 太祖 4년 2월 癸未.

233) 『高麗史』 권100, 列傳13 白任至; 권100, 列傳13 李英瑨.

234) 『陶隱集』 권2, 送金秘監回自京師 觀親驪興 仍作一首 獻呈李知郡, "爲客經年久 寧親故郡歸 秋風天宇洞 日暮露華微 村市魚兒美 江城稻米肥 何如好時節 彩服重光輝 …."

235) 『益齋亂藁』 권10, 西江風雪, "過海風凄緊 連雲雪杳茫 洛花飄絮滿江鄉 偸放一春狂魚市開門 早 征帆入浦忙 …."

사례에서 알 수 있다.[237]

요컨대 문종 후반부터 관인의 최종 매장지는 점차 확대되어 가는 경기지역
에 조성하였다. 경기지역이 확대되면서 관인의 매장지는 점차 외곽으로
밀려 나감을 확인할 수 있었다. 관인의 매장지 분포선과 생활유적은 근거리에
위치한다. 문종대 전시과 柴地를 개경으로부터 가까운 거리에 지급함으로써
관료생활을 통제하려던 정책은 제 역할을 하지 못했다. 전시과 시지를 분급받
은 관인들은 그들 퇴거지 주변에 일상생활공간을 조영해 나갔다. 전시과
시지의 분급조치는 오히려 해당 지역에서 관인주도의 개발을 가져온 계기로
작용하였다.

경기지역 村市·魚市의 교역품은 貢納品의 잉여분과 소상품으로서 농가
부업생산에 의한 것도 있다. 국가 공납용의 재정적 물화와 시장적 수요에
따르는 유통영역은 전혀 별개가 아니다. 개경·경기지역에서 재정적 물류가
유통하는 경로 위에 자생적 시장이 중첩적으로 성립된 것이다. 경기지역
場市의 개설은 조선전기에는 역농론으로 엄격히 금지하나[238] 고려에서는
법적 통제가 확인되지는 않는다.

4. 三京制의 균형적 유지와 南京建都巡駐의 전개

수도의 입지경향이 정치 군사도시에서 경제적 유통부문을 충족하는 방향
으로 전개되던 당시, 동북아시아의 도시 전개 방향은 보편에 해당한다.
전근대의 국가권력 일반은 공적 지점에서 박리된 사적 부분을 중앙차원으로
흡수하려고 끊임없이 시도한다. 公과 私, 중앙과 주변부가 각자의 영역을

---

236) 『擇里志』卜居叢論 生理條 江居條.
237) 『鷄林類事』, "日早晚爲市 皆婦人 挈一柳箱小一升 有六合爲一刀 以稗米定價之物 以貿易之."
238) 『增補文獻備考』권63, 市糴考.

확보하려 충돌하고 수렴하는 동안, 양자는 단일한 유통권 안에 놓이게 된다. 공공부문의 제도적 틀 안에 제반의 사적 요소가 유기적 정합관계에 있을 때에 비로소 도회 자체도 질적 변환이 이루어진다.

　수도 개경과 인접한 경기의 경우도 당시의 보편적 도회발전의 경향성을 크게 벗어나지는 않는다. 앞서 지적한대로 개경의 도회적 요소는 군사지대인 양계에 연접하는 서경 방면보다는 점차적으로 남부의 남경 방면으로 하향해서 발현된다. 건국초창기 안팎으로 북방전략이 중시될 때 경기를 구성하는 군현은 행정 군사적 중심지에 편향되어 포진하다가, 중기에는 개경·서경·남경의 삼경지역을 망라한다. 연이어 무인집권 전후에 유통 중심지인 남경과 개경의 양경 일대에 분포한다. 경기제의 외피를 통해서 수도의 선정 조건이 군사 행정 중심지에서 경제적 중심지로 하강하는 도시성격과 그 입지적 변화의 보편지점이 관철된다.

　앞서 경기제에 편성된 군현의 지역 거점으로서 기능을 분별지어 봄으로써, 京과 畿內의 도시성격의 흐름을 간파할 수 있었다. 京과 그 연접지역인 畿內의 都會性 구비 유무는 어느 일방의 단선적 관계로 이해할 것이 아닌, 다각적 구도를 설정하여 제시해야 할 문제이다. 누차 지적한 대로 기내에 편성되어 가는 군현은 국초 개경−서경 구간, 중기 이후 개경−남경 구간이 두드러진다. 경기제 편성은 삼경제 운영에 깊이 연동되어 있다 해도 과언이 아니다. 더욱이 성종~현종 연간 경기 북부 중심으로 경기가 설정되다가, 문종대 대경기는 개경−서경−남경 구간을 고르게 1·2일정 거리로 엮어내고 있다. 경기와 대경기의 문제는 삼경 운영의 문제와도 직결되어 있다. 실제 삼경제가 파행을 겪는 중기 이후의 어느 시점에 경기제 역시 축소되어 위축되는 사정은 경기제 다경제의 연결고리를 새삼 환기시켜 준다. 관련하여 국왕의 정치적 역량이 가장 팽창하던 중기에, 三京의 균형잡힌 순주와 더불어 경기 역시 확장되었음은 주지의 사실이다.

　경기는 고려 국초부터 중기까지 지속적으로 확대되어 문종대 대경기제가 시행된다. 문종 이후 대경기제의 추이는 당시 전국적 군현제 개편과 맞물려 매우 복잡한데다, 삼경제와도 연동되어 있기에 실태를 구체화시켜 단정적 판단을 내리기는 더욱 어렵다. 그나마 기왕에 확대되었던 '대경기'가 원종 연간 祿科田 분급을 계기로 元京畿로 환원된 사정을 염두에 둔다면, 시기적으로는 문종 이후 무인집권 전후, 내용적으로는 다경제의 실태부터 파악하는 것이 순서일 것이다.[239]

중기에 이르러 예적 질서의 수립이 진작되면서 국왕의 사시순행도 본래 유교에서 논의하던 의도대로 정비되었다. 建都巡駐의 대의명분은 四時巡幸을 통하여 時候 조절자, 절대군주로서 국왕 권위를 부각시키려는 데 있다. 이를 위한 노력의 일환으로 국왕 권위를 보조할 각종의 예제는 물론 관료제 운영에 직결되는 職員令·官品令·儀制令·封爵令·月令·時令·假寧令 같은 율령도 뒤따라 정비되었다. 시간 시후를 관장하는 국왕의 권위가 제고된 만큼 四時巡幸도 균형감 있게 구현한다.

국초 西京·東京 순행은 국왕이 정국운영의 주도권을 완전 쟁취하지 못한 상황에서 각 지역 정치세력을 무마하는 차원으로 이루어지다가 중기 이후

---

239) 고려시대 多京制는 풍수도참과 도읍경영을 근간으로 하여 착실하게 연구가 진전되고 있다. 초기 연구는 도참을 신비적 타력적 요소로 파악하여 비정상적 국정운영 방식으로 결부 짓는 한계를 지니지만, 최근에는 도참을 국토의 균형잡힌 개발이라는 관점에서 접근하고 있다. 기존 多京制 연구는 주로 각 京의 정치세력 문제에 초점을 두고 있다(홍승기, 「고려초기 정치와 풍수지리」『한국사시민강좌』14, 1994 ; 김기덕, 「한국 중세사회에 있어 풍수 도참사상의 전개과정」『한국중세연구』21, 2006 ; 김창현, 「고려의 運數觀과 도읍경영」『한국사학보』15, 2003 ; 신안식, 「고려시대의 三京과 國都」『한국중세사연구』39, 2014 ; 장지연,『고려 조선 국도풍수론과 정치이념』, 2015). 수도 개경의 수도 위상이 정치 군사적 중심지에서 경제적 중심지로 변전하는 데 따라 각 多京의 중요도가 달리 파악되고 이를 국가차원에서 최종 京畿制로 엮었다는 사실, 즉 京 多京 京畿制 간의 다각적 길항구조를 염두에 두지는 않았다. 京 京畿制 多京을 입체적으로 분석할 것을 제시한 연구는 다음과 같다(정은정, 「고려전기 京畿의 편성과 大京畿制의 형성」『한국중세사연구』17, 2005 ; 「고려중기 경기지역의 공한지 개발」『지역과 역사』16, 2004 ; 「고려시기 개경의 도시변화와 경기제의 추이」, 부산대 박사학위논문, 2009. 8).

사시순행은 국왕중심의 정국주도가 가능해지면서, 관료사회를 능동적으로 끌어가는 기능을 하였다.

중기 국왕의 행차지역은 삼경권역에 고르게 안배됨과 아울러, 이 무렵은 국초부터 중시되어 오던 서경 행차는 巡駐의 정형성을 갖추었다. 기왕의 西京 祭齋는 태조대부터 행해지며 성종·목종대 국왕이 순주했을 때 친히 행해졌다. 서경 재제의 시기가 10월로 고정된 것은 성종대 이후이며 재제의 이름이 팔관회로 명기되고 사신을 파견하여 행한 것은 靖宗 즉위년이 처음이다. 팔관회 의식이 靖宗대 정비되는 것으로 볼 때 서경 팔관회도 靖宗 당시에 제도적으로 정비되었다. 이런 측면에서 靖宗 7년의 서경 순행이 차제의 巡駐의 모법으로 이해된다.[240]

문종 연간에도 7년, 11년, 34년의 세 차례에 걸쳐 서경 순주를 행하였다. 문종 35년에는 서경에 좌우궁을 창건하기까지 하였다.[241] 선종 역시 서경에 행차한 후 1월 팔관회를 개최하였으며 대동강에서 용선을 타고 연회를 베풀었다. 이외에도 서경의 永明寺 九梯宮 觀風殿을 관람하였다.[242] 숙종대도 7년, 10년 서경을 순주하였다. 예종은 즉위년부터 術士를 파견하여 東界의 산천을 순시케 하였으며, 여진정벌을 단행할 때는 서경에서 장수를 파견하였다. 이어 동 11년에는 서경에서 교서를 반포하였다. 인종대에도 대외정세와 맞물려 서경 순주를 단행하였다.

西京 巡駐의 정형을 구축한 데 이어, 남경 순행도 자리잡아간다 靖宗은 삼각산에도 행차했다. 삼각산 행차는 문종 이후 더욱 빈번해지면서 동왕 22년에는 삼각산 일대에 신궁을 건설했다. 선종 7년에도 삼각산에 들르면서 승가굴·장의사·인수사·신혈사를 경유한 후 개경으로 돌아왔다.[243] 숙종

---

240) 장지연, 앞의 책, 101쪽.
241) 『高麗史』 권9, 文宗 35년 8月 辛酉.
242) 『高麗史』 권10, 宣宗 4년 8月 丙午 ; 10월 丁亥 ; 10월 壬辰 ; 11월 乙卯.
243) 『高麗史』 권10, 宣宗 7년 10월 丙午.

4년에는 국왕이 군신을 대동하고 대각국사 의천과 함께 楊州를 상지했다. 의천이 남경으로 갈 때는 삼각산 소재의 사찰을 거쳐간 것으로 보인다. 삼각산 鷲嶺寺·息庵·仁壽寺·洪法院·大慈院·崇臺院·文殊崛244)을 경유한 직후에 상지원에 행차하고는 승가굴에서 기우제를 지내어 백관의 조하를 받아 남경을 건설했다. 연이어 승가굴에서 국청사·장원사를 거쳐 개경으로 돌아왔다.245) 예종대에도 남경 행차길에 승가굴·장의사를 들렀고,246) 의종대에도 역시 승가사·문수사·장의사를 경유했다.247) 개경과 남경 방면에 대한 국왕의 관심 증대로 행차가 늘었다.

인종 14년 묘청의 난 직전까지는 남경에 대한 관심이 고조되다가 이후 잠시 중단되었다. 의종 연간에 다시 남경에 주목하였다. 의종은 南京巡幸衛仗을 제정하고는 남경 행차를 단행하였다.248) 의종 4년에는 남경을 순행한 후 죄수들을 석방해주었다.249) 동 21년에는 남경 순행시 왕이 加頓院에 도착한 후 남경행차에 호종한 신료에게 睿令 兩殿의 侍衛員將과 侍學公子들에게 모두 관직을 주었다.250) 이어 남경 광주에 순행하던 해당연도의 조세와 부역을 감면하고, 그밖의 주현에 대한 부역 절반을 면제해 주었다.251) 의종 12년에는 백주 토산 반월강에 중흥궐을 짓기로 하여252) 잠시 서경권에 대한 관심이 고조된 듯하다. 적어도 인종 13년까지는 서경과 남경으로 순행이 고르게 진행되면서 삼경제가 균형 잡히게 유지되지만, 이후부터는

---

244) 『國譯 大覺國師文集』 권19, 詩.

245) 『高麗史』 권12, 肅宗 9년 8월 丙午, 癸亥 ; 권11, 肅宗 4년 閏 9월.

246) 『高麗史』 권12, 睿宗 3년 10월 壬午 ; 권13, 睿宗 5년 윤 9월 ; 권14, 睿宗 12년 8월 癸未.

247) 『高麗史』 권18, 毅宗 21년 9월 乙丑, 己巳.

248) 『高麗史』 권72, 衣服 威儀.

249) 『高麗史』 권17, 毅宗 4년 9월 丁丑 戊午.

250) 『高麗史』 권18 毅宗 21년 8월 甲子.

251) 『高麗史』 권80, 食貨3 賑恤 恩免之制 毅宗 21년 9월.

252) 『高麗史』 권18, 毅宗 12년 8월 甲申, 9월 庚申, 10월 乙卯.

서경 혹은 남경 어느 한 京만이 부각되었다.

대체로 문종대부터 인종 초반까지는 서경 남경에 고른 순행을 하다가, 인종 후반부터 무인집권 직전까지 삼경 순주의 균형은 결렬되었다. 문종 이후부터 의종 연간까지 삼경의 외형이 유지되는 동안 실제 남경 순주의 횟수가 더 많다. 이는 국왕이 남경 경영에 주력한다는 의미이다. 문종대 남경 순주가 가닥을 잡아가다가 건도논의가 제기되지만, 곧이어 실패로 끝난다. 이후 숙종·예종대에는 순주에 그치지 않고 본격적으로 남경천도가 결행되었다. 순주와 천도론은 해당 지역에 편중된 국가적 관심의 제고차원이자, 도읍으로 부상할 만한 여건이 갖추어져야 논의된다. 남경이 유독 중시되는 것은 국왕의 정국운영과 결부되어 유통중심성을 국가가 적극 포착한 데 기인한다.

남경 건도 순주를 본격적으로 제기한 국왕은 문종이다. 문종은 개경과 서경을 강화하면서도 남경을 설치해 三京을 경영함으로써 국왕권을 강화해 나갔다.[253) 연장선상에서 문종 6년에는 사직단을 신축하고, 문종자신의 지지세력 확장을 위해 內侍省을 두었다. 연이어 문종 10년에는 송악 명당기에 따라 서강의 병악 남쪽에 장원정을 설치하였다.[254) 문종 초반의 남경 경영은 서경 세력을 탄력적으로 견제하면서도 국왕 자신의 권위를 강화하기 위한 조치로 이해된다.

중기의 국왕이 대체로 남경 경영에 주력한 요인은 무엇보다 관인사회의 동향과 결부된다. 문종 후반부터 정치·경제적 방면에서 각 지역세력 간의 균형은 이미 깨어져 있던 터에, 개경과 남경 방면을 주축으로 시장권이 형성됨에 따라 경제적 기반과 잉여 분배방식을 두고 갈등이 노출되기 시작하였다.

---

253) 蔡雄錫, 「고려 文宗代 관료의 사회적 위상과 정치운영」『역사와 현실』 27, 1998, 120~135쪽.
254) 『高麗史』 권7, 文宗 6년, 10년.

국가에서 祿을 고르는 제도에도 쌀을 봉급으로 주게 되면 창고의 저축은 1년분밖에 보관해 두지 못하므로 관공서의 양반에서는 받기를 청하지만 다른 지방에서 가져오기를 기다려야 하기 때문에 그 독촉은 엄중하고 운반하기에도 고되고 애써야 하는 처지이기에 … 권세를 가진 부유한 사람들은 八路의 형편을 측정하여 곡식을 냄에 2배나 이익을 봄으로 가난한 백성들은 더욱 곤궁하고 탐관오리들은 더욱 날뛰며 반대로 청렴하고 단정한 선비들은 달리 얻는 것이 없으므로 부모를 섬기고 가족을 부양함에 오로지 봉급에만 의지하게 되며 게다가 멥쌀은 반을 잡곡과 바꾸려고 그것을 짊어지고 시장에 들어오는 모습은 마치 行商과 같습니다.[255]

위 사료를 통해 개경의 도시세력들 간 즉 공경대부와 하층관료 간에는 상당한 정도의 경제적 격차가 있었음이 드러난다. 개경귀족은 전시과 규정에 따라 科田을 지배하고 식읍·녹읍·공음전·가산 소유를 통해 재경지주로서 대토지 지배를 한데다, 재지적 기반을 바탕으로 현물수취 형태를 위주로 유통구조까지 점유하였다.[256] 개경의 문벌귀족층과 지방품관층으로 기신한 세력들 간에는 소비품목도 달랐다. 문벌귀족층은 은제나 금제의 금속제품, 자기·능라·금의 고급견직물, 고급 청자, 개인용 佛具 같이 귀족문화와 관련된 수공업제품의 주 소비층이었다.

반면 개경에는 누대의 특권을 행사해 온 귀족세력에 비해 상대적으로 한미한 세력기반을 소지한 층이 있었다. 지방품관층으로 기신한 세력은 철제류나 동기류 같은 다소 저렴한 품목의 소비층이었다.[257] 각종 부의 축적에서 소외된 하층관료의 불만은 폭증하였다. 12세기 경부터 이들 지방품

---

255) 『大覺國師文集』 권12, 鑄錢論.
256) 蔡雄錫, 앞의 논문, 22쪽.
257) 서성호, 「高麗前期 手工業 研究」, 서울대 박사논문, 1997, 84~95쪽.

관층의 거경시위가 많아지면서[258] 개경의 상부구조는 권력기반에 따른 경제적 분화가 진행되고 사회적 잉여의 분배방식을 놓고 갈등 대립하였다.

이러한 상황에서 국왕은 어느 한 세력의 편을 들어 자신의 권력구축에 활용해야 했다. 문벌귀족층은 이미 國政을 좌우할 정도로 성장했기에 이들 비대해진 도시세력으로서는 국가정책을 용이하게 펼칠 수 없었다. 개경의 지배구도 속에서 국왕은 기득권층인 문벌귀족과 어려운 타협보다는 새로이 중앙정계에 진출한 세력을 중심으로 國政을 전개해야 했다.

문종의 측근세력은 대체로 기존의 귀족세력에 비해 한미한 출신자가 대부분으로 인주이씨 세력, 국초 호족계로서 현종 이후 등장한 부류, 국초 공신후예로서 문종 이전에는 고급관인을 배출하지 못하다가 이 시기에 등단한 부류들이다. 이들은 현종 이후 기신한 세력이었고 출신 기반면에서는 현종대의 戰功을 바탕한 무반출신이 많았다. 그 중에서도 남경 출신세력이 다수였다.[259]

문종대 興王寺 창건이나 南京 개발은 국왕이 육성한 측근세력을 통해 시행되었다. 부왕인 현종의 玄化寺를 중심으로 한 유가종단과 그에 결탁한 귀족에 대한 견제 목적으로 흥왕사 창건은 더욱 강행되었다.[260] 문종 21년에는 長源亭 아래 연못에서 상서로운 돌을 발견하고는 문신들에게 시를 짓게 한 적도 있다.[261] 長源亭은 순주의 땅으로서 중시되는 곳으로서 문종이 장원정을 찬미케 하는 것은 新都 건설에 대한 지향이 일정 정도 반영되어 있다. 장원정과 흥왕사 행차가 빈번해지면서, 이후 동 22년에는 南京에 新宮이 창건되기에 이른다.[262] 남경 순주의 강도가 커지지만, 결국은 실패로

258) 朴恩卿, 『高麗時代 鄕村社會 硏究』, 一潮閣, 1996, 112~117쪽.
259) 權淳馨, 「高麗中期 南京에 대한 一考察-文宗~仁宗代를 中心으로」, 『향토서울』 49, 1990, 30~38쪽.
260) 韓基汶, 『高麗寺院의 構造와 機能』, 民族社, 1997, 50~54쪽.
261) 『高麗史』 권8, 文宗 23년 5월 庚辰.
262) 『高麗史』 권8, 文宗 22년 12월.

귀결되었다.

문종대의 남경 순주에 이어서, 숙종대에는 이 방면에 적극적 천도논의가
제기되었다. 원년부터 남경천도에 적극성을 띠게 된 데는 숙종의 왕위계승이
비정상적인 절차로 이루어졌기 때문이다. 숙종의 왕위 등극은 李資義 난을
평정한 후 자신의 조카인 憲宗을 폐위시키고 왕위에 올라 父子 혹은 兄弟간의
습위를 원칙으로 하는 고려의 왕위계승의 관례에 크게 어긋나 있다. 숙종의
지지세력도 숙종 잠저시의 부료, 공상조예 등 즉위시의 세력 및 대부분이
과거 급제자로서 문행이 뛰어난 자들로 이들 역시 누대의 문벌귀족은 아니었
다.[263] 즉위 당시의 불법성으로 인해 조종신료의 전폭적인 지지를 받지
못한데다, 이를 불식시키려고 도참을 활용한 遷都를 단행하려 하였다. 예종대
정치세력은 전·후기에 걸쳐 상이하다. 예종 초창기는 국왕측근세력을 중심
으로 숙종대의 왕권강화를 계승하는 입장에서 화폐를 통용하거나 남경천도
같은 新法을 강행하였다. 그러나 여진 정벌 후에는 한안인·이자겸의 주도로
정국이 운영되었다.[264]

본격화된 남경천도는 처음 숙종 즉위의 불법성을 도참으로 포장하기
위한 수단이긴 했어도 남경천도를 위한 수순으로 상지한 후 南京開倉都監을
설치하는 일련의 과정에서, 당시 남경천도 추진 세력의 현실 인식을 읽을
수 있다.[265]

> 도선의 비기에는 "고려의 땅에 3경이 있다. 송악을 중경으로 목멱벌을
> 남경으로 평양을 서경으로 하는데 11, 12, 1, 2월을 중경에서 지내고 3,
> 4, 5, 6월을 남경에서 지내며 7, 8, 9, 10월을 서경에서 지내면 36개국이
> 와서 조공할 것이다"라고 하였으며 또 "건국한 후 160년에 목멱벌에 도읍한

263) 南仁國,「高麗 肅宗의 卽位過程과 王權强化」『歷史敎育論集』5, 1983, 128~132쪽.
264) 박종기,「12세기 고려 정치사 연구론」『擇窩許善道先生停年紀念史學論叢』, 1992.
265) 한국역사연구회,「12세기 전반기 정치사의 새로운 이해」『역사와 현실』9, 1993.

다"라고 하였습니다. … 삼각산 명당기에 이르기를 … 사방의 상인이 저마다 보배를 바치러 올 것이요 … 9년 후에는 사방에서 조공을 바칠 것이다. … 그런데 우리나라에는 중경과 서경은 있으나 남경이 없습니다. 그러므로 삼각산 남쪽 목멱산 북쪽 평지에 도성을 건설하고 때를 맞추어 순행하시기를 바랍니다. …266)

(숙종 7년) 중서문하성에서 아뢰기를 "남경을 새로 건설하는 데는 반드시 땅을 넓게 차지하고 백성들의 농토를 많이 빼앗아야 될 것이오니 청컨대 經緯令의 말한 바에 근거하여 산에 의거하여 형세를 취하기도 하고 물로 지형을 표하기도 하되 우선 안으로 산수형세를 따라 동으로는 대봉까지 남으로는 沙里까지 서로는 岐峯 북으로는 面嶽까지를 경계로 삼으소서"라고 하니 왕이 좋다고 하였다.267)

을미일 최사추 등이 돌아와서 아뢰기를 "저희들이 노원역 해촌 용산 등지에 가서 산수를 살펴본 즉 도읍을 정하기에 합당하지 않습니다. 오직 삼각산 면악(백악) 남쪽의 산수 형세가 옛 궁궐 기록에 부합되오니 청컨대 삼각산 주룡의 중심 지점인 남향관에 그 지형대로 도읍을 건설하소서."268)

金謂磾는 남경천도를 건의하면서 『道詵記』, 『道詵踏査記』, 『三角山明堂記』, 『神誌祕詞』를 거론하였다. 고려에서는 전래의 三京이 있어 이를 순주해야 하며, 지금이 시기적절하다는 것을 주장하기 위해 『道詵記』를 처음 인용하였다. 『道詵記』・『道詵踏査記』가 막연하고 모호한 해석을 한 것에 비해 『三角山明堂記』는 구체적으로 형세를 거론하며 南京을 적시하였다.

---

266) 『高麗史』권122, 列傳35 金謂磾.
267) 『高麗史』권11, 肅宗 7년 3월.
268) 『高麗史』권11, 肅宗 6년 10월 乙未.

『三角山明堂記』에서 삼각산 일대 혈처로 꼽은 자리는 壬坐丙向의 좌향, 남쪽의 案山産에서 造山까지 여러 겹의 산, 북쪽과 동서로 여러 산이 감싸고 있는 곳이다. 壬子年에 이 땅을 개척하면 5년 후 정사년에 왕자가 탄생하며 아홉 번째 해에는 四海에서 조공한다는 건설 시점과 발복시기에 대한 정확한 예언까지 부기하였다.[269]

金謂磾는 『도선기』의 목멱양, 『도선답사기』의 한강북쪽, 『삼각산명당기』의 삼각산을 남경의 위치를 결정지을 수 있는 주요 요소로 거론하였다. 『三角山明堂記』만이 도성을 지어야 할 곳에 대한 형세론적 설명이 비교적 상세하다. 게다가 숙종 7년 중서문하성에서는 地理業 도서 중 하나인 『經緯令』을 거론하여 南京 순주를 적극 상주하였다. 경계표식의 기준을 『經緯令』이 말한 바와 같은 자연형세를 중심으로 삼자고 건의하면서도 新都 건설과정에서 백성들의 失地에 대한 대책을 마련할 것을 독려하였다.

최사추가 相地한 곳은 노원역,[270] 해촌,[271] 용산[272] 등지이다. 주로 삼각산 면악 일대가 도읍터로 건의되는데,[273] 노원역·해촌·용산은 국내 육로·수로 이동이 편리하다. 風水의 順逆을 논하면서도, 南京이 상업이윤 획득에 유리한 지역이라고 지적한다.

김위제·최사추가 남경을 도읍터로 상지하면서 제기한 조공의 편리함 운운한 대목은 실제 대송관계와 해로루트의 변화와 결부된다. 대송관계는 성종 12년 거란의 1차 침입을 겪은 후 고려가 송에 원병을 요청했으나 송이 거절하면서부터 결렬되었다. 문종 25년 송의 요구에 따라 고려에서 民官侍郎 金悌를 파견함으로써 대송 교역은 재개되었다. 문종 28년에는 金良鑑

---

269) 장지연, 앞의 책, 159~161쪽.
270) 『新增東國輿地勝覽』 권3, 漢城府 驛院條. 盧原驛 ; 田溶新, 『韓國古地名辭典』, 고려대민족문화연구소, 1993, 61쪽.
271) 『新增東國輿地勝覽』 권11, 京畿 楊州牧.
272) 『新增東國輿地勝覽』 권3, 漢城府 山川條.
273) 『新增東國輿地勝覽』 권3, 漢城府 山川條·古跡條.

을 송에 파견하여 고려 배의 정박지를 明州로 변경하는 데 합의함으로써 南路가 개설되었다. 南路는 예성강에서 출항하여 자연도(인천)→ 마도(충남 해미 서쪽)→ 군산도 → 죽도(전북 흥덕의 서쪽)→ 흑산도를 거쳐 서남으로 나아가 明州에 도달하는 항로였다.[274] 송과의 교역에서 남로 루트가 부각되면서 서남해역에서 개경으로 들어갈 때 초입에 해당하는 남경이 중시될 수밖에 없다. 이상 남경이 중기 이후 相地의 대상이 된 것은 당시 수도의 조건에 조공 물화의 이동 편의를 고려하게 되었음을 짐작케 한다.

차제에 남경은 제2도읍지·천도후보지로 조공·유통의 편리함이 꾸준히 거론되어, 수도가 갖는 경제적 유리함이 중시되는 사정을 시사한다.

> … 저 월악을 바라보니 중원을 가로질러/ 한강의 물이 처음 흘러내렸네/ 흘러흘러 南紀서 나루를 이루고 … 오는 소 가는 말이 날로 끝없고/ 官渡는 왕왕이 사공을 괴롭히네/ … / 예성강 항구는 바다의 관문이라/ 고기잡이 배와 무역선은 날로 들고 나네/ …[275]

남경은 牛馬가 끊임없이 왕래하고 官渡가 개설된 육·수운의 중심지이다. 이로써 내륙수로와 육상교통의 결절점에 입지하였고, 공간의 중심성과 행정 통치의 효율성을 지리적으로 보장받을 수 있었다. 12세기 이후 한강 유역은 농경지의 양적 증대 및 대송루트의 남로 전환으로 경제력이 급부상한 지역인데다 타 지역과의 교류가 용이했다. 천혜의 자원과 주변의 충적평야로 수취원의 안정적 확보가 가능했기에, 경제적 효용가치도 충분하였다.

문종 이후 의종 초반까지 개경·서경·남경의 삼경 순행이 유지되면서도 남경 경영이 점차 우위를 차지한다. 남경 순행과 남경을 우대한 제반 조치는 모두 자신의 정권을 뒷받침할 지지층을 구세력과 연고가 깊은 서경이나

---

274) 『高麗圖經』 권34, 40 海道.
275) 『圃隱集』 권1, 漢江謠.

기존 王都세력에게서 찾기보다는 새로이 부상하여 참신한 남경세력에게서 모색한 데서 나왔다.

이는 중기에 국왕 자신을 정국운영의 중심에 놓고, 기왕에 파행을 겪은 개경 관료사회의 운영을 정상화하려는 시도에서 제기되었다. 최사추·김위제의 천도 건의문에서 파악되는 바, 남경은 대외무역·공납 같은 국가물류 집산의 편리함을 갖추었다. 개경의 도시적 영향권 안에서 남경의 꾸준한 개발이 진전된 결과, 수도로서 제반 입지조건을 충족한 때문이기도 하다.

중기 이후 남경 건도순주 논의는 이제 首都性이 군사 정치적 입지를 충족하는 것만이 아닌, 경제도시로서 제반 요소를 갖춰야 하는 방향으로 진전되었음을 시사한다. 전국 유통의 중심지로서 새로이 남경에 주목한 국왕의 정책적 지향이 부합되어, 비록 단명에 그치지만 중기에 남경천도가 제기될 수 있었다. 표면적으로는 문종 이후 의종 연간까지 남경 순행이 지속되는 동안에도 서경에 대한 관심은 여전하였다. 이는 남경·서경에 고르게 행차하고 있는 국왕의 행위에서도 뒷받침된다.

삼경 순행이 순조롭게 진행되는 와중에, 남경 순주의 비중이 커져가는 흐름은 해당지역이 경제적 유통중심지로서 기능이 강화되어감을 반영한다. 이와 연동하여 국초부터 연원이 깊은 경기 북부를 제외하면 사실상 경기 남부의 남경 일대가 新京畿로 포섭되고 있다.

제4장 개경의 도시위기와 京畿圈域의 축소

1. 유통관련 도시문제의 확산과 그 병폐

일반적으로 도시문제라 함은 도시의 발전과정에서 부정적 부문이 두드러진 것으로, 도시의 구조적 결함에서 발생하는 것이다. 도시에 이질적 인구가 유입되면서 인구밀도, 사회계층의 분화, 계층간 이동의 증대, 화폐적 결합관계의 진전에서 도시문제가 비롯된다.[1] 동양사회의 도시문제도 그 비중과 심도의 차이는 있겠지만, 도시문제의 유형 면에서는 크게 벗어나지 않는다. 다만 동양 중세도시의 경우 국내 자체의 생산력 수준보다는 대외교역과 국내상업 간 연결이 수도의 도시문제에 끼친 영향이 큰 바, 이에 대한 국가 규제력의 강약 여하가 일반적 개념의 도시문제와는 구분되는 측면이다.[2]

개경의 도시문제도 여타 동양 중세도시와 마찬가지로 도시화의 긍정적 측면 위에 부정적 부문이 노정되는 방향에서 부각되었다. 앞서 지적했듯 12세기 이후 개경은 국내외 물류집산지로서 기능이 확대되어, 행정과 상업의 양 도시기능이 균형을 이루었다. 물화수송의 편의를 위한 각종 유통기구의 정비와 代納과 같은 유통구조의 개선으로 개경은 국가재정적 물류의 집산

1) 하비 촐딘 저·安泰煥 編譯, 『都市와 郊外』, 弘益出版社, 1989, 68~80쪽 ; 東京大學出版會, 『日本の都市問題』, 東京大學出版部, 1963, 153~160쪽.
2) 周藤吉之·中嶋敏, 「商業の發達と都市發展」 『中國の歷史』 제5권, 講談社, 1974 ; 都市史硏究會 編, 「首都性」 『年報都市史硏究』 9, 1999, 3~14쪽.

위에 私的 시장적 유통영역이 점차 활기를 띠게 되었다. 이제 개경은 국가적 질서가 강제되던 권력중핵이라는 王都의 특수성 외에 시장적 기능까지 두루 갖추게 된 것이다.

한편 유통영역의 활기는 국내외 상업활동에 대한 국가통제력이 이완되면서는 각종 도시문제를 야기하는 근간이 되기도 한다. 그러나 12세기 당시 국왕은 앞서 살핀대로 왕도의 도시변화에 일정한 통제를 함으로써 왕도로서 기강을 어느 정도 확립하였다. 다양한 구성의 주민이 개경에 상주함으로써 발생하는 도시오염과 각종 인재에 대해 치수·환경·위생정비책을 제안하는가 하면, 도시의 치안유지와 경역의 통제에 관심을 두면서 왕도를 재정비해 나갔다. 무인집권 직전까지만 해도 이처럼 왕도에 대한 국가의 장악력은 유지되어 소극적이긴 하나, 국왕의 상징적 권위를 왕도 공간에 표출하려 애쓴 흔적이나마 찾을 수 있다.

이후의 무인집권기는 정작 집정무인의 잦은 교체로 인해 일원적 국가권력 수립이 용이치 않았다. 국왕이 주도하는 정국운영이 곤란한 가운데, 개경의 도시사회는 12세기 이후의 사적 분위기가 더욱 증폭하는 경향이 있었다. 이 무렵 고려를 둘러싼 국제적 환경의 변화와 국내 시장권 형성, 다양한 상품거래 방식이 출현하여 개경은 긍정적 측면에서 도시화의 최정점에 놓여 있었다. 그 위에 王都의 공적 구심력 이완으로 야기된 관인 기층사회의 계층분해와 각종의 경제형 도시범죄가 속출하면서, 개경의 도시화는 병폐화되어 갔다. 무인집권기 개경은 전대에 확보된 도시 시장성 확장이라는 긍정적 분위기 안에서, 차츰 부정적 부문이 비대해져 도시 위기의 상황에 노출된 것이다.

첫째, 국제환경의 변화와 관련해서는 고려 건국초부터 송·거란·여진과 다원적 교역활동을 해 오던 터에 공무역보다는 사행무역의 비중이 컸다.[3]

---

3) 이정희, 「고려전기 對遼貿易」 ; 위은숙, 「원간섭기 對元貿易 −『老乞大』를 중심으로」 ; 정용범, 「高麗時代 中國錢 流通과 鑄錢策−성종·숙종 연간을 중심으로」『지역과 역사』

무인집권기에는 특히 남송·금과의 대외관계가 주류를 이루었다. 무인집권 전후 금의 정치 외교적 위상은 상당히 높았다. 금에서 보낸 象輅가 광화문을 통과하기 어렵게 되자, 원칙적으로는 개경의 성문을 보존해야 함에도 불구하고, 金의 격식을 존중하여 象輅는 그대로 둔 채 광화문의 三輪을 떼어낸 조치는[4] 고려가 금을 우대한 때문이 아닌가 한다. 대금교역활동은 전기 이래 북방교역 일반과 마찬가지로 각장무역 互市형태로 官이 무역에 개입하는 성격이 짙었다.[5] 교역장소는 의주·보주의 국경 일대에 치우쳐 교역에 여러 한계가 있었다. 비록 금의 정치 외교적 지위는 격상되더라도, 육상교역과 官의 규제로 교역물량과 품목에 제약이 뒤따랐다.

남송과의 정식 교역활동인 공무역도 전기에 비해 위축된다.[6] 금의 위협이 커지면서 송은 고려에 聯麗정책을 제안한다. 곧 고려가 거절하자 남송의 고종(고려 인종~의종 연간)은 고려와의 통교 자체를 거부하였다. 국가차원의 정식 외교가 단절되자 남송과의 공무역은 현저히 위축되었다. 명종 연간 송과의 교역은 3회, 신종대에는 전혀 없다가 희종대 1회, 고종대 2회, 원종·충렬왕대 각 1회에 그친 정도이다.[7]

금·남송과 고려 간 국가차원의 공식적 교역은 제대로 이루어지지 않은 반면, 사행 사무역은 여전히 활발했다. 남송 초창기에는 閩浙 상인의 활약이 두드러졌다. 강남상인 특히 泉州·明州·台州 상인이 都綱을 우두머리로 집단을 형성하면서 100~300명 정도가 고려에 내왕하기도 했다. 송 상인의 내왕

4, 1997.

4) 『高麗史』 권21, 康宗 元年 7월.

5) 井上孝範, 「北宋期の陝西路對外貿易」 『九州公立大學紀要』 10-2·11-1合集, 1976, 36쪽 ; 烟地正憲, 「北宋·遼間の貿易と歲贈について」 『史淵』 111, 1974 ; 島田正郎, 『遼代社會史研究』, 巖南堂, 1978 ; 日野開三郎, 「五代·北宋の歲幣·歲賜考」 『日野開三郎東洋史學論集』 10, 三一書房, 1984, 334~364쪽.

6) 朱雲影, 「中國歷代商業活動對於日韓越的影響」 『中國文化對日韓越的影響』, 1981, 526~530쪽.

7) 『宋史』 권487, 列傳246 外國3 高麗.

규모는 남송대에 규모가 커졌다.[8] 泉州에 시박사를 설치함으로써[9] 남송과 고려 간 통상은 확대되었다.[10] 대남송 교역에서 출입이 빈다한 고려상인에게 는 세율에서 특혜를 주었다.[11] 특히 남송교역은 북변에 치우친 육상교역보다 는 海路交易이 중시되었다. 北路 루트보다는 서남해 일대 → 남경 → 개경으로 유입되는 南路가 부각되었다. 남로 교역루트는 사실상 고려의 서남방면 해역 전역에 해당한다. 고려-남송 간 교역은 육해로 전반에 걸쳐, 남송 교역의 품목과 질이 고려 국내물화 수급에 영향을 끼칠 것은 어렵잖게 예견된다.

희종대 송과의 무역거래 당시 금지령을 위반한 송 상인을 엄벌한 安玩과 朴得文을 최충헌이 오히려 파면한 조치는 당시의 무역관행과 관련해서 흥미 롭다.[12] 교역품 가운데 금지물품이 무엇인지 알 수는 없으나 송 市舶司가 물품거래에 관여한 것과 마찬가지로 무역상대국인 고려에서도 적극 개입하 고 있다. 그러나 최충헌의 이 사례는 국가의 무역금지령이 제 역할을 상실한 사정을 시사한다. 무역 금지령의 이완은 점차 사무역 비중을 높이는 데 결정적 기여를 했을 것이다.

西湖의 見佛寺에 머물면서 方丈은 쓸쓸한데 다만 청석 한 개만을 가졌는데 자리넓이만 하니 때때로 붓을 휘두름으로써 낙을 삼았다. … 왕은 일찍이

---

8) 蘇軾, 「論高麗賣書利害答子」『東坡全集』 34, 奏議35 ; 김한규, 『한중관계사』, 아르케, 1999, 420쪽.

9) 이원근, 「중국 송대 해상무역 관리기구로서의 市舶司에 관한 연구」『海運物流研究』 44, 2005, 167~195쪽 ; 張祥義, 「南宋時代의 市舶司 貿易에 관한 一考察」『宋代史論叢』, 省心書房, 1974, 578쪽. 시박수입액은 북송 태종대 1/32~1/53, 인종대 1/73, 영종 1/70, 철종 1/114였다가 남송 고종대에는 1/10~1/30, 효종대 1/7~1/10으로 증가하고 있다.

10) 蘇軾, 『東坡集』 권28 ; 이원근, 위의 논문.

11) 金庠基, 『高麗時代史』, 서울대출판부, 1985, 167쪽 ; 羅濬, 『寶慶四明志』.

12) 『高麗史』 권21, 熙宗 元年 8월.

그의 명성을 듣고 大內道場에 맞아들여 華嚴寶典을 강론하고 白金을 하사한 것이 아주 많았는데 師는 그걸 다 써서 사탕 백 덩이를 사들여 그가 거처하는 안팎에 벌여 놓으니 남들이 그 까닭을 물으면 말하길 '이건 내가 평생에 좋아하는 것이야. 혹시나 明春에 商船이 오지 않으면 이걸 어떻게 구하지' 하니 듣는 이들이 모두 그의 진실 소박함에 웃었던 것이다.13)

위는 西湖의 견불사에 머물던 승려에게 華嚴寶典을 강론케 한 후 백금을 하사했는데, 사여받은 백금으로 사탕수수를 구매한 내용이다. 선종 9년 6월 인예태후가 견불사에서 천태종 예참법을 개설해 1萬日을 기약했다든지,14) 국왕이 大內道場에서 그를 맞이해 불경을 강론케 한 사실에서 사료가 제시하는 상황은 국내이다. 西湖僧이 사여받은 백금으로 구입한 사탕수수는 중국 강남 등지의 아열대 기후에서 자생하는 것으로 생필품이 아닌 기호품이다. 사탕수수를 商船에서 구했다는 것은 남송 무역선에서 사적인 형태로 구매했다는 뜻이다.15)

이같이 무인집권기에 국가차원의 무역금지령 이완으로 개경 시전에는 공무역품 외에도 사무역 물품의 방출·유입도 전기에 비하면 증가하였다. 공·사무역품의 시전매입이 늘면서, 부수적으로 개경 官市가 개편되었다. 희종 4년 광화문에서 십자가, 광화문 안 시전행랑이 증설되었다.16) 관인의 京市 참여가 증가한 것을 추인해, 시전을 증설한 것이다. 官市를 매개한 국내외 상업활동의 점증은 무인집권 이전부터 자발적 이주가 진전되고, 육운·수운·원 등 각종 편의시설이 갖추어졌던 데 한 요인이 있다. 무인집권기에는 특히 知人과의 인맥을 넓히는 활동의 하나로서 遊旅가 늘었다. 遊旅는

---

13) 『破閑集』(中), 西湖僧惠素.
14) 『高麗史』권10, 宣宗 9년 6월 壬申.
15) 정용범, 앞의 박사논문, 2014.
16) 『高麗史』권21, 熙宗 4년 7월 丁未.

교제를 위한 필수 활동이다. 무인집권 이후 다수의 遊旅詩가 출현한다.[17] 遊旅가 빈번한데는 관인사회의 人脈 구축과 여행 수요가 있었기 때문에 가능했다.

둘째, 국내시장권 형성이 활기를 띠는 가운데, 교역참여 양상에 따라 개경 관인사회의 계층분화는 더욱 심화되어 나갔다. 12세기 이래 관인사회는 경제기반과 부의 불균등한 분배로 이미 분화되어 있었다. 개경귀족은 전시과 科田과 함께 在京地主로서 대토지 지배를 바탕한 현물수취의 유통구조까지 점유했다. 반면 12세기 전후 새로이 상경한 지방품관층은 상대적으로 한미한 경제기반을 소지한 층이다.[18] 관인사회의 양극화 분위기는 무인집권기에는 더욱 확산되어 정치참여도에 따라 계층이 세분화된다. 이는 집권자의 이해관계에 따라 관인의 정치부침이 잦은 데에도 한 요인이 있다.

… 우리 집 전성하던 시절 시루에 향긋한 쌀밥을 지었을 적에 먹기 싫어 수저도 대지 않았었으니 더구나 脫米를 먹으려 했겠나. 눈 빛깔의 일등품 솜은 열 근이라야 한 줌에 찼는데 귀히 여기지 않고 마구 허비하여 버들솜처럼 허공에 날렸다. …[19]

… 내가 뻣뻣한 종이로 그려달라 하면서 여생에 이만하면 과분하고 만족하다 하였으나, 사실인 즉 집안이 본래 가난하여 비싼 값으로 비단 사기 힘들어서였네. 고맙게도 그대는 이 일을 나무라지 않고서 네 줄기를 단번에 휘둘러서 그려 주었네. …[20]

---

17) 『東國李相國後集』 권9, 紙有餘地又作一絶破南行之意 ; 『稼亭集』 권5, 東遊記 ; 권19, 律 詩, 永郎湖次安謹齋詩韻.
18) 朴恩卿, 『高麗時代 鄕村社會 硏究』, 一潮閣, 1996, 112~117쪽.
19) 『東國李相國前集』 권10, 古律詩, 謝文禪老惠米與綿.
20) 『東國李相國後集』 권4, 古律詩, 又以長篇二首 求墨竹與寫眞.

이 몸 벼슬길에 물러난 후로. 지금토록 말 사기 더디었는데. 드나들 일 아직도 많아. 남의 것 빌어 타자니 부끄럽구나. …21)

위는 이규보의 생활단면을 보여주는 기사이다.22) 이규보가 전성시절이라 표현한 시점은 고위관직에 재임했을 때로 이해되며, 쌀과 솜은 봉록으로 받은 물품이다. 고위관직 재위 당시 이규보의 넉넉한 생활을 엿볼 수 있다. 이후는 이규보가 관직에서 물러나면서 생계가 곤란해진 사정을 시사한다. 퇴거한 뒤 조정 출입에 말이 필요할 때 남의 말을 빌리기도 하며 비싼 값으로 고급비단을 사기 어려워 술 값 마련차 자신의 옷을 저당잡히기도 하였다.23) 이규보는 값이 저렴한 도기를 즐겨 사용했는데,24) 당시 상층관인 들이 飮茶에 고급청자를 즐겨 쓰던 것과는 대조적이다.25) 무인집권기 이규보 개인의 관직수행 여하가 생활수준의 급락을 가져온 경우처럼, 잦은 정치부침 은 관인의 항상적 수입원 확보를 어렵게 하였다.

무인집권 당시는 현실 정치참여 여부가 관인 개인의 생활수준과 경제기반 의 격차를 초래하였다. 거기에 당시는 관인의 일상생활용품에서도 상층·하 층 관인간 소용품이 달랐다. 개경 관인사회는 사회적 잉여 분배방식과 정권 참여도에 따라 사치품 수요에서도 경제적 격차가 증폭되었다. 관인 상·하층 간 녹봉액의 多寡로 인해 삶의 수준에도 간극이 있었다. 녹봉액이 부족해

---

21) 『東國李相國後集』 권3, 古律詩, 借馬曾有馬死詩.

22) 金毅圭, 「高麗武臣執權期 文臣의 政治的 動向」 『史學論志』 3, 1975 ; 「高麗武人執權期 文士의 政治的 活動」 『韓㳂勉紀念韓國史學論叢』, 1981 ; 「高麗武臣執權期와 文臣」 『國史 館論叢』 31, 1992 ; 김인호, 「이규보의 현실이해와 정치경제 개선론」 『學林』 15, 1993 ; 金皓東, 「高麗武臣政權時代 文人知識層의 硏究」, 영남대 박사논문, 1992 ; 朴昌熙, 「武臣政權時代의 文人」 『한국사』 7, 1973 ; 「이규보의 본질에 대한 연구」 『외대사학』 2, 1989.

23) 『東國李相國前集』 권11, 高律詩, 全履之見訪 與飮大醉贈之.

24) 『東國李相國集』 권1, 古賦 陶甖賦幷序 ; 『역주 고려묘지명집성』(상) 咸有一.

25) 徐聖鎬, 「高麗前期 手工業 硏究」, 서울대 박사논문, 1997, 84~86쪽.

생계가 곤란한 관인이 허다한가 하면, 녹봉 외의 다른 경제기반 조성에 적극 가담한 층도 있어 관인의 부차적 경제기반 조성이 거의 관례가 되다시피 했다.[26]

무인집권기 관인층은 각자의 경제적 층위에 따라 토지탈점, 선물·뇌물수수, 강제적 교역행위 등 각종 경제활동에 참여했다.[27] 이러한 관행은 전기 이래 국가적 토지분급제가 제 기능을 수행하지 못한데다 사회부정이 증폭된 데 따른 비정상적 경제활동이다. 관인의 선물·뇌물 수수품목은 일상생필품 외에도 茶, 松搔, 瓷器 등의 飮茶 도구, 그림·詩·書, 생강의 조미료·기호품 등 다양하다.

물품의 수수행위는 사찰 또는 인맥이 있는 知人에게 지급되는 경우가 종종 있어 왔다. 관상용 그림의 경우, 예종 연간부터 李之抵처럼 관인개인이 소장하기도 했다. 이미 문종대에 그림의 소재지와 畫工의 존재가 파악되는데 대개 국가의 대외교역 산물이자 圖畫院 소속 畫工들의 것이 주류를 이룬다. 그러나 의종대 定山縣 維鳩驛에 公館을 수리할 때 畫工을 청해 벽에 채색을 했는데 畫工의 이름은 모른다고 한 점에서,[28] 그림을 그린 畫工은 관영수공업 장에 소속된 匠人은 아닌 것 같다. 12세기 전후로 관영수공업장이 해체되면서 민간에 유입된 畫工들이 그림을 그리기 시작했고, 이들을 통해 그림의 구매가 이루어진 것이라 여겨진다. 李之抵가 田拱之의 그림을 구매한 데서 보듯[29] 민간 畫工과 금전거래가 가능한 수급체계가 존재했음은 짐작된다.

셋째, 무인집권기 관인사회의 상품거래 활기는 민간부문의 변화를 전제로 하는 것이면서도, 동시에 기층사회의 분화를 촉진하기도 했다. 개경의 기층 민은 농업생산력 발전에 따른 상품거래 참여여부에 따라 富戶層이 출현하였

26) 『역주 고려묘지명집성』(상), 神宗 4년 □東輔.

27) 鄭龍範, 앞의 박사학위논문, 2014.

28) 『補閑集』(下), 毅王近聲色好遊 ; 毅王詔五道及東西兩界分遣史.

29) 『高麗史』 권122, 列傳35 李寧.

다. 부호층은 관인의 대외교역 소용품을 조달할 정도로 잉여생산이 가능했다. 대송교역의 결과 송에서 고려에 유입된 물품은 絲·絲織品·瓷器·金箔의 수공예품, 藥材·花木·茶·書籍·文房具·染料 외에 鄕藥·枕向·犀角·象牙·鸚鵡·孔雀 같은 서남아시아산품이 대부분이다. 송 상인이 직접 고려 조정에 물품을 헌납하면 고려는 가치를 매겨 銅·銀·蠟·人蔘·茯笭·松子·毛皮·黃漆·硫黃 등 원자재와 각종 綾羅·香油·金銀銅器·松烟墨의 가공품·토산물로 답례했다. 人蔘·松子·文席·종이·부채는 송나라 사람들의 환영을 받는 물품이었다.[30]

대외교역 소용품은 대부분 所 생산품이나 민간 공물로 조달되는 것이 원칙이었다. 하지만 일부 원자재 토산물 가운데 농가부산물의 경우는 소상품 생산이 가능해진 농민 부호층으로부터 조달했을 가능성도 있다. 물론 농민적 잉여생산물의 거래는 원간섭기 소농민 자립도가 제고되어야 광범해지지만, 12세기 전후 농업 생산력의 발전을 기반으로 부호층이 출현하였다. 여말 중앙 권력자가 아니면서 부를 축적한 자들 富强兩班·富戶·富民·富實之家로 표현되는 자들도 점진적으로 늘어났다.[31] 이들 거부층이 사치적 수요를 충당하는 주요 소비층으로 등장하였다.

무인집권기에는 대납업자를 국가에서 활용하기도 했다. 문종대 평포의 절가대납에서 출발한 것이지만, 의종 원년에는 양계의 군자를 운반하는 과정에서 이들을 활용하였다. 兩界의 군자곡 水運 당시 궁원과 권세가들이 품질이 떨어지는 匹緞·布貨·絲·銀 등을 가지고 兩界에 가서 當道別常에게 依付하여 高價로 납부하고 그 대가를 서남지역에서 받기 때문에 서남과 양계 지역민이 모두 피해를 입는다고 했다.[32] 대납업자가 정부와 연계해서 군수물자 체계에 이용된 것이다. 초보적 형태의 대납업은 군수물자 수송에서

---

30) 『高麗圖經』 권23, 雜俗 土産.

31) 위은숙, 『高麗後期 農業經濟研究』, 4장 직물수공업의 발전과 소농민경영의 성장, 혜안, 1998, 192쪽 ; 洪榮義, 「高麗後期 富戶層의 存在形態」 『擇窩許善道先生停年紀念韓國史學論叢』, 1992.

32) 『高麗史』 권85, 刑法2 禁令 毅宗 元年.

주로 동원되지만, 이후에는 공납용 물품과 시장적 유통거래를 담당할 정도까지 성장하였다.[33]

12세기 이후 지속된 요역제의 변화로 雇工과 物納 담당층이 확산되기도 했다. 당시 요역제의 변화는 遊離民이나 빈농을 고용노동으로 동원하고, 일부에서는 役의 物納도 진행되었다. 무인집권 전후 국가와 관인사회의 잦은 건축물 조영은 12세기 이후 대거 발생한 유휴노동력을 토목기술의 수요체계로 끌어들였다. 고용노동이나 물납은 노동력 부족을 해소하기 위해 遊手之徒를 활용하는 방식으로 시도되기도 했던 것이다.[34] 원래 고공·물납제는 직접 노동력 징발을 하던 단계로부터 민의 부담을 경감하는 조치이다. 이는 송대에 국가가 정책차원에서 고용노동을 합법화하면서 고공의 출현이 급증한 것과 맥을 같이한다.[35] 상품거래에 편승한 고공과 상인, 장인에 대한 지속적 관심은 민간 부호층의 존재를 인식한 때문이다. 무인집권기 활기를 띠는 상품거래에 편승해 기층민의 활동 영역도 넓어지게 되었다.

대조적으로 기층사회는 토지에서 이탈, 몰락한 하층민이 출현해 遊離 걸식하는 등 양극화현상이 심화되었다. 유리민 가운데 일부는 생계수단 모색을 위해 개경으로 모여들었다. 기층민의 몰락은 생존을 위한 자구책으로 매음에 투신하거나 인신매매를 할 정도에까지 이르렀다. 沙平津에는 在家和尙으로 추정되는 남자들과 함께 遊女가 많았다.[36] 沙平津 遊女의 유형은 14세기 女肆라는 조직적 매음의 양상으로 나아가고 있었다.[37] 매음이 성행한 데 따른 遊女의 출현은 富의 심각한 양극화 현상을 반영한다. 농업생산의 피폐와

33) 김동철, 「고려말의 유통구조와 상인」『부대사학』9, 1985.

34) 이정희, 앞의 책, 238~245쪽.

35) 仁井田陞, 『中國法制史研究』, 東京大出版部, 1963 ; 柳田節子, 『中國の傳統社會と家族』, 汲古書院, 1993 ; 李錫炫, 「宋代 雇傭奴婢의 등장과 奴婢觀의 變化」『東洋史學研究』 63, 1998 ; 「宋代 不法的 隸屬民의 成立과 國家權力」『東洋史學研究』86, 2004.

36) 『東國李相國前集』 권6, 宿沙平津.

37) 徐聖鎬, 「高麗武臣執權期 商工業의 展開」『國史館論叢』37, 1992.

기근으로 人肉까지 팔았다.[38] 빈민층은 인신매매나 기근으로 인해 생계가 곤란했던 것이다.

광범한 기층민의 몰락으로 무인집권기 개경에는 불법적 예속민과 浮遊層이 속출했다. 앞선 의종 6년 확인되는 京市案이나[39] 遊女籍은 국가가 浮遊層을 파악하였음을 보여준다.[40] 이는 유통경제의 발달에 따라 연예·유예업이 요구된 데 이어 국가에서도 이들을 주목한 때문이라 하겠다. 무인집권기 상품화폐경제의 발달로 지역 내 분업으로 충당할 수 없는 물자를 제공받거나, 연예오락 등을 수급받으려는 수요 탓에 정착활동 외곽에서 浮遊하는 존재로서 양수척이나 장인, 상인들도 주목받고 있었다.[41] 遊女·揚水尺·商人 등 浮遊層은 어느 정도는 국가에서 용인한 층이다.

불량한 행위자로 인식된 無賴·浮浪人도 대거 출현하였다. 無賴·浮浪人·逃亡人은 국가적 法網에서 이탈해 공적 질서를 파괴하는 층이었다.[42] 일부는 公民이 아닌 관인의 사적 예속민이 되어 관인사회의 토지개간에 활용되기도 했다. 부랑민은 변경의 둔전개발에 활용되기도 했다.[43] 無賴 일부는 후기에

---

38) 『高麗史』 권19, 明宗 3년 4월 丙子.

39) 『高麗史』 권75, 限職 毅宗 6년 2월.

40) 『高麗史』 권102, 列傳15 李淳牧 附 李需.

41) 채웅석, 「고려 중·후기 '무뢰'와 '호협'의 행태와 그 성격」『역사와 현실』 8, 1992, 259~261쪽.

42) 岡本堅次, 『浮浪と盜賊』, 歷史新書, 1981, 176쪽. 일본의 경우 율령제에서 浮浪과 盜賊을 구분하였다. 浮浪은 課役을 부담하여 호적에 등재되었어도 불법적 행위로, 逃亡은 課役을 부담하지 않고 호적에 등재되지 않는 것으로 간주하였다. 浮浪이 賦役을 내지 않으면 亡法으로 처리되고 逃亡에 대해서는 벌칙으로 규정하였다. 법 해석상에 서는 차별되지만 浮浪과 逃亡 盜賊은 엄격히 구분되지는 않는다. 『高麗史』에서도 무뢰·도적·부랑·유랑민은 따로 구분되지 않고 법적 틀에서 벗어난 행위를 범칭하는 데 그치고 있다.

43) 일본의 경우 공한지 개간에 浮浪民 流浪民이 적극 활용되었다. 養老 7년(732) 墾田三世一身法이 제정되었는데 溝池의 이용과 개간에 따른 사유체계를 공식적으로 명시하였다. 개간과정에서 토목 수리공사가 중시되었다. 이로써 12세기 무렵에는 부랑민이 적극 토목기술을 활용해서 개발을 주도하였다(『養老令』 養老 7년 4월). 12세기 고려사회에서도 광범한 유민 무뢰가 발생한 사정은 일본과 마찬가지다. 무뢰 호협 가운데는

교역활동에 적극 가담하지만[44] 무인집권기 때의 무뢰의 경제활동은 토지개간에 국한된다.[45] 浮浪民·盜賊 등에 대해서는 국가적 공민과는 차별을 두면서도 公民化를 시도하였다. 浮浪民은 토지제·조세제도가 철저히 관철될 수 없던 변경 개척에 이용되어 새로이 개발을 주도한 긍정적 측면도 있다. 그러나 본질적으로는 부랑·무뢰·도적은 王都의 치안에 저해되는 계층이다.[46]

넷째, 각종 浮遊層을 위시한 다양한 계층의 인구가 밀집함으로써 불법적 動産 점탈이나, 각종 경제사건·범죄행위가 양산되어 사회문제가 되었다. 일부 浮遊層은 課役을 기피해서 관인사회에 널리 유행한 別墅 경영이나 교외개간에 종사하기도 했다. 농장에 불법적 예속민이 허다해져 국가에 납부해야할 조세를 농장에서 포탈함으로써 사회문제가 되었다.[47]

개경에서는 토지 탈점 외에도 주택·묘전 탈점이 자주 발생하였다. 부호가나 권세가가 집거하면서 주택 탈점이나 매매가 이루어졌다. 개경의 관인층은 주로 近畿지방에서 과거제와 전시과의 경제적 보장을 받았기에 그들 근거지는 자연히 개경으로 집중된다. 그들 묘지도 대개 개경 부근을 벗어나지 않아서 관인들이 지방에서 病死하여도 葬地는 개경부근으로 移葬을 한다.[48] 경종 원년에 문무양반의 무덤 규모를 정했는데, 이후 타인의 墓田을 자신의 소유로 경작하는 등 葬地를 두고 소송사례가 많아졌다.[49] 정존실이 사저를 건립하면서 민가를 점탈하거나[50] 국가 공물수송에 기생해 불법적 부를

숙종대에 그들의 경제력을 바탕으로 왕위계승을 핵심적으로 조력한 사실이 있다. 이들이 토목기술을 소지하여 지역 개간을 주도했을 개연성도 있다.

44) 『高麗史』 권46, 恭讓王 3년 5월 郞舍許應上訴.

45) 부랑민·유랑민이 변경지대 둔전개발에 일부 활용되기도 했다(金賢羅, 「高麗後期下層身分 硏究」, 부산대 박사논문, 2006, 82~96쪽).

46) 『高麗史』 권85, 刑法2 盜賊.

47) 魏恩淑, 앞의 책, 1998, 143~146쪽.

48) 『韓國金石全文』, 吳元卿墓誌.

49) 『高麗史』 권85, 刑法2 禁令.

축적하기도 하였다. 정세유는 공물을 바친다고 거짓으로 고하고는 私的으로 포탈하면서, 공적 수송에 활용되어야 할 驛馬를 개인이 私利를 위해 전용했다.[51] 국왕이 진상품으로 포백을 후히 주자 더 많은 진상품을 받기 위해 다른 지방에까지 가서 물품을 구해 바치는 사례가 빈번하다.[52] 거경관인의 사적 이윤 추구는 기층민의 점탈을 바탕하여 이루어졌다.

요컨대 무인집권기에는 중국과의 공적 교역보다는 사행 사무역 비중이 높아졌다. 대외교역 질서의 구조적 변화에 연동하여, 교역품의 잉여를 처분하던 관시체제보다는 사적 유통거래의 장으로서 국가부문과는 별개의 시장권이 조성되기 시작한다. 비록 국지적 차원이긴 하나, 대외교역의 환경변화가 국내 시장권 형성을 자극한 기제가 되어 준 셈이다. 무인집권기 개경은 12세기 이래의 도시화가 더욱 가속화되어 관인의 유통방식 분화, 유통경제와 관련해 기층사회에서도 다양한 층이 출현했다. 무인집권기 권력은 기층사회를 침탈하고 공적 부문을 침해하는 방향으로 행사되었다. 이는 왕도의 공적 구심력이 희석되는 측면으로 이어진다.

2. 도시권력의 多岐化와 위기관리책 부재

무인집권기는 앞선 12세기 사회상의 연장선에 있으면서 이전에 비해 제반부문의 변화는 급격히 이루어졌다. 특히 무인정권에 대한 지방사회의 반발로 후삼국부흥운동이 전개됨으로써[53] 고려왕조의 정통성이 무너졌다. 결과 왕도로서 개경의 입지는 크게 동요하였다. 게다가 이 시기는 집권무인의

---

50) 『高麗史』 권128, 列傳41 鄭仲夫 附 鄭存實.

51) 『高麗史』 권100, 列傳13 鄭世裕.

52) 『高麗史』 권20, 明宗 16년 7월 甲辰.

53) 申安湜, 『高麗 武人政權과 地方社會』, 景仁文化社, 2002, 171~205쪽.

잦은 교체로 권력은 이전과 같이 항상적 집약적이지는 못했다. 왕도의 도시권력은 국왕 측근세력 집권무인의 세 층위가 각각 분점함으로써 그 구심점은 多岐化되었다.[54] 무인집권기 무렵은 다양한 도시권력이 혼재하여 도시문제에 탄력적으로 대처할 일원적 권력이 결손된 상태였다.

그럼에도 무인집권 초창기까지 정치질서는 국왕을 정점에 둔 정치체제가 일정 부문 유지되고 국왕과 집권무인과의 타협 속에서 통합의 움직임도 있었다. 명종 후반부터는 집권무인이 권력을 독주하게 되면서 집권무인 위주로 각종의 국가정책을 제시하였다.[55] 고종 재위 초창기까지는 제한적이지만, 동요하던 지방사회에 안찰사 수령관을 파견해 비록 소극적이긴 하여도 집권체제의 안정을 모색하였다. 몽골침입이 격화되는 고종 후반부터는 각종 임시사행도 제 기능을 다하지 못했다.[56] 고종 집권 후반 장기간에 걸친 대몽항전은 각종 국가시책을 정상적으로 펼칠 수는 없는 상황이다. 이렇듯 국왕 정치활동 공간인 왕도에서도 대몽항전은 한 획을 그을 수 있는 시기이다.

이하에서는 무인집권기 왕도의 위상 문제를 이 시기 전반에 걸쳐 국왕 거소인 궁궐이 잦은 변괴로 위협받고 왕권유지의 상징이던 후원조성 사례가 전무한 점, 개경사원이 왕권을 뒷받침하는 사상응집력을 갖지 못하고 관인원당이 증대된다는 점, 대몽항전을 전후해서 화재·재이관련 기록이 빈번한 사정을 몽골전쟁의 피해라는 관점을 벗어나 도시 위기관리책과 방재체제의 부재라는 측면에서 살피려 한다.

---

54) 王都에서 권력은 국왕 및 측근세력, 집권 무인 등으로 구심점은 多技化되었다. 이러한 측면은 무인집권기와 유사한 체제인 중세 일본에서도 사정은 마찬가지이다. 일본에서는 이 시기 국가체제를 權門體制論(다원적 국가론)으로 이해하면서 武家·公家·寺院勢力이 王都에서 권력을 분점한 것으로 보고 있다(中世都市硏究會, 『都市空間』, 新人物往來社, 1994 ; 『都市と宗敎』, 新人物往來社, 1997 ; 伊藤政敏, 『日本の中世寺院』, 吉川弘文館, 2000).

55) 한국역사연구회, 「고려 무인집권기의 정치구조」 『역사와 현실』 17, 1995 참고.

56) 박종진, 「강화천도시기 고려국가의 지방지배」 『한국중세사연구』 13, 2002, 74~90쪽.

1) 개경 궁궐의 위축과 後苑 조영 감소

앞서 제기한 무인집권기의 각종 사회문제·토지탈점·고리대·불법적 상행위에 대한 국가차원의 대책이 전무한 것은 아니다. 신종 원년 산천비보도감의 설치를 통해서 직전 무인세력의 경제기반을 축소한 조치, 교정도감을 설치해 경제운영을 주관케 했던 점, 상업 고리대 대책으로 평두량도감을 설치, 희종대 시전을 증설, 신종 2년 수양장도감 오가도감을 설치해 부세수취의 안정을 도모하였다.

개경에 보다 직접적 사례로는 왕경내 도로 옆 가옥들이 官途를 침범한 것을 교로도감으로 하여금 정비케 했다든지,57) 이준의가 순검군을 시켜 간관을 능욕한 데 대해 오히려 간관을 황성에 가두었던 조치가 있다.58) 이준의 관련건은 황성을 형벌 집행장소로 삼아 집권자의 권위를 과시하려 한 변칙적 조치로 이해된다. 뒤이어 고종 때 흉년이 들자 右倉의 쌀을 매입하게 되었는데 사려는 사람들이 많았다.59) 임시변통책이지만 국가 주도로 市糴·市賈制를 운영해, 공적 규제력을 과시하려 한 측면을 보여준다.60) 집권자의 권위를 과시하거나 황성에서 국왕권위를 표출하려 어느 정도 노력을 기울이지만, 전반적으로 권력중핵인 왕도의 위상은 약화 일로에 놓여 있었다.

이 시기 궁궐이 변괴로 인해 위협받은 사실이 허다했다. 명종대 어떤 자가 궁궐에 침입해 이빈문 밖 보랑의 궁궐 건물을 훼손하였다.61) 국왕거소가 직접 위협받거나 훼철 소실되는 것에 더하여62) 왕실차원에서 신성시 여기던 국왕릉 도굴 사건도 빈번하게 발생하였다. 이는 전대에는 없던 사건으

---

57) 『高麗史』 권19, 明宗 8년 3월 戊午.

58) 『高麗史』 권19, 明宗 元年 9월 戊子.

59) 『高麗史』 권102, 列傳15 宋彦琦.

60) 宮澤知之, 『宋代中國の國家と財政』, 京都大學出版部, 2001, 453~488쪽.

61) 『高麗史』 권20, 明宗 27년 2월 壬子.

62) 『高麗史』 권19, 明宗 元年, 2년, 11년 7월 己卯 ; 권21, 熙宗 4년 8월 丙申.

로 국왕권위가 상당히 실추되었음을 의미한다. 일시적이나마 궁궐을 수즙·복구하거나[63] 강안전을 완공하고 궁궐정문 현판의 명칭을 무관의 입김을 반영하여 변경하기도 하였다.[64] 무인집권기 궁궐의 훼손과 명칭 변경은 궁궐이 더 이상 국왕권위를 반영하는 항상적 권위공간이 아니라, 문무반의 대결국면에 맞물려 정쟁장소로 변질되었음을 뜻한다. 이 같은 왕도의 중핵적 기능 약화는 동 시기의 송대와 마찬가지로 국가의례가 급감하는 데서도 찾을 수 있다.[65]

<표 4-1> 무인집권 전후 궁궐 및 전각의 운영[66]

전각	내용	왕대	년월일	비고(횟수)
강안전	격구	의종	4년 11월 병신	1
	국마 검열	〃	5년 10월 무신	1
	양부악 관람	〃	6년 1월 계축	1
	즉위식	강종	즉위전	1
	즉위식	고종	즉위전	1
	조서	원종	즉위전 10월 기유	1
대관전	즉위	의종	즉위전	1
	금사신 연회	〃	이하 생략	10
	금강경도량	〃	6년 9월	1
	보살계	〃	1년 6월, 3년 6월	2
	소재도량	〃	3년 10월, 6년 8월	2
	제야도량	〃	4년 12월	1
	정조축하례	〃	24년 1월	1
	연회	〃	7년 4월, 24년 5월	2
	즉위	명종	즉위전	1
	금사신 연회	〃	이하 생략	12
	인왕도량	〃	11년 10월, 14년 4월	2
	보살계	〃	1년 6월	1
	소재도량	〃	1년 7월	1
	금 조서	신종	즉위전 5월	1
	금사신 연회	〃	즉위전 11월, 6년 12월	2
	연희	희종	2년 4월	

---

63) 『高麗史』 권20, 明宗 9월 3월 己未, 10년 11월 壬子, 16년 4월 丁卯.

64) 『高麗史』 권20, 明宗 10년 11월 壬子.

65) 梅原郁, 「南宋の臨安」『中國近世の都市と文化』, 京都大學人文學研究所, 1984, 6~9쪽.

	몽골사신 조서	고종	5년 5월	1
	몽골사신 연회	〃	8년 10월	1
	보살계 수계	〃	11년 6월	1
	원사신 조서	원종	5년 5월	1
	인왕도량	〃	5년 7월	1
선정전	백고좌도량	명종	1년 10월	1
	소재도량	〃	1년 5월, 17년 2월	2
	불정도량	신종	6년 11월	1
	소재도량	〃	6년 3월, 10월	2
	왕태후책봉	희종	3년	1
	관정도량	강종	1년 1월	1
	금강경도량	고종	14년 4월	1
	무능승도량	〃	4년 1, 4, 10월, 14년 9월	4
	반야도량	〃	15년 5월	1
	사천왕도량	〃	4년 12월	1
	소재도량	〃	이하 생략	16
	삼청	〃	15년 1월	1
	인왕도량	〃	15년 6월	1
	태일	〃	9년 3월	1
명인전	보살계	의종	1년 6월	1
	인왕경도량	〃	4년 10월	1
	인왕경도량	〃	6년 3월	1
	불정도량	명종	2년 12월, 7년 10월, 10년 10월	3
	소재도량	〃	9년 11월	1
	본명	〃	3년 7월	1
	장경도량	〃	13년 2월, 15년 3월	2
	제석도량	명종	3년 1월, 6년 2월	2
	보살계	〃	18년 6월	1
수문전	반야도량	의종	3년 6월	1
	불정도량	〃	5년 4월	1
	보살계	〃	9년 6월	1
	연희	〃	18년 5월	1
	제석도량	〃	23년 1월	1
	무능승도량	신종	6년 2월	1
	제석도량	〃	6년 1월	1
	무능승도량	고종	14년 9월	1
	불정도량	〃	9년 3월, 10년 2월, 11년 9월, 15년 9월	4
	소재도량	〃	10년 11월, 15년 1월	2
	친제	〃	15년 6월	1
내전	기복도량	의종	10년 3월 임자	1
	남두성	〃	3년 5월, 5년 5월	3

북두성	〃	6년 4월, 23년 3월	2
반승	〃	10년 3월, 22년 3월	2
삼계	〃	5년 8월, 6년 7월	2
삼청	〃	15년 9월	1
태일	〃	5년 5월, 6년 6월, 23년 3월	3
11요	〃	4년 12월, 23년 2월	2
72성진	〃	5년 6월	1
천조	〃	4년	1
백희 관람	〃	6년 12월	1
친제	〃	6년 1월	1
백고좌도량	명종	23년 10월	1
불정도량	〃	5년 10월, 7년 1월	2
승법문도량	〃	20년 12월	1
인왕도량	〃	11년 12월	1
제석도량	〃	7년 1월	1
태일신	〃	3년 3월	1
보살계	강종	1년 6월	1
성변도량	〃	1년 8월, 10월	2
연생경도량	〃	1년 1월	1
공덕천도량	고종	22년 3월, 23년 8월, 29년 7월	3
담론법석	〃	10년 4월	1
원사신 연회	〃	18년 11월, 19년	3
보살계	〃	15년 6월	1
반승	〃	12년 8월	1
삼계	〃	38년 11월	1
소재도량	〃	12년 8월, 17년 1월, 21년 9월, 23년 2월, 10월, 30년 9,11월	7
연희	〃	23년 2월	1
인왕경도량	〃	38년 6월	1
지풍도량	〃	22년 2월	1
공덕천도량	원종	6년 3월	1
금강경도량	〃	14년 12월	1
불정도량	〃	7년 10월, 8년 10월	2
3계기도	〃	5년 3월, 6년 3월	2
소재도량	〃	5년 2월, 7년 10월, 8년 9월, 13년 12월, 14년 10월	5
설선	〃	7년 10월	1
11요	〃	14년 11월, 12월	2

---

66)『高麗史』세가를 참고하여 작성.

〈표 4-1〉은 명종 연간부터 고종 후반까지 개경 궁궐에 배설한 의례를 제시한 것이다. 명종~고종 재위초까지 소재도량·인왕도량·신중도량·천병도량·공덕천도량이 궁궐 내 주요전각에서 개설되었다.[67] 국가의례를 도내 핵심전각에서 거행하여 국왕의 권위를 구현하려 하였다. 그러나 도량과 마찬가지로 법회나 사원친행은 명종~고종 재위초까지는 일정 정도 유지되다가, 고종 후반 원종 교체기에는 거의 설행되지 못했다.[68] 도량·법회의 개설, 국왕의 사찰 친행이 고종초까지는 대체로 연평균을 상회하다가, 항몽기간 동안 급감한 것은 국왕의 정치적 역량이 저하되는가 하면 국왕권 행사가 용이하지 않던 정황을 뜻한다.[69]

더욱이 몽골군이 서북방면으로부터 개경에 진입하면서 민가가 소실되고 민심이 이반하였다.[70] 몽골군이 개경에 주둔하면서 흥왕사 등의 중심사찰을 파괴한 데 이어[71] 智陵도 피해를 입었다. 복구 차원에서 고종 31년 세조와 태조릉을 강화 개골동으로 이장하려 했다. 하지만 장기간 몽골침입으로 개경의 도시시설 상당부분이 훼손되어[72] 빠른 시일 내의 회복은 여의치

---

67) 金東華,「佛敎의 護國思想」『李丙燾博士華甲紀念論叢』, 1956, 635~675쪽 ; 二宮啓任, 「朝鮮の仁王會の開設」『朝鮮學報』14, 1959, 155~163쪽 ; 洪潤植,『高麗佛敎思想儀禮 ─護國佛敎思想』, 1975, 670쪽. 회경전에서 23회, 내전에서 21회, 본궐 11회, 명인전 4회, 건덕전 3회, 문덕전 2회, 그 외 숭문전·대관전·관암사 등에서 각각 1회씩 개설되었다.

68) 徐閏吉,「高麗의 護國法會와 道場」『佛敎學報』14, 1977, 102쪽. 소재도량은 고종 초반에 43회(29.3%), 고종 후반부터 원종 교체기에는 격감했다. 항몽 기간 동안 강화천도로 인해 설행이 곤란한 탓이다. 전 시기에 걸쳐 국왕의 사원 친행은 연평균 5.7회로 문종대 1.7회, 인종대 4.3회, 의종대 7.0회였다가 고종대로부터 개경환도 즈음해서 점차 격감하고 있다. 천도가 단행되기 이전인 고종 19년까지는 139회의 친행으로 연평균 7.3회, 몽골의 1차침입이 개시된 고종 18년부터 35년까지는 총 34회로 연평균 1.9회, 원종대는 고종대에 비해 더욱 격감해 사원친행이 거의 종식되었다.

69) 二宮啓任,「高麗の八關會について」『朝鮮學報』9, 1956, 244쪽 ;「高麗朝の上元燃燈會について」『朝鮮學報』12, 1958, 116쪽.

70)『高麗史』권23, 高宗 18년 11월 辛亥.

71)『高麗史』권23, 高宗 18년 12월 壬子.

않았다. 그 여파인지, 이 무렵 왕도의 궁궐 내외에 국왕의 사적 공간인 후원 조성도 거의 전무하다. 관련하여 〈표 4-2〉에서는 무인집권기 국왕이 後苑·園林을 조성 운용한 사실을 제시하였다.

〈표 4-2〉 고려 국왕의 闕內·外 後苑·亭 운영[73]

국왕	苑 亭	활동	연월일	비고 / 소재지*
현종	闇苑亭	훼철	즉위년 2월	교방 혁파, 闇苑亭 훼철
문종	蓬萊亭	주연	27년 3월	현화사 주변*
	賞春亭	시연	21년 4월 신유	詩宴 연경궁 후원*
	玉燭亭	급제	22년 8월 정사	시부 시험 연경궁 후원*
숙종	美花亭	시연	7년 8월	有美亭 개칭. 兩京 儒臣
	賞春亭	〃	2년 4월 병술	錦亭賞花詩 화답 시연
	同樂亭	연희	1년 8월 경신	父老 연희
	東池射亭	사열	1년 10월	·
선종	東亭	〃	3년 9월 무오	·
	賞春亭	군사업무	8년 9월	변경 관련 문책
예종	嘉昌樓	연희	1년 5월 경자	·
	香林亭	〃	17년 3월	재상 대상. 순천관 옆*
	賞春亭	불사	1년 5월 무술	연경궁 후원*
		〃	1년 6월 계미	·
		삼청제	4년 3월 무신	·
		연희	7년 4월 무술	·
		주연	10년 4월 계축	·
		소재도량	16년 5월 갑인	·
		기우	16년 윤5월 임신	·
	紗樓	연희	7년 4월 병신	·
	玉簪亭	〃	16년 12월 신축	근신
	樂濱亭	宋使영접	10년 4월 갑인	순천관 옆*
	御苑	사열	10년 4월 정묘	근신 사열→ 상춘정
	東池	군사업무	10년 9월 병술	군인 선발
	花園	행차	8년 2월 경인	설치, 왕궁남서*
의종	北園	격구	1년 5월 정해	·
		〃	1년 11월 갑신	·
		〃	2년 12월 임술	·
		〃	4년 9월	毬場 설치
		〃	5년 8월 정해	·

72)『高麗史』 권23, 高宗 18년 11월 辛亥, 18년 2월 壬子, 30년 8월 庚午.

왕	장소	목적	연월일	비고
		〃	5년 8월 병술	·
	西樓	〃	3년 3월 정유	·
		〃	3년 9월 계미	·
		〃	3년 9월 계사	·
		〃	3년 9월 병신	·
	賞春亭	연희	6년 3월 을묘	연경궁 후원*
		〃	18년 5월 무술	최유칭 이담
		기우	12년 4월 을사	·
	觀德亭	사열	3년 9월 경자	·
	山呼亭	나한재	23년 3월 기미	연경궁 후원*
	後苑	주연	14년 9월	국화 완상
	觀瀾亭	사면	11년 4월 임인	사면, 태평정 南池*
	林亭	연회	11년 11월 계해	최윤의 이지무 이원응 최유칭
	太平亭	기재	12년 2월 기미	인종 기일
	養和亭	연희	12년 2월	관란정 북*
	養怡亭	〃	12년 2월	양화정 남*
	喜美亭	성신제	23년 2월	내전 11요 28수 제의
	皇樂亭	행차휴게	23년 5월 신미	→장단현
	璧錦亭	〃	23년 7월 신유	
	延福亭	연희	23년 6월 을미	재추 사신, 흥왕사 행차로
	衆美亭	주연	21년 3월 신유	이공승 허홍재 각예
		선유	21년 4월 임오	沖曦 충녕재→중미정
	晩春亭	〃	21년 2월	판적요*
	應德亭	〃	21년 2월	장단현*
명종	山呼亭	避	1년 10월 임자	궁궐화재, 피접
	樂濱亭	반승	3년 2월 신묘	인종 기일, 반승
희종	茅亭	연희	4년 3월 임신	남산리 최충헌 저*
충렬왕	香閣	〃	21년 4월	수창궁*
		〃	22년 5월	
		〃	23년 5월 정묘	
		문책	29년 11월	김연수 문책
충혜왕	延福亭	수희격구	1년 4월	
	賞春亭	연희	3년 5월	·
	花園	〃	후3년 7월 갑오	태묘 옆*
		주연	후4년 6월 임자	
공민왕	後苑	乘馬	9년 1월 계묘	·
	花園	연희	22년 9월	왕륜사 影殿 행차 후
우왕	北園	乘馬	2년 5월	
	花園	연등관람	10년 4월 갑술	연등
공양왕	積慶園	행차	2년 1월 계유	건립, 考妃 추봉
		〃	2년 6월 갑자	적경원 낙성

		2년 6월 병술	적경원 행차. 4대조 추봉 神主를 적경원에 봉안
	〃	2년 8월	적경원 행차, 4대조 제사
	〃	4년 4월 을묘	→효신전 참배
解慍亭	〃	4년 2월	·

*표시는 소재지임

무인집권 직전의 의종은 후반까지 후원에서 연회 외에 격구관람이나 군대사열 등을 행하고 있다. 군대사열을 위시한 무인의 유희인 격구는 군사관련 조치로, 의종 자신의 신변이 위협받는 상황에서 군사권을 과시하려는 국왕의 행동방식으로 이해된다. 그러나 무인집권기 국왕은 후원에 관심을 둘 여력조차 없었고 대몽항전을 치르는 동안 개경이 비워져 있는 상황에서 후원을 더 이상 경영할 수도 없었다. 충렬왕대부터 다시 後苑 관련 기사가 보이기 시작하지만, 기존의 건물을 활용하는 정도에 그치고 있다. 무인집권기 국왕의 정치공간인 궁궐에서 국가의례의 격감과 후원조영이 전무한 것은 국왕권의 위축을 뒷받침하는 것은 아닐까 한다.

2) 개경 사원의 도시권력 분점

무인집권기 王都의 권력 구심력이 이완되는 현상은 전반적인 국가의례의 위축과 후원경영의 격감과 함께 개경 사원의 변화상에서도 찾을 수 있다. 적어도 12세기 직전까지 사찰은 국가·왕실의 원당으로서, 국가권위를 드러내는 각종 행사의 주관처로서 기능하였다. 무인집권기 사원세력을 배후로 한 국왕권의 추이는 명종대까지는 이의민 정권과 타협하는 가운데 교종계통과 명종 측근세력인 小君이 결합한 상태였다. 정중부는 가지산문계의 사원으로 보제사를 중수해 낙성식을 거행하면서 명종의 친행을 요구하였고,[74]

---

73) 『高麗史』 『高麗史節要』 『高麗圖經』 『新增東國輿地勝覽』 『中京誌』 참고 작성.

74) 『高麗史節要』 권12, 明宗 5년 11월 ; 『高麗史』 권128, 列傳41 鄭仲夫.

경대승은 국가·왕실과 밀접한 화엄법회와 이의 설행 장소로서 홍원사를 중시하는가 하면,[75] 중방의 원당으로 海安寺를 설정하기도 했다.[76]

신종대에는 최충헌 정권이 전제적 권력을 행사하면서 산천비보도감을 설행하고는 급기야 명종을 폐위하기까지 하였다. 최씨집권 초기에는 국왕권을 전면적으로 무력화하려는 입장에서 선종계열의 담선법회를 중히 여겨 왕권과의 대립이 최고조에 달했다. 최충헌 집권 후반 문벌과 사원의 친소관계는 더 큰 타격을 받았다.[77] 개경 대찰 대부분이 파괴되거나 훼철된데다[78] 국왕·측근세력, 집권무인간의 정치적 쟁투와 이에 맞물린 사원종파의 빈번한 교체로 개경의 사원은 왕도의 권위를 표상하던 사상 결집력을 상실하였다. 이러한 정황은 원종대까지도 이어졌다.[79]

무인집권기 중앙의 관인사회는 집정무인을 포함한 대부분이 그들의 세속적 기반이 되어 줄 원당 경영에 주력했다. 원래 관인의 원당은 중기까지는 기존의 개경사찰에 국왕이 재가하거나 추인하는 것같이 국왕의 배려 하에 조성되었다. 이때까지만 해도 관인의 원당을 국가가 관리하면서 화엄·유가 종단을 기반으로 둔 관인세력을 균형있게 조율할 수 있었다.[80] 그러나 무인집권 후반부 사원에 대한 일원적 국가관리가 느슨해지자, 관인 개인 차원에서 자율적으로 원당을 건립하기 시작했다. 김부식은 灌瀾寺를 창건했고, 아들이 중수하였다.[81] 이의민은 자신의 집에 堂을 두고 매일 복을 빌었고, 아들

---

75) 『高麗史』 권100, 列傳13 慶大升.

76) 『高麗史』 권20, 明宗 11년 12월 壬子.

77) 무인집권기 사원세력의 동향과 사원정책에 대해서는 다음이 참고된다(金光植, 『高麗武人政權과 佛敎界』, 民族社, 1995 ; Edward. J. shultz, 「高麗武人執權期의 佛敎」 『李基百先生古稀紀念韓國史學論叢』(上), 一潮閣, 1994).

78) 『高麗史節要』 권12, 明宗 4년 正月.

79) 金光植, 앞의 책, 55쪽.

80) 韓基汶, 「高麗中期 興王寺의 創建과 華嚴宗團」 『鄕土文化』 5, 1990 ; 『高麗寺院의 構造와 機能』, 民族社, 1998, 318쪽.

81) 『高麗史』 권98, 列傳11 金富軾 附 金敦中.

李至榮도 보달원을 원당으로 하였다.[82] 최충헌 자신도 昌福寺를 중건하고 崔沆대에는 禪源寺를 창건해 최충헌과 최이의 진영을 봉안하였다.[83] 집권무인들의 원당 건립이 급증한 데는 경제기반의 확보라는 측면이 최우선된다. 중앙 정치무대에서 활동하던 집권무인 외에 지방으로 퇴거한 관인도 신앙·경제·사회적 필요성에 의해 자신의 개인 원당을 경영하였다. 아래 〈표 4-3〉에서 무인집권기 관인의 원당과 분묘 조성 현황을 제시하였다.

〈표 4-3〉 명종대 관인의 분묘와 원당[84]

국왕	인명	장례절차(화장→임시봉안)	최종 매장지
明宗	王源	·	
1년	崔祐甫		기룡산
2년	金永夫	海安寺→ 淨土寺	臨津縣 北 承旨洞
5년	王覺觀		영취산록
5년	崔性淸	·	우봉현 於□居村부인묘
5년	庾庭圭	·	대덕산서록
7년	李應璋	송림현 栢洞山→ 梵福寺	경성 서 福城寺 남산
10년	張忠義	廣德寺	경성 서 부소산
〃	李文著	神嚴寺	경성 남 진봉산록
11년	吳元卿	승평군 碧泉寺→ 의안군 冷泉寺→ 城東 神嵒寺	귀법사 산록
〃	李文錫		성남 천덕산 서남록
13년	王梓 女	拯苦寺→ 조양산 서남록	덕수현 瓦村 동산록
15년	咸有一	집 청사	華藏寺
16년	王瑛 女	京城남 彰信寺→ 聖住寺 동	開城府 境內 雲開寺
〃	任忠贇	金吾衛	奉靈寺 남산
17년	王瑛	집→ 金善寺	우봉군 동록
〃	申甫純	·	성 남산 서록
18년	尹宗譯		송림현 남산록
20년	文章弼	花佛寺	·
21년	盧卓儒	弘仁里	□□□□□산록
22년	金有臣 처李氏	·	도성 동쪽 小梓㫆山
23년	李勝章	白鶴寺 동록	불일산 북록
〃	尹智偁	원각사	진봉산 남록

82) 『高麗史』 권128, 列傳41 李義旼.
83) 『高麗史節要』 권16, 高宗 37년 8월 ; 『東文選』 권117, 臥龍山慈雲寺王師贈諡眞明國師碑銘.

25년	盧대장군	집		용흥산록
"	房淸璉처皮氏	집→ 도성 동쪽 별업		경성 북산 普光寺
26년	柳公權	집		송림군 서산 동록
27년	金純	집		송림현 대림봉 산 서록
신종3	崔証	別第		조양산록
4년	□東輔	·		西左岱洞 산록
희종5	高瑩中	河源郡 북록		송림현 동산록
5년	金鳳毛			대덕산 서록
6년	盧琯처鄭氏	봉향리 집		복흥사 남록
7년	咸修	·		천수사 북록
"	金冲	·		若頭城 남록
"	崔讜	·		□雲山 동북록
"	張允文	·		대덕산 동록

중기까지만 하더라도 관인 자신이나 親人이 사망하면 개경 가까운 경기지역 소재의 사찰에 빈소를 마련하는 경우가 다반사였다.[85] 그러다가 무인집권기에 이르면 직전까지 문벌귀족과 연결되었던 교종사원이 무신정권에 도전하다가 피해를 입었다. 歸法寺를 비롯한 승려들이 무인정권에 저항하다가 興福寺·重光寺·弘孝寺·龍興寺·妙智寺 등이 파괴되기까지 한 것이다.[86] 개경소재의 특정사찰을 관인 개인이 원당으로 지정하여 경영하는 것이 여의치 않자,[87] 무인집권 전후 지방으로 퇴거한 관인 가운데는 자신의 기거처 주변에 소재한 사찰을 원당으로 경영하기도 했다.

무인집권 당시는 국가차원에서 거찰의 신창을 금지한데다 관료사회의 분파주의적 경향으로 인해서, 사원 중심의 사상결집력을 갖기가 쉽지 않았다. 관인들은 우회적 방식으로 廢家爲寺, 私邸를 암자로 삼거나, 자신의 別墅를 원당으로 건립하는 경우가 허다해졌다. 한 사례로 이승휴는 외가인 삼척으로 퇴거한 후 頭陀山 아래 別莊 容安堂을 조성한 후 이를 희사해 편액을

---

84) 『역주 고려묘지명집성』(상)을 바탕으로 〈표 4-3〉 작성.
85) 박진훈, 「고려시대 관인층의 火葬」『歷史學報』229, 2016. 3 ; 「고려시대 관인층의 殯所 설치 장소와 그 변화상」『韓國史學報』62, 2016.
86) 『高麗史節要』권12, 明宗 4년 1월.
87) 韓基汶, 앞의 책, 289쪽, 317쪽.

바꾸어 看藏庵이라 했다 한다.[88] 경기 남부 일대에 퇴거한 관인층은 남한강 유역 포구의 저평지 주변에 암자를 조성하기도 하였다.[89]

이와 관련하여 무인집권기 관인의 분묘는 남한강 유역 충적평야 지대나 구릉에 입지하는 경향이 짙다.[90] 개경·경기 일대의 사찰에 빈소를 쓰지 않고 관인 개인의 저택이나 별업을 빈소로 활용하였다. 別業에 빈소를 마련한 예를 보면, 명종 15년 함유일·임충빈은 金吾衛에 빈소를 정하였다. 명종대 노탁유·김순·조충은 자기 집을 빈소로 하였다. 방청련의 처 皮氏는 별업을, 최의는 獨樂園에 빈소를 마련하였다.[91] 이전에는 찾아볼 수 없던 관습으로 개경 郊外의 別墅에서 지내던 관인이 자신의 기거처 주변 암자를 지정하여[92] 최종 임종지로 채택한 데 따른 것이다.

관인의 분묘와 일상생활 공간이 짝을 이루어 조성되는 경향은 이미 12세기부터 찾을 수 있는 현상이다. 다만 12세기에는 경기지역에서 분묘와 일상생활 공간으로서 수공업장 조성이 뚜렷하지만, 분묘와 원당이 결합하는 족분화의 경향은 찾아지지 않다가 고려말 지방의 본관지에 족분 출현이 빈번해진다. 12세기와 14세기의 과도단계에 해당하는 무인집권기에는 원당 분묘의 조성지

---

88) 『拙稿千百』 권1, 頭陀山看藏庵記.

89) 『역주 高麗墓誌銘集成』(상), 明宗 23년 僧 尹智偁. "… 의종 6년 灯□寺 주지로, 절의 남쪽에 큰 바다가 있어서 어부들이 그물을 쳐서 고기를 잡으니 밤낮으로 북적대며 어수선하였다. …" 灯□寺의 소재지를 명확히 할 수는 없지만 바닷가 포구 근처 번잡한 곳에 위치하였다. 이는 사찰 입지가 무인집권기 이후 남한강 조운지나 포구 근처에 입지하는 경향과 맥을 같이한다.

90) 주영민, 「고려시대 지배층 분묘연구」『지역과 역사』 17, 2005, 68~70쪽.

91) 박진훈, 앞의 논문, 2016, 12~14쪽.

92) 정용범은 조선전기 불교가 엄금된 상황 속에서도 사찰에 捕魚拳을 부여한 사례를 제시하였다. 고려시대 사료에서 확인되지는 않지만, 조선과 달리 사원의 상행위가 널리 공인되던 시대였던 만큼 어로권을 사찰에 부여했을 것으로 추정하였다(정용범, 「고려시대 사원의 상업활동」『釜大史學』 30, 2006. 8 ; 「고려전·중기 유통경제 연구」, 부산대 박사논문, 2014. 2). 捕魚拳은 공적으로 어로 행위를 공인해주는 만큼, 국가차원의 대찰에 그 수여가 한정되었을 것이다. 그러나 국가부분과 무관하게 관인이 지방사회의 사찰과 암자를 조성하는 양상을 보아, 사원에서 비롯되는 각종의 상행위에 관인이 밀착되던 사정은 짐작 가능하다.

가 경기 남부 일대에 집중되어 있다. 지방으로 퇴거한 관인이 교통이 편리한 곳에 조성한 원당은 세속적 경제기반 조성과 밀착되어 이후에는 가문의 공동추천과 성묘시설로서 출현하였다.[93]

무인집권기 개경사원은 더 이상 왕권을 뒷받침하는 사상 구심점으로서 역할을 수행하지 못했다. 거기에 집권력에서 멀어져 지방사회에 정착을 시도한 관인들이 저택이나 별서를 빈소로 활용하게 되면서, 분묘 별서 저택 암자가 13세기 전후해서 경기 남부 일대에 더욱 집중하는 경향이었다. 무인집권기 일원적 국가권력의 부재를 틈타 자생한 관인의 사적 부문의 팽창은 왕도의 권력구심력 이완을 심화시키는 데 가세하였다. 이로써 王都는 권력중핵으로서 위상이 대단히 위축되었다.

3) 災異의 발생과 王都 청정책 미비

무인집권기는 전반적으로 국왕권이 무력해짐으로써, 王都의 공공성을 일상적으로 유지할 수는 없었다. 집권자의 빈번한 교체로 국시도 제때 전달되지 못해 12세기와 같은 王都의 권력 구심점으로서 위상은 사실상 약화되었다. 이는 전면적으로 도시를 재정비하거나, 국왕주도로 유신조치·신법개혁을 강행하지 못한 한계를 의미한다.

12세기 이후의 잦은 화재와 재해 관련 기록은 무인집권기에 더욱 자주 산견된다.『五行志』재해 관련 기록은 국왕을 훈계하기 위한 유가적 입장에서 서술되었다. 그럼에도 재해기록이 이 시기 개경에 특히 집중된 사실은 王都의 防災체계가 이완되고, 이를 정비할 王都의 권력 구심력 약화가 심화되었음을 반영한다.

이와 관련해서 〈표 4-4〉는 명종~고종 후반까지 개경의 화재기록을 제시한

---

93) 김용선, 앞의 책, 188~198쪽 참고.

것이다. 전 시기에 걸쳐 도성내 화재기록은 주로 시장상점과 시전행랑이 최대 다수이다. 그 다음이 창고이다. 그런데 명종대 개경의 화재기록을 보면 궁궐·삼사·호부·판적고의 관아시설이 대부분이다. 몽골침입이 본격화되기 이전인 고종 초반까지도 개경 내 화재기록은 궁궐 관아시설이 많고 內莊宅·太僕寺·戎器都監·內都校·兵部·儲祥·奉元·睦親·含元宮이 주로 재이를 입었다. 대체로 전대와 마찬가지로 궁궐과 시전에 화재가 집중되었다.

〈표 4-4〉『高麗史』오행지 화재기록

왕대	발화 지점	연월일	連火 장소
定宗	서경 중흥사 구층탑	2년 10월 병신	·
	경주 황룡사 구층탑	4년 10월 을묘	
穆宗	*대부시	12년 1월 임신	천추전
顯宗	용진진 340여 호	3년 6월 계묘	
	*장작감	5년 9월 병신	
	자주성	5년 10월	
	박주 홍화진	7년 3월	
	*인수문 밖 2천 호	12년 2월 계해	·
	용성 동북 행랑 150칸	13년 2월 병신	
	연주 민가 200호	19년 3월 병진	
	구주 관아 민가 840호	19년 3월 정미	·
德宗	靈州 화재	원년 2월 계유	·
靖宗	서경 잡재서	2년 2월 갑자	
	동계 고성현	2년 3월 기해	·
	*대부시	2년 11월 임인	
	중부 민가 860호	4년 2월 경인	·
	東路 금양현 성곽 행랑 85칸	5년 3월 무술	민가 65호
	*승평문 행랑 수백칸	6년 2월 경인	어사대
	송악신사	6년 2월 기유	
	백령진 성문 200칸	9년 정월 을유	창50칸 민가300호
	호경 성곽행랑 67칸	12년 2월 무오	
文宗	*경시서, 민가 120호	5년 2월 계사	·
	백령진 행랑 28칸	5년 2월 경자	민가 78여호
	*내사문하성	12년 12월 갑자	회경전 동남행랑
	흡곡현	16년 2월 계사	
	정주	16년 6월 정축	·
	*도관해사	18년 정월 계해	靑河關

	*운흥창	20년 2월 기해	·
	현덕진 민가 91호	28년 2월 병신	·
	정변진 성무	28년 3월 경자	민가 113호
	진명현 성곽 행랑	28년 3월 병신	민가 82호
	*장작감	34년 4월 병신	·
선종	금양현관내 觀海戍, 고성현관내 簽猳戍, 한성현관내 竹島戍	원년 2월 무술	
	*시전 상가	3년 3월 병신	·
	서경 懷蛟驛	4년 9월 경술	·
	횡천군 창고	7년 정월 신미	·
	*新興倉	7년 3월 무자	·
	*祭器都監 藥店	9년 3월 병진	민가 640호
현종	동경 황룡사 탑	원년 6월 무인	
숙종	*宮南樓橋 동쪽 행랑 四店館, 掌牲 司儀	5년 8월 기미	민가 수백호
	*吏部	6년 4월 을사	·
	*太僕寺	6년 12월 갑오	·
	*東西館	7년 6월 경인	·
	맹주 성곽 행랑	7년 윤 6월 기사	민가 70여 호
	구주 성곽 행랑 74칸	7년 10월 을축	·
	*左牧監	12년 12월 무인	·
예종	*大寧宮	원년 12월 신축	·
	북면 성곽 행랑	2년 9월 병오	·
	*尙藥局 남쪽 행랑	5년 4월 갑신	·
	*京市樓 북쪽 행랑 65칸	7년 9월 을축	·
	*都官 남쪽 행랑	8년 정월 무신	·
	*將作監	8년 3월 갑술	·
	*中尙署	9년 5월 무술	·
	*客館(송 사절단)	11년 윤정월 신축	·
	남면 성곽행랑 17칸	11년 12월 을축	·
	明陵	13년 12월 기해	·
	*迎恩館	14년 정월 신유	·
	*乾明殿	14년 10월 신사	·
	鵠嶺城	14년 10월 무신	·
	*市廛	16년 3월 계해	·
인종	*仁德宮	6년 정월 기사	·
	남경궁궐	6년 2월 계해	·
	*供備倉	7년 2월 계축	·
	서경 重興寺	8년 9월 갑자	·
	백주 토산 서남방	8년 10월 경자	·
	서경 大華宮	9년 8월	
	仁德宮 老木	10년 3월 정유	·

	동경 兵器庫	14년 11월 을유	·
	동계 禾登戍 兵器庫	15년 2월 계축	민가 70여 호
	靜邊 행랑	20년 4월 임오	·
	*延德宮	21년 5월 정묘	·
	*市廛	22년 11월 병인	민가 수십호
	*仁恩館	23년 1월 계해	·
	서경 大同門 遮城행랑 55칸	23년 1월 정해	·
의종	*穆淸殿	7년 6월 경신	·
	*尙乘局	11년 3월 임신	·
	*新倉館里 320여 호	12년 4월 계사	·
	*萬寶殿	12년 11월 계미	·
	*十員殿	13년 1월 신사	·
	동계 宣德鎭 병기고 300칸	15년 3월 을축	민가 300여 호
명종	*궁궐	1년 10월 임자	·
	*內史洞宮	5년 2월 신사	·
	宮闕都監, 市廛 38칸	7년 10월 임신	·
	서경 衣淵村	10년 3월 임오	·
	*三司	10년 12월 신축	·
	*寫經院	11년 1월 신해	·
	*戶部 版籍庫	15년 8월 을축	·
	*樞密院	17년 1월 경술	壽昌宮행랑 20
	平壤祠堂	17년 11월 경신	·
	*大倉	19년 5월 신해	·
	서경 중흥사 탑	25년 8월 기묘	·
고종	*內莊宅	3년 10월 계축	·
	성곽 행랑	4년 정월 갑신	·
	*福源宮 북성 행랑	8년 5월 경자	·
	*市廛	9년 2월 갑신	·
	*太僕寺	9년 12월 임인	·
	*戎器都監	10년 1월 신해	·
	*內都校	10년 10월 기축	·
	*兵部 행랑	10년 11월 기미	·
	*儲詳 奉元 睦親 含元殿	12년 10월 정미	·
	興國寺	12년 12월 신묘	·
	和州 성곽 행랑 300칸	15년 10월 정사	·
	和州 兵器庫	16년 3월 경인	·
	*軍器監 행랑	16년 3월 정유	·
	*三司 文臧庫	16년 4월 을사	·
	*大倉 地庫	17년 7월 무오	·
	*闕南里 수천호	21년 1월 병오	·
	*闕南里 수천호	21년 3월 계축	·

	장소	날짜	비고
	沿江 南里 100호	21년 7월 을묘	·
	*大府寺 禮部 弓箭庫	21년 9월 신유	·
	*市街 南里 수백 호	23년 3월 경신	·
	江都 見子山 北里 800호	32년 3월 갑자	延慶宮 法王寺 御醫庫 大常府 輸養都監
	市街 북쪽 40호	35년 12월 정해	·
	江都 100여 호	36년 2월 무인	·
	良醞洞 민가 100여 호	37년 5월 계미	·
	樓橋 北里 200여 호	38년 3월 임신	·
	太醫監 藥庫	40년 2월 정축	·
	長峯里 40호	40년 4월 경술	·
	栗浦 100여 호	40년 11월 갑신	·
	*都內 弓弩都監 兵器庫	42년 12월 병술	·
	墻竿洞 30여 호	43년 9월 갑신	·
	*都內 大倉	44년 9월 기묘	·
	*都內 민가 300여 호	45년 3월 정묘	·
원종	*楮市橋 민가 300여 호	12년 2월 무신	·
	*國贐庫	12년 9월 을해	·
	*街衢里 30여 호	13년 1월 을축	·
	*環餠洞里 100여 호	13년 2월 계묘	·
충렬왕	鹽店洞 1000여 호	2년 윤3월 경자	·
	大府	3년 2월 경자	민가 800여 호
	馬坂里 10여 호	4년 2월 병인	·
	造成都監	7년 2월 병술	·
	豬板橋 민가 100여 호	7년 3월 기해	·
	楓板橋 ~墨井里	8년 2월 기해	인가
	梨峴 南里	11년 1월 임인	·
	左倉里	11년 2월 경신	·
	巡馬 南里	17년 4월 무신	민가 100여 호
충선왕	都內 민가 80호	원년 2월 정축	·
	行省 南里 10여 호	5년 1월 정미	·
충숙왕	十川里 민가 40여 호	4년 2월 계묘	·
	市廛 행랑	5년 10월 정미	·
	演福寺 東一里	6년 9월 갑신	·
	左京里 10여 호	7년 2월 계해	·
	城中 各里 300여 호	9년 3월_4월	·
	福州 10여 호	9년 12월 정해	·
	延慶宮 門	11년 1월 경인	·
	鶯溪里 민가 100여 호	11년 3월 을사	·
	地藏坊里 민가 300여 호	11년 3월 정미	·
	槐百洞	11년 3월 을유	·

	時坐宮	11년 8월 갑신	·
	市廛	11년 9월 계유	·
	奉先庫	16년 3월 병자	민가 36호
충정왕	唐店	1년 9월 기묘	·
	市廛 행랑	2년 1월 경진	·
공민왕	삼척현 민가 167호	7년 2월 기사	·
	市廛	17년 4월 병인	·
	市廛	19년 2월 계해	·
	影殿庫	22년 11월 계묘	·
우왕	義成倉 酒庫	2년 10월 병진	·
	義成倉 酒庫	2년 11월 계미	·
	孤柳洞 50여 호	4년 2월 경오	·
	峽州山城	9년 4월 정해	·
	海州 通糧庫	11년 3월 기사	·
	典農酒庫	13년 12월 임자	·
	內殿 행랑 26칸	13년 12월 경오	·
공양왕	市巷	1년 3월 경인	·

화재기록 가운데는 고종 21년 이후 소실된 것으로 전하는 관아시설이나 주변 민가 등에 대해서는 江都의 시설물인지 舊京의 것인지 모호하다. 주지하듯이 고종 19년 천도를 결행한 후 최우가 궁궐을 조영한 데 뒤이어 同 21년 전후로 궁궐·관아시설의 大役事가 진행되었다. 고종 31년에는 강안전이 개창,[94] 동 36년 3월에는 龍巖宮으로 移御한 데 이어 두달 뒤 4월에는 監役官과 役徒를 위해 연회를 배설하고는 工匠에게 은 30근, 포 200필을 하사했다.[95] 고종 21년 전후해서 개경의 기간시설 상당부분이 江都에서 재현·복구되지만,[96] 舊京의 기간시설 전부가 이전된 것은 아닌 듯 싶다. 江都에서 舊京 시설을 재현한 것으로 확인되는 궁전과 관아시설로는 延慶宮[97] 壽昌宮[98] 龍巖宮[99] 辰巖宮[100], 御醫庫 太常府 輸養都監[101] 國子監[102] 九曜堂[103] 太廟[104]

---

94) 『高麗史節要』 권16, 高宗 31년 8월.
95) 『高麗史』 권23, 高宗 36년 閏2월 계축, 3월 己卯, 10월 丙午.
96) 尹龍赫, 『高麗對蒙抗爭史研究』, 一志社, 1991, 163~177쪽.
97) 『高麗史節要』 권16, 高宗 32년 3월.
98) 『高麗史』 권23, 高宗 33년 5월 庚午.

등이다. 따라서 화재 기록 가운데 명확히 江都 見子山 栗浦里 등을 제외한 나머지 민가나 관아시설 등은 개경의 것과 착종되지 않았나 한다. 그런 점에서 江都의 시설로 추정되는 이외의 재이기록은 개경의 사실로 보아도 무방할 듯하다.

고종 후반부터는 관아시설 외에도 민가의 화재기록이 자주 등장한다. 대몽항전기 화재 재이기록이 빈번한 것은 자연재해이기보다는 몽골침입이라는 전쟁 상황에 따른 것이다. 이로써 개경환도 후 각종 기간시설을 수습하려면 오랜 시일이 소요되었을 것은 짐작간다. 민가의 화재기록 중에는 저판교·풍판교·묵정리 민가·좌창리 누교의 민가 수백 수천호가 소실되었다. 同 21년 宮南里와 沿江 주변의 數千戶가 전소되었다. 특히 서부방에서는 화재가 다수 발생하였다. 서부방은 전기 이래 상인 수공업자가 거주하는 지역으로 가옥이 즐비한 곳이다. 서부방에서 서교에 이르는 구간에는 대외관계에서 파생된 귀화인이나 새로 유입된 유민이 집거할 가능성이 높다. 유이민은 제대로 된 가옥에 거주하기보다는 초옥이나 임시거처에 거주했을 것으로, 화재에 취약하여 일단 화재가 발생하면 그만큼 피해가 급증하는 곳이다.

국가차원에서 인재를 방기하지만은 않았다. 고종 32년 미약하나마 화재 대책을 강구하고는 있다. 예컨대 물화가 집산되는 좌우창과 문서보관 관청 부근에서 50척 거리 내의 민가를 일부러 철거함으로써 화재를 방지하자는 주장이 제기되었다.105) 역설적이게도 민의 터전을 잠식하는 수준의 불합리한 위기 관리책이었다. 『五行志』기록에서 失火이든 放火든 화재를 하늘의

---

99) 『高麗史』 권23, 高宗 36년 閏 2월 癸丑.
100) 『高麗史』 권26, 元宗 9년 12월 己亥.
101) 『高麗史』 권53, 五行1 高宗 32년 3월 甲子.
102) 『高麗史』 권24, 高宗 38년 8월 甲午.
103) 『高麗史』 권24, 高宗 40년 4월 戊辰 ;『高麗史節要』 권17, 高宗 40년 5월.
104) 『高麗史』 권24, 高宗 42년 8월 戊辰.
105) 『高麗史』 권23, 高宗 32년 4월 乙丑.

문책으로 파악하여 도참을 통한 기양의식에 그친 채 방재조직을 편성하지는 못한 한계를 노정하였다. 홍수와 수재 역시 무인집권기에 자주 발생하였다. 수재는 거경인구의 증대와 교외개간에 따르는 土砂의 퇴적활동과 결부되어 있다. 토사를 막거나 저수를 확보하는 적극적 차원이 아니라, 도참에 기대는 수준에 불과하였다.

개경의 도시화가 무인집권기에 이르러 전기 이래의 상업적 기능 겸비라는 긍정성보다는 부정적 부문으로 표출된 데는 국왕권의 현저한 약화와 결부되었다. 무인집권기 王都의 권력 구심력이 약화된 측면은 환경·治水 등 도시 淨化를 추진할 만큼 국왕권이 항상적·집약적이지 못했던 점을 들 수 있다. 무인집권기 개경 대사원은 국왕·측근세력, 집권무인 간의 잦은 정치부침으로 권력을 뒷받침하는 사상 구심점으로서 기능을 수행하지 못했다. 거기에 무인집권기 관인의 원당은 점차 개경을 벗어나 외방 특히 남한강 유역에 입지하는 경향에 있었다. 이는 고려후기 광범한 族墳 출현을 예견하는 것이면서, 입지조건에서 볼 때 사원이 상업 활동을 매개하는 장소가 되었음을 뜻한다.

무인집권기 국왕의 정치적 영향력 약화로 왕도에서는 측근관인·집권무인·사원세력의 다양한 권력층이 등장함으로써 권력중핵인 왕도의 면모를 잃었음을 내포한다. 국왕을 정점에 둔 권위체계가 이완되었기에 왕도의 도시문제를 탄력적으로 조율할 수 없었다. 결국 무인집권기 개경은 도시위기가 심화되었다.

3. 三京制의 파행적 운영과 三蘇制 논의

무인집권기 수도 개경은 각종 도시문제가 만연하는 온상이 되었다. 당시 무인집정의 잦은 교체와 국왕권위의 실추는 왕도에서 일원적인 권력의 구심력 확보를 어렵게 했다. 왕도의 위상 제고 노력은 비법적으로 이어질 수밖에 없었다. 도참을 활용한 三蘇 천도론은 國都재편안의 일환으로 이 시기에 제기되었다.

천도론은 각 지역거점의 정치세력을 탄력적으로 활용해 해당지역의 안정적 지지기반을 확보하려는 정책의도에서 전기부터 줄곧 논의되어 왔다. 전기에는 주로 「三韓回土記」·「圖讖秘記」에서 표방하는 계절적 순환관을 통한 순행방식으로[106] 西京·東京·南京 경영이 이루어졌다. 東京은 국토의 동쪽 변방에 치우쳤지만 전국의 효율적 경영과 안배라는 차원에서 무인집권 직전까지는 京으로 유지되었다. 동경에서는 무인집권 당시 지방사회에서 민의 항쟁이 지속되는데다, 전 왕조 신라의 복구를 명분으로 고려의 국가 체제를 위협하는 반란이 자주 발생하였다.[107] 최충헌 정권 초기 동경의 저항은 한층 거세었다. 반란은 溟州에서 시작되었는데[108] 추후 저항세력은 점차 연합형태를 띠었다. 저항은 최충헌이 경주와 밀접한 관계가 있던 이의민을 제거한 데 대해서 지역민이 반발하면서 신라부흥운동의 양상으로 전개되었다.[109] 경주의 저항은 利備·勃佐·金順의 기세를 꺾음으로써 겨우 일단락되었다.[110] 이후 최충헌은 동경유수를 강등시켜 지경주사로 하고 安東都護를 승격시켜 大都護府로 삼아 경주 관내 州府郡縣 향 부곡을 安東과 尙州에 각각 예속시켜 경주의 기반을 축소시켰다.[111]

三京制 아래 서경의 지위도 인종대 이자겸 묘청의 난 이후 격감하였다.

---

106) 金基德, 「高麗時代 開京의 風水地理的 考察」『한국사상사학』17, 2001 ; 「高麗時代 西京의 風水地理的 考察」『史學硏究』73, 2004 ; 金昌賢, 「高麗의 運數觀과 都邑經營」『한국사학 보』15, 2003.

107) 申安湜, 『高麗 武人政權과 地方社會』, 景仁文化社, 2002, 212~252쪽.

108) 『高麗史』권21, 神宗 2년 2월 甲子, 5년 12월 丙子.

109) 『高麗史節要』권14, 神宗 5년 11월.

110) 『東國李相國集』권38, 道場齋醮疏祭文 東岳祭文 ; 권38, 道場齋醮疏祭文 戒邊天神前復祭 文 ; 권38, 道場齋醮疏祭文 正旦行天皇醮禮文 ; 申安湜, 앞의 책, 226~227쪽.

111) 『高麗史節要』권14, 神宗 7년 6월 ; 『高麗史』권57, 地理2 慶尙道 神宗 7년.

이자겸은 十八子爲王說을 내세워 고려의 체제를 전복하려 했다. 인종 6년에 西京 林原驛址에 신궁창건을 건의한데 이어, 이듬해 이궁으로 大華宮을 창건하였다. 대화궁 창건 이후에도 재이가 속출하자 묘청은 본격적으로 西京遷都를 주장하였다. 이궁 건설의 근거는 大華勢와 八聖堂이다. 묘청은 林原宮(大華宮) 안에 팔성당을 배치하였다. 8聖은 북으로는 백두산, 남의 지리산, 동의 월성산, 서의 증성악, 나머지 4개는 중심부인 평양과 송악에 위치지웠다. 八聖堂은 국토의 균형감있는 조화를 염두에 둔데다, 백두산을 지맥의 시작으로 설정하여 고려 전역에서 삼한일통의식을 고양하려 하였다. 즉 大華勢는 천도의 대상지역을 언급하는 차원에서, 八聖堂이론은 백두산까지 전국을 아우르는 차원에서 제기된 국토재편안이지만[112] 실제 서경을 중심에 놓고자 발의된 논의이다.

인종대 이자겸·묘청의 난 발생은 수도로서 개경의 위상을 부정한 가운데, 서경을 수도로 내세웠다는 점에서 추후 난의 실패는 종전까지 존속되던 삼경제의 파탄을 예견한다. 두 쟁난이 서경에서 발생하였기에, 서경의 지위 급락에 더욱 직결된다. 관련하여 이자겸·묘청의 난을 진압한 인종 16년 이후 서경에 대한 순행 횟수는 크게 줄었다. 명종 이후 원종대까지도 남경에 대한 행차와 관심은 간헐적으로 보이지만, 서경 행차는 거의 보이지 않는다. 서경에 대한 배려 자체가 아예 사멸된 사건이 이후에도 몇 차례 발발한다. 명종 4년 조위총[113]·김보당 세력이 주축이 된 서북면 일대의 반란을 위시하여[114] 같은 해 崔光秀는 고구려 부흥을 표방했다.[115]

명종~고종대 김보당·조위총·최광수가 서경에서 반기를 일으킨 데 대한 정부 대응책으로 서경 영역의 축소와 직제의 변화를 단행하였다. 앞선 인종대

---

112) 김창현, 「고려의 운수관과 도읍경영」 『한국사학보』 15, 2003, 35~37쪽.
113) 『高麗史節要』 권12, 明宗 4년 9월 ; 『高麗史』 권19, 明宗 4년 9월 己酉.
114) 『高麗史』 권128, 列傳41 李義旼 ; 권100, 列傳13, 杜景升 附 金甫當.
115) 『高麗史節要』 권15, 高宗 4년 5월, 6월.

묘청난을 겪고 난 직후 동 14년에 留守官과 監軍分司御史臺를 제외한 모든 관부를 혁파하고 경기 4道를 6縣으로 개편하였다. 인종 16년에는 儀曹를 비롯한 6曹와 八關都監의 관부를 재복구하지만 이전의 위상을 회복하지는 못했다. 명종 8년 조위총 난을 계기로 한층 지위가 격하되어 6曹 令과 丞을 1명씩 감원하고 6曹의 史 가운데 1명은 반드시 개경 사람으로 임명하였다. 병렬적으로 존재하던 관부를 직능에 따라 6曹에 분속시키고 西京으로 들어오는 재원의 상당부분을 개경으로 이납케 하는 재정구조의 변화가 수반되었다.[116]

이 무렵 서경 分司 기구에서 御史臺·監軍만 남기고 모두 혁파되었다.[117] 서경 재정관련 기구는 戶曹·倉曹·寶曹, 각 조에는 令·丞 2명씩을 두는데다 令의 품계는 8품에 불과했다. 기존 서경 분사체계에서 兵部·戶部尙書가 3품이던 것과는 달리 격하되었다. 명종 8년 이후 서경의 재정구조는 한차례 변동하였다.

> 고려의 녹봉제도는 문종 때에 이르러 크게 갖추어졌다. … 서경관의 녹봉은 해마다 서경 대창으로 운수되는 서해도 세량 17722석 13두로 이급한다.[118]

> 명종 8년 4월 다시 정하였다. 1년에 납부되는 食祿米 13,136석은 上京倉으로 移納하고, 轉米 조세 13,136石 13斗 3升에서 六曹의 令 丞과 別將 校尉 隊正에게 해마다 지급하는 녹봉 620석, 연등회와 팔관회의 齋祭使와 客使 등 年內 용도 도합 4321석 2두와 年內 특별한 齋祭 등 不廠之費 1500석을 제외한

---

116) 河炫綱, 앞의 책, 302~306쪽.
117) 성종 14년 知西京留守事 副留守 判官 등으로 구성된 西京留守府는 郎官을 대신하여 서경을 통치하였다. 성종대 分司司憲臺 설치를 시작으로 덕종 초기에는 分司戶部를 비롯한 분사기구를 갖추었다(『高麗史』 권5, 德宗 원년 正月 辛巳) ; 안병우, 『고려전기의 재정구조』, 서울대학교출판부, 2002, 333~334쪽). 재정기구의 측면에서는 병렬적으로 존재하던 기구를 3曹에 나누어 예속했고, 호조에 戶部 사재시 화천부, 대부·소부·진설사·능라점, 창조에 대창·대관·양온·염점·영선점·감화점을 두었다.
118) 『高麗史』 권80, 食貨3 祿俸 序.

나머지는 모두 上京倉으로 移納한다. 留守員과 法曹 한 명에게 해마다 지급하
는 西京倉 녹봉 도합 320석 9승은 모두 龍岡 咸從 成州의 祿位餘田 歲入
350석 3두 1승으로 지급한다.119)

명종 22년 9월에 낭장 金元義 등 20여 인을 西都로 보내 畿內의 田地를
측량하였다.120)

원래 서경의 재원은 공해전 수입과 서경의 조세, 서해도를 비롯한 인근지역
에서 들여오는 조세였다. 명종 8년 당시까지 인접한 서해도의 세량을 서경에
이납하여 그 재원으로 사용해왔다. 위 명종 8년 기사는 서경관록을 재정비할
때 용강현·함종·성주의 세 현이 서경에 조세를 납부한 사실을 기록하고
있다. 녹봉조의 서문과 명종 8년 기록을 통해 보면 서경의 주요한 재원은
전례의 서해도 외에도, 용강·함종·성주 등 西京畿에서 조달되었다. 넓게
보아 서경기는 관할의 6현 외에도 서경으로 조세곡을 납부한 용강현·성주·함
종현까지 해당한다. 추후에는 서경기 6현 중에서는 서경에 최인접한 속현
4개현 만이 남아 서경의 재원으로 기능하는데, 서경에서 사용하던 재원의
상당부분을 개경으로 이납토록 조치가 취해졌다.121)

문종대 설치된 서경기는 묘청의 난을 겪고 난 직후 인종 14년 해체된
후에도, 고종 37년까지는 여전히 형식적으로는 존속하였다.122) 그러나
서경의 勢는 서경기가 설치된 문종 16년~인종 14년까지 최대치를 구가하다
가, 명종 8년 재정구조 개편으로 서경으로 조달되어야 할 세곡의 개경
이납과 조세구역 조정을 계기로 사실상의 西京圈域 축소가 단행된 셈이

---

119) 『高麗史』 권80, 食貨3 祿俸 西京官祿, 明宗 8년.
120) 『高麗史』 권20, 明宗 22년 9월 庚午.
121) 『高麗史』 권77, 百官2 外職 西京留守官 屬官 明宗 8년.
122) 『高麗史節要』 권16, 高宗 37년 3월.

다.[123] 다름아니라 서경 경영이 무인집권기에 이르면 중단되기에 이른 것이다.

현종 후반 등장하여 중기 국왕대에 절정을 구가한 남경 순행도, 무인집권기에 이르면 잠정적으로 중단되기에 이른다. 강종대 남경에 대한 순행도 이루어지지 않다가 고종부터는 다시 남경 일대에 일시적으로 순력하였다. 명당에 주석하는 시간의 조절자로서 군주의 위상을 사시순행에 투영했던 삼경 경영은 무인집권 초 파행에 이르렀다. 전대에 비해 국왕권위가 현격히 약화된 데다 단일한 무인집권 세력이 구축되지 못한 터에 三京制를 재정립하기란 애초 불가능한 까닭이다. 차선책이나마 당시의 무인집정자는 國都 중심의 재편안으로서 三蘇 천도를 제기하였다.

蘇는 古語에 솟대와 같은 어원을 갖는 것으로서, 山嶽信仰·圖讖地理思想에 입각한 名山 吉地를 칭한다. 三蘇는 三山으로 국도의 鎭山인 송악을 중심으로 해서 각각 左·右·北의 3神山이다.[124] 北蘇는 國都의 北鎭山·北神山, 左蘇는 國都의 左鎭山·左神山, 右蘇는 國都의 右鎭山·右神山이다. 三蘇는 백마산 일대가 右蘇로서 왕자의 탄생을 기도드리는 모제가 열렸던 연원을 보아, 神祀가 소재한 국가제장이었다.

三蘇制는 國都 주위의 祭典에 오른 三山 중에서 풍수지리적 조건을 구비한 최상의 형국을 택해서 宮室을 조영하여 巡幸 장소로 삼아 國業을 연장하려는 의도에서 운위되었다.[125] 명종 4년 5월에는 三蘇에 延基 궁궐을 창건하고 거기에 순주하여 국가의 기업을 연장하려 했다. 國都 주변의 명산·산악숭배를 부각해 민심을 수습하려는 차원에서 삼소제가 기획된 듯하다.

우산기상시 宋端을 파견해 백마산에서 禖祭를 지내 태자에게 아들이 생기도

---

123) 안병우, 앞의 책, 373~375쪽.
124) 『高麗史節要』권12, 明宗 4년 5월 ; 권77, 百官2 諸司都監各色 三蘇造成都監 明宗 4년.
125) 李丙燾, 『韓國史』中世編, 乙酉文化社, 1961, 272쪽, 504쪽, 509쪽.

록 빌게 했다.[126]

明宗 4년에 왕의 명령으로 "左蘇는 白岳山이요, 右蘇는 白馬山이요, 北蘇는 箕達山이니 이곳들에 延基宮闕造成官을 두게 할 것이다"라고 하였다. 신우 4년에 수도를 옮길 것을 토의하였는데 國史에 "三蘇에 궁궐을 창건하여야 한다"는 글이 있다 하여 三蘇造成都監을 설치하였다.[127]

俠溪縣은 원래 고구려의 水谷城縣(買旦忽이라고도 한다)인데 신라 경덕왕은 檀溪로 고쳐서 永豊郡의 관할 하에 현으로 만들었다. 고려초에 지금 명칭으로 고쳤고 현종 9년에 본 주에 소속시켰으며 후에 감무를 두었다. 여기에는 北蘇宮闕의 옛 터가 있다(북소는 즉 이 현에 있는 箕達山을 말하는 것인데 신우 때에 道詵의 密記에 근거해 權仲和 등을 보내게 하여 지세를 조사하고 이 지역을 선택하게 하였는바 左蘇인 白岳山 右蘇인 白馬山과 함께 三蘇로 하였다.[128]

무인집권기에 등장한 삼소제는 재이가 빈번한 와중에 거론되었다. 명종 원년 10월 송악산 아래 중건한 대궐이 소실된데 이어 이듬해에는 松蟲이 발생하는 등 잦은 이변이 있었다. 명종 8년에는 관련대책으로 術僧 致純이 제의하여 別例祈恩都監이 설치되었다.[129] 명종은 重房裨補를 목적으로 重房堤를 개경 서편 4里에 구축하였다. 또 의종의 진전을 武方(서방)에 안치할 수 없다고 하여 城東의 吳彌院을 宣孝寺라 개칭하고 진전을 옮기는가 하면 海安寺를 중방의 원당으로 삼았다.[130]

---

126) 『高麗史』 권20, 明宗 15년 5월 丙戌.
127) 『高麗史』 권77, 百官2 諸司各色都監 三蘇造成都監.
128) 『高麗史』 권58, 地理3 黃州牧 谷州.
129) 『高麗史』 권77, 百官2 別例祈恩都監.
130) 『高麗史』 권20, 明宗 11년 12월 壬子.

최충헌은 미약했던 정권 초기의 지지기반을 확보할 필요가 있었다. 재추·중방관원과 최충헌 등이 술사를 모아 국내 산천의 裨補와 國運 延期를 목적으로 신종 원년 山川裨補都監을 설치하였다.[131] 이즈음 국내 곳곳에 造山·壓勝 기록이 산견되는데, 京畿 일대에 기능상 邑基 남쪽의 기운을 보완할 목적으로 돌탑과 담장을 세운 흔적도 있다.[132] 山川裨補都監은 국왕과 결탁한 불교사원을 폐지할 명분에서 그 설치가 추진되었다. 압승의 주요 대상은 이전 집권무인들의 사적 경제기반이었다. 일례로 경주에 세워진 造山은 이전 집권세력인 이의민을 겨냥한 것으로 산천의 비보 延基使를 통해서 집권무신이 가진 토지에 대해 구실을 붙여 재분배하려는 목적에서 이루어지기도 했다.[133] 명종 신종대 造山을 조성하고 壓勝한 기록은 각종 재이와 이변 발생에 대한 구제책과는 다분히 거리가 있다. 각종 인위적 자연적 재이현상을 도참으로 극복하려는 일종의 상징행위로서, 집권자로서 기득권을 유지하려던 자구책에 불과한 것이다.

三蘇制 논의가 민생과는 무관한 방향으로 전개되는 한계에도 불구하고, 三蘇를 구성하는 각 蘇의 위치는 三蘇制 논의 자체를 다른 각도에서 이해할 것을 요구한다. 대체로 左蘇 白岳山은 개경과 경기 북부의 장단현, 右蘇 백마산은 貞州 일대,[134] 北蘇 기달산은 협계현 일대를 칭한다.

위치가 명확한 북소 기달산을 제외하고는 좌소·우소는 큰 범주에서는 개경권역을 벗어나지는 않는다. 우소는 개경과 서경 사이 지점인 서북방면에 치우친 지역이지만, 좌소와 함께 국초부터 국가적 神祀와 王陵이 소재한

---

131) 『高麗史節要』 권14, 神宗 元年 正月 ; 권77, 百官2 諸司都監各色 山川裨補都監.

132) 최원석, 「裨補에 관한 文化地理學的 考察」 『문화역사지리』 15, 2003.

133) 李基範, 「崔氏政權의 成立과 山川裨補都監」 『成大史林』 5집, 1989. 산천비보도감이 지속된 시기는 熙宗 5년까지로 시기상으로는 敎定都監을 설치해 최충헌의 1인 전제정치가 고착화되는 당시이다.

134) 尹武炳, 「所謂 赤縣에 대하여」 『李丙燾華甲紀念論叢』, 一潮閣, 1956. 李丙燾, 앞의 책, 504쪽. 현지 답사결과 좌소 백악산을 장단 백학산 일대, 우소 백마산을 개풍군 대성면, 북소 기달산을 황해도 신계군 촌면으로 비정하기도 한다.

畿縣에 해당한다. 그 위세가 타 지역에 비해 상대적으로 높은 편이어서, 비록 무인집권기 비상의 차원이긴 하나, 새 도읍지를 구상할 때 도성터로 거론될 수 있었다. 무인집권기에 부각된 三蘇制 논의에서는 북소 관련해서는 거의 없는데다, 左·右蘇 중에서는 左蘇가 주로 천도 대상으로 거론된다. 右蘇 貞州는 凡개경권역에서도 서경에 보다 치우친 지역이다. 무인집권 초입 서경의 위상이 급락해버린 시점에서 굳이 개경 서북부의 右蘇에 국도를 편성할 필요는 없었을 것이다. 遷都 관련한 논의는 左蘇에 집중되었다.

무인집권기에 左蘇로 비정될 경기 북부의 長湍縣은 비교적 이른 시기부터 국왕의 지속적 관심과 배려를 받아왔다. 장단현은 의종 후반까지 국왕의 유희행차지로서 臨津縣과 함께 자주 등장한다. 의종 21년 국왕이 임진현에 들러 강변에 있는 승려의 집에 유숙했고,[135] 얼마 있다가는 장단현 應德亭에 행차하기도 했다.[136] 장단현과 임진현 방면의 遊戲 留宿 행위가 단순한 유흥으로 비칠 수도 있다. 하지만 국왕의 일상적 행동이 高度의 정치적 함의를 띤 점을 감안한다면, 이 두 지역 행차는 정치적 행위나 전략적 구상의 또 다른 표현이라 생각된다. 주시하는 경기 북부의 좌소장단현과 임진현 방면은 개경↔서경, 개경↔남경을 오가는 요충지에 해당한다. 의종대 장단·임진현 방면의 고른 유희 행차는, 인종 이후 비록 파행을 겪긴 했어도 개경을 중심에 둔 삼경제 복원 시도로 봐야 할 것이다.

의종 11년 卜者 영의가 궐동에 익궐을 일으키면 기업을 연장할 수 있다고 제기한 데[137] 뒤이어 왕제 익양후의 저택을 탈점하여 이궁인 壽德宮을 창건하였다.[138] 의종 12년 白州의 토산 반월강에 궁궐을 지으면 北虜를 정벌하는 것이 가능하다는 太史大監 유원도의 건의를 수용하여,[139] 백주에 별궁인

---

135) 『高麗史』 권18, 毅宗 21년 5월 戊戌.
136) 『高麗史』 권18, 毅宗 21년 5월 癸丑.
137) 『高麗史』 권18, 毅宗 11년 4월 甲子.
138) 『高麗史』 권123, 列傳36 榮義.
139) 『高麗史』 권18, 毅宗 12년 8월 甲申.

중흥궐을 창건하고는 곧이어 순주하였다.[140]

　의종대 초반 장단현·임진현 방면으로 이어 순주 유희행차를 꾸준히 행한 이면에는 개경을 중심에 놓고 경기 북부와 경기 남부에 고른 관심을 가지려 한 노력을 엿볼 수 있다. 그러나 의종 후반부에는 시후조절자로서 군주상을 부각하지 못한데다, 잦은 재이와 변란에 대처하여 '유신지교'를 반포함으로써 정국 운영의 주도권을 틀어쥐던 인종과 같은 위기대처 역량도 부재하였다. 결과 의종 후반부에 이르면 무인세력에 권력을 이양한다. 그나마 국왕권위가 약화된 와중에도 의종 나름대로 삼경 순행을 지속하려 애쓴 흔적이 왜곡된 형식이나마 장단현·임진현 방면의 유희행차로서 그 명맥을 유지한 것이라 하겠다.

　(明宗 7년) 大金 횡선사가 왔을 때 西賊이 길을 막으니 공이 임진현의 길로 □사신을 보내게 했다.[141]

　금나라 사신이 돌아갔다. 이때에 西賊이 길을 막아서 부득이 동쪽으로 임진강을 건너서 갔다가 거기서 국경관문을 나갔다. 이때에 춘주부사 최충필은 사신 접대비라는 구실을 붙여 백성들의 재산을 극심하게 긁어 들였는데 이와 관련해 파면되었다.[142]

　(高宗 22년) 2월 태조의 神位를 남경 새궁궐로 옮기자고 건의 …[143]

　조서를 내려 3월에서 5월까지는 어의를 남경대궐에 두고, 7월부터 10월까지

---

140) 『高麗史』 권18, 毅宗 12년 9월 庚申.
141) 『譯註 高麗墓誌銘集成』(상), 熙宗 7년 崔謙 ; 『高麗史』 권19, 明宗 7년 6월 辛巳.
142) 『高麗史』 권19, 明宗 7년 8월 乙酉.
143) 『高麗史』 권23, 高宗 22년 2월 壬午.

는 옛 서울 수도 강안전으로 옮기고 11월부터 이듬해 2월까지는 다시 남경에 두되, 1년이 되면 이상의 순서로 다시 시작하게 하였다.[144]

그런데 의종 후반부까지 중시되던 장단현·임진현의 두 현 가운데 명종대부터 임진현의 비중이 더 커졌다. 임진현은 범 개경권역 가운데서도 경기 북부에서 보다 하강하여 남경 가까이 위치한다. 이 지역은 개경과 남경 방면을 통행할 때 반드시 경유해야 하는 요충지로서, 일찍부터 주목을 받아왔다. 문종 21년 이후에 임진로가 개설되자 이 지역을 각광하여 남경 치소를 이전하였다. 남경 치소의 임진현 이전은 사실상 해당 지역의 개발성과가 정책적으로 반영된 결과이다.[145]

명종·고종대의 위 사료는 금의 침입루트를 명시한 것이다. 직전까지 금의 침입로는 개경에서 장단현을 잇는 방면이지만 명종 7년 임진현 루트를 이용하였다. 임진현 루트의 이용에는 이즈음 서경민의 반란으로 인해, 개경 ↔장단로 길이 봉쇄된 데 일차적 요인이 있다. 그러나 긍정적 차원에서는 장단로 폐쇄에 따라 남경 방면의 임진현 루트는 금의 사행로뿐 아니라 추후에는 사적 통행길로서 부각될 수 있었다.

뒤이은 고종대는 4년 거란병의 내침으로 國都가 위기를 맞은 때, 松都地氣衰旺說을 근거로 연기설이 등장하였다. 술사 이지식의 주장으로 白岳의 신궐 창건이 재창되었다.[146] 고종 21년에는 도참가가 참서를 인용하여 古楊州(南京)의 땅에 궁궐을 짓고 이어하면 국업을 800년 연장한다고 하여[147] 숙종 이래의 南京 久闕에 대해 新闕을 창건하였다. 같은 해 내시 李白全을 시켜 이어하는 대신에 국왕의 御衣를 개경 남경의 양경에 모시자는 건의를 시작으

144) 『高麗史』 권23, 高宗 22년 2월 壬辰.
145) 정은정, 「고려중기 경기지역의 공한지 개발」 『지역과 역사』 16, 2005 ; 정요근, 「고려 중후기 임진도로의 부상과 그 영향」 『역사와 현실』 59, 2006.
146) 『高麗史』 권22, 高宗 4년 12월 庚戌.
147) 『高麗史』 권23, 高宗 21년 7월 甲子.

로,[148] 건국주 태조의 신위를 남경 궁궐로 옮기자는 상서가 제기되었다. 고종대에도 개경과 남경의 양경이 중시되었다. 고종 46년 풍수가인 교서랑 경유의 건의에 따라 강화 마니산 남쪽에 이궁이 건설되었다.[149] 강화천도 즈음에 개경을 대신하여 강도를 명당의 땅으로 관념지으려는 입장에서 제기된 것으로, 강화 이궁건설은 지속되지 않은 임시적 차원에 그쳤다.

> 충렬왕 11년에 남경부사가 되었는데 왕이 남경으로 행차했을 때 엄수안은 안렴사 崔伯興와 더불어 민들에게서 횡포한 징수를 하여 연회를 극히 사치하고 풍부하게 차렸으며 또 왕에게 삼각산 문수굴에 가도록 권고하여 새 길을 개척하였으므로 그 지방이 아주 시끄러웠다. …150)

> 정언진은 신종 5년에 대장군으로 되었다. 그때 경주 사람들이 반란을 음모하고 낭장동정 배원우를 몰래 장군 석성주의 배소인 고부군으로 보내어 달래기를 '고려왕조의 운명이 다 쇠진하였고 신라가 반드시 부흥될 것이니 당신이 주인되어 사평나루를 국경으로 하면 어떠한가?' …151)

후대의 기사이지만, 충렬왕이 남경으로 행차하면서 길목에 해당하는 삼각산 문수굴에 新路를 개척했다는 내용이다. 삼각산 문수굴로 가는 新路는 임진도로의 支線路에 해당된다. 임진현 방면의 행차가 많아진데 따라 新路가 개설된 것이다.[152] 신종대 경주 민란을 담은 내용 가운데는 신라부흥 후 사평나루를 국경으로 삼으려 했다. 무인집권 당시 고려인들은 사평도를 국가적으로 매우 중요한 나루로 인식했던 것이다. 이후 남경으로 행차할

---

148) 『高麗史節要』 권16, 高宗 21년 7월 ; 『高麗史』 권23, 高宗 21년 7월 甲子.

149) 『高麗史』 권24, 高宗 46년 2월 甲午.

150) 『高麗史』 권106, 列傳19 嚴守安.

151) 『高麗史』 권100, 列傳13 丁彦眞.

152) 정요근, 앞의 논문.

때 한강 유역 사평나루의 중요성이 부각되었다. 사평나루는 남경에 소재한 것으로, 사평나루가 주목된 것은 남경이 중시된 데 따른 것이다.

무인집권 이후의 각종 문집류에서는 임진현의 비중을 재차 확인할 수 있다. 이규보가 남방으로 행차할 때 임진로를 활용하거나,[153] 충숙왕이 봉성현을 순행한 다음에 남경으로 행차하고,[154] 동 16년에는 예성강에서 출발해 한산으로 가려했던 점,[155] 이색의 한산 별서까지의 여정이 고봉현에 위치한 덕수현을 거쳐 사평나루까지 이르고 있다.[156] 문종 이후 여말까지 남경 방면으로 행하는 임진현에 대한 국가적 배려의 결과, 비록 무인집권기 비정상적 국도 경영 차원이긴 해도 이 방면에 천도 논의가 집중될 수 있었다.

三蘇 천도론은 중기까지의 개경·서경·남경의 삼경제 경영이 허설화된 데 따른 대안적 모색이자 비정상적 도읍경영안이다. 삼소가 국도 王都 주변에 포진하여 개경의 도읍 위상을 회복하려는 의지를 표방하지만, 凡 개경권 가운데서도 左蘇에 천도론이 모아지고 있다. 의종 후반부터는 무인집권기 때 左蘇로 지목되는 장단현 외에도 남경 일대의 臨津縣 방면에도 국왕의 유희 행차가 지속된다.

左蘇 장단현과 새로이 주목받는 臨津縣은 성종대 畿縣으로 설정된 지역으로, 의종 후반까지는 동일 비중과 중량으로 같이 중시되었다. 명종대 서경민의 반란으로 장단현 길이 차단되자 임진현 방면 루트가 한층 부각되기에 이른다. 여말까지도 임진현 길은 지속적으로 두각을 나타내어 각종의 사행길이나 관인의 別墅 여정로로 자주 이용되었다.

左蘇 천도론이 처음 제기되는 무인집권기에는 그 위치가 경기 북부의 長湍縣에 비정되다가 여말에는 더욱 남하하여 한양 가까운 지역을 특정하여

---

153) 『東國李相國集』 권10, 古律詩.
154) 『高麗史』 권34, 忠肅王 4년 2월 壬子.
155) 『稼亭集』 권14, 古詩.
156) 『牧隱集』 권2, 沙平渡歌.

지목한다.[157] 여말 左蘇가 개경─남경의 사이 지점을 지양하고, 한양 중심으로 집중되는 것은 한양을 도읍지로 상정한 직후 國都의 鎭山을 이곳에 배치한 결과이다. 무인집권기 직전부터 임진현 방면에 대한 국왕의 일상적 배려와, 좌소 천도론은 조선초까지 걸친 개경·한양의 兩京制 논의에 단초를 여는 동시에, 한양 定都 작업이 본격적으로 추진된 후 한양 1곳만의 단경제가 정착하는 과도단계에 해당한다.

4. 경기권역의 축소와 환원

무인집권 전후 왕도는 권력중핵으로서 강력한 구심력을 상실했고 집권자들은 새로운 국도 재편안으로 삼소천도론으로 도시위기를 극복하려 하였다. 중기 연간 개경·서경·남경의 삼경제 경영이 유명무실해진데다, 이 시기에는 三蘇 중 서경 방면에 치우친 右蘇나 北蘇보다는 경기 북부의 左蘇 長湍縣에 천도론이 집중된다. 장단현을 좌소로 주목하여 지속적 관심을 둘 뿐 아니라, 남경 일대의 임진현 경영에도 주력하였다. 무인집권기 삼소론은 중기의 삼경제에서 여말 양경제로 정착해가는 과정이라 할 수 있다. 점차 부도가 삼경에서 양경으로 축소되면서 경기지역에도 일정한 영향을 끼쳤다. 삼경을 동심원 형태로 망라하던 데서 양경만을 포괄하게 된 무인집권 전후로 경기의 영역은 자연스레 축소된 것으로 보인다.

현종 이후부터 문종 30년까지 점진적 확장을 보이던 대경기, 수도권역은 형식적이나마 무인집권 직전까지는 존속했을 것이다. 대경기의 존속 시기와 운영의 문제는 당시 전국단위의 군현제 개편방향과 맞물려 있다. 성종 14년 10도제가 현종대 계수관체제의 성립으로 한차례 군현 변동이 있은 뒤에는

---

157) 『高麗史』 권134, 列傳47 禑王 5년 10월 戊子.

문종 연간까지 대체로 주속현을 기본단위로 운영되었다.

대경기 영역 안에 포섭되는 관내서도(서해도)에서부터 제고사, 안찰사 파견이 시작되었다. 점진적으로 교주도·양광도에도 도안찰사 파견이 확산되었다. 도제 시행 초기에 대경기 안에 포함된 서해도·교주도·양광도에서는 실제 계수관의 역할이 클 수밖에 없다. 점차 도안찰사가 순찰 정도의 제한적 기능을 탈각하여 보다 실효적 측면에서 중간기구 역할을 대행하기에 이른다. 대경기 내부의 운영방식은 앞선 계수관이 역할을 하던 단계와는 구분되어 차츰 주속현 단위의 점점의 물류수송 권역이 광역의 띠 모양, 도 단위의 단일한 권역으로 인지되는 양상도 그 일환이다. 실제 대경기는 도제의 강화에 따라 내부로부터 축소되는 흐름이었다.

내부 구성이 달라지는 측면과 더불어 대경기 외곽 접경에서도 동북 양계가 성립되면서 그 변화가 간파된다. 대경기와 동북계의 완충에 속하던 일부 교주도·서해도 군현이 양계로 정비되었다. 영역 안팎에서 진전된 군현제 정비의 추세로 인해, 대경기를 구성하던 군현 일부가 도제와 서북양계로 빠져나가면서 대경기권역의 점진적 축소가 진행되었다. 예컨대 문종대 대경기는 안팎에서 도제 양계제 정비가 가속화되기 직전까지 명맥을 유지하다가, 이후 축소 일로에 놓이게 된다. 한껏 팽창되던 대경기는 문종 후반~의종 연간까지는 지속되어 외형을 유지한 것처럼 보이지만 실제 허설화하는 과정을 거친 후, 원종대의 녹과전 분급을 계기로 본래 형태로 축소 환원하기에 이른다.

이렇듯 무인집권 전부터 군현제의 개편으로 인해 이미 개경을 정점으로 서경·남경을 동심원으로 망라하던 대경기는 점차 위축의 과정을 겪었다. 12세기 전후해서 광역 경기에서는 도제가 실시되었고, 경기 내에서도 주현의 승격이 이루어지는가 하면, 감무가 파견되기 시작하였다. 道制의 실시와 州縣의 승격, 監務 파견 조치는 12세기 당시의 국가집권력 강화 노력에서 이루어진 것이다. 그럼에도 전체 대경기의 영역에 한정지어 본다면, 사실상

경기권역의 축소와도 결부되는 것이다. 이러한 점을 염두에 두고 12세기 전후해서 문종대 확대되었던 기왕의 광역 경기가 차츰 줄어드는 사정을 먼저 살피고, 그 연장선상에서 개경환도 전후 시점에 경기권역이 대폭 축소되어 원경기로 환원되는 실태를 점검하려 한다.

1) 대경기 영역의 변화

(1) 道制 확대 실시와 大京畿의 축소

앞서 지적했듯 문종대 대경기는 개경을 정점으로 서경·남경권역을 동심원으로 에워싸는 형태였다. 그런데 대경기의 동서북면 일대는 경기제로 포진되기 이전부터 兩界와 접경을 이루는 지역이다. 그런데 문종 후반부터 동·북양계의 남쪽 방면에서는 南道化가 진행되면서 道制가 실시되기 시작했다. 이는 양계가 순국방지역과 준남도로 이원화되는 과정에 해당하지만 대경기와 인접하는 동북 방면이 양계로 떨어져나가는 것이기에,[158] 대경기제로서는 축소 변화와도 맞닿아 있다.

동북 양계의 성립은 태조의 북방 경략 과정에 연원한다.[159] 양계 가운데서

---

158) 권영국, 「고려전기 동북면과 동해안의 방어체제」『숭실사학』30, 2013 ; 윤경진, 「고려말 조선초 동계의 운영체계 변화와 道의 재편」『한국중세사연구』44, 2016 ; 이정기, 「고려시기 동계영역의 변동과 도호부의 이동」『한국민족문화』47, 2013 ; 정은정, 「고려말 동북면 경계의 공간분절과 다층적 권력」『지역과역사』39, 2016. 10.

159) 양계 성립시기는 『高麗史』 地理志 序文 東界條 北界條의 기사가 상이하기 때문에 논자마다 차이가 있다. 『高麗史』 地理志 東界條에서는 靖宗 2년 동북 양계가 동시에 성립된 것으로 하였다. 地理志 北界條에서는 서경 소관의 패서도를 뒤에 북계라 칭했다 하여 성립시기가 불분명하고, 숙종 7년에는 서북면이라 칭한 것으로 기록하였다. 양계의 성립은 태조의 북방경략 과정에 연원한다. 태조대 북계는 동북면·서북면 모두를 통칭하다가, 성종·목종대 北界를 방어면으로 동·서 구분했다. 현종 연간에 동·서 양계로 분리되지만, 행정구역으로서의 양계제는 대체로 靖宗 2년에 성립된 것으로 보는 데 견해가 일치한다(최정환, 『고려 정치제도와 녹봉제 연구』, 신서원, 2002, 83쪽). 최정환은 양계의 성립시기를 地理志 東界條 자료에 신뢰를 두어, 정종

도 연원이 오랜 것은 서북면 일대의 북계이다. 북계는 성종 14년 10도제 시행 당시의 패서도를 모체로 하는데,[160] 지형상으로는 자비령을 기준으로 남북으로 구분한다. 자비령 이북은 순북계 지역이다. 그 이남의 자비령 남쪽에서 예성강 이서지역은 준북계로 개경에 가까이 있으면서 대경기의 북쪽 한계와 접한다.

자비령 이남에서 조금 남쪽의 예성강 이서는 성종 14년 당시 10도제의 패서도와 구관내도가 겹쳐져 관할범위가 불분명한 곳이다. 구관내도는 문종 대에 이르러 방위면으로 세분되어 관내동도·관내서도·관내중도가 형성되었다. 성종대 구관내도는 개경과 적기현을 둘러싼 황주·양주의 양익을 지칭하는 것으로,[161] 이때 구관내도의 중심은 적기현이 된다. 성종대의 적기현 일대를 관내중도로 한다면, 관내중도의 서쪽은 관내서도, 관내중도의 동쪽은 관내동도로 봐도 무방할 듯하다. 관내서도 동도는 대부분 문종대의 대경기 최외곽과 접경하는 지역이다. 관내서도 동도의 군현영역의 변화는 차제에 대경기의 범위에도 영향을 미친다.

2년으로 보았다.

160) 〈표〉는 『高麗史』 地理志와 具山祐, 『高麗前期 鄕村支配體制 硏究』, 혜안, 2003, 160쪽 〈표 11〉 '成宗代 10道의 州縣數와 지방거점 지역 및 5道 兩界의 관계' 참고.

10道名	지방거점 지역	5道兩界名
關內道	黃州 海州	西海道
	楊州 廣州	
中原道	忠州 淸州	楊廣道
河南道	公州 (運州)	
江南道	全州	全羅道
海陽道	羅州 昇州 (光州)	
嶺南道	尙州	慶尙道
山南道	晋州	
嶺東道	(慶州)(金州)	
朔方道	(春州)	交州道
	(溟州) (和州)	東界
浿西道	(西京)	北界

161) 『高麗史』 권58, 地理3 西海道.

막연히 방면 방향을 칭하던 구관내도의 서도 동도에 도안찰사가 파견되어 지방행정단위로 명확히 분기되어 가는 과정 속에서, 대경기와 동북양계 접경지역은 개성부 관할보다는 도안찰사의 영향권 안으로 흡수되었다. 대경기 인접하는 관내서도 동도의 도안찰사 역할이 비대해지는 반면, 개성부의 영향력은 점차 줄어들었다. 이는 사실상 대경기와 도제와 양계의 경계가 분명해지는 결과이기도 하지만, 대경기의 측면에서는 지역세의 위축과 범위의 축소에도 이어진다.

우선 관내서도는 관내중도의 서쪽에서 추후 대경기의 서북방면과 연접하는 예성강 이서지역이 해당된다. 예성강 이서지역은 성종 연간까지 모호하게 칭하다가 문종 10년 사방 방위면으로 분화되면서 관내서도로 명확해졌다. 문종 15년에는 관내서도에 안찰사를 파견하기 시작했다.[162] 도안찰사가 기록에 나타나기 시작한 것은 靖宗 3년 정월부터이다.[163] 道按察使는 문종 후반부터 관내서도·서해도 방면에 파견되기 시작했음을 알 수 있다.[164] 문종 18년 3월 浿西道에 監倉使와 按察使로서 祭告使를 겸임케 하고, 주현 外獄囚에 대한 감행 추검을 關內西道에서는 안찰사가 주재한 사실로서 확인된다.[165] 예종 연간 관내서도의 황주·해주 계수관을 묶어 서해도로 편성했다.[166] 대부분의 서해도 관할영역은 관내서도와 일치한다. 문종대 대경기를 구성하던 서북방면 접경의 관내서도는 예종대 일부 서해도로 편입되면서

---

162) 『高麗史節要』 권5, 文宗 15년 2월 ; 권7, 睿宗 元年 3월.

163) 『高麗史』 권79, 食貨2 農桑 靖宗 3년 正月.

164) 道制 성립시기를 예종·인종대로 보는 견해와 고려시대를 일괄해서 확고부동한 행정구역으로서의 道制는 시행되지 못했다고 보는 하현강의 견해가 대립된다. 최정환은 고려의 5도 양계제 성립시기를 현종 9년에서 예종 원년 사이로 보고 있다(邊太燮, 「高麗按察使考」『高麗政治制度史研究』, 一潮閣, 1971 ; 하현강, 『韓國中世史研究』, 一潮閣, 1988 ; 崔貞煥, 「高麗地方制度의 整備와 道制」『慶北史學』19, 1996 ; 「高麗兩界의 成立過程과 그 時期」『계명사학』8, 1997).

165) 『高麗史』 권8, 文宗 18년 3월 癸酉.

166) 『高麗史』 권58, 地理3 西海道.

대경기의 서북접경은 개성부 관할이 아닌 지방단위로서 서해도 안찰사가 관리하였다. 왕경을 기보하던 대경기의 영역은 서북 방면부터 그 축소가 단행된 셈이다.

대경기 동쪽의 관내동도에도 안찰사가 파견되었다.[167] 관내동도 역시 지역을 구체적으로 확정하기 어려우나, 관내중도의 동쪽방면을 칭한 듯하다. 지형적으로는 북한강과 소양강 수계가 만나는 태백준령 근처로 짐작된다. 태백준령 근처의 관내동도 방면도 처음 동계 영역에 포함되다가 인종 연간 남도화가 추진되어 교주도로 분리되었다. 관내동도 방면은 문종 이전부터 이미 동계의 관할영역으로, 정종 2년에 동계가 성립될 때, 和州·溟州의 朔方道와 交州道를 포함한 지역이다.[168] 예종 이후 道制가 강화되면서 교주·춘주의 계수관을 묶어 교주도로 정비되었다. 동계의 안변도호부 소속에서[169] 인종 연간 교주에 방어판관 감세사, 춘주도 안찰사가 파견되었다.[170] 동계에서도 남도화가 추진되어 인종 8년 전후 동계북부와 준동계영역이 분리되었다. 즉, 동계남부와 접경을 이루던 대경기 영역의 축소를 짐작케 한다.

대경기의 점진적 영역 축소는 사실상 도제의 확정 수립에 따른 것이다. 해당 지역에서 도제의 시행을 계기로 해서 조세 수세방식 일부의 변경을 초래하였다. 문종대까지 확대된 대경기는 고려시대 田租의 수세유형에서 본다면 조세직납지역이다. 경창 직납구역이라 하더라도 문종대 대경기에서는 조세 수송을 매개로 대략 5~6개 정도의 수취 거점이 형성되었다. 문종대 대경기는 開城府가 계수관 기능을 하고, 南京·樹州·東州·平州의 주현이 각각

---

167) 道按察使의 파견지역이 서해도와 전라도 지역부터 시작되었다고 보는 박종진의 견해도 있다. 서해도에 안찰사가 파견된 것은 개경−서경축을 국가운영의 핵심으로 삼기 위한 것이라는 점, 전라도 안찰사는 현종 2년 거란침입으로 이 지역 절도사를 혁파하면서 설치한 것으로 보았다(박종진, 「高麗時期 按察使의 機能과 位相」『東方學誌』 122, 2003).

168) 『高麗史』 권58, 地理3 交州.

169) 『高麗史』 권58, 地理3 交州.

170) 『高麗史』 권77, 百官2 外職 勸農使 ;『역주 고려묘지명집성』(상), 鄭復卿, 金永夫墓誌銘.

독립적으로 통치하였다.[171] 대경기에서 수세구역은 개략적으로는 문종대 왕경개성부가 관할하는 영역과 일치하는 경향에 있었다. 경기의 조세 수세유형은 경창을 경유하지 않는 조세 직납구역이다.

대경기 내에서 道制 시행을 계기로 수세방식 일부도 변경되었다. 주지하듯 예종 연간 확대 실시된 道制는 이전보다 수취의 효율성이 제고된 측면이 있다. 사행·방면으로 세분화된 문종 후반의 道制는 예종 원년 이후에는 그 직제와 기능이 강화되었다. 도안찰사는 조세수취를 관할하는 중간기구로서 역할을 대행하였다. 대경기 안팎으로 道制가 강화되면서, 분립된 5영역은 양광도·서해도·교주도의 각 道別 관할범위로 묶여졌다. 대경기의 서쪽·동쪽 방면에 서해도·교주도·북계가 동계가 각각 비슷한 시기에 성립하였다. 수세권역의 범위에서 전체 왕경으로 직납되던 세곡 일부는 서해도·교주도를 거쳐 양계로 수송되었다. 이는 종전까지 왕경으로 직납되던 경기의 재원이 일부 양계로 분납되어 물적 차원에서 왕경의 재정원이 쪼개지는 것으로 대경기의 사실상의 축소를 시사한다.

대경기와 양계와 접하는 서해도·교주도는 전조곡의 조달 방식에서 양계의 직·간접적 영향권에 놓여있었다. 서해도 방면은 문종 21년 장연현에 안란창이 신설되어 삭북으로 군량을 수송했다.[172] 이전까지 이 방면에는 조창이 없어 개경의 경창으로 조세직납이 이루어진 터였다. 이후 안란창의 신설로 서해도 중에서도 예성강 인접 15개 군현은 개경창에 직납되거나 안서대도호부 해주 이서 지역은 조창을 매개로 경창으로 조운되었다.[173] 예컨대 문종대에는 용문창곡을 예성강 배 107척으로 麟州, 龍州, 鐵州, 宣州, 郭州 및 위원진에 1년에 6번씩 배로 실어 날아서 군량에 충당케 하였다.[174] 경창인 용문창의

---

171) 변태섭, 앞의 책, 255~256쪽.
172) 『高麗史』 권79, 食貨2 漕運 ; 권82, 兵2 屯田 文宗 21년 6월.
173) 한정훈, 「高麗時代 交通과 租稅運送體系 硏究」, 부산대 박사논문, 2009, 116쪽.
174) 『高麗史節要』 권5, 文宗 18년 2월.

곡속을 북계로 수송한 것은 이 무렵 북계의 성립에 따른 조치이기도 했다.

서해도 성립 이전부터 대경기의 서쪽 방면 세곡 대부분은 양계로 이송되는 경우가 훨씬 많았다. 이후 조운의 험로를 안정화시킨 서해도 안란창의 신설은 조세수납의 운영방식을 변경하는 결과를 가져왔다. 전체 조세직납이든 다른 조창을 경유하든 세곡의 감모분은 경창 직납보다는 서해의 험란을 극복한 안란창을 활용하여 북계로 이송할 때 손실이 적었다. 서해도 군자곡의 북계 이송은 대경기의 서쪽방면에서 조세직납구역의 변동, 다름아닌 대경기영역의 축소를 시사한다.

교주도는 대체로 험지로서 일부 군현을 제외하고는 전체 영역에서의 경창 직납은 사실상 곤란했다. 교주도의 동주·안협·동음 일대는 이미 문종대 대경기제에서 桃源道→ 澄波渡→ 임진강→ 京倉으로 조세가 직납되던 구역이다. 교주도의 春州 구간 역시 임진강을 건너 春州道→ 長湍渡를 경유했는데, 春州道 통과지역 가운데 抱州는 경창으로의 직납구역에 해당된다.[175]

이들 지역을 제외한 교주도의 나머지 군현은 군수물자기지로서 동계에서 관할했다. 교주도 전체의 조세곡이 동계의 군자곡에 소용되지는 못하고, 일부 경기와 동계에 분납된 사실은 동계의 군자곡 부족을 초래하기도 했다. 군자곡 부족분을 충당하기 위해 교주도 인근에서는 지역 자체의 둔전이 개발되기도 했고, 일부는 강릉·경상 등지의 미곡을 운반해 채우기도 했다.[176] 경상도 동부해안과 동계지역은 행정구역을 벗어나서 물화의 흐름에서 본다면 단일하게 묶여진다고 할 것이다.[177] 교주도 조세곡 일부는 원래부터 개경창으로 직납이 이루어졌기에, 교주도의 성립이 경기지역 전체의 물류흐름에 영향을 준 바는 사실상 미약하다. 그러나 교주도의 조세곡도 동계와 경기 일대에 분납된 것으로, 경기권역에서 조세직납구역은 점차 축소되어

---

175) 한정훈, 앞의 책, 121~122쪽.
176) 『高麗史』 권135, 列傳48 禑王 9년 8월.
177) 안병우, 앞의 책, 168쪽.

간다. 인지적 차원에서 대경기가 축소되는 방향과 일치한다.

대경기 지역에서 道制의 실시에 따른 군현 변화는 경기의 조세직납구역이 축소되는 사정과 동시에 차후 도 관할범위에서 물류 흐름에 따른 圈域이 형성되어 감을 예견한다. 서해도·교주도와 양계의 접경은 원간섭기 동녕부·쌍성총관부 관할영역으로 변화해가고, 이후 원간섭기 부원세력들이 사적으로 이윤을 추구해가는 場이 된다. 따라서 예종~인종 연간 서해도·교주도 방면이 중앙에서 직예하는 경기지역에서 떨어져나가 道制가 시행된다는 사실은 이후 원간섭기에 해당 지역이 독자적 단위 영역화되어 가는 사실과 맞물린다.

예종 이후 5도양계제의 군현 추이에 수반해 대경기지역의 조세 수세 유형은 직납구역에서 道 관할범위 곧 권역별로 세분화되었다. 그 결과 대경기제에서의 道制 실시 지역은 이후 무인집권기에는 단일한 범주로 인지하기에 이르렀다.

(高宗 37년) 3월 북계 昌州 사람들이 서울 가까운 곳으로 들어오겠다고 청하므로 이를 허락하여 안악현으로 옮겼다. 이에 앞서 威州에서도 殷栗縣으로 옮겼었는데 이로부터 북계 각 고을백성들이 다 西京畿內와 서해도로 들어오게 되었다. …178)

임오일에 전후좌우군 陳主를 지병마사로 임명하여 한강 연안을 방비하게 하는 동시에 광주와 남경은 다 강화로 들어오게 하였다.179)

위는 고종대 북계 창주와 성주 일대의 민들을 서경기와 서해도로 유입을 허락한 기사이다. 서해도와 북계 방면이 무인집권기에는 하나의 단위영역으

---

178) 『高麗史』 권23, 高宗 37년 3월.
179) 『高麗史』 권23, 高宗 22년 7월 壬午.

로 인지되었음을 보여준다. 서경 방면이 북계의 형성에 따라 대경기 영역에서
대거 탈락하는가 하면, 대경기의 서쪽 경계와 북계 영역이 단일하게 인지되었
다. 몽골의 침입에 대비해 한강연안을 방비토록 하라는 것으로, 강화로의
입보에 남경과 광주를 묶어서 거론하고 있다. 양광도의 광주와 남경영역이
단일하게 인식되었음을 의미한다. 삼경의 전체영역을 아우르던 대경기는
중기 이후 서경방면이 그 영역구성에서 대거 탈락하고, 개경·남경의 兩京
권역만을 대상으로 경기가 유지되기에 이르렀다.

(2) 監務의 파견과 原京畿 4州縣의 승격

문종 후반부터 대경기지역에서는 1·2일정을 막론하고 감무가 파견되기
시작했다.[180] 감무는 예종 원년 儒州 등에 流民이 발생하자 안집을 위해
도입되었다. 감무제 시행 당시 감무의 최초 파견지역은 개성부 지역이 압도적
우위를 점한다. 송림·임진·임강·파평·적성 일대의 원경기에서부터 예종
3년 교주도·서해도 일대의 24현을 위시하여 추후 양광도까지 전면적으로
감무 설치가 확산되는 추세에 있다.[181] 지역의 주속현 운영원리를 변함없이
유지하지만 감무가 설치되는 지역은 차제에 주현으로 승격된다.

---

180) 감무에 대해서는 외관의 증치에 주목해 중앙집권화의 일환으로 본 견해(邊太燮,
「高麗前期의 外官制」『韓國史研究』2, 1968 ;『高麗政治制度史研究』, 一潮閣, 1971), 북방
민족과의 충돌에 따른 사회불안과 전쟁 준비에서 동기를 찾는 견해(元昌愛, 「高麗
中後期 監務增置와 地方制度의 變遷」『清溪史學』1, 1984), 속현의 성장에 따른 외관
극소화정책의 산물이라고 본 견해(李義權, 「高麗의 郡縣制度와 地方通治政策」『高麗史
의 諸問題』, 一潮閣, 1986), 감무가 지역의 수조권자를 견제하는 역할을 했다는
견해(이인재, 「고려중후기 지방제 개혁과 감무」『外大史學』3, 1990), 기존 연구에서의
감무성격 변화를 염두에 두지 않았다는 점에 주목해 예종·명종대와 공양왕대 시기를
구분한 윤경진의 연구가 있다(尹京鎭, 「高麗 郡縣制의 構造와 運營」, 서울대 박사논문,
2000, 260~279쪽).

181)『高麗史』권12, 睿宗 3년 7월 辛酉.

〈표 4-5〉 중기 감무 설치

도	주현	감무 설치	설치시기	도	주현	감무 설치	설치시기
왕경	開城府	우봉군	예종 원년	양광도	光州牧	과주	〃
		토산현	〃			용구현	명종 2년
		적성현	〃			죽주	〃
		파평현	〃			양근현	명종 5년
		송림현	예종 3년		忠州牧	괴주	예종 3년
		마전현	〃			음죽현	〃
		강음현	인종 21년			음성현	〃
	原州	제주	예종 원년			청풍현	〃
양광도	洪州	보령현	〃	교주도	東州	삭령현	예종 원년
		당성현	〃			승령현	〃
		여미현	〃			동음현	〃
		혜성현	예종 3년			이천현	예종 3년
		이산현	〃			김화현	인종 21년
		정해현	〃			평강현	명종 2년
		대흥현	명종 2년			창주현	명종 5년
		결성현	〃		交州	금성군	예종 원년
		덕풍현	명종 5년		春州	낭천군	〃
	楊州	견주	예종 3년			양구현	〃
		포주	명종 2년			홍천현	인종 21년
		봉성현	〃	서해도	海州	안주	예종 원년
	樹州	안산현	예종 3년		海州	염주	예종 3년
		금주	명종 2년		瓮津	장연현	예종 원년
		김포현	〃			연강현	〃
		수안현	〃		黃州牧	안악군	예종 원년
	水州	진위현	〃			신주	예종 3년
	仁州	당성군	〃			유주	〃
	光州牧	천령현	예종 3년		谷州	협계현	〃

　문종 30년 전시과 시지의 기내 분급지역으로 개경에서 하루이틀 거리에 설정된 대경기는 도제가 실시된 39개 현을 제외한 나머지는 예종~인종대를 거치면서 개성부가 관할하는 원경기지역으로 다시 환원되었다. 앞서 대경기를 구성하는 원경기 외곽에서 1일정의 양광도 일대에 넓게 감무를 파견한 조치로 인해 해당 지역의 속현은 주현으로 승격되었다. 대경기내에서 한층 원심에 가까운 원경기는 당시 군현제의 일반적 동향에 따라 4주현의 승격이 이루어진 것이다.

환원된 것이라 여겨지는 경기의 군현은 13개 현으로, 성종~현종대 경기를 구성하던 군현인지는 불분명하다. 하지만 인종대 병지 주현군과 외관록조에 따르면 원경기 군현의 운영에서 변화가 있었음을 알 수 있다.[182] 王京開城府에서 州縣軍의 편성은 州縣을 단위로 하는 것이어서, 軍事道의 정리는 원경기 내에서 주현의 승격을 뜻한다. 인종 연간에 경기의 주현으로 명확한 것은 知開城府·昇天府·長湍縣이다. 開城縣·長湍縣은 현종 9년에 이미 주현으로 승격된 상태다. 昇天府는 예종 3년 개경 서남 방면의 貞州가 昇天府로 승격되면서 외관이 파견되었다. 江華縣도 현종 9년에 이미 주현으로 승격되어 州縣軍道에 함께 편성되었다. 도에는 안찰사를 두어 주현을 관할하게 하였지만, 知昇天府使·長湍縣·江華縣은 知開城府와 함께 직접 尙書都省의 통제를 받고 속현을 관할하였다. 종전까지 開城府가 일괄적으로 관할하던 원경기는 이제 각각 개성부·장단부·승천부·강화부의 4주현이 병렬적으로 통치하였다.[183]

한편 원경기 내에서도 4주현이 승격될 수 있던 데는 이전부터 해당 지역이 가진 도회적 성장의 잠재성 때문이다. 개성현은 왕경을 일찍부터 지원해오던 지역으로서, 현종 9년 경기가 이원화될 당시 예성강 인근 군현을 관할하는 핵심 주현이다. 장단현 또한 고려국초부터 중시되는 지역이었다. 개경의 동교에서 동남 방면으로 가기 위해서는 반드시 거쳐야 할 지역으로서 개발이 일찍부터 진행된 지역이다. 貞州 역시 개경으로 진입하기 위해 반드시 경유해야 할 지역으로, 일찍부터 중시되어왔다.

> … 이듬해 수도를 강화도로 옮기려 했는데 어사대의 官奴 李通이 개성이 공허한 기회를 타서 경기근처 지방의 좀도적과 성 내의 노예를 불러 모아 반란을 일으켰다. 유수병마사를 축출하고 3군을 편성한 후 각 처의 절에 공문을 보내 중들을 모집하고 공사의 재물과 양곡을 약탈했다. … 3군이

---

182) 『高麗史』 권83, 兵3 州縣軍 ; 권80, 食貨3 外官錄.
183) 『高麗史』 권56, 地理1 王京開城府.

강화도로부터 온다는 말을 듣고 임진강에서 방어하고 있었다. 3군이 昇天府의 東郊에서 접전하여 적을 대파하였다. …184)

승천부는 예종 3년 정주가 승격한 지역이다.185) 貞州는 성종대부터 적기현에 편성되어 개발이 선행되던 지역이자, 대외관계의 관문으로서 중시되었다. 때문에 정주 방면에는 비교적 이른 시기부터 대외교역 편의시설이 갖추어지고, 객관이 있었다. 貞州의 읍치를 중심으로 가까운 거리에 교역 편의시설이 갖추어짐으로써 지역개발이 진전되었다.

인종 연간 군사도 성립 시점에 주목되는 군현은 강화현이다. 강화현은 성종~현종대의 원경기 13현과 원종조의 경기 8현에는 속하지 않지만, 공양왕대 경기좌우도 설치 때 확인된다. 강화현은 천도 이전부터 서·남해에 정박한 물화가 개경으로 운송되는 지점이었다. 강화현에서 舊都 개경의 京倉까지는 楊花渡를 이용했다. 전반적으로 渡는 津보다 위상이 높았는데, 조선초 태종대 津渡制를 정비할 때 楊花渡는 大路로 편성되기도 했다.186) 강화도 소재의 갑곶나루에는 利涉亭이 설치되었고, 하삼도에서 조세를 나르는 배가 정박한 곳에는 燕尾亭을 설치하기도 했다.187) 강화현은 천도 이전부터 국가 재정적 물류가 집산해, 이동 편의시설이 갖추어진 곳이었다. 뿐만 아니라 강화현에는 한강수로와 해로의 연결지점에 萬日寺라는 사찰이 있다. 만일사 인근 수로에 장삿배가 즐비하고, 강화도 부근에 江商 海賈의 집이 고기잡는 사람으로 분주하고, 소금 굽는 사람의 집과 함께 흩어져 있다.188) 강화현의 商賈·江商은 국가적 물류에 파생되는 시장적 물류까지 조달하는 상인이었을 것이다. 강화현은 서해도 방면에서 유입해 오는 세곡운송과 수로 유통의 편리함이

---

184) 『高麗史』 권103, 列傳16 李子晟.
185) 『高麗史』 권56, 地理1 王京開城府.
186) 『朝鮮經國典』(下), 憲典.
187) 『新增東國輿地勝覽』 권12, 江華都護府 樓亭.
188) 『新增東國輿地勝覽』 권12, 江華都護府.

갖춰져 원경기 내에서도 주현화되지 않았나 한다.

무인집권 전후 경기 편성에서는 개경권역과 양광도 방면의 남경권역 일대가 중시된다. 예종~인종 연간 대경기와 연접하여 양계의 접경에 해당되는 동·서북면부터 서해도·교주도의 도제가 성립되었다. 서해도·교주도 지역의 조세곡은 개경과 양계로 분납되어 이로 인해 대경기 전체의 조세직납구역은 축소되었다. 이는 대경기 권역이 사실상 축소되는 것과 맥락적으로 일치한다. 대경기 내에서도 원심인 원경기에서 4주현의 승격이 이루어졌다. 주현의 승격에는 예전부터 축적되어 온 지역성장의 기반을 바탕으로 한다.

2) 江都 遷都, 개경·강화 중심의 京畿 복원

경기지역의 편성은 首都 및 副都의 운영변화에 일정한 영향을 받지 않을 수 없다. 무인집권기에 이르러 집권무인의 잦은 교체로 왕도의 구심력은 점차 약화된 정황 위에 장기간의 몽골침입과 대몽항전에 따른 강화도 체류로 개경을 방치함으로써, 수도로서의 기능을 전면 회복하기에는 상당한 시일이 요구되었다. 수도에 인접하여 배후 지원하는 경기지역도 전성기 때와 같은 상태로 복구되기는 어려웠다. 거기에 몽골침입의 주요 공격루트에 해당하는 개경 서북면뿐 아니라, 남경 방면 경기군현 상당수가 전쟁의 피해를 입었다. 대경기지역 전체가 몽골과의 전쟁에 집중적 포화를 받았다.

몽골이 고려를 6차례 침입하는 동안 몽골군은 강화도 해안을 집중 공략함으로써 通津·交河·守安을 주로 공격했다. 몽골군의 주 진격로에 해당되는 廣州·水州·仁州·平州·交河·通津·守安은 개경에서 남경 방면의 군현으로, 몽골침입 때마다 군현 피해 규모는 컸다.[189] 몽골침입에 연이어 광범한 초적활동도 잇따랐다. 고종 4년 振威縣에서 민란이 발생했는데, 민란은 거란침입으로

---

189) 尹龍赫, 앞의 책, 제2장 蒙古의 高麗 侵略, 一志社, 1991.

혼란한 틈을 타서 일어났다. 민란은 경기의 廣州와 水州 일대로 확산되었다.[190] 최충헌 집권기에도 각지에서 초적의 저항은 지속되는데, 고종 18년에는 경기의 坡坪 근처에서 초적이 활동했다.[191] 몽골침입과 초적활동으로 경기 북부와 그 남부전역이 상당수 피해를 입은 터라서 실제 해당 지역이 왕도를 군사·정치·경제적 기보하는 역할을 하기엔 적지 않은 한계가 있었다.

몽골과의 전쟁 중에 구도 개경을 고수할 것인지의 여부를 놓고 의견이 분분했으나, 결국은 강화도 천도가 결행되었다. 고종 19년 강도천도와 동시에 重城을 축성한 데 이어 舊京의 시설물, 기자재를 江都로 조달하였다. 강도시절 각종 궁궐·관아건물은 고종 19년 천도 이후 몽골 3차 침입시점인 22년까지 집중적으로 조영되었고, 대몽항전 소강기에는 대다수 도시 시설이 신축·개축되었다.[192] 개경의 도시시설과 사찰 상당부분을 이건해 옴으로써, 강도의 도읍체계가 구축되었다. 몽골침입 당시 고려의 도읍경영은 구경인 개경과 신경인 강도 양축에서 경영되었다.

> 崔怡가 私第를 짓는데 都房 및 使令君을 役事시켜 舊京의 재목을 실어오고 松柏을 많이 취하여 園中에 심었는데 모두 배로써 실어오니 사람이 빠져 죽은 자가 많았으며 그 園林이 수십리에 뻗쳤다.[193]

> 安養山의 잣나무를 옮기어 家園에 심었다. 안양산은 江都에서 數日의 路程인데 … 문객인 장군 朴承分 등으로 하여금 감독케 하니 때는 추위가 한창이어서 役徒가 얼어죽은 자도 있어 沿路 군현이 집을 버리고 산으로 올라가 이를 피하였다. 어떤 사람이 승평문에 방을 써 붙이기를 '사람과 잣나무

---

190) 『高麗史節要』 권15, 高宗 4년 正月.
191) 『高麗史節要』 권16, 高宗 18년 9월.
192) 『高麗史』 권23, 高宗 21년 2월 癸未.
193) 『高麗史』 권129, 列傳42 崔忠獻 附 崔怡.

중 어느 것이 중하냐' 하였다.194)

崔怡는 江都에 私第를 지을 때 도방 사령군을 시켜 舊京의 재목을 배로 실어 날랐다. 또한 정원을 꾸밀 때 安養山의 잣나무를 옮겨오거나195) 고종 19년에는 왕경 5部의 민호를 일부 江華로 옮기고196) 강화현의 객관에 국왕의 임시거처를 마련하기도 하였다. 강도의 도시시설 입안에 필요한 기자재는 제한적이지만 개경에서 조달해왔던 터라서, 구경인 개경에 대한 인지적 배려는 어느정도 유지되었다.197) 고종 46년 개경환도를 조건으로 몽골과 강화교섭이 이루어지는 동안에도 개경에는 가옥·궁궐·민가를 조영하였다.198) 강도시절 파괴된 구경의 민가를 수즙하는 외에도 궁궐조성도감·사원조성도감을 두어 궁궐·사찰의 상당수를 복원하려 애썼다.199)

조서에서 말한 바 "… 옛 서울 개성은 30년 동안이나 오랜 시일을 황폐된 채로 남아있으니 힘써 깨끗이 정리하고 새로 꾸민다 하더라도 하루 이틀동안 그 일을 완성할 수 없으며 …"200)

---

194) 『高麗史節要』 권16, 高宗 30년 12월.
195) 金庠基는 始興의 관악산으로 보고, 윤용혁은 『新增東國輿地勝覽』 권9, 安山郡 佛宇條에서 安養山을 안산군 경계의 산으로 보았다(尹龍爀, 앞의 책, 172쪽, 각주89) ; 金庠基, 『高麗時代史』, 東國文化社, 1961, 467쪽).
196) 『高麗史節要』 권16, 高宗 19년.
197) 강화도 천도시절 장기간의 몽골침입으로 개경이 파괴되었다고 보는 견해가 일반적이다. 그러나 장지연은 첫째 본궐의 중심건물인 강안전이 개경에서 유지된 점, 둘째 수창궁도 개경에서 존속했던 점, 셋째 개경환도 이후 본궐 사판궁 제상궁 남산궁 등은 강도천도 시기에도 여전히 유지된 것으로 파악했다(장지연, 「고려후기 개경 궁궐건설 및 운용방식」, 『역사와 현실』 60, 2006, 214~215쪽).
198) 『高麗史』 권25, 元宗 卽位前 11월 癸卯, 元宗 3년 10월 己未.
199) 『高麗史』 권27, 元宗 14년 2월 丁亥.
200) 『高麗史』 권25, 元宗 元年 4월.

… 옛 수도에 옮겼는바 응당 세자를 다시 보내어 사유를 보고하여야 할 것이었으니 그때는 아직 새 궁궐도 미처 건축하지 못하였으므로 …201)

몽골군대가 송도에 들어와서 康安殿을 노략질하니 殿을 지키고 있던 별장 大金就가 이를 쳐서 패주케 하고 포로되었던 사람들을 탈환해 왔다.202)

왕이 두련가 국왕의 주둔처로 갔다. 그때는 古京에 처음 나온 때라 의관이 제대로 갖추어지지 못하여 왕과 백관들이 모두 전쟁 때의 복장을 입고 있었으며 관청 청사 모두 전막을 치고 있었다.203)

전반적으로 강화도 천도시절에 개경이 방치된 탓에 복구하는 데 상당 시일이 걸린다고 지적하였다. 개경환도 직후 궁궐의 복원이 미처 이루어지지 못한 사정을 전하며, 원종 즉위 이후에도 몽골군대가 개경의 강안전을 공격했다. 원종이 출륙한 후에도 古京의 관청 청사가 복구되지 못한 까닭에 임시적으로 전막을 치고 있던 사정을 전한다. 출륙 후 원에서 공물로 요구한 궁실 재목은 개경의 기간시설 복구를 힘들게 한 요인이다. 원종 12년 몽골에서 李樞 등 7인을 보내 궁실재목을 요구했는데, 금칠·청등·팔랑충·노래목·화리·등석의 물품은 모두 산지가 남해의 것으로 지금 구하기 곤란해 西宋의 상선이 실어 온 것을 대신 보낸다고 했다.204) 원에서는 다시 李樞와 몽골사람 두 명을 보내어 궁실재목을 요구했다.205) 원에서 공물로 궁실재목 상당량을 요구하는 바람에 고려에서도 궁궐지을 재목이 부족한데다 개경의 복구는 사실상 제한적이었다.

201) 『高麗史』 권27, 元宗 12년 1월 丙子.
202) 『高麗史』 권25, 元宗 卽位前 12월 庚戌.
203) 『高麗史』 권26, 元宗 11년 6월 乙亥.
204) 『高麗史』 권27, 元宗 12년 6월 乙卯.
205) 『高麗史』 권27, 元宗 13년 12월 壬辰.

구경 중심의 각종 도시시설 복구가 지연되는 상황에 겹쳐, 강도천도 시절에 구경의 도시치안과 관리도 거의 공백상태였다. 도시 치안기구는 최충헌이 도방을 확대 개편한 內·外都房[206] 외에 별초군으로 지칭되는 馬別抄·삼별초·지방별초가 있다.[207] 원래 別抄는 京別抄와 外別抄, 京外別抄로 구분되는데,[208] 무인집권 초기에 치안의 요구 때문에 조직하였다. 무인 상호간의 권력투쟁이 장기화하면서 각자 경쟁적으로 사병을 양성하게 되자, 수도의 보안을 담당하던 좌우위·신호위·흥의위와 경찰임무를 맡던 금오위 같은 기존의 도성수비조직을 대체한 별도의 조직이 별초군이다.[209] 삼별초는 捕賊·刑獄과 도성 수비를 비롯해 친위대·전위대의 임무를 맡아 수행했었다.[210] 별초군 중에서 京別抄는 개경의 도적을 체포하는[211] 도시치안을 담당하던 순검군을 대체한 조직이다. 무인집권기에는 삼별초군이 官軍을 보완하는 기능을 대행함으로써 일정 동안 개경의 치안이 미온적 수준에서나마 유지될 수는 있었다.

그러나 원종과 일부 문신들이 몽골과 결탁해 출륙환도를 단행함으로써 삼별초군은 곧바로 개경 정부에 저항세력이 되거나 대몽항전의 주력군이

206) 金塘澤, 『高麗武人政權研究』, 새문사, 1987, 79~87쪽, 177~184쪽.
207) 別抄軍에 대한 연구는 다음과 같다. 池內宏, 「高麗の三別抄について」『史學雜誌』37-9, 1926 ; 『滿鮮史研究』中世編3, 吉川弘文館, 1963, 70~77쪽 ; 內藤儁輔, 「高麗兵制管見」『靑丘學叢』15·16, 1934 ; 『朝鮮史研究』, 京都大 東洋史研究會, 1961 ; 金庠基, 「三別抄와 그의 亂에 대하여」『震檀學報』9·10·13, 1939~1941 ; 『東方文化交流史論考』, 乙酉文化社, 1948 ; 韓沽劤, 「麗末鮮初巡軍研究」『震檀學報』22, 1961 ; 姜晉哲, 「蒙古의 侵入에 대한 抗爭」『한국사』7, 국사편찬위원회, 1977 ; 尹龍爀, 「崔氏武人政權의 對蒙抗戰姿勢」『史叢』21·22, 1977 ; 『高麗對蒙抗爭史研究』, 一志社, 1991 ; 申安湜, 「高麗中期의 別抄軍」『建大史學』7, 1989 ; 『高麗武人政權과 地方社會』, 景仁文化社, 2002 ; 金潤坤, 「무신정권의 지배기구」『한국사』18, 국사편찬위원회, 1993 ; 『韓國中世의 歷史像』, 영남대학교출판부, 2001.
208) 『高麗史』권81, 兵1 叢論 ; 閔丙河, 「崔氏政權의 支配機構」『한국사』7, 국사편찬위원회, 1977, 182~183쪽.
209) 權寧國, 「高麗後期 軍事制度 研究」, 서울대 박사논문, 1995, 14~17쪽.
210) 『高麗史』권81, 兵1 五軍 元宗 11년 5월.
211) 『高麗史』권23, 高宗 23년 7월 辛酉.

되었다. 삼별초군이 강화도·진도에 포진함으로써,212) 개경환도를 전후해서 구경의 치안 조직이 유명무실해졌다. 삼별초가 대몽항전에 장기간 대량으로 투입되면서는 개경의 치안은 허실화되었다.213)

몽골침입 전후로 강도천도와 개경 출륙환도 논의를 매듭짓지 못한 가운데, 구경과 신경인 강도 모두는 어느 정도 지속될 수밖에 없는 형편이었다. 구경(개경)−신경(강도)의 양경제는 고려 국가의 집권력이 타자인 몽골에게 침해받은 비상의 위기 안에서, 고려 중앙정부와 관료·민의 타협안으로 채택한 도읍경영의 방식이었다. 강도시절 임시적 도읍경영은 결국은 원종 11년 개경환도 이후의 경기제가 구경·신경 두 지역 가까운 군현 중심으로 편성되는 계기로 작용하였다.

강화도 관인의 일상생필품이나 祿轉 등은 옛 수도 개경에서 조달되고 있었다. 최우는 자신의 家財를 祿轉車 100여 輛을 동원해 강화도로 옮기거나214) 강도 시절에도 식료품을 개경에서 공수해 왔다.215) 모든 물건을 옛 서울에서 공급받는다고 한 것은216) 강도 시절에도 여전히 개경이 각종 물화집산의 중심지였음을 시사한다. 당시 개경에서 강화도로 물류와 인적 이동을 위해서 반드시 거쳐야 할 지역은 개경 西郊~昇天府 방면이다. 개경에서 출발해 승천부에 머무르고 강화도 객관에 入御했던 점과,217) 최우가 강화도로 들어갈 때 성 남쪽의 敬天寺에 이르러 유숙했던 사실에서,218) 江都와 開京을 왕래하기 위해서는 西江 일대 西郊와 昇天府는 주요 관문이었다.219) 江都 시절 몽골과의

---

212) 『動安居士集』雜著 第1部, 旦暮賦幷書.
213) 權寧國, 앞의 박사논문, 15~17쪽.
214) 『高麗史節要』권16, 高宗 19년 6월.
215) 『東國李相國後集』권3, 古律詩, 初食朱李.
216) 『東國李相國後集』권4, 古律詩, 屢食朱李 六月二十七日.
217) 『高麗史節要』권16, 高宗 19년 6월 ; 『新增東國輿地勝覽』권12, 江華都護府.
218) 『櫟翁稗說』前集.
219) 『東國李相國後集』권1, 古律詩, 奴逋移都後.

교섭 장소로서 昇天府를 더욱 중히 여겼다. 고종 37년 국왕이 몽골사신을 직접 맞이할 궁궐을 승천부에 짓기도 했다. 승천부는 강화도와 육지를 연결하는 요충지로, 고종 19년 승천부에서 1박을 하고 강화도로 들어갔을 정도이다.[220] 강화도 천도시절 경기 방면의 물자가 昇天府를 경유해 강화도로 유입됨으로써, 昇天府는 국가차원에서 중시되었다.

강화도 시절 승천부가 중요해지자 李世材와 장군 愼執平 등으로 하여금 昇天府의 臨海院 옛 터에 궁궐을 짓게 하고,[221] 2년 뒤에는 승천부에 城廊을 신축했다.[222] 여기에 몽골침입을 피해 강화도에 천도한 이후 고려 역로망은 개경 대신에 새로이 江華 중심으로 운영되었다. 당시 昇天府에 위치한 中靈驛의 존재는 주목된다. 中靈驛은 22驛道가 확립된 중기 이후 어느 시기에 승천부에 설치되었다. 원종 11년 개경으로 환도한 뒤 中靈驛은 다시 靑郊驛으로 이전되지만, 中靈驛은 폐지되지 않고 조선시대까지 존속하였다.[223] 이 中靈驛은 昇天府에 신설되어 강화도로부터 지방이나 외국으로 향하는 문서전달을 관장했다. 강도천도 이전의 개경 靑郊驛이 담당하던 공문서 주첩 수수역할을, 강도시절에는 승천부의 중령역이 대행한 것으로 여겨진다. 강화도시절 승천부는 개경과 연결 루트로서 중시되었다. 江都에서 포고되는 모든 명령과 파견된 사신은 승천부를 경유해 목적지로 향했다. 승천부는 舊京 開京과 新京 江都를 잇는 요충지로서 강도천도 전후 즈음에 각별히 부각된 지역이다.

무인집권 초창기와 대몽항전을 치르는 동안 경기지역에 대한 군현개편은 쉽지 않았다. 강도를 중심으로 신도읍을 구축하려 해도 각종 필요시설과 물화는 구경에서 유입해온다. 따라서 강도천도와 개경환도를 거듭하는 몽골침입 초창기에 도읍은 구경과 신경 양축을 중심으로 경영되는 수준이었다.

---

220) 『高麗史』 권23, 高宗 19년 7월 乙酉, 丙戌.
221) 『高麗史』 권23, 高宗 37년 正月.
222) 『高麗史』 권24, 高宗 39년 5월.
223) 정요근, 앞의 박사논문, 117~119쪽.

자연히 구경과 신경을 매개하는 지역이 중심지로 부각될 수밖에 없었다. 몽골침입을 겪은 고종대 경기의 실질적 기능은 강도와 구경을 중간에서 연결하는 승천부가 담당하였다. 나머지 넓었던 개경권역은 정상적 기보기능을 수행하지 못한 채 위축되어 유지된 셈이다.

곧이어 강도에서 출륙을 단행한 이후인 원종대는 강도시절의 정치·경제적 잔재를 청산하고 구경 복구가 행해진 시점이다. 대몽항전이 일단락되고 개경환도가 실현되자 원종은 개경 중심의 국가체제 정립에 주력했다.[224] 고종 44년 分田代祿의 원칙 하에 給田都監이 설치되었다. 江華의 토지 가운데 2千結은 公廩에, 3千結은 崔怡에게 지급, 河陰·鎭江·海寧의 토지를 諸王·宰樞 이하에게 분급한 것이다.[225] 몽골침입 이전의 전성시절 만큼 국가기강과 왕도의 공적 구심력 확보는 여의치 않지만, 새로이 관료에 대한 물적 보장체계의 마련을 시도하였다. 고종대의 分田代祿 선례를 확대 실시하여 원종 12년에는 경기 8현에 祿科田 지급을 결정하였다.

祿科田이 정비될 무렵 田民辨正都監을 설치해 金俊과 최씨 무인집권기의 田民을 辨正했다.[226] 원종대의 개경환도가 몽골과의 협력으로 이루어졌고, 몽골침입으로 상당부분 훼손된 토지로부터 국가재정을 확보하기는 어려운 실정이었다.[227] 녹과전 분급은 전시과 제도가 기능을 상실한 상태에서 새로운 관료군의 생계보장 차원에서 마련한 것이었다. 낭장 韓貞甫가 가진 科田이 祿資가 되어 생활보장의 방편으로 쓰였고, 黃元吉처럼 별도의 祖業田·農場을 가지고 있는 유력자 외 많은 관리에게 祿科田은 생활보장책으로서 기능했다.[228]

---

224)『高麗史』권25, 元宗 3년 10월 己未.
225)『高麗史』권78, 食貨1 田制 祿科田. 高宗 44년 6월, 元宗 12년 2월.
226) 閔賢九「高麗의 祿科田」『歷史學報』53·54, 1971, 61~62쪽.
227) 閔賢九, 위의 논문. 원종 9년 金俊 제거 후 시작된 田民辨正都監, 동 10년 貢賦의 更定, 원종 12년 祿科田制의 시행, 충렬왕대 內藏庫의 설치 등 일련의 재정 정비를 시도했지만, 한계가 있었다.

원종 13년 관인의 생활보장책으로 제시된 녹과전은 경기 8현에만 제한적으로 분급하였다.229) 당시 복구된 경기 8현은 지개성부사가 일괄 통치하였다.230) 祿科田 분급지로 설정된 경기 8현은 개경 가까운 장단·임강·송림·파평·마전·임강현으로, 앞서 성종~현종대 정비된 경기 12현보다는 수적으로 줄어들어 있다.231) 고종대 개경과 강도를 매개하여 중추로 부각되던 승천부의 정주는 원종 연간 경기에서 제외되었다. 출륙환도 이후 더 이상 강도천도론이 요구되지 않던 원종대에 구경인 개경 가까운 지역만을 경기로 편성하였다.

이상과 같이 무인집권기 王都는 권력 중핵으로서 구심력을 상실하였고, 집권자들은 國都 재편안인 三蘇 천도론으로 도시위기를 극복하려 했다. 三蘇로의 천도론은 三京이 제대로 유지되지 못한 데 기인하나, 좌소 장단현과 임진현 일대가 주목된 사실은 실제로는 南京에 대한 지속적 관심에서 제기된 것이다. 무인집권기 三蘇의 부각은 三京制에서 여말 兩京制로 정착해가는 과정이라 할 수 있다. 배경 경영이 三京에서 兩京으로 축소되면서 경기지역에도 일정한 영향을 끼쳤다. 三京을 망라하던 데서 兩京만을 포괄하게 된 무인집권 전후로 경기의 영역은 자연스레 축소된 것으로 보인다. 전체 경기의 운영에 한정해 본다면 경기 내 군현개편과 도제 실시는 지속적으로 경기권역의 축소에 귀결된다.

무인집권기 경기지역은 제대로 운영되지 못한 데 이어, 강도시절에는 개경과 강도의 관문인 승천부 일대만이 겨우 명맥이 유지되었다. 강화도 천도시절 개경은 도읍 기능을 상실했고, 이로써 개경 인근의 경기지역은 위축되어 갔다. 江都시절을 청산하고 공권력 회복의 과제를 안은 원종은 신진관인의 생활보장책으로 畿內에 祿科田을 지급했다.

---

228) 『高麗史』 권123, 列傳36 嬖幸1 李汾禧 附 韓貞甫, 黃元吉 ; 위은숙, 「농장의 성립과 그 구조」『한국사』 19, 국사편찬위원회, 1996, 265~272쪽.

229) 『高麗史』 권78, 食貨1 田制 祿科田. 元宗 13년 正月.

230) 『高麗史』 권56, 地理1 王京開城府.

231) 尹武丙, 「소위 赤縣에 대하여」『李丙燾博士還曆紀念韓國史學論叢』, 一潮閣, 1956.

祿科田이 분급된 畿內는 8현으로 경기를 구성하는 군현의 숫자로서는 축소된 상태였다. 원종대 최소한 개경을 중심으로 경기가 복원된 사실은 王都 가까운 지역 중심으로 효율적인 공적 구심력 회복을 도모한 것이다. 개경환도 이후 경기지역 전체에 걸친 재정비보다는 왕도 가까운 지역에서나마 국가적 질서 회복을 시도했다. 무인집권기에 소강상태에 있던 경기지역에 대한 정비를 원종대 녹과전 분급을 계기로 재시도한 것은 왕도 인근지역만을 효과적으로 정비하려 한 때문이다. 경기는 개경 근처로 축소 환원될 수밖에 없었다.

제5장 胡漢共存과 開京·京畿의 도시왜곡

1. 胡的 요소의 강제와 도시 변질

1) 胡的 요소의 증대와 胡漢共存

대몽항전을 경험하면서 전기 이래의 제반 고려의 국가체제를 회복하기란 용이하지 않았다. 江都시절을 청산하고 舊都 개경에 대한 복구 노력이 일부 진전되긴 했어도 장기간에 걸쳐 방치된 王都에서, 국가운영의 중추적 기능을 기대하긴 곤란하였다. 개경이 수도로서 체제 정비를 미처 하기도 전에 맞닥뜨린 원간섭 하에서 고려 재래의 질서는 왜곡되었다.[1]

원간섭 이전까지만 해도 수도를 둘러싼 陪都 경영, 京畿지역의 기능과

---

1) 원간섭기 고려사회를 보는 시각은 시기에 따라 크게 세 가지로 구분된다. 초창기 한국학자들은 원의 종속국 체제 하에서 자주적 독립성을 유지한 것으로 주장해 왔다(金庠基,『高麗時代史』, 東國文化社, 1961 ; 高柄翊,『東亞交涉史의 研究』, 서울대출판부, 1969). 이후 원 대륙질서와의 타협노선 속에서 고려의 독립성을 강조한 '世祖舊制論'이 연구의 간극을 메꾸었다(李益柱,「高麗·元關係의 構造와 高麗後期 政治體制」, 서울대 박사논문, 1996). 최근에는 원간섭기 고려를 원의 投下領, 王府의 하나로 파악해 고려의 국왕권은 원의 황금가족에 의해 공유되는 대몽골국 권력의 외연에 느슨하게 연결된 구조로 이해하고 있다. 상당부분 설득력 있는 주장이라 하겠다(李玠奭,「14世紀初 元朝 支配體制의 再編과 그 背景」, 서울대 박사논문, 1998 ; 森品雅彦,「高麗王位下의 基礎的 考察—大元ウルスの分權勢力と高麗王家」『朝鮮史研究會論文集』36, 1998, 55~87쪽 ;「駙馬高麗國の成立—元朝における高麗王の地位についての豫備的考察」『東洋學報』79-4, 1998 ; 杉山正明,『モンゴル帝國と大元ウルス』, 京都大學出版部, 2004).

제5장 胡漢共存과 開京·京畿의 도시왜곡 285

역할 문제는 국내 사회변화와 관련 있었다. 그러나 원제국 건설로 인한 대륙질서의 변화와 元制의 강요는 고려사회 각 부분에 지대한 영향을 미쳤다. 대몽골 울루스 체제[2] 하에서 원의 정복지 전략은 복속지의 독자성과 元制의 강요라는 양면을 공존케 한 것으로 고려 역시 예외는 아니었다. 원간섭기 특수 상황에서 고려사회는 자주성과 원의 강제성이 동시에 작용하는 이중적 시기였던 것이다.

몽골에 항복한 후 고려가 원의 간접통치에 접어든 후에 쿠빌라이가 원 세조로 등극하면서 원의 간섭은 본격화되기 시작했다. 원 세조는 至元 13년 (1276 : 충렬왕 2) 남송을 병합해 中華를 정치적으로 통합한 후 새로 복속한 漢地와 정복지를 형세론·문화론적 화이관에 입각하여 효율적으로 통치하였다. 元制를 강요하지 않는 선에서 정복지의 자율성을 최대한 인정해 주었다. 이를 복속국에서는 원 世祖舊制·不改土風이라 함으로써, 독자적 왕조체제를 견지한 위에다 대원관계를 탄력적으로 유지하였다.[3] 원 강제라는 근본적 한계에서도 여러 방면에서 고려국왕이 권위를 다지려는 노력은 지속된 것이다.

그러나 고려의 정치·사회적 자주성을 인정한 듯한 世祖舊制는 형식적 차원에 그쳤다. 실제로는 원과 통혼을 통해 대몽골 울루스에 속한 분권적 정치세력·원의 投下領으로 존재했다.[4] 원 世祖舊制에서 不改土風의 원칙을 제시했지만 高麗律의 운영에서 至正條格에 위배되지 않도록 하자는 주장도

---

2) 大元이라는 표기는 대몽골 울루스의 한자식 명칭이다. 고려·베트남 등의 한자 문화권에서만 몽골제국 주도의 국제정치질서를 인정한 가운데 통용되었다. 중국의 漢族체제를 계승한 국가로서의 의미가 농후하다. 몽골제국의 유목적 습속을 중히 여길 때는 대몽골 울루스라는 용어가 적합하다(김호동,『몽골제국과 고려』, 서울대 출판부, 2007 ; 森品雅彦, 앞의 논문).

3) 세조구제의 완성 시기는 쿠빌라이 말(1287 : 충렬왕 13) 원의 4차 정동행성 설치 때이다. 고려는 세조구제의 보장을 위해 원에서 요구한 6事의 임무를 충실히 수행했다(이익주, 앞의 논문).

4) 森品雅彦, 위의 논문.

나왔다.[5] 元律이 上位律로 기능하고 고려사회에 元制가 강제된 것이다. 홍다구가 김방경을 무고하자 一家 권속을 노예로 만들고 원 大都로 끌고 갔다거나,[6] 충숙왕비 懿妃가 원에서 사망하자 원 大都 西山에 매장하려 했다.[7] 반원세력을 원에 압송하거나 충숙왕대 왕비의 매장지를 원 대도에 조성한 것도 원의 정치 사회적 영향력 증대를 뜻한다.

충렬왕 원년 10월의 관제개혁에서 원의 官品令·職員令에 맞춰 부마국체제가 강요된데다,[8] 충선왕 즉위 후 제도개편은 더욱 元制를 충실히 활용하면서 자신의 왕권강화 차원에서 이루어졌다.[9] 공민왕 21년까지도 정세변동에 따라 원제-문종구제가 충돌하면서 자주성 확보는 쉽지 않았다. 고려는 원에 의해 자주성이 크게 손상되었고 사회 각 부문에서 胡風은 커져만 갔다.

원간섭기 불교계는 원종 후반부터 시작해 충정왕대까지 개경 일대 사원의 상당부분이 조영되거나 중수되었다. 그러나 원간섭기에 중수된 사찰의 대부분은 원 황실을 위한 원당으로 전락한데다[10] 고려 국왕의 태조기재 참여는 특히 격감하였다. 불교계에서도 고려적 질서보다는 원에 습합되는 경향을 강하게 띠었다. 비단 왕실 불교만이 아니었다. 당시 개경 소재의 사찰은 긍정적 차원에서 신앙중심지로 기능하기보다는 파행적 부문이 노정되었다. 남녀 중들이 민간에 섞여 민을 어지럽혔기에 朴暄의 집을 헐어 淨業院으로 만들었다거나[11] 충선왕 5년에는 승려 曉司가 부녀자를 미혹한 이유로 巡軍獄에 감금되었다.[12] 충숙왕대에는 조연수의 처를 淨業院에 두기도 하였다.[13]

5) 『稼亭集』 권1, 雜著 策問2.

6) 『高麗史』 권104, 列傳17 金方慶.

7) 『高麗史』 권108, 列傳21 金怡.

8) 위은숙, 「원간섭기 元律令의 수용문제와 權貨令」 『民族文化論叢』 37, 2008.

9) 이익주, 앞의 논문.

10) 蔡尚植, 『高麗後期 佛教史研究』, 一潮閣, 1991, 186~197쪽.

11) 『高麗史』 권24, 高宗 38년 6월.

12) 『高麗史』 권34, 忠宣王 5년 2월.

13) 『高麗史』 권105, 列傳18 趙仁規 附 趙珝.

원에서 대유행하던 라마교도 유입되었다. 라마교의 미신적 성향은 국난극복이나 민생현안과 관련되어 당시의 민에게 용이하게 침투할 수 있었다.[14] 국왕주도로 라마교 계통의 만승회를 개최하거나[15] 民과 관련한 法會도 다수 열렸다.[16] 잦은 법회에 민이 대거 참여함으로써 저자거리가 형성될 정도였다.[17] 만승회·라마교 계통의 법회 설행으로 민과 결탁이 가능함으로써[18] 도회민을 결집한 긍정적 요소도 있었지만, 왕실과 민간의 불교도 원의 영향력에 서서히 잠식되어 나갔다.

뒤이은 14세기 대륙에서 元明 왕조교체는 국가이념 부문에서, 胡風에서 漢風으로 질적 전환을 요구한다. 명의 건국으로 고려에 漢風 요소의 수용과 그에 수반하는 禮制가 강제되더라도 이 시기 고려는 胡的 인자를 온전히 떨어뜨려낼 수는 없었다. 몇 차례 시도한 관제개혁에서 추구한 漢風의 예제 개편은 전면적이지 못했을 뿐더러, 북원·명과의 외교충돌을 무마하는 정도의 미봉적 수준이었다. 胡風은 조선건국 후에도 한동안 유지됨으로써 소위 '胡漢風共存'은 지속되는 상황이었다.

여말 胡漢共存에는 전기 이래 고려 독자의 천하관이 자체적으로 변질된 바탕에다 원의 강제라는 외적 요소가 크게 작용하였다. 천하관의 왜곡은 當 시대를 살다간 文人의 인식과 日像文의 변화 속에서 간파되며, 國王號의 변천과 왕의 권위를 진작하는 五禮에 고스란히 투영되었다.[19]

---

14) 채상식, 앞의 책, 218~219쪽.

15) 『高麗史』 권34, 忠肅王 즉위 10월 丙子.

16) 李炳熙, 「高麗時期 落成行事의 設行」 『文化史學』 21, 2004 ; 「高麗時期 佛敎行事 設行時 參席者와 施納行爲」 『靑藍史學』 10, 2004.

17) 『高麗史』 권133, 列傳46 禑王 2년.

18) 충선왕은 원에서 강남불교세력과 접촉하면서 정토종에 관심을 보였다. 원 大都 법왕사의 법회에 영향을 받아 고려에서도 미타염불을 중심으로 한 壽光寺 白蓮堂을 건립해 고려인으로 하여금 염불케 하고 아미타정토에 귀의하려고 했다. 왕실 차원의 정토종 수용은 고려불교계에도 영향을 주어 민과 유기적 결탁이 가능해졌다(北村高, 「高麗王王璋の崇佛」 『東洋史苑』 24·25, 1985, 132쪽).

19) 천하관의 변화에 수반한 胡漢風 공존의 정황은 五禮 중 吉禮大祀와 賓禮에서 두드러지

주시하는 14세기는 북원의 멸망과 명 건국이 동시에 이루어지는 시기이다. 元明의 왕조교체는 자국 내에서도 胡風과 漢風의 각기 다른 체질의 이념을 적용해야 하는 난제로 작용했다. 명 건국 즈음 洪武帝는 胡虜제거를 표방하면서 중화 회복을 선언하였다. 형세문화론적으로 중국 정통왕조로서 자처하던 元의 위상을 화이론을 갖고서 정통으로 부정하였다. 곧이어 元朝를 夷로 규정하였다. 洪武 원년 2월 명태조 즉위 후에는 衣冠을 唐制 기준으로 회복하라 하고 胡服·胡語·胡姓을 모두 금지했다.[20] 用夏變異復古를 구호로 사회생활 중 각종 胡俗을 정리하고 舊制舊章을 회복하고자 하였다. 洪武帝는 명 중심의 천하통일과 황권 중심주의의 전제주의를 목표로 洪武舊章을 반포하였다.

그러나 洪武 초창기 皇明祖訓은 지방사회에 독자적으로 남아있던 원 세력을 취합하려던 취지에서 공표한 것으로, 胡風유산을 일정수준까지는 포용하는 수준이었다. 洪武 20년 이후 명 체제가 안정화되면서 洪武帝는 封田制度를 적극 재검토하였다.[21] 제안한 封田制는 원 쿠빌라이 시절의 그것을 모방한 정도였다.[22] 이렇듯 皇明舊章 자체가 원의 胡風을 걷어내지 못한 불안정한 구호인데다, 일정 부문에서는 胡가 용인되어 명초기 중국에서도 胡漢은 절충되는 상황이었다.

북원과 명은 각각 世祖舊制·洪武舊章을 자국 내 공적 시스템은 물론 대외적으로는 고려에도 강요하였다. 이로 인해 14세기 고려는 舊制舊章의 작동 틀 내에 놓이게 되었다. 형식적으로나마 반원개혁을 표방한 공민왕은 전기의 관제만이 아닌, 다양성을 포용하는 차원의 관제개혁을 단행하였다. 동왕

<hr />

며, 안으로는 군신관계를 단속하는 왕권의례에서도 찾아진다. 국왕이 천하의 중심임을 천명하는 왕권의례는 『高麗史』 禮志 嘉禮와 世家 列傳에 산견된다(정은정, 「14세기 胡漢共存과 개경의 望闕禮 공간」 『한국중세사연구』 49, 2017. 5).

20) 『明太祖實錄』 권30, 明太祖 元年, 525面.
21) 『明太祖實錄』 권240, 洪武 28年 8月 戊子.
22) 吳晗, 「明代靖難之役與國都北遷」 『淸華學報』 10-4, 1935 ; 周良霄, 「元代投下分封制度初探」 『元史論叢』 2, 1983 ; 張德信, 「明代諸王分封制度述論」 『歷史研究』, 1985 ; 김경록, 「洪武年間 明의 封典整備와 朝明關係」 『中國史研究』 106, 2017, 69~70쪽.

5년 문종구제에 준하여 개혁이 논의될 당시에 일시적으로 胡를 배제하고 漢風을 지향한 것처럼 보인다. 일환으로 문종조 구제의 원구 적전례 부활을 적극 추진하였다. 이어 진행되는 공민왕 11년의 개혁에는 문종조 구제의 복구를 철회하고 사실상의 충선왕 복위년 관제로 부활하였다. 동 18년에도 舊制에 입각해 관제개혁이 단행된다. 그러나 이 무렵 명에서도 皇明祖訓의 舊制가 반포된 터라, 사실상 舊章이 원 세조의 舊制인지 명 태조의 祖訓이 제기하는 舊制인지 단정할 수는 없다.23) 제기한 '의례는 本俗을 따르고 法은 舊章을 지킨다'는 聖旨로 인해 차후 國俗 사이에 논쟁이 잦았다. 공민왕 후반 관제개혁의 기준이 되는 舊制는 고려의 土風과, 직전까지 남아있던 胡風까지 뒤섞여 있었다.

이 같은 胡漢風 혼돈의 정황은 여말 사회 제반 부분에서 여실히 드러나지만, 국왕이 주도하는 의례에서도 찾아진다. 국왕 자신이 원에서 유행하던 각종 雜戲와 胡의 제례를 적극 설행하였다. 한 사례로 몽골의 혼인풍속 가운데 하나인 設比兒의식을 들 수 있다. 이 의식은 명대 蒙漢변방지구 統帥였던 肅大亨의『北虜風俗』禁忌條에 수록되어 있다.24) 設比兒는 제국대장공주가 충렬왕에게 시집올 때도 행해졌다.25) 아래 사료에서 보듯 공민왕 2년에는 원의 제례인 孛兒扎宴·防沒宴이 궁중 연회에 자주 등장한다.

(7월 신사일) 왕과 공주가 연경궁에 가서 원나라 사신을 위하여 연회를 베풀었다. 위위주부 한원발을 강릉교주도에 보내어 패아찰을 위한 잔치와

23) 이강한,「공민왕대 관제 개편의 내용 및 의미」『역사학보』201, 2009, 58~66쪽 ;「공민왕 5년의 반원개혁 재검토」『大東文化硏究』65, 2009 ; 이종서,「고려후기 상반된 질서의 공존과 그 역사적 의미」『韓國文化』72, 2015.

24) 洪永聰,「元麗關係中的王室婚姻與強權政治－事大與保國」『亞洲學術文庫』21, 2009, 123쪽.

25)『高麗史』권89, 列傳2 后妃2 齊國大長公主, "生元子于離宮是爲忠宣王諸王百官皆賀公主從者在門凡入者悉襪其衣謂之設比兒."

사신을 접대하는 데 소요되는 물품을 토색하였다.[26]

원나라가 蠻蠻太子와 平章定安을 보내어 영안왕 대부인에게 孛兒札宴을 주었다.[27]

을사일, 연경궁에 孛兒札宴을 배설하였는데 왕과 공주도 이에 참석하였다. 이 연회에서 꽃을 만들어 쓴 布가 5,140여 필이었으며 기타 물품도 이에 상응하여 극히 사치하였다. 이로 인하여 물가가 폭등하였으므로 公私간에 기름과 꿀 그리고 과실을 쓰지 못하게 금지하였다. 그때 국고가 고갈하여 영복도감에서 포 2,600필을 돌려쓰고 민간부호에게도 빌려 썼다.[28]

병오일, 왕이 태자의 숙소에 가서 防沒宴을 베풀었다. 원나라 법으로 연희날 肉馬頭를 남겨두었다가 이튿날 다시 연회를 하는 것을 防沒이라 하였다.[29]

위에서 제시한 孛兒札宴과 防沒宴은 고려에서는 생소한 연희이다. 孛兒札宴은 姻婭간에 모여 즐기며 자손을 위해 경축하는 잔치로서 奇轍이 영안공부인 이씨를 위해 孛兒扎宴을 배설하자고 제의하였다.[30] 공민왕 2년 9월에는 밀직부사 李也先帖木兒를 원에 파견하여 孛兒扎宴을 사연해 준데 대해 사례하도록 했다. 공민왕 자신도 孛兒札宴 배설은 고려국왕이 부마승상의 지위에서 원의 은혜를 입은 것이라 하였다.[31] 이제현도 孛兒札宴이 고려에서 행해진

---

26) 『高麗史』 권38, 恭愍王 2년 7월 辛巳.
27) 『高麗史』 권38, 恭愍王 2년 8월 庚子.
28) 『高麗史』 권38, 恭愍王 2년 8월 乙巳.
29) 『高麗史』 권38, 恭愍王 2년 8월 丙午, "… 幸太子館設防沒宴元法留宴日大肉馬頭翌日復宴謂之防沒."
30) 『高麗史』 권132, 列傳44 奇轍.
31) 『高麗史』 권38, 恭愍王 2년 9월 壬申.

것을 여말 一視之仁聖明의 혜택을 받은 것으로 인식하였다.[32]

원에서 유입된 두 연희는 공민왕 2년에만 확인된다. 공민왕 2년은 아직 반원을 표방하지 않은 시기이다. 표면적이나마 반원을 도모하던 시기가 아니어서 胡風의 왕권의례가 시연될 수도 있었겠다. 그런데 당시 胡的 제례인 孛兒札宴과 防沒宴이 기철 일행과 영안공 부인을 위한 잔치라는 점은 주목된다. 공민왕이 정국의 주도권을 장악하기 위해서 胡風의 연희를 적절히 활용한 것이 아닌가 한다.[33]

胡的 요소의 수용에 따른 胡漢 절충은 고려 지식인층 사이에 팽배한 세계관의 혼돈에서도 차츰 표출되었다. 이때 胡를 어떻게 규정해 나가는지가 관건이 될 것이다. 원간섭 당시, 북원이 우세한 시기, 명이 본격적으로 대륙을 장악한 시기에 따라 華와 夷에 대한 인식은 달라질 수밖에 없다. 예컨대 북원과 명이 양립하던 시기와 북원 멸망 이후의 華夷인식은 구분을 요한다.[34] 이 무렵에 같은 국왕대에도 胡風을 두고 禁令이 자주 바뀌는 것은 胡와 漢의 이질성이 보유되면서도 상호 충돌한 지점을 보여준다. 北元—明교체기 각 국왕은 일관되게 胡風 혹은 漢風 어느 한 면만을 고수하기보다는 필요에 따라 달리 적용하고 있다. 당시 국왕이 북원—명의 긴박한 국제정세를 간파한 데다 탄력적으로 정국을 주도하려 한 노력의 일환으로 보이지만 胡漢風공존 이면에는 당시 국가의 공권력이 胡風을 금제할 정도까지 미치지 못한 측면이 크다. 舊制 자체도 土風뿐 아니라 胡風의 남은 유습까지 포괄하는 불안정한 구호였던 때문이기도 하다. 이는 14세기에도 여전히 전반적인 胡風의 내재화

---

32) 『東文選』 권37, 表箋孛兀兒札宴後謝起居表 ; 『益齋亂藁』 권8, "表孛兒扎宴後 謝皇太子殿牋."

33) 정은정, 「원간섭기 開京의 賜宴변화와 그 무대」 『역사와 경계』 89, 2013a ; 「원간섭기 開京의 雜戱藝人과 후원자(patron) 출현」 『한국중세사연구』 37, 2013b.

34) 김순자, 『한국중세 한중관계사』, 혜안, 2007, 174쪽 ; 도현철, 「14세기 전반 유교지식인의 현실인식」 『14세기 고려의 정치와 사회』, 民音社, 1994 ; 채웅석, 「원간섭기 성리학자들의 화이관과 국가관」 『역사와 현실』 49, 2003.

를 가능케 한 축으로 작용하였다.

한편 13·14세기 원·명교체기에는 전기 이래 고려 독자적 천하관이 변질되었다. 이러한 틈새에 胡的 요소의 혼입이 가능해졌고 여말 공적 시스템 안에서 胡漢 공존은 모색되었다. 충렬왕대 도입된 望闕遙賀儀는 여말 내내 지속적으로 행해졌다. 望闕遙賀儀가 행해지던 여말에는 고려사회에 元法의 적용이 확대되다가 차츰 漢風 비중을 늘려가지만, 胡法 예제는 충돌을 빚으면서도 오랫동안 남아있었다. 望闕遙賀儀에서 관철되는 예제는 至正條格과 洪武禮制이다. 모두 법의는 원래의 漢風舊制와는 괴리감이 있다. 元律元法이 일종의 당위로서 고려사회에 통용되는 동안 향궐요하의 의례 안에서도 胡漢의 예제는 절충된다.

충렬왕대 갓 수용한 元正冬至聖壽望闕朝賀는 원 대궐을 향해 闕牌를 걸어둔 채 향궐례한 다음 국내 군신에게서 요하례를 받는 방식이다. 망궐요하는 개경의 궁궐에서만 진행된 것이 아니라 묘련사·봉은사의 사찰에서 행해졌고, 충목왕대와 공민왕 원년에는 정동행중서성에서도 거행되었다. 공민왕대는 안동 몽진 도중 청주에 이어하는 동안 청주 공북루의 행궁에서도 망궐요하가 치러졌다. 향궐례 봉행 장소만 놓고 볼 때, 원의 지정조격 외로아문 배하해례와 홍무예제의 외관요하의 형식이 혼종되는 양상을 띤다.

망궐요하 의례는 요하선포－향궐요배－수조하－연회의 순서로 이루어진다. 향궐요하 시 국왕은 대관전－후전－서계를 반복적으로 출입하게 되는데, 후전은 갱의장소이다. 후전은 편전 혹은 침전으로 내전의 사적구역이지만, 국가 공식의례로 향궐요배가 행례되면서 공적 성격을 띠어간다. 향궐례 입퇴장에 後殿과 正殿을 반복적으로 이용해야 했다. 대관전과 후전 사이에 복랑 형태의 기단열이 확인되는데, 의례수행을 위한 통행로 역할을 한 穿廊인 듯하다.

천랑은 어좌와 전정의 중관 합문 밖 문외위를 시각적으로 연결짓는 상징적 역할을 한다. 어좌 당가는 중앙에서 어도를 향해 종축선으로 전개된다.

'穿廊'이라는 건조물을 매개로 어좌나 어가의 주축선을 상정하고, 의례공간을 넓힐 필요에서 감행된 기둥열 감소 같은 건축기법상의 변화는 조선초기 경복궁에 계승된다.

망궐례 전체를 행할 때 국왕의 움직임은 궁궐 정전의 전후면 모두를 총체적으로 인지하게 된다. 향궐요배 직후 국내관인을 상대해야 하는 조하례에서 국내군신과 수직적 질서를 장엄하기 위한 시설의 추가가 요구되었다. 국왕의 자리를 상징하는 御座 주변부에 대한 강화와 변화가 수반될 여지를 제공한다. 국왕 어좌 후면부에는 산수첩 위에 無逸編을 새기던 종전 병풍양식이 아니라 日月圖가 유입되기 시작한다. 日月圖는 여말 성인군주론의 확산 과정에 출현한 것으로, 차제에 조선 정궁의 日月五峯圖 병풍으로 이어진다.[35]

이상과 같이 전·중기까지만 해도 왕실과 국가차원에서 배설된 제례악이나 연례행사에서는 향악이 사용되었다. 이후 원과 접촉을 계기로 연회악에서도 원의 것을 채용하였다. 충렬왕이 원으로부터 고려로 귀국할 때 達達의 가무로 영송하니 충렬왕이 感皇恩曲으로 응대한데다[36] 同 9년에는 원의 倡優 남녀들이 고려에 내왕하는가 하면,[37] 大殿 연회에서 원의 倡優들이 백희를 연기하였다.[38] 제례악이나 연회 연주곡은 국왕의 권위를 드러낼 수 있다.[39] 원간섭기 국가 제례와 각종 연희에 잡희와 元曲이 연행되는 현상은 국왕권위가 원에 의해 왜곡된 데다, 胡風이 사회 곳곳에 깊숙하게 침투했음을 뜻한다.

---

35) 정은정, 앞의 논문, 2017.
36) 『高麗史』 권28, 忠烈王 4년 8월 癸卯.
37) 『高麗史』 권29, 忠烈王 9년 8월 乙巳.
38) 『高麗史』 권29, 忠烈王 9년 8월 己酉.
39) 福島和夫, 『中世音樂史論叢』, 和泉書院, 2001 ; 池和田有 書評, 「中世の天皇と音樂」 『史學雜誌』 116-11, 2007.

2) 원 수도권 정책의 절충-開京 江都의 兩都制

胡風 요소가 풍미하는 분위기 속에서 王都 개경의 경관과 수도 운영방식은 원과 고려의 것이 절충되는 방향으로 표출되었다. 대몽골 울루스의 근간이 형성되는 과정에서 원의 정치적 지향이 반영된 수도권 정비는 개경에도 일정하게 영향을 주었다.

원에서는 세조 이후 새로 복속한 漢地와 유목지역의 효율적 통치가 관건이었다. 일련의 원 제국적 질서 수립과정에서 전략적·정치적 방향에 부합해 燕京 일대로 수도권이 정해졌다. 내몽골 음산지역 북방초원지대에는 上都를 두어 漢地의 大都와 함께 경영함으로써 兩都制가 실시되었다. 적어도 1288년 (충렬왕14) 원에서는 兩都制가 완성되었다.[40] 그러나 원 중기를 기점으로 유목세력의 대통합이 이루어져 유목적 정체성 확보가 우위에 놓였다. 무종대는 非漢法的 질서의 비중이 높아져 유목적 기반인 上都 외에도 和林行省 일대에 中都를 신치함으로써 三都制가 시행되었다. 武宗 이후 中都의 위상이 낮추어져 三都制는 단명에 그치고 말았지만 明初 국가적 질서가 자리잡기까지는 元代의 兩都制는 유지되었다.[41]

원에서 兩都 순행은 몽골제국의 군주가 여름에 군사작전을 피하는 秋來春去 및 冬營地 夏營地의 정기적 타원형 궤적의 계절이동이라는 유목적 관습에서 비롯되었다. 또한 中都 옹구라트는 上都보다 몽골과 중원을 잇는 요충지로서 더 적합한 지역으로, 夏營地 上都와 冬營地 大都로 귀환하는 도중 狩獵을 즐길 수 있는 秋營地로서의 성격이 농후했던 곳이다.[42] 漢地 통치의 거점인

---

40) 杉山正明, 앞의 책, 131~135쪽.

41) 『元史』 권24, 仁宗1 至大 4년 2월 甲寅, 還中都所占民田 ; 至大 4년 4월 癸亥, 罷中都留守司 復置隆興路總管府 ; 권24, 仁宗1 皇慶 元年 5月 壬寅, 改和林路爲和寧路 ; 新宮學, 『北京遷 都の研究 近世中國の首都移轉』, 東京 : 汲古書院, 2004, 9~12쪽.

42) 李玠奭, 「元代의 카라코룸-그 興起와 盛衰」『몽골학』 4, 1984, 9~15쪽 ; 라츠네프스키, 김호동 譯, 『몽고초원의 영웅 칭기스칸』, 지식산업사 1992, 167쪽 ; 김호동, 「몽골帝國

大都보다는 上都나 中都로의 체제기간이 훨씬 긴 점도 유목적 전통이 원 수도권 정책에 반영된 것이라 하겠다.

원과 근본적으로 다른 체질의 고려사회에 그 설치 배경이나 운영 의도가 등치될 수는 없지만, 대륙의 수도권 정책은 일정한 반향을 일으켰다. 원래 고려 舊制의 三京制는 각 京으로의 고른 巡駐를 통해서 경영되었다. 巡駐는 巡幸·巡御·巡歷·田獵·田·如·政 등과 동일한 개념으로 漢唐의 漢法的 질서 속에 서 국왕의 교화를 지방에 고르게 미치게 하는 통치수단이었다.[43] 三京制는 묘청의 난 이후 西京세력이 퇴조한데다 무인집권기 東京에서 왕조체제를 전복시킬 정도의 반란이 발생하자, 파행을 겪었다. 무인집권까지도 행해졌던 개경·남경 방면의 巡駐는 원간섭기에 거의 단절되고 遊獵의 횟수가 잦았다. 遊獵도 넓은 범주에서는 巡駐행위의 일환이지만, 대체로 유목민족의 습속인 데다 원간섭기에 국왕은 獵과 幸을 별개로 한 점으로 미루어 전기의 巡駐 유형이 변화된 것으로 보아 무방할 듯하다.[44]

舊制의 삼경제가 내적 요인으로 인해 兩京으로 전환하는 가운데 한 켠에서 는 원에서 胡漢體制의 근간이 된 兩都制나 유목적 질서 확보를 목적으로 시행된 三都制가 고려에 형식적으로 이입된 부문을 지적할 수 있다. 이와 관련해 원종대 舊京으로의 출륙환도 과정에서 원의 兩都制 시행에 빗댄 이장용의 건의가 참고된다.

이장용이 일찍이 조정에 건의하기를 "우리나라에서 만약 종묘 사직에 근심 이 없고 나라 안팎을 편안하게 하려면 옛 서울로 국도를 도로 옮기는 것이 상책이다"라고 주장하였다. 그러나 김준과 그의 일당이 모두 옮기려

君主들의 兩都巡幸과 유목적 습속」『中央아시아 연구』 7, 2002, 21쪽 ; 札奇斯欽, 「元代 中都考」『國立政治大學邊政研究所報』 18, 1987.

43) 金愛英, 「田獵卜辭考 田獵方法을 중심으로」『중국어문학논집』 12, 1999, 24~25쪽.

44) 정은정, 「元 수도권 정비의 영향과 고려 궁궐의 변화」『역사와 경계』 76, 2010, 39쪽.

하지 않으므로 이장용이 또 말하기를 "만일 단번에 모든 것을 옮기기 어렵다면 우선 궁전이라도 먼저 지어 여름에 송경에 나와 있다가 겨울에는 강도로 돌아가서 지내되 마치 원나라의 두 서울을 두는 것처럼 하는 편이 좋겠다"라고 하였으므로 이때부터 송도에 출배도감을 두기로 결정했다.[45]

出排都監 설치에 앞서 몽골은 고려국왕의 친조를 요구하였다. 이장용은 고려 사직의 보위입장에서 국왕의 친조를 제의하는데,[46] 당시는 강화도를 고수한 반대세력을 무마하기란 쉽지 않은 상태였다.[47] 이장용이 그 타협책으로 제시한 것이 '원나라가 두 서울을 둔 것처럼' 송경과 강도를 각각 夏都, 冬都로 두도록 한 兩都制였다. 이장용은 충렬왕 14년 원에서 쿠빌라이 정권의 兩都制가 완성되기 이전부터 원과의 접촉을 계기로 兩都制 정비 과정을 인지하고 있던 터였다. 원종 9년에 논의되기 시작한 개경·강화의 양도론은 충렬왕 연간에도 유지된 듯한데 許珙·洪子藩이 합단적 침입에 대한 대처방안으로 江都入城을 주장한 것이 그 일환이다.[48]

개경 강화의 兩都論이 진전되는 동안은 원 兩都制의 시스템 일부가 차용되고 있다. 원에서는 上都를 夏都, 大都를 冬都로 삼았다. 冬營地는 강 하류지역으로 바다를 낀 지역, 夏營地는 강 상류나 내륙지역을 주로 선정한다. 이는 원의 양도제가 漢唐 이래의 多京制와는 다른 유목적 특징이다. 게다가 원의 兩都制는 확대된 제국을 통치하기 위한 정책으로 點으로서의 Dual capital이 아니라 大都와 上都 사이의 영역 전체가 의미를 갖는 面으로서의 수도권 개념이다.

고려에서의 兩都論도 연해의 江都가 冬營地, 내륙의 개경이 夏營地로 설정됨

---

45) 『高麗史』권122, 列傳 12 李藏用.
46) 『高麗史節要』권18, 元宗 5년 5월.
47) 강성원, 「원종대의 권력구조와 정국의 변화」『역사와 현실』17, 1995, 95~99쪽.
48) 『高麗史』권105, 列傳18, 許珙, 洪子藩 ;『역주 고려묘지명 집성』(하), 許珙 墓誌銘.

으로써 표면적으로는 원의 兩都制와 부합한다. 강도천도 시절 전국에서
수집된 물류가 개경창으로 집적되면 다시 강도로 옮겨갔다. 내륙과 연해의
양 거점을 원과 마찬가지로 수도권역화함으로써 통합하려는 의미도 있었을
것이다. 그러나 강화의 읍격이 낮추어진 충렬왕 27년부터는 개경 강화의
양도론은 더 이상 확인되지 않는다.[49] 환도 이후 개경중심의 체제 복구노력
이 전개되면서 강도의 각종 시설이 차츰 개경으로 재이전된데다 강화의
위상이 약화된 상태에서 개경과 강도를 동시에 중히 여기는 양도론도 입지를
상실했을 것이기 때문이다.

　충선왕대에도 형식적으로나마 원의 수도권 정책 일부가 도입된 것 같다.
충렬왕 34년 고려구제의 三京은 각각 한양부·평양부·계림부로 고쳐지는데
京에 대한 官格의 조정은 오히려 고려사회에서 괴리감을 가져왔다. 이로써
府와 京은 혼칭되거나 각종 문집류에서는 京으로 표기되는 경향이 있다.
물론 官格 조정과 口習 간 차이에서 비롯된 것이겠지만, 한양부로 격하된
직후인 충숙왕 연간부터 곧바로 南京이 등장한다.[50] 충숙왕의 관제개혁에
충선왕 개혁 내용이 일정부분 연계되는 것으로 미루어 舊制의 京 명칭에
대한 재고는 충선왕 재위 어느 시점엔가 이루어졌을 듯 싶다.

　京의 복원으로서 三京制가 환원된 것처럼 보이지만 巡駐를 통한 舊制의
삼경제가 아닌 단순한 명칭 회고 정도로만 그치게 되었다. 武宗 옹립에
관여한 충선왕이 이때 舊制를 표방한 것은 무종이 創治改法에서 土風을 고수해
권력기반을 강화한 사정과 맥락적으로 일치한다. 그러나 충선왕 연간 元制에
따라 京의 官格을 조정하고 무종의 舊制의식까지 공유함으로써[51] 三京 명칭을
재복원하려 시도한 입장은 서로 상반된다. 이는 고려구제의 삼경제 변화에
대한 근원적 해결책을 제시하지 못한 채, 원 수도권 정책의 외피만을 가져온

---

　49) 『高麗史』 권56, 地理1 志10 江華縣.
　50) 『高麗史節要』 권24, 忠肅王 8년 5월, 17년 12월.
　51) 李康漢, 「고려 충선왕의 국정 및 '구제' 복원」 『진단학보』 105, 2008.

때문에 초래된 현상이라 하겠다.

원의 수도권정책을 모방해 개경·강화의 兩都論이나 三都制가 형식적으로 시행되곤 있지만, 지속되지 못한 요인은 무엇보다 고려사회가 원의 유목적 질서와는 체질적으로 달랐기 때문이다. 원과 똑같은 수도권 정책이 정착할 수 없었던 점을 우선 꼽을 수 있다. 더구나 개경·강화의 양도론을 원 上都·大都의 양도제와 같이 정치 경제적 통합시스템으로 구축하려 했던 것도 요원했다. 이미 물류센터로서 경제도시로서 역할을 남경이 행함으로써 개경·남경의 양경제가 안정적으로 시행된 요인도 크다. 원종 충렬왕대 유목적 습성의 冬營地·夏營地를 차용한 개경·강화의 양도론은 무인집권을 전후해 고려 전래의 三京制가 파행을 겪은 가운데 三蘇制→ 兩京制로 고착화되기 직전, 元式의 수도권정책에 잠시나마 경도된 데 따른 일시적 논의에 그치고 만다.

3) 궁궐 건축양식의 胡漢風 공존과 그 운영

원에서 舊制는 世祖成憲을 반복적으로 논하는 것으로 漢唐의 漢法과도 연결된다. 원간섭기 고려에서도 舊制·古制·祖宗之法·先王之制 등의 표현이 자주 산견된다. 舊制는 太祖·文宗代를 칭하는 것으로 원간섭기 고려에서 舊制를 중히 여기는 것은 土風의 진작과도 관련된다.[52] 고려·원의 舊制 모두 漢法을 공통으로 하는 것이어서 원간섭기 고려에서 이질적 요소는 실제 유목적 질서를 뜻한다. 고려로서는 舊制를 기저로 하면서 원 내지의 정세변동에 따라 점차 유목색채가 혼재된다. 이는 국왕의 정치활동 장소인 闕 내외에서도 관철된다. 궁궐의 외형에서는 고려전통 위에 새로이 원에서 유행한 건축수법과 유목방식이 교착하면서 다양화한데서 찾을 수 있다.

고려전통은 관아·사찰·궁궐 등에서 확인되듯 주심포 1형식으로 漢唐·신라

---

52) 李康漢, 앞의 논문, 98~100쪽 ; 「공민왕대 관제개편의 내용 및 의미」 『역사학보』 21, 2010.

시대의 건축양식을 계승하고 있다.[53] 원래 개경의 민가는 산이나 언덕을 따라 세워지고 대부분 초가로 2층 이상의 높은 집은 짓지 않았다. 漢唐 이후 고려에 영향을 준 송대의 주택은『淸明上下圖』에서 보듯 대부분 담이 낮은 草屋이었고 서까래 양쪽을 잇댄 정도로 'ㄱ'자형의 가옥구조이면서 지붕은 박공 혹은 합각지붕이 많이 사용되었다.[54] 여기에 지붕 밑의 구조체를 떠받치고 風雨와 日射로부터 보호하기 위한 補添과 차양이 고려 전통양식의 한 요소를 이룬다.[55] 고려 전통건축은 주심포양식, 지붕양식, 결구방법 등에서 漢唐의 양식 계보를 잇는다.

그런데 고려 전통양식이 원과 접촉 이전부터 구조변화를 겪는 가운데[56] 원에서 성행하던 건축수법이 결합되기도 한다. 이를 시사하는 것으로는 『觀經變相圖』의 건물모습이다.[57] 여기서 파악되는 건축기법에서는 채양칸을 덧달아 낸 건물로 副階, 殿閣의 기단 상부에 공포를 사용한 平坐, 기둥의

53) 杉山信三,「高麗末朝鮮初の木造建築に關する硏究」『韓國の中世建築』, 東京 : 相模書房, 1984, 21~22쪽 ; 關野貞,『朝鮮の建築と藝術』, 東京 : 岩波書店, 1941.

54) 金正秀敎授遺稿集,『中國建築史槪論』, 서울 ; 효일문화사, 1989, 132~133쪽.

55) 강영환,「한국전통 건축의 補添과 차양에 관한 연구」『대한건축학회논문집』통권254, 2009, 281~282쪽 ;『高麗史』권28, 忠烈王 3年 5月 辛亥 ;『續東文選』권7, 七言絶句, 爲折松枝補短籖 ;『牧隱詩稿』권7, 詩, 松籖秋可疑 ….

56) 『觀經變相圖』의 殿閣圖를 통해서 유추 가능한 고려건축의 변화과정을 지적하면, 첫째 채양칸의 일반적 사용과 이에 따른 지붕의 이중구성(중첩)외에 平坐라는 특수한 구조를 사용했던 점, 둘째 공포대에 있어서는 고려중기 정도에 주심포 형식의 자체적 변화를 겪은 후 원의 영향으로 다포계 수법이 완전히 정착했고, 구조적 의미의 下昻이 중기 이후 假昻으로 변하고 있는 점을 들 수 있다(김경모·주남철, 「고려시대 觀經變相圖의 殿閣圖에 관한 연구」『대한건축학회논문집』11-4, 1995, 102~107쪽).

57) 『觀經變相圖』는 무량수경·아미타경과 함께 서방극락정토 왕생을 기원하는 정토삼부경의 하나로 왕족과 권문세족의 발원에 의해서 제작되었다. 충선왕 4년 靜光茶院의 比丘覺善이 그린 觀經序品變相圖 외에 충숙왕 10년 薛庶 李□의 觀經十六觀變相圖가 있다(菊竹淳一,「高麗時代觀音畵像の表現」『東アジアの考古學と歷史』上, 1987, 579~585쪽 ; 菊竹淳一·鄭于澤,『高麗時代의 佛畵』, 서울 : 시공사, 1996 ; 문명대,『高麗佛畵』, 서울 : 열화당, 1991 ; 장희정,「고려불화의 새로운 세계」『미술세계』, 1999. 9 ; 김영재,『고려불화』, 2004).

모접기 방식이 주목된다. 이들은 기본적으로는 신라와 조선의 건통건축 방식의 연장선상에 있지만 지붕장식 측면에서는 鷲頭 龍杜를 쓰고 있어 唐의 尾와는 다른 형태변화를 보인다. 내림마루나 추녀마루에는 다양한 장식이 있지만 조선시대에 널리 통용되던 雜像과도 달랐다.[58]

『觀經變相圖』의 殿閣圖에 표현된 전각배치는 송의 工자형을 수용한 위에 臺가 발달하였다. 원의 大內는 군주의 본궐로 남북의 大明殿 일곽과 延春閣 일곽으로 구분되었다. 큰 臺에 전각을 세우는 기법은 元代에 와서 보편화되었 다.[59] 『觀經變相圖』의 殿閣圖에서는 고려전통 궁궐건축 양식이 구조변화를 겪으면서 원의 건축수법 일부가 도입된 것을 알 수 있다.

원에서 새로이 유행하던 건축기자재가 고려 자체적으로 개발되기도 하였 다. 본래 고려에서 산출되던 石琉璃는 견고성·색·점화시의 밝기 등에서 우수하여 원에서 가격이 높게 책정되었다. 충렬왕이 원의 청유리와에 자극받 아, 승려 六然이 黃丹을 써서 燒瓦法을 개발한 후[60] 지붕의 와당 용도로 본격적으로 생산하게 되었다.[61]

충렬왕대는 제국대장공주가 원나라 木匠을 초빙해 宮內에 3층각을 세우기 도 했다. 원의 기술자를 불러들여 진행한 이 공사는 원에서 성행하던 건축양 식으로 건립된 것으로 보인다. 이 무렵 원은 중원을 차지하게 되면서 발상지 였던 화북에서 성행하던 두공을 많이 결구하여 위풍있어 보이는 다포양식을 즐겨 채택했다.[62] 다포양식은 북송의 전통적인 두공형식을 모본으로, 원이

58) 劉敦禎, 정옥근·한동수·양호영 共譯, 『中國古代建築史』, 서울 : 세진사, 1975 ; 문화재 청, 『고궁 건물막새 등 문양조사』, 2000 ; 장영기, 「조선시대 궁궐 장식기와 雜像의 기원과 의미」, 국민대 석사논문, 2004.

59) 丁龍, 「韓中 궁궐의 입지 및 三朝空間 構成에 관한 비교연구」, 전북대 박사논문, 2006.

60) 『高麗史』 권28, 忠烈王 3年 5月 壬辰.

61) 원정수·이안, 「고려시대 고미술품에 표현된 건축요소에 관한 연구」 『대한건축학회 논문집』 계획계 14-5, 1998.

62) 『元史』 권167, 劉好禮 傳 ; 杉山信三, 앞의 책, 375~379쪽.

대륙을 통일한 후 대륙전반에 유행하였다. 엄밀히 하자면 元代에 비로소 출현한 것은 아니지만, 13세기 경부터 남송의 복건·천주·광주의 건축양식을 수용한 결과, 고려에서도 이의 본격적 영향을 받은 것은 아닌가 한다.

충렬왕 당시 관후서에서는 조성도감이 원제를 따라 다층집 누각을 짓는 관례를 태조유훈과 도선비기를 빗대어 금지하라고 제기하였다. 다층집 누각은 고려전통이 아닌 원간섭기에 출현한 것으로 이후 관인저택에서도 수용된 것으로 여겨진다.[63] 충선왕대에는 여타의 도성시설 정비에서도 원제가 모방되었다. 원 사신의 사행로인 선의문 방면과 五部의 민가를 기와지붕으로 단장케 한 조치[64]와 함께, 경시서 직제의 개편을 계기로 시전행랑을 증설할 것을 건의하기도 했다.[65] 원 건축제도를 모방한 직접적 기사는 아니지만 충선왕 자신의 재원시절 대도를 목격한 후 市街를 비롯해 원 大都의 경관을 답습하려는 시도로 파악된다.

한편 원간섭기 국왕과 측근세력은 上都에 두루 체재하면서[66] 유목적 건축에도 익숙했다. 충렬왕 4년 6월 원 세조는 개평부 동문 바깥에 큰 穹廬를 세워 충렬왕과 공주를 맞이했다. 2개월 후 충렬왕이 嘉州塞를 지날 무렵 塞人들이 가교를 만들어 건너게 했다. 충렬왕 22년 제국대장공주의 궁려 건축을 위해 수창궁 궁터에 단을 쌓고 담장을 둘러치게 했는데, 충렬왕이 직접 목격한 開平府의 宮廬나 塞人들이 임시로 설치한 가교, 공주의 궁려는 모두 원의 유목 건축방식에 기초한다.

충숙왕 연간은 원에서도 정변이 일어나 英宗이 살해되고 泰定制가 즉위한

---

63) 『高麗史』 권107, 列傳20 權㫜 附 權俊.

64) 『高麗史』 권33, 忠宣王 元年 8월 辛亥.

65) 『高麗史』 권32, 忠烈王 33년 6월 丙午.

66) 충렬·충숙·충혜왕은 大都보다는 上都로의 체재 횟수가 더 많다(『高麗史』 권29, 忠烈王 6년 8월 辛卯 ; 권31, 忠烈王 20년 4월 癸巳 ; 忠烈王 26년 6월 壬子 ; 권34, 忠肅王 3년 5월 戊子 ; 권36, 忠惠王 卽位年 5월 乙亥 ; 권110, 列傳23 金兒鉉 ; 『역주 고려묘지명집성』(하), 金兒鉉 墓誌銘).

시기이다. 충숙왕은 세자로 있을 때 英宗·仁宗 측근과도 교류했지만 興盛太后 答己와 鐵木迭兒 등과 친분이 두터웠다.[67] 충혜왕이 세자로 원에 숙위했을 때는 충숙왕 15년으로 원의 권신인 연철목아와 관계했었다. 유목적 성향의 세력으로 충숙·충혜왕은 그들과 접촉함으로써 유목전통을 고수하였다. 충숙·충혜왕의 이러한 성향은 궁궐 건축양식에서도 유목양식을 두드러지게 했다. 충숙왕은 부원과 용산의 높은 언덕에서 전막을 설치해 거처하는가 하면, 평주 체재로 천신산 아래 임시거처를 지을 때 나무껍질로 지붕을 짓기도 했다. 전막의 설치는 몽골풍습에 따라 行宮을 건설한 것으로 오르도 설계법에 의한 것이다. 궁궐 건축방식은 원에서 몽골전통과 중화체계가 공존했는데 고려에서도 마찬가지였다.

원간섭기에 고려구제의 漢法的 전통양식 위에 부분적으로는 원에서 널리 유행한 건축기법과 유목식 氈幕이 수용됨으로써 개경의 궁궐도 胡漢風이 공존하였다. 원간섭기 개경의 경관에서도 원과 고려적 방식이 절충되는 방향으로 표출되었다. 특히 국왕 정치공간으로서 궁궐은 충렬왕 이후부터 반원개혁을 시도하는 공민왕 이후까지도 원의 건축양식이 혼합되었다.

한편 원간섭기 국왕의 궁궐 운용방식은 각 왕대별로 다소 차이가 난다. 우선 충렬왕대 궁궐 운영의 양상은 12세기 이전까지 정궁인 회경전과 건덕전의 이원체계로 운영되던 방식에서 강안전 중심으로 이전되었다. 강안전은 국왕의 침전으로 인종 16년 중광전에서 개칭 중수되었다. 강안전의 중수로 본궐에서 거행되던 국가 연례행사는 침전인 이곳에서 실시되기 시작했다.[68] 원간섭기에 전기 이래 국왕 정치권 행사의 주재처인 정전을 대행해 침전이 그 역할을 대행함으로써 국왕 권위가 전대에 비해 현격히 약화되었음을 의미한다.

---

67) 韓劉林,「元代的吉利吉思及其隣近諸部」『元史及北方民族史研究』, 1986, 28쪽 ; 王岡,『中國元代政治史』, 北京 : 人民出版社, 1994.

68) 前間恭作,「開京宮殿簿」『朝鮮學報』 26, 1963 ; 김동욱, 앞의 논문.

뒤이은 충선왕은 개혁지향의 군주로서 왕권강화와 다방면에 걸친 개혁을 달성하려 했다. 하지만 원간섭 하에서 반원개혁은 본질적으로 한계가 있었고 실제로는 원제를 적극 활용하면서 자신의 지지기반을 확보하려 했다. 충선왕 원년에는 본궐 외에 연경궁을 개축했는데[69] 충선왕 자신의 권력 구축 노력으로 이해된다.

충선왕은 강안전, 연경궁의 중수를 동시에 진행하다가 이후 강안전 공사는 중지했다. 연경궁은 상국의 제도를 모방해서 수축되었는데 침전인 강안전보다 중히 여겼다. 이렇듯 충선왕의 국왕권 강화 노력은 원제에 의지한 바 컸는데 정동행성 시무는 원조례에 의거하는가 하면, 군신조하는 班左를 常左로 했던 데서 원제인 常右로 고쳤다. 연경궁 상량식에는 원제를 모방해 백관의 하례를 받다.[70]

충목왕대까지도 궁궐 운용은 원 세력에 기대어 이전 국왕의 정치적 기반을 제거하는 방향에서 이루어졌다. 충혜왕 후4년 三峴離宮을 건설했는데 三峴新宮은 충혜왕 폐정의 상징이었다. 충목왕이 즉위하자 충혜왕이 건설한 삼현신궁을 훼철하고 숭문관을 신축했다.[71] 충목왕대 개혁정치의 일환이긴 하지만 원간섭이라는 한계상황에서 궁궐 운영에서도 전왕의 기반을 단절하려는 의도가 관철된 것이라 하겠다.

공민왕대부터 궁궐 운용은 한 차례 변화가 있었다. 공민왕대 普評廳이 등장했다.[72] 보평청에서 국왕이 무일편을 게시하거나[73] 보평청에 나와 앉아서 정사를 살피면서 노비와 형옥문제를 논하였다. 공민왕 이후는 보평청 외에도 국왕 자신의 공간으로 내전이 지속적으로 중시되었다. 보평청과 내전이 중시되는 사정은 우왕대까지 유지되었다.[74]

---

69) 『高麗史節要』 권23, 忠宣王 원년 3월.
70) 『高麗史』 권33, 忠宣王 元年 3월 癸巳.
71) 『高麗史』 권37, 忠穆王 卽位年 8월 丙子.
72) 『高麗史』 권39, 恭愍王 5년 5월.
73) 『高麗史』 권42, 恭愍王 19년 11월 乙巳 ; 12월 丙寅.

원이 세조구제를 표방하면서 고려의 자주성을 인정해주는 듯했지만 근본적으로 고려는 원으로부터 자유로울 수는 없었다. 원 대도와 유사한 경관과 건축양식을 모방하려 했던 점, 국가 연례행사에 元禮를 수용했던 점이 그러하다.

원간섭기에 이미 寢殿이 궁궐의 外殿 기능을 대행하거나, 공민왕 이후 報平廳이 便殿 기능을 함으로써 그 공백을 內殿이 매우고 있다. 이러한 궁궐 운영의 기조 변화는 여말 고려적 질서를 회복하고 국왕중심의 정국 운영을 염두에 둔 것이다. 원에서 벗어나 정국을 주도하려는 국왕대에 직전까지 두 개의 정전, 다수의 편전으로 구성되던 개경 궁궐 구역이 일원화되어 가는 양상은 차제에 조선초기 법궁 경복궁에 그대로 이어진다.

2. 원 內地 시장권의 확대와 국내 시장구조의 변화

유통은 큰 틀에서 국가재정적 물류와 시장적 부문의 양자로 구분된다. 대외교역에서 공납품과 잉여의 교류는 재정적 물류 부문에 해당되고, 국가의 강제적 틀을 벗어난 사적 유통영역을 시장적 물류체계라 할 수 있다. 원간섭기 고려는 대원 울루스 하부체계로서 원 내지 시장권에 종속성도 커졌다. 국가부문의 물류가 원의 세계제국 팽창에 연동된 점은 곧 시장기구의 왜곡으로 표명된다.

고려와 원이 단일한 경제권으로 묶이게 된 요인은 남송 병합 이후 內地 사정에 따른 원의 상업정책에 기인한다. 국가주도의 상업정책으로 인해 원은 종전에 비해 전례없이 인적·물적 교류가 활발한 시기였다.[75] 쿠빌라이

---

74) 장지연, 앞의 논문.
75) 宮澤知之, 「元の商業政策」 『史林』 64-2, 1981 ; 이개석, 「몽골제국 성립기 상업에 대한 일고찰」 『慶北史學』 9, 1986 ; 岩村仁, 『モンゴル社會經濟史の硏究』, 京都大學人文科學硏

가 등극한 이후부터는 宋代의 海路 교통에다가 새로이 내륙 교통로까지 망라하게 되면서 한층 물화흐름을 원활히 도모하였다. 이어서 南宋 수도 臨按을 점령한 직후에는 원 大都로 각종 군수품과 재정물화가 유입되었다.

원 내지 물화이동의 편의를 위해 驛傳制와 수취제가 정비되었다. 至元 29년(1292 : 충렬왕 18)에는 通惠河와 海上을 연결하는 운하도 개착되었다.[76] 驛制와 水運路의 정비는 원 大都를 중심으로 하는 것으로 원의 제국적 질서 정비과정에서 이루어진 물류체계의 편성에 해당된다. 대몽골 울루스의 강남 ·베트남의 복속국으로부터 大都로 유입된 물화는 막북 上都를 운영하는 근간이 되었다. 대몽골 울루스 체제 유지의 근간이 되었던 陸·水運路를 통해 세계전역의 물류를 원 大都 중심으로 운영하게끔 정비한 것이다.[77]

대몽골 울루스의 한 축이었던 고려도 마찬가지로 원 大都 중심의 물류체계 에 편성되도록 강제되었다. 원종 즉위년 站赤의 설치가 강제된 이래 충렬왕 5년 驛站의 점검이 이루어졌다. 개경에서 大都로 이르는 내륙 교통로와 水站이 함께 신설 정비되었다.[78] 이때 水站·내륙 교통로는 고려의 전국 각지로부터 수합된 물화가 站驛을 따라 요동방면→ 大都→ 漠北의 上都로 옮겨가게끔 수립되었다. 원 내지로의 원활한 공물수송을 전제한 것이다. 고려사신이 원 황제의 생일을 축하하기 위해 國贐物을 들고 원황제가 체제했 을 上都에 도착했지만 元帝가 甘肅에 있어서 고심했다거나[79] 원에 머문

究所, 1968).

76) 위은숙, 「13·14세기 고려와 요동의 경제적 교류」『民族文化論叢』34, 2007, 19쪽 ; 『元 史』권101, 兵志4 站赤. 내륙교통로를 연장해 원의 大都와 上都 開平府 사이에 4개의 간선도로를 부설했다. 운하는 이미 개통되어 있던 항주와 개봉을 연결하는 위에 새로이 會通海·通惠河를 개통했다. 해운은 直沽를 외항으로 남해무역을 통해 유입되 던 해외물자를 원 大都로 집결하였다.

77) 杉山正明, 『몽골세계제국』, 신서원, 1999 ; 參平雅彦, 「高麗における元の站赤ルートの比 定を中心に」『史淵』141, 2001, 82~90쪽 ; 위은숙, 위의 논문, 495~496쪽 ;『永樂大全』 권19426, 驛站2 奇津志 大都東西館馬步站.

78) 『高麗史』권105, 列傳18 鄭可臣.

79) 『高麗史』권110, 列傳23 金台鉉.

306

고려국왕의 체재 비용이 과다해 국내의 민들이 수륙으로 물품을 이송하기도 했다.[80] 고려에서 수합된 물화는 원 황제의 行在所가 있는 上都·大都로 운송되거나 국왕의 王邸로 수송되었다. 원으로의 공납품 수송을 매개로 고려와 원은 국가적 물류체계 면에서 엮여져 있었던 것이다.

국가적 물류의 전달을 매개로 원과 고려는 사적 교역에 있어서도 단일유통권의 형성이 가속화되었다. 원간섭기 국왕은 측근세력에게서 조차 신변을 위협받는 상황이었기에, 왕 주도로 공적인 상업정책을 수립할 수는 없었다. 국가차원의 상업대책을 마련할 수 없던 대신에 국왕과 왕실은 직접 나서서 사적인 상행위에 몰두하였다. 이들은 元 大都와 江南 각지에 경제기반을 둠으로써 私利 추구에 적극적이었다.

충렬왕비 제국대장공주는 경기의 廣州窯에서 자기를 제작했다. 충렬왕 3년에는 승려 六然을 강화에 파견해 유리와를 굽게 했다. 제조방법이 黃丹을 많이 쓰는 까닭에 廣州 義安의 흙을 가져다가 만들었는데 품질이나 색채가 南商이 파는 것보다 우수했다.[81] 高麗窯에서 만들어진 분청기명 石瑠瓦 등은 龍泉窯와 비견될 정도로 高價에다 원에서 수요도 높았다.[82] 제국대장공주는 잣과 인삼을 중국의 강남 등지로 수출해 많은 차익을 남겼다.[83] 충렬왕 자신과 제국대장공주가 사적으로 자기를 제작해 원으로 판매를 도모하고 강남에서 직접 무역이익을 획득하고 있었다.

충선왕은 元內에 장기 체류하면서 양국간 교역과 물자거래에 직접적으로 가담했다. 大都와 江南을 왕래하며 佛事에 참여하거나 名儒에게 布帛·名畫를 제공하는 등 다량의 錢物을 소비했다.[84] 충렬왕 24년(1298)에 충선왕비

---

80) 『高麗史』 권104, 列傳17 金周鼎 附 金深.

81) 『高麗史』 권28, 忠烈王 3년 5월 壬辰.

82) 張東翼, 『元代麗史資料集錄』, 서울대출판부, 1997, 119쪽.

83) 『高麗史』 권89, 列傳2 后妃2 齊國大長公主.

84) 蔡尙植, 앞의 책 ; 尹龍赫, 「高麗 對蒙抗爭期의 佛敎儀禮」『歷史敎育論輯』13·14合集, 1989, 450~459쪽 ; 李康漢, 「13-14세기 高麗 元 交易의 展開와 性格」, 서울대 박사논문,

보탑실린 공주가 고려에 시집올 때 수행해 온 醫女 宋氏의 묘비명에서, 요양행성 廣寧府路의 상인 10여 명이 건너와 국제무역에 종사하다가 탐라에 유배되기도 한 기록도 있다.[85] 원 공주 출신 후비와 수행원이 직접 양국간 교역에 종사하면서 무역이익을 추구한 것이다. 충숙왕은 元內에서 상업활동을 하는 梁載 등과도 접촉했다. 梁載는 燕南人으로 南蠻人 王三錫에 기생해 권세를 부렸으며, 商賈 雜類가 다투어 梁載에게 의지했다.[86] 충선왕으로부터 사여받은 경제기반인 懿州의 醨典庫 점포, 江南의 土田 및 황제로부터 부여받은 營城 宣城으로써[87] 다양한 식리활동에 개입하기도 했다.[88]

여느 원간섭기 국왕보다 충혜왕은 국내외 상업에 상당한 관심을 표했다. 砂器 장사 임신의 딸을 은천옹주로 삼았는데, 왕이 식리에 관심이 많다는 사실을 알고는 권준이 鈔 1000錠을 바쳤다.[89] 충혜왕은 대원교역에서 중개상인 알탈인과도 긴밀히 접촉했다. 燕帖木兒의 자제나 回骨人과 惡少와도 교류한 데다[90] 측근 盧英瑞도 回回人과 교류가 잦았다.[91] 燕帖木兒·回回人들은 西域 교역에 중요한 역할을 담당한 인물이다.[92] 충혜왕과 측근이 그들과 교류한 사실은 원은 물론 西域과의 교역에 관심이 많았음을 입증한다.

원간섭기 국왕이 직접 元에 체재하면서 교역활동에 지대한 관심을 둠으로써 여·원간 물화 이동량은 급증했다. 원으로의 행차에 공식 사절단은 주로

2007, 175~185쪽 ; 토니노 푸지오니, 「忠宣王代의 麗元 佛敎關係와 抗州 高麗寺」『한국사상사학』 18, 2000.

85) 張東翼, 앞의 책, 306쪽. 「太原宋氏先德之碑」 程文海, 『楚國文獻公雪樓程先生文集』 8 碑銘.

86) 『高麗史』 권124, 列傳37 嬖幸2 王三錫 附 梁載.

87) 『高麗史』 권35, 忠肅王 15년 7월 己巳.

88) 李康漢, 앞의 논문, 181쪽 ; 김혜원, 「高麗後期 瀋陽王의 政治·經濟的 基盤」『國史館論叢』 49, 1993.

89) 『高麗史』 권107, 列傳20 權旦 附 權準 ; 권109, 列傳22 李兆年.

90) 『高麗史』 권36, 忠惠王 2년 2월 甲子.

91) 『高麗史』 권124, 列傳37 嬖幸2 盧英瑞.

92) 『元史』 권35, 本紀35 文宗 至順 2년 10월 丙寅.

大都를 방문했지만 漠北의 上都도 예외는 아니었다. 大都·上都로의 행차가 늘어나면서 수행원 규모도 커졌다. 대비적으로 元帝가 고려의 국왕과 수행원에게 하사하는 물량도 증대하였다.[93] 원에 공식적으로 행차한 후에는 국왕과 시종신료에게 대량의 물품이 하사된 만큼 시혜자도 확대되었다.

내원행차 때의 대규모 수행원은 사행을 기화로 私的 교역행위에 적극적이었다. 고려의 재상이 燕京行省에 글을 보내 사적으로 통교를 기도하자, 이에 대한 대응조치로 원에서는 송대에 范仲淹이 서하의 李元昊와 통교하다가 治罪된 사례를 빌어 사적 통교를 금지하였다.[94] 원과의 사적 통교행위를 금하고는 있어도, 원간섭기 관인이 대원교역의 이윤획득을 목적으로 사행을 빙자해 교역을 적극 희망했던 정황이다.

시종신료 국왕 측근세력과는 구분되는 일반 관인층도 원과 사적 통교를 시도했다. 소위 '부원세력'으로 원의 세력가에 기대어 그들 입지를 넓히려 노력했던 층이다. 부원세력이 대몽골 외교라인을 선점하려는 것에 대해 원간섭기 국왕은 스스로 대원외교권을 장악하려 노력하지만, 소기의 성과를 달성하지는 못했다. 국왕이 대원교역권 장악에 실패함으로써 부원세력의 사적 통교, 사무역은 전보다 더욱 흥성하였다.

부원세력의 사적 통교의 활황은 원의 관료와 고려 국내 정치세력 간 개인적인 선물수수를 통해서도 확인된다. 원의 유병충은 여몽전쟁 기간 중 유입된 高麗茶를 飮茶하는 습관이 생겼다.[95] 李存은 교류하던 玄教眞人 陳日新으로부터 고려에서 유입된 화문석과 柯山墨을 선물받았다.[96] 원의 지배층 가운데는 고려의 백저포를 선물 받기도 했다.[97] 蘇天爵이 大都에

---

93) 『高麗史』 권29, 忠烈王 10년 4월 庚寅 ; 권31, 忠烈王 22년 12월 辛亥, 23년 3월 乙丑 ; 권 32, 忠烈王 29년 2월 丁亥.

94) 張東翼, 『高麗後期 外交史研究』, 一潮閣, 1994, 112쪽, 219쪽.

95) 劉秉忠, 「試高麗茶」 『劉太傳藏春集』 권1, 七言律詩 ; 張東翼, 위의 책, 112쪽.

96) 李存, 「謝陳眞人惠高麗席柯山墨」 『俊菴集』 권9, 七言律詩.

97) 盧集, 「答甘允從寄海東白苧」 『道園類藁』 권7, 七言律詩. 盧集은 江西行省 撫州路 사람으로

사환하러 갈 때 친구 王守誠이 高麗筵을 선물한 사실을 陣旅가 시로 읊었던 대목도 있다.[98] 원 강남에 유통된 고려물화 가운데는 원으로의 공납용 물품 외에 사적인 선물 명목이 상당수를 차지한다. 선물은 사적인 통교를 갈구한 고려관인이 원 관인에게 수수한 것으로, 원 내지에서 인간관계망 확보의 수단으로 쓰였다. 원-고려 관인끼리 사적 통교망 확대는 公私 유통라인의 확장을 뜻한다.

원-고려간 公私 유통라인은 처음 부호가에 한정되다가 차츰 기층사회에까지 파급되었다. 그 사례로 燕京 관할내 宛平縣에 있던 高麗莊을 들 수 있다. 완평현은 韓氏 일족의 근거지로, 韓永 딸의 封君號 역시 완평현이다.[99] 韓永은 宛平縣 高麗莊에 묻혔다. 같은 시기에 고려인 中尙卿 金伯顏察과 부인 孫氏가 이곳 池水村에 사원을 건립했다.[100] 高麗莊은 완평현 외에도 燕京에서 50리 떨어진 漕運 집결지 通州에도 존재했다.[101] 高麗莊 같은 고려인 집단 거주구역이 원의 조운로와 물화유통 거점지역에 입지한 사실은 민간부문의 사적 통교로 인해 그 주변으로 교역처가 생성될 가능성을 시사한다.

원간섭기 대원교역과 공사 무역의 확대로 인한 지배층의 교역활동으로 대량의 물화가 개경 市廛에 유입되었다. 권세가와 사원도 측근세력을 내세워 시전을 중심한 유통경제에 적극 참여하였다.[102] 이로써 시전은 본래의 공적·官市的 기능을 상실하게 되었다. 이를 국가중심으로 환원할 목적에서 충선왕

고려문인 張樂明·이제현·崔耐卿 등과 교류했다. 雲南行省 河西人 甘立에게서 고려 백저포를 선물 받았는데, 고려의 생산물이 중국 강남지역에 유통되었음을 보여준다 (張東翼, 위의 책, 116쪽).

98) 陳旅는 江浙行省 興化路 사람으로 李穀·幻上人·式無外 등의 고려 문인들과 교류하였다 (張東翼, 앞의 책, 1997, 117쪽).

99) 『稼亭集』 권12, 有元故亞中大夫 韓公行狀 ; 장동익, 위의 책, 259쪽.

100) 『稼亭集』 권2, 京師金孫彌陀寺誌.

101) 『元史』 志6, 河口1 通惠河 ; 志17(下), 河口3 金河口.

102) 李京植, 「16世紀 場市의 成立과 그 基盤」 『韓國史硏究』 57, 1987 ; 蔡雄錫, 「高麗後期 流通經濟의 조건과 양상」 『韓國 古代·中世의 支配體制와 農民』, 金容燮敎授停年紀念韓國 史學論叢, 지식산업사, 1997.

대 京市를 관장하는 京市署 職制의 개편과 市廛行廊의 증설이 뒤따랐다. 경시서
직제는 문종 전시과에 令1, 丞2, 吏屬으로 史3 記官 2명이던 것이 충렬왕
24년에는 令이 權參으로 승진하다가 충렬왕 34년에는 丞이 3명으로 증가하였
다.[103] 충렬왕 33년에는 조성도감 桓頤로 하여금 內盈軍 康順 護軍 李珠와
더불어 役事를 감독해 市街의 兩廊 200칸을 짓게 했다.[104] 원과 교역으로
고려에 유입되는 물량이 많아짐으로써 경시서 직제의 개편과 시전 증설로
이어졌던 것이다.

한편 원에 들어와서 실크로드의 간선·지선로가 망라되어 이전에 없던
광역의 西域을 확보한데다, 元代雜戲는 중국 남·북방의 土戲 요소를 대부분
수용하게 됨으로써 胡的 요소를 강도 높게 띨 수밖에 없었다. 원의 영향
아래 놓여있던 원간섭 당시 고려에서 유행하던 잡희는 고도의 위험이 따른
것이었다. 『牧隱詩稿』「驅儺行」에서 종전 儺禮에서는 찾아지지 않던 呑刀·吐呑
吐火 등은 고도의 숙련된 기예기술을 요한다. 『牧隱詩稿』의 火戲는 화약발명
이후 폭죽을 쓰는 火砲戲로 추정된다. 원에서도 이슬람의 연단술을 받아들인
후 13세기 초 煙火·爆竹·불놀이 등에 초석(질산칼륨)을 이용했다. 이후 초석
을 화공법이나 인화물에 이용할 줄 알게 되면서 화약제조가 가능해졌다.
그 결과 우왕대 火戲는 연등행사의 街路에 채비되던 단계와 다르며 원에서와
같은 火砲戲 연출수준이라 할 수 있다. 원간섭기에 볼거리로서 고도의 胡風的
서역잡희가 유입된 셈이다.

원간섭기 雜戲의 성행과 함께 후술할 樂수요 증대는 동시기 南宋·元代의
사정과 닿아 있다. 주지하듯 중국에서는 南宋·元代에 고도의 기예기술이
수반된 서역잡희가 행해지자, 볼거리를 두고 樂수요가 급증하였다. 당시

---

103) 金東哲,「고려말의 流通構造와 상인」『釜大史學』9, 1985, 225~226쪽 ; 白南雲,『朝鮮封建
社會經濟史』(上), 改造社, 1937 ; 하일식 옮김,『백남운 전집』3, 이론과 실천, 1993,
325쪽.
104) 『高麗史』권32, 忠烈王 33년 6월 丙午.

민간부문 樂수요의 증대에 조응해서 樂종사자는 전업화·분업화 경향을 띠었다.[105] 원간섭기 고려사회의 민간에 유출된 악공 기녀는 예능의 직능별로 분화되었다. 聲妓·歌妓, 악보를 전업적으로 읽는 자들,[106] 해금·피리를 익숙하게 부는 자들을 관인개인이 초치했던 사례는 이를 뒷받침한다.[107] 악공·기녀 중에는 권세가에 예속된 창우로 투신해서 생계를 유지했을 수도 있다.[108]

군인도 고려전기 이래 각종의 연희에 차출되었다. 개선장군 환영식은 물론 儺禮·행차에 동원된 사례는 일찌감치 나타난다.[109] 무인집권기에는 각종 醮齋에도 동원되어 百戲를 연행하곤 했다.[110] 대체로 고취악·기악단에 편성되어 街頭를 앞장섰는데, 군인이 연희에 가담하는 남송 이후의 영향을 받은 듯하다. 추후 원간섭기에도 군인이 연희에 차출된 사례는 여럿 확인된다. 螺匠은 원래 개경 街衢所의 검행을 담당하는 檢點軍으로 문종 30년 街衢所 배치와 관련있다.[111] 街衢所는 개경시전에 관련한 업무를 전담하면서 유희에 따르는 잡음을 처리하는 기능도 했을 것이다. 螺匠은 명종대에도 확인되며

---

105) 「慶元條法事類」·「宋會要」에서는 북송대 반역으로 인한 몰관노비가 양산되다가 남송 이후 私의 예속민화된 사정을 보여준다. 宋·元代 樂工·妓女는 세습이 아닌 고용관계로서 자율성을 띠면서 전문화 추세에 있다. 이는 唐代와는 차별화된 경제적 분위기에서 기인하는 것이다(李錫炫, 「宋代隸屬民의 성립과 신분성격」『東洋史學研究』73, 2007 ; 「忠僕과 頑伏 - 宋代의 隸屬民像과 관련하여」『中國史研究』23, 2005).

106) 『益齋亂藁』 권7, 忠肅王復位年, 金順妻許氏墓誌銘 ; 『譯註高麗墓誌銘集成』崔誠之 ; 閔頔 ; 權廉. 이들 대부분은 음주와 연희를 즐겨했는데 자택에 歌妓·聲妓를 두고 손님을 접대했다.

107) 『東國李相國前集』 권37, 哀詞祭文, 祭張學士自牧文 ; 『後集』 권4, 古律詩,次韻金東閣和此詩來贈 ; 後集 권4, 古律詩, 次韻朴學士揔和前詩親訪見贈, "… 家有倡兒始學我如久假大無情但期置酒顔相喚 …."

108) 『高麗史』 권104, 列傳17, 金方慶 附 金恂 ; 권104, 列傳17, 韓希愈.

109) 『高麗史節要』 권3, 顯宗 10年 2月 甲午.

110) 『東國李相國前集』 권38, 公山大王謝祭文.

111) 螺匠은 범죄자를 체포하고 압송하는 역할을 했다(『高麗史』 권28, 忠烈王 2年 11月癸丑). 螺匠은 街衢를 檢行하는 檢點軍에 포함되었는데, 明宗 26년 이전에는 監倉司에 소속되었다(『高麗史』 권83, 兵志3, 檢點軍 ; 『高麗史節要』 권13, 明宗 26年). 이로 보아 螺匠은 街衢所가 설치된 문종대부터 존재했던 것이라 생각된다(오일순, 『고려시대 役制와 신분제 변동』, 혜안, 2000, 60~62쪽).

원간섭기에는 巡軍萬戶府로 계승된다.[112] 최영 군대의 왜적 소탕을 축하하기 위한 개선장군 환영식에 巡衛府가 雜戲로써 임진강에서 맞아들였다.[113] 우왕 대 檜巖 천도논의를 두고 司平巡衛府가 주관하여 연희를 배설한 경우도 있다.[114] 국왕연희로서는 公·私의 경계를 넘나드는 것이지만, 관인사회에서 극히 공적인 성격을 띠는 榮親儀에서도 군인은 차출되었다.[115]

원간섭기에도 각종 의례에 군인의 행차참여는 여전했으며, 특히 일부 巡衛府 군인은 잡희연행에도 가담했음을 보여준다. 그러나 원간섭기 연희에 동원된 군인의 임무는 전기와는 다소 차이를 보인다. 전기에는 국왕의 신변보호와 행렬의 장엄이 주목적이다.[116] 때문에 국왕의 居所 주변이나 宮內要路에 배치되고 국왕의 街路 행차에서 선두에 배속되었다.[117] 차츰 十字街에 위치한 京市署女妓가 늘어나는데다 市廛에서 商客을 대상으로 잡희 연출이 잦아지면서 군인의 역할에도 변화가 생겨났다. 연희와 관련한 새로운 임무가 부여되거나, 치안의 필요성이 점증하면서 이에 관여하기도 했다.

그 일환으로 이미 商客 접대를 위한 연희의 주공간으로 활용되던 시전의 街衢所에 螺匠이 예외적으로 배속되고, 이후 군인에게는 연희채비를 위한 잡다한 일이 생겨나기도 했다. 관련하여 충혜왕대 왕이 의장과 호위없이 螺匠만을 인솔하고 길을 안내케 한 기록이 있다.[118] 국왕의 극히 개인적

---

112) 『高麗史』 권83, 兵志3, 檢點軍 ; 韓㳓劤, 「麗末鮮初巡軍研究－麗初巡檢制에서 起論하여 鮮初義禁府成立에까지 미침－」『震檀學報』 22, 1961 ; 朴晉勳, 「고려시대 開京治安機構의 기능과 변천」『韓國史論』 33, 2002 ; 「고려시대 監獄의 설치와 운영체계」『역사와 현실』 47, 2003, 159~160쪽.

113) 『高麗史』 권113, 列傳26, 崔瑩, "… 瑩凱還禑命宰樞郊迎具雜戲儀衛如迎詔禮及入見禑賜酒問曰賊衆幾何對曰未能的知其數然不多諸相又問曰賊."

114) 『牧隱詩稿』 권20, 檜巖의 山水를 보고 온 후 司平巡衛府에서 趙五宰權公을 불러 연회를 베풀어주었다고 한다. 檜巖으로의 천도논의가 우왕 5년 연간에 있었던 것으로 보아, 주연 배설 시기는 이즈음으로 짐작된다(『高麗史節要』 권31, 禑王 5年 11月).

115) 『稼亭集』 권14, "今朝承傳覲慈親 … 紅旗門前織車轍綵衣堂上列樽組 …."

116) 『高麗史』 권82, 兵2, 宿衛, 毅宗 21年 1月.

117) 『高麗史』 권82, 兵2, 宿衛 ; 권83, 兵3, 看守軍, 衛宿軍.

연희에 螺匠이 동원된 사례로 볼 수 있다. 또한 충렬왕대 巡馬所는 國贐庫의 羅絹 20匹로써 궁중에서 치러지는 국왕연희 때 花階를 제작하고 교체하는 역할을 맡기도 했다.[119] 市街에 잡다한 인구가 모여듦으로써 발생하는 잡음을 해결하기도 하였다. 이는 악공·기녀의 대여와 고용이 가능해진데다 군인의 역할이 행렬의 장엄을 떠맡는 것으로 전락한 주요인인 당시의 사회적 여건상 유희수요를 둘러싼 시장경제의 성숙과도 맥락을 같이한다.

원간섭기 고려에 이입된 幻術·吐火·呑刀의 백희공연에는 위험이 따르며 숙련된 고도의 기술을 요한다. 이런 까닭에 국가소속의 女妓·樂工 정도가 단순 동원되던 전기와는 연희자 구성 자체가 달라져야했다. 기존의 教坊官妓, 악공·기녀, 才人이 지닌 기술수준 이상이 요구되었다. 이때 잡희기예 연출이 가능한 專門藝人의 출현을 전제해야할 것이다.

첫째, 상정해볼 수 있는 藝人으로는 齋僧이 주목된다. 齋僧의 활약과 관련해서는 공민왕 연간에 文殊會의 佛會가 참고된다.[120] 文殊會는 항시적으로 사원에서 행해지던 것으로 일반민이 보편적으로 신앙하여 늘상 소집되던 집회이다.[121] 文殊會뿐 아니라 齋·우란분재 등의 각종 재에 참여한다. 재승은 원간섭기에 만연한 惡僧과도 관련있다. 惡僧이 사원 중심의 유통경제 장악에 일조했다면 각층의 檀越·民이 모이는 場인 齋에도 가담했을 개연성은 충분하다. 일단 인구의 결집은 추후 교역을 촉발하는 계기가 되는 까닭이다. 惡僧은 사원본연의 종교 기능에 충실하기보다는 시납행위·보시자의 확충 등 대중적 소통을 전제로 한 존재임에는 분명하다. 惡僧·齋僧이 사원에서 개최되는

118) 『高麗史』 권36, 忠惠王 後3年 4月 戊辰.

119) 『高麗史』 권31, 忠烈王 22年 5月 癸酉.

120) 『高麗史』 권132, 列傳45, 辛旽.

121) 文殊會는 조선에서도 명맥이 유지되었다. 조선 『成宗實錄』 2年 6月 8日의 기록에서는 文殊會 관여자들이 검은 옷을 입은 승려라 한다. 복색은 대체로 社長·居士와도 동일한데, 各色雜類人과 함께 雜戲 관련한 다양한 연희자를 칭하기도 한다. 居士는 사찰과 관련되긴 하나 승려가 아닌 집단으로 流浪·乞食·占術·行商·演戲·賣春을 통해 생활하며 이후 남사당패의 연원이 된다.

佛會를 주관하기도 하고 佛會를 매개로 시납·연화자 모집을 위한 볼거리 제공차 연회를 공연했을 것이다.[122)]

원간섭기 개경관인의 각종 酒宴·소규모 모임에 등석한 기녀 중에는 胡樂·胡琴을 능숙하게 연주한 자들도 간혹 찾아진다. 胡琴이 서역악기인 점을 감안한다면 가무에서도 잡희기술을 자연스레 훈련받았을 수 있다.

원간섭기 樂종사자의 분화와 雜戲전문예인의 출현을 국가는 관망하지만은 않은 것 같다. 어떤 형태로든 공적 틀로 수렴하려 애썼다. 고려에서는 후술하는 남송·원대처럼 樂戶편적조치는 뚜렷이 확인되지는 않는다.[123)] 그런데도 몇몇 부문에서는 倡妓를 국가에서 관할하거나 편적하려 한 노력이 엿보인다.

원과 같은 賤人制樂戶 정비나 雜戲藝人의 우대조치까지는 아니더라도, 원간섭 직전 妻의 喪服을 마치기 전에 李需가 관계한 여자를 遊女籍에 등록한 사례를 들 수 있다. 戶婚 관련한 규정으로 遊女를 국가차원에서 통제함으로써 신분제 질서로 긴박하려 노력한 흔적이다. 이후 京市署의 恣女案·淨業院 등에 失行女·遊女 등을 소속케 하였다. 기본적으로 이들은 良신분에서 倡妓로 전락한 것으로 원이 賤人에서 倡妓를 보충한 것과는 대조적이다. 그럼에도 遊女·失行女를 국가법망 안으로 끌어들이려 했는데 恣女案·淨業院에의 편적은 그 일환이다.[124)]

---

122) 조선시대 감로탱 佛畵에서는 승려가 장대에 올라 잡희를 연희하는 장면이 숱하게 찾아진다. 고려시대 불화 가운데는 현존하는 자료가 거의 없어서 확인하기 어렵지만, 조선전기의 齋僧사례와 고려후기의 상황은 근접한다고 추정할 수 있다(전경욱, 「감로탱에 묘사된 전통연희의 유랑연예집단」『공연문화연구』 20, 2010). 조선전기 승려가 雜戲施緣을 했던 장면을 헤아려 본다면, 고려에서도 文殊會·각종 齋 등을 주관하는 齋僧이 불교의식에서 연희를 했을 개연성은 얼마든지 있다.

123) 『元史』 권68, 志19, 禮樂2, 制樂始末, "太祖元年以河西高智耀言徵用西夏舊 樂 … 太宗十年十月今禮樂散失燕京南京等處亡金太常故臣及禮冊樂器多存者乞降旨收錄 … 至元元年冬有十月括金樂器散在寺觀民家者先時括到燕京鐘聲等器凡三百九十有九事下習剛辨駿給傆 … 至元三年秋七月新樂販成 … 十有二月籍近畿儒戶三百八十四人爲樂工先時召用東平樂工凡四百十二人中軍以東平樂工先時留惟留其戶九十有二饒盡遙還後入民籍 …"

124) 恣女案·遊女籍에 관해서는 고려시대 여성의 법제적 지위를 고찰하면서 조금씩 언급된 바 있다. 睿宗 3년 失行女를 針工에 소속케 하거나, 高宗代掌牲署에 失行女가 이미

원간섭기에 수희·화산희·산대 등의 잡희공연은 그 부대시설의 조성이 가능한 재력을 갖춘 층이 뒷받침되어야 한다. 이때 잔치에 초치된 잡희 기예자가 전문공연을 목적으로 필요한 시설을 자변한 것인지 여부는 명확하지 않다. 누가 설치를 전담하든 간에 잡희공연이 가능하게 된 데는 경제력 점증이 전제되어야 하는 것만은 명확하다. 잡희 부대시설의 가설이 가능한 수요층으로는 원과의 교류를 바탕으로 치부한 국왕측근세력을 일단 지목할 수 있다.

한편으로는 山臺·火戲·水戲만큼 막대한 경비가 소요되지 않아도 될 장간희·가무·악대 정도 만이 등석한 경우도 들 수 있다. 장간희·줄타기와 인형극·꼭두각시 놀음·백수희·학무 등 다양한 잡희가 「靑山別曲」에서도 확인된다. 「靑山別曲」의 長竿戲는 나무작대기 끝에 기예자가 연기를 하는 모습이다. 偶戲·長杆戲 등을 施緣하는데 장소가 협소해서는 안 되지만, 산대·화희·수희 공연을 치를 만큼의 너른 마당과 극장적 장치가 갖추어지지 않아도 된다. 소규모 비용의 잡희는 중소관인이나 민간이 주 소비층일 것이다.

개경에서는 새로이 흥기한 雜戲의 오락적 수요증대에 따른 각종의 결과가 파생하였다. 잡희수요층은 국가뿐 아니라 거경관인과 민간 부호층이었음은 이미 지적한 바 있다. 거경관인층·민간 부호층 모두 제각기 雜戲에 노출됨으로써, 원간섭기 개경에서는 雜戲 수요에 대한 항상적·즉각적 수급책이 마련되어야 했다. 결론부터 말하자면 유희종사자의 집단적 거주와 함께 잡희수급

존재했던 사실이 확인된다(『高麗史』권84, 刑法1, 戶婚 睿宗 3년 ; 권22, 高宗 15년 6월 戊辰). 이들 烾女의 형벌은 『唐律疏議』名例編의 영향을 받아 定役刑에 해당된다. 宋代에는 여성에게는 원칙적으로 勞役刑이 강제되지는 않는 대신 徒刑으로 대체된다. 몽골 유목민족의 원에서는 원래 徒·流刑 등 자유형이 없다. 元代 초기 이후 漢人을 통치하면서 杖刑의 부가형으로 徒·流刑이 부활되었다. 이로 보아 원간섭기 遊女籍의 실제는 元律에 영향받은 것이 아닌가 한다. 율령과 관련한 최근 선학들의 연구성과에서도 고려시대 唐律뿐 아니라 宋律·元律의 모수를 긍정적으로 파악한다(蔡雄錫, 「高麗時代의 歸鄕刑과 充常戶刑」『韓國史論』9, 1983 ; 위은숙, 「고려시대 宋律수용의 제 양상」『한국사학보』41, 2011 ; 「원간섭기 元律令의 受容問題와 權貨令」『民族文化論叢』37, 2007 ; 「고려시대 關市令과 市估」『민족문화논총』46, 2010).

을 중재하는 후원자(patron)의 출현이 그것이다.

연희의 후원자(patron)는 유희수요가 있는 곳에 專門藝人을 알선해주거나 대여하는 역할을 한다. 또한 연희의 수급을 원활히 하기 위해 무대시설이나 극장적 장비를 갖추어 공연에 편의도 제공해 주었다. 후원자의 후견을 통해서 전문예인은 의식주를 해결하고 후원자로부터 각종의 보호나 재정적 보충을 받기도 하였다. 이로써 후원자의 존재는 유희수요의 증대가 관건이 되며, 專門藝人의 출현에 상응하는 결과이기도 하다. 전문예인과 후원자의 출현은 상호간 연결고리에 있다 해도 과언이 아니다.

전문예인과 후원자는 유희수요층의 저변 확대로부터 생겨난 귀결로 그 수요에 즉각적으로 대처하기 위해서 각자는 근거리에 집주하는 경향이 강하다. 원간섭기의 개경에서도 제한적이지만 잡희 수요를 매개로 樂종사자와 수요층은 가까이 위치했다. 우선 원간섭기 거경귀족은 개경에서의 각종 宴을 정치적·인맥도모 차원에서 자주 활용했다. 당시는 과거제의 파행적 운영으로 官路진출에서 座主門生관계는 무엇보다도 정치력 확보의 중요한 계기로 작용했다. 이 때문에 座主에 대한 結緣과 동시에 行卷을 지급받으려고 座主의 거처 주변으로 과거응시자가 모여들었다.125) 대체로 중기이래 座主의 거처는 주로 개경의 北部坊을 위시하여 시전거리·城市 근처였다. 원간섭기에 관인거주지역은 점차 郊外로 뻗어가고는 있지만, 밀집도 면에서 市街 주변이 월등하다. 市街를 지향해서 門生이 모여듦으로써 관인사회의 유희수요군의 집거는 원간섭기에 더욱 높아진 것이다.

전기 이래 예성강 일대로부터 碧瀾渡 근처는 이국인들이 거주했는데 回鶻商客도 예외는 아니었다. 이슬람상객은 개인차원으로 고려에 행차했다기보다는 주로 商團의 형태를 띠었다. 대부분이 각종 물화와 인구가 집화함으로써 항상적 잡희수요가 마련된 개경 시전거리 정착을 선호했다. 이슬람상인의

---

125) 『牧隱詩稿』 권23, 詩, 書登科錄後, "… 歸來僾倖陪廟堂 … 綴行呵喝傾都城 … 恩榮席上觀諸生 …."

집단거주에 직접 관계되는 자료는 아니지만, 우회적으로나마 시사받을 수 있는 사례가 있다. 『中京誌』에 巫歌로서 궁중악으로 쓰인 大國이 소개되어 있다. 大國은 본래 개성의 午正門 밖에 있던 神堂의 이름이다. 이와 쌍벽을 이루는 신당은 서낭당인 德物神堂으로서 堂主는 回回世子이다. 明玉珍·明承으로 추정되며 興國寺·兵部橋 일대에 거주한 것으로 파악된다.[126] 대개의 신당은 집단적 거주지에서 종교적 목적으로 조성되는데, 서낭당의 경우는 특히나 상업활동과 결부지을 수 있다.

널리 알려져 있듯이 「쌍화점」에 등장하는 회회아비 역시 이슬람상인의 활약을 보여준다. 쌍화점의 쌍화는 이슬람의 만두로서 효소에 부풀린 다음 아궁이에 구워내는 '난'이다. '난'은 중앙아시아의 것으로 고열에서 구워져야 하기 때문에 집에서 불을 피우는 것보다 쌍화가게에서 구입하는 것이 훨씬 수월하다. 쌍화가게의 회회아비는 원간섭기 고려사회에서 回回人의 집락이 형성되었음을 시사한다.[127]

이상과 같이 회회세자를 堂主로 모시는 回回人神堂이나, 회회아비가 쌍화점 詩에까지 등장할 정도로 이슬람상객의 집단거주가 이루어지고 있었음을 알 수 있다. 이국상객들 주변으로는 서역잡희 기예가 가능한 胡客·胡姬가 포함되었을 개연성은 충분하다. 牧隱詩稿 「驅儺行」에서 五方鬼舞·白澤舞·西胡戲·江南賈客·處容戲·百獸戲가 등장한다. 江南賈客은 강남의 장사꾼으로 그가 쓰는 말은 侏離(蠻夷)의 언어라서 알아들을 수 없다고 하였다. 西域의 雜戲를 추는 西胡姬도 확인된다. 같은 책 '諸將入城詩'에는 山臺雜劇이 묘사되어 있는데 '胡客腰長舞神回'라 하여 胡戲를 추고 있는 모습을 그려내고 있다. 각각 별개의 詩이긴 하나, 당시 이슬람상인과 胡戲의 존재, 여기서 한걸음 나아가 이슬람상인 주변으로 胡戲·胡客이 늘 가까이 있었음을 짐작케 한다.

---

126) 『中京誌』 권3, 山川條, "天堂洞在鼇頭下乃回回世子所居之地也世子姓文 偕明昇東來".

127) 전인평, 「중앙아시아 음악의 고려음악에 대한 영향」 『문명교류연구』 창간호, 2009, 93쪽.

개경시전 주변에는 상업을 염두에 두고 異國의 賈客·胡姬 이외에도 樂종사
자가 집거했다. 지적한 바와 같이 원간섭기 雜戲의 대표적 수요자인 관인은
대체로 개경시전 가까운 곳의 거주를 지향했다. 때문에 관인의 일상적 酒宴에
서 樂수요 조달을 위한 연주자·가창자·遊女도 관인의 거주지 주변으로 함께
공존했다. 원간섭 이전부터 권세가의 집 근처에서 奚琴과 거문고·가야금·필
률 연주자, 樂譜의 可讀層을 쉽게 찾을 수 있는 데서 미루어 알 수 있다.[128]

관인과 樂종사자의 밀집구역 주변으로는 이들을 위한 도시 시설도 충원되
었다. 원래 개경市街에는 관인의 관복시전으로서 幞頭店은 물론 여흥을
위한 酒店이 함께 즐비했다.[129] 酒店 주변으로는 女樂을 위해 각종의 악기
공급처가 있었다. 악기는 개경의 궁중에 소속된 관영수공업장에서 생산했으
나 관공장의 민간유출이 확대되면서 시전 가까운 곳에서 악기가 사적으로
유통되곤 했다. 원간섭 당시에는 전기 이래 관영상점인 茶店·酒店 외에도
다양한 민간상점이 생겨났다.[130] 충정왕 원년에 불이 난 唐店은,[131] 우왕대
金元吉이 落馬를 핑계로 추지 않았던 唐人戲의 사례에 빗대어 보면,[132] 원간섭
기에 서역과의 교류 결과 생겨난 店이 아닌가 한다. 게다가 靑樓[133]와 같은

---

128)『高麗史節要』권21, 忠烈王 22년 7월. 妓女謫仙來는 충렬왕의 총애를 입었는데, 朴允材·
金元祥과 같은 洞里에 거주하였다 ;『東國李相國後集』권4, 古律詩, 次韻朴學士琦和前詩
親訪見贈, "… 家有倡兒始學箏 … 我如久假大無情 … 但期置酒頻相喚與聽朱絃落玉聲 …";
『後集』권4, 古律詩, 次韻金東閣和此詩來贈, "… 公宴作難色 … 貴我洩幽臆雖欲學之人之人
亦難覓 … 如味舊嘗食由其中吾心勿要譜家釋 …."

129)『高麗史』권77, 百官2, 諸司都監各色.

130) 이규보는 집근처에서 필률 연주에 능숙한 자를 초치해서 악기를 습득하고 있다(『東國
李相國前集』권37, 哀詞祭文, 張學士自牧文). 이러한 정황으로 보아 관영수공업장을
벗어나 관인층의 수요를 조달하기 위한 민간의 악기장이 출현했을 가능성은 여럿
있다. 이는 당시 관영수공업장의 해이에 따라 민간의 장인이 출현하게 된 것과
상응한다(徐聖鎬,「高麗前期手工業研究」, 서울대 박사논문, 1997, 119~124쪽).

131)『高麗史』권53, 五行1, 志7, 火, "忠定王 元年 九月 己卯 唐店火."

132)『高麗史』권135, 列傳48, 禑王 10年 2月 甲戌.

133)『東國李相國前集』권9, 古律詩, 贈詩弄金懷英, "留君無計別君難故向靑樓 喚綠鬟異日長安
一場笑 … 留宿爲紅粧不爲吾請問群花誰管領 …."

유희공간이 생겨난 것을 보면 樂수요와 관련한 민간차원의 교역기구로서 店이 생겨날 소지는 충분하지 않았나 싶다. 유희수요 증대에 따르는 유동인구의 증가는 거꾸로 개경 내에서 유희장소와 개경 내 유락시설의 확충을 반사적으로 요구하게 된 것이다.

잡희수요·공급원의 도시내 근거리 집주 경향뿐 아니라 원간섭기 고려에서는 후원자의 존재도 간파된다. 잡희수요를 매개한 후원자로서는 몇 부류를 상정해 볼 수 있다. 첫째, 원간섭기 고려국내에서 호희·잡희수급자로서의 요건을 충족하려면 원과 접촉했거나 대원교역에 익숙한 자들이어야 했다. 일반적으로 생각해볼 수 있는 층으로는 재원경험을 바탕으로 원 내지에서 성행하던 잡희를 직접 목도했던 국왕측근세력이다.[134] 더욱 좁혀서는 서역교역에 익숙하거나 혹은 회골출신으로 고려에서 득세한 인물을 들 수 있다.

하나의 사례이지만 충혜왕 연간 대원교역을 주관한 최안의는 원 보초로써 낙타를 구입했다. 국왕이 보초로써 원에 내탕의 보물을 판매케 했다는 기록의 장소는 원 上都일 가능성이 높다. 上都가 유목지역 통합의 정치·경제적 거점지역이라는 점을 감안한다면 낙타의 구매는 上都 以西지역인 서역 시장권을 인지한 행위이다. 낙타에 관해서는『高麗史』에 몇 건의 기록이 있지만 대부분 전기에 집중되며 북방의 거란 유목지역으로 방물·헌상 관련한 사례이다. 이후 낙타기록은 잠시 소강되다가 충혜왕대 다시 나타난다. 충혜왕 자신이 직접 측근세력을 앞세워 서역교역을 감행하기 위해 낙타를 매입한 것으로 파악된다. 낙타는 사막을 경유할 때 요긴한 동물로 중앙아시아 특히 건조한 육로교역에 대비한 운송수단으로서의 역할을 톡톡히 했기 때문이다. 어떻든 이들 국왕권력에 기대어 상행위를 한 세력은 원 大都·上都는 물론이거

---

134)『譯註高麗墓誌銘集成』, 朴全之 ; 金台玄 ;『高麗史』권105, 列傳8, 鄭可臣 ; 권123, 列傳36, 印侯는 재원경험을 한 국왕측근세력이다. 대부분 원의 上都·大都에서 원황제가 주재하는 연회에 참석한 인물들로 이들이 원에서 성행한 雜戲를 최초로 체험했던 인물이라 하겠다.

니와 이슬람교역에 얽혀있었다.

잡희후원자(patron) 층으로는 원과의 교역 속에서 서서히 성장하고 있던 민간의 부호층도 상정해야 한다. 중소관인이거나 12세기 전후해서 농업생산력으로 기신한 부호층으로서는 노걸대 상인을 지적할 수 있다. 노걸대 상인은 원의 북경으로 가서 충숙왕 연간 칭량화폐로서 5승포 등이 주조되긴 했어도 고액화폐인 은을 결재수단으로 했다. 노걸대 상인은 보초통용층 만큼의 대부호는 아니더라도 中戶 이상의 富戶層에 속한다. 그들의 원 內地의 행적을 살피면 정월 개경에서 말·인삼·모시를 구입해서 북경에 팔고, 5월 山東濟寧府 高唐의 솜·깁을 산 후 直沽에서 바다 건너 10월에 개경에 당도한다. 開京→ 義州→ 北京→ 直沽를 경유해 수도 개경에 도착하는 1개월 여정 정도로 교역 가동범위가 짧아서 넓은 중국현지의 사정을 얼마나 익혔을까 의문은 든다. 하지만 원 大都順成門瓦店·吉慶店 등지에서 만난 涿州行 중국상인을 통해 원의 관행을 일부나마 습득하기도 했다.

이처럼 원간섭기 대원무역을 둘러싸고 거경관인의 大戶나 『老乞大』의 中戶상인은 모두 원 大都뿐 아니라 上都, 더 넓게는 以西지역을 교역 대상으로 삼고 있었다. 그 가운데 일부는 원 내지의 실정에 밝아서 서역잡희 기예자에 대한 정보선도 가졌을 것이라 생각해볼 여지는 충분하다. 이들의 중개역할로 고려국내에서 서역예인이나 잡희 施緣이 가능한 자들이 필요한 수요처에 공급되기도 했다.

원간섭기 원에서 새로이 흥기한 雜戲는 기예를 선보일 때 위험이 수반되는 것으로서 '볼거리'를 동반했다. 이로써 잡희공연에는 구매력을 갖춘 소비자가 확보되었다. 이는 잡희에서 예인을 보호·육성하고 잡희수요처에 예인을 초치해 줄 수 있는 후원자의 출현까지 초래했다. 中戶 이상의 상인들이 원의 서역악호·잡희예인을 고려국내에 끌어들일 개연성은 충분하다. 원간섭기 잡희수요층은 연행종목에 따라 이원화되는 경향이었다. 山臺·水戲·火砲 戲 등 고비용의 잡희를 연행할 수 있는 거경관인 국왕측근세력이 당대의 대표적 후원자라 할 만하다. 후대에 비하면 후원자로서의 역할은 훨씬 못미치지만, 거경 관인사회의 酒宴모임에서 잡희 기예자를 알선 소개하기도 했다. 잡희공연의 재생산에 관여한 후원자는 원간섭기 시장경제의 활성화에 조응한 유희수요증대 속에서 창출되었다.

예능의 후원자층은 원간섭기에는 극히 희소하나마 존재했던 것으로 보인다. 다만 전문예인에게 재정지원이나 무대설치를 하는 후속의 대가로 관람차익을 노렸을까의 여부는 미지수이다. 여하튼 원간섭기 볼거리로서의 잡희성행에 내재한 樂종사자의 전업화 및 전문예인과 후원자층의 출현은 개경의 시장경제 성숙이 예능을 매개로 겉으로 표출된 것이라 하겠다.

잡희의 공연장소가 열린 공간을 지향하는 것이라면 宋代 瓦肆·勾欄같이 폐쇄적 공간에서 한정된 관람객과 관람수익을 목적에 둔 것인가의 여부도 해명되어야 마땅하다. 그러나 고려에서는 勾欄같은 극장시설은 확인되지 않으며, 굳이 따지자면 宋·元代의 堂會劇場과 같은 형태로서 관인의 私邸·亭子 등 열린 공간에서 잡희가 施緣되고 있다. 거기에 神廟劇場과 흡사하게 사찰에서 공연이 이루어진 점만을 지적할 수 있다.

지배층의 교역 가운데 원간섭기 對元 주요수출품은 紵布·松子·人蔘이다.[135] 국가에서는 대원교역품 조달을 위해 責販이나 市役 부담을 요구하기도 했다. 시전으로 유입된 물화는 억매·강제적 교역에서 유입된 것으로, 농민적 교역처가 광범위하게 생성되는 것을 저지한 요소로 비칠 수도 있다.[136] 인삼의 경우 개경 춘주 일대의 공납품이 주류를 이루었다.[137] 원 내지 공납품의 대부분은 12세기 이래 꾸준히 성장해 온 농민적 교역처인 장시에서 조달되었을 가능성이 높다. 고려후기 소농민 자립도가 상당수준인 점,[138]

---

135) 위은숙, 「원간섭기 對元貿易」『지역과 역사』 4호, 1997, 61~64쪽.

136) 『高麗史』 권105, 列傳18 洪子藩.

137) 『高麗圖經』 권23, 土産 ; 『高麗史』 권6, 靖宗 2년 7월 戊寅.

138) 고려후기 상업사를 보는 시각은 특권세력의 반동 억매와 같은 강제적 교역, 山林川澤의 장악을 통한 防納 및 그들 유통영역에서의 처분을 통해 민간 부문의 상업 성장을

공물대납이 활성화된 점[139]을 감안한다면 시전상업과 지방에서 성장하던 場市가 어떠한 방식으로든 결합되었음은 미루어 알 수 있다.

특히 원간섭기에 이르러 개경의 시장은 건국 초창기부터 행랑시설이 갖추어진 시전구역 외에 도처에 비시전구역이 형성되었다. 『牧隱集』에서 확인되는 개경의 수로 연변, 교량 인근의 馬市·猪市·豚市·紙廛은 시전행랑이 갖추어지지 않은 교역기구이다. 馬市·猪市 밖에도 전기 이래 원래의 시전구역인 십자가 연변에는 행랑이 갖추어지지 않은 다수의 교역처가 존재했다.[140] 개경 내에서 비시전 구역은 도시생활의 일상적 용품을 공급하거나 관부의 소용품을 조달하기도 했다. 국가적 官市로서 시전행랑을 갖춘 교역처에 비해서는 국가차원의 규제가 엄격하지는 않았다. 개경의 비시전 구역은 都內와 郊外에 형성된 송대 강남의 虛市(草市)와도 비견된다. 다만 송대 강남의 虛市가 순수한 농민적 교역처인 데 비해, 고려의 경우는 관부·관료가 이용할 수 있도록 오후까지 開市한 데서 송대와는 구분된다.[141] 여하튼 고려후기 개경을 정점에 둔 시장의 양상은 송대와 같이 市廛→ 虛市→ 지방의 포구나 국가적 물류 이동권에서 파생되어 형성된 村市로 위계적으로 구조화

점탈했던 것으로 본다. 단순한 물자교환을 넘어 교환경제로까지 성장했지만, 여말 농민적 교역기구로서의 장시는 성립하지 못했던 것이라 파악하는 것이 대부분 논자들의 견해이다(李京植, 「16世紀 場市의 成立과 그 基盤」『韓國史硏究』57, 1987 ; 蔡雄錫, 「高麗後期 流通經濟의 조건과 양상」『韓國 古代·中世의 支配體制와 農民』, 金容燮敎授停年紀念韓國史學論叢, 지식산업사, 1997). 그러나 국왕과 측근관료가 場市에서의 억매·강제적 교역을 할 수 있었던 것 자체도 場市의 성장이 바탕되어야 가능한 일이라 하겠다. 특히 대원 사교역의 흥행에 따라 노걸대·박통사 등에서 보듯 소농민 교역은 이루어졌다. 농민적 교역기구는 원간섭기에 점증하고 있었다(위은숙, 앞의 논문, 66~70쪽).
139) 김동철, 앞의 논문.
140) 『高麗史』권53, 五行1 火 神宗 4년 6월 己卯. 馬市池水赤 ;『牧隱詩稿』권29, 詩 端午石戰.
141) 김창석은 『高麗圖經』의 日中爲虛의 시장을 송대 강남의 虛市와 동일한 것으로 보았다. 다만 고려의 虛市는 농민적 교역처로서의 의미보다는 군현시·지방관아 주변의 官市的 기능을 한 것으로 이해하였다. 고려의 허시를 이후 순수한 농민교역처로서의 장시 성립에 과도적인 것으로 파악하였다(김창석, 「고려전기 허시(虛市)의 성립과 그 성격」『역사와 현실』53, 2004).

되었다.[142]

원간섭기 官市－虛市－場市의 결합에 따른 유통 부문을 조선초에는 舊京의 관례를 계승하면서도 일정 부분 통제를 해 나갔다.

예전부터 있던 田地에 이르러서는 국법에 의하여 結의 수로써 환산하면 1050결이다. 田地로서 成悅 仁義縣에 있는 것이 각각 200결, 扶寧 幸州 白州에 있는 것이 각각 150결, 平州 安山에 각각 100결이니 바로 聖王이 희사한 것이다. 鹽盆은 通州의 林道縣에 있는 것이 1구, 京邸의 開城府에 있는 것이 1구, 시장의 店鋪에 있어서 남에게 세 준 것이 30칸이다. 모든 돈과 곡물과 즙기의 수는 사무담당자가 기재하지 않았다. …[143]

옮기다 남은 마을 저자마다 황량하고 … 行商은 길을 돌아 새 터로 굽어들고 賣店은 터 바꾸니 옛 골목이 그립나 봐. 이는 바로 지난 날 王氏의 基業이라. 단군이 가고 나서 얼마나 고쳐졌나 …[144]

사헌부에서 時務 8가지를 상서하기를 … 공장이는 店鋪에 거하지 않으면 그 業에 전념할 수 없다. 이 때문에 舊京 시절에는 布帛·毛革·器皿·冠服·鞋靴·鞭勒 등이 大市를 分店하였고 牛馬를 거래할 때도 일정한 장소가 있었다. 기타 미곡류는 각기 거하는 곳에서 거래되었다.[145]

위에서 금강산 장안사는 전라도 咸悅·仁義·扶寧, 경기도 幸州·安山, 황해도 白州·平州 등지에 1,050결의 토지를 가진 대농장주로서 通州 林道縣에 염분도

---

142) 斯波義信, 『宋代商業史硏究』, 風間書房, 1968, 337쪽.
143) 『稼亭集』 권6, 金剛山 長安寺 中興碑.
144) 『陽村集』 권1, 高麗古京.
145) 『太宗實錄』 권19, 太宗 10년 1월 乙未.

1곳 소유했다. 또한 개경에 京邸 1區를 가지고, 市廛 30칸을 타인에게 세주고 있다는 등, 장안사에서 京邸 開城府에 시장 점포를 대여한 기사이다. 이는 도성 밖 장안사가 시전 상업에 직접 투자한 것으로 사원의 상업활동을 입증하는 것이다.

장안사의 사례에서처럼 원간섭기 사원도 적극적으로 교역활동에 가담했다. 원간섭기 사찰은 원황실의 지원과 측근관인의 참여로 상업활동의 場이 되었다. 사찰의 교역을 통해 조달된 물품은 원거리를 운송해 처분되고, 일부 고가품이나 사치품은 중앙으로 운송되어 판매되거나 외국과의 거래에 사용되기도 했다.[146] 선원사 毘盧殿 단청 때 菴和尙이 문인 全忍에게 재물을 주어 송에 가서 단청 원료를 구입해 오도록 했다.[147] 충숙왕 3년 有職人과 僧人의 商販 행위를 금하고,[148] 공민왕대 승려들의 市街 출입을 엄금한 조치[149]도 사원에서 상행위가 활발했기 때문이다. 장안사의 사례는 당시 시전에서 점포세가 징수될 가능성을 시사한다.

그 다음 사료는 개경의 골목 곳곳에 行商과 賣店이 소재한 점을 보여주는데, 行商의 활동이 활발히 이루어졌음을 알 수 있다. 시전상가에서 좌상과 행고들이 상행위를 하는 모습과 부호 자제들이 호협을 뽐내면서 치장하고 격구 등의 오락을 즐기며 十字街에 몰려다닌 모습을 전한다.[150] 行商과 賣店은 송대와 같은 坐賈의 존재를 암시하는 것은 아닐까 한다.[151]

조선 태종 10년 한양도성의 시전을 舊京의 관례대로 물종별 배치에 따라 재정비하자는 사헌부의 상서 내용도 있다. 사료에서 舊京에서의 미곡류는 각기 거주하는 곳에서 거래하도록 했다는 것으로, 米穀市는 시전 행랑을

146) 李炳熙, 『高麗後期 寺院經濟 研究』, 景仁文化社, 2008, 71~87쪽.
147) 『東文選』 권65, 釋息影庵 禪源寺毘盧殿 丹靑記.
148) 『高麗史』 권85, 刑法2 禁令.
149) 『高麗史』 권85, 刑法2 禁令 ; 『高麗史節要』 권27, 恭愍王 10년 6월.
150) 『韓國佛敎全書』 6, 「眞靜國師湖山錄」 권(下), 答芸臺亞監閔昊書.
151) 斯波義信, 앞의 책, 40~44쪽.

갖추지 않고 도성 내 각 거주지역에서 산포했음을 보여준다. 또 牛馬를 거래할 때도 일정한 장소가 있었다고는 하지만, 개경의 牛馬市는 시전행랑이 갖추어지지 않은 하천연변에 소재했다.[152]

고려후기 비시전 구역은 국가 관할보다는 오히려 특권세력과 민간 부문의 상행위 장소로서, 사적으로 전개되는 측면이 있었다. 따라서 이후 개혁지향의 국왕들은 새로이 도성 내 상권을 정비하려는 의도로, 일련의 상업구폐책·억말책을 제기하기도 했다.[153] 특히 조선 태종대 사료는 고려후기 개혁논의의 연장선상에서 도성 상업을 국가가 통제하려는 의도가 짙은 것이라 하겠다. 동시에 여말 장안사에서의 점포세 징수 가능성과 조선 태종대의 시전 개혁안은 교역활동을 일정 부문 통제한 저간에 고려후기 유통부문이 활성화되었음을 시사한다. 원과의 교역량과 사적 무역의 활성화는 개경 시전의 변화, 경시서 직제의 개편을 가져왔다. 전례없는 원의 세계무역과 국가주도 상업정책으로 인해 고려의 시장경제 역시 변모했던 것이다. 대원교역에서 사무역의 흥성은 국내시장권을 자극하여 市廛—虛市—村市가 유기적으로 연결될 단서를 열어 놓았다. 여기에 부수적으로 원간섭기 사찰의 교역활동도 한 몫 했다고 하겠다. 대원 사무역이 흥성하면서 국내시장을 자극해 市廛—村市의 유기적 유통구조가 형성되었다. 국왕과 측근세력의 대원교역 활동으로 인해 시전 참여가 증대했다. 비록 장시에서의 억매 강제적 교역형태이지만, 이는 경시와는 별개의 유통영역이던 촌시의 성장에 촉매제가 되었다. 전기 이래 소농민 생산수준의 향상과 사무역이 국내시장의 활성화를 초래한 것이다.

---

152) 『牧隱詩稿』 권29, 詩 端午石戰.
153) 朴平植, 「高麗末期의 商業問題와 捄弊論議」 『歷史敎育』 68, 1998.

3. 경기지역의 分節的 공간구조 형성

1) 관인계층별 畿內 생활공간의 분점

원간섭기는 원제의 강요로 고려의 독자성과 원의 강제성이 충돌하면서도 상호 공존하는 시기이다. 전대와 달리 원이라는 배타적 타자성의 권력이 유입됨으로써, 고려 재래의 질서는 왜곡되었다. 원이 동북아시아를 거쳐 동남아시아, 멀리 유라시아 방면으로 판도를 넓혀 팍스몽골리카나를 구축하는 동안, 정복활동과 원 내지의 국가체제 정비에 요구되는 각종의 군사 경제적 재원은 원의 복속지로부터 조달했다. 대몽골 울루스의 하부단위로 편성된 고려는 이러한 역할을 충실히 이행했다. 이로써 고려는 원과 통합된 정치 경제권 안에 놓이게 되었다.

원에 의해 고려의 기강이 크게 훼손되면서 국가 외적인 시장적 물류의 증강은 종전 어느 시기보다 컸다. 공적 부문으로 수렴되어야 할 물류가 사적으로 유통되다 보니 정상적인 국정운영은 어려워졌다. 원에 의해 경제적 자율성이 제약받는 가운데 국왕 주도로 국가 부문과는 별개로 왕실 창고제를 정비하려는 시도가 여러 차례 이루어졌다. 충렬·충선왕대 내고와 내장택의 신설, 충선왕 원년 서적창·동적창·농원창의 왕실창고 정비가 이어졌다.[154] 왕실창고의 정비는 국가적 질서의 재확립 의도라기보다는 前王의 경제기반을 단절하려는 축소된 의미 안에서만 진행되었다. 원칙적으로 개경 각 관사로 보내져야 할 각종 물화는 왕실이 마련한 사적 창고에 집산되어 원래 국가 재정원으로서 의미가 크게 희석되었다.

원간섭기 고려사회의 전반적인 왜곡 가운데, 권력의 구심점인 개경이 원 대도의 도시모델과 원제에 맞춰 그 경관이 변질되어 간 사정은 주지의

---

154) 『高麗史』 권33, 忠烈王 34년 11월.

사실이다.155) 인접한 경기지역도 왕도의 변화에 편승하여 구조적 변동을 거침으로써, 종전 경기제 운영과 재편원리와는 상당한 괴리가 있었다. 원간섭 당시의 경기지역은 국가를 지탱하는 공적 재정원으로서 의미를 이미 상실하였다. 고려왕조체제의 존립 자체가 힘겨운 상황에서 국가재정이 제대로 운영될 수는 없었다. 전반적으로 국가재정원 확보가 쉽지 않은 위에 당시 부족한 재원분을 왕실의 사적 부분으로 채우는 것이 다반사였다. 일부 국왕은 측근관인을 내세워 사적 이윤 획득을 통해서 왕실 재정원을 확보하기도 했다. 왕실 재정원으로는 장전 외에 토지개간에 편승한 처전이 꾸준히 확충되었다. 장·처전의 분포는 경기지역이 압도적으로 많았다. 경기 莊6處16, 충청 11, 황해 9군데로 왕경 가까운 畿輔지역에 莊·處가 집중적으로 설치되었다. 莊處田을 소유한 주체가 왕족 누구인지 명확히 알 수는 없지만, 소유 규모에 비하면 장처전에서 확보한 수입액은 꽤 많았다.156)

> 참정부군 金須가 일찍이 내칙을 받들어 서해도 今彌莊을 감임하였다. 莊人이 夫君의 명령이라고 사칭하고 炭 몇 수레를 가져왔다. 대부인이 이르기를 '부자께서는 의가 아니면 일찍이 다른 사람에게 털끝 하나라도 취하지 않았는데 하물며 감임하는 자가 되어서랴. 이것은 필시 거짓이다'라고 하고는 문을 닫고 받지 않았다. 밤이 되자 莊人은 놓고 가 버렸다. ···157)

위 기사는 참정부군 김수가 서해도 금미장을 감임할 당시에 김수의 명령이

155) 정은정, 「원 수도권 정비의 영향과 고려궁궐의 변화」 『역사와경계』, 2010 ; 「13·14세기 개경의 都內 변화―侍奉 侍衛機構의 배치를 중심으로」 『한국중세사연구』 39, 2014 ; 「원간섭기 개경의 雜戲藝人과 후원자 출현」 『한국중세사연구』 41, 2013 ; 「원간섭기 개경관인의 賜宴 변화와 그 무대」 『역사와경계』, 2013 ; 「14세기 호한공존과 개경의 망궐례 공간」 『한국중세사연구』 49, 2017.
156) 朴宗基, 『高麗時代 部曲制研究』, 서울대출판부, 1990, 215~222쪽.
157) 『高麗墓誌銘集成』, 金須妻高氏 墓誌銘.

라고 사칭하여 莊人이 대부인에게 시탄 몇 수레를 가져가자 부인이 거절한 내용이다. 시탄이 사적인 뇌물용으로 활용된 사례이다. 난방용품인 시탄에 관해서는 겨울철에 가격이 등귀해 구하기 어려웠다는 기록이 많은데[158] 이는 시탄이 가격차를 이용한 시장거래도 가능한 물품으로 식리행위의 도구로 이용되었음을 보여준다. 여타 경기지역의 장처전에서도 서해도 금미 장의 사례와 같이 토지수익 외에 왕실의 다양한 상업활동이 행해졌을 것은 충분히 짐작된다.

이 무렵은 국가주도로 관료의 안정적 생활보장책을 제시할 수 없던 상황에 더해 종전부터 진전되어 온 관인사회의 계층분화는 한층 심화되었다. 농장·별서의 조성과 대원교역을 통해 거부를 축적할 수 있던 계층과 이러한 식리행위에서 소외된 품관층의 구분이 그것이다. 관인층은 교역기구에 참여하는 양상이 달랐기에, 그들의 사치품과 생필품 구입처도 자연히 차별적이었다. 이는 경기지역의 공간적 계층화에서도 확인된다. 종래 원경기-1일정-2일정 형태로 확대되던 대경기는 개경환도 이후 다시 경기의 중심이 되는 원경기 8현과 원경기 외곽군현으로 재분리된다. 후일의 공양왕 2년 경기좌우도가 설치될 지역은 각 영역에 상응하는 관인계층별 경제기반의 차이로 인해 소위 '분절구조'가 형성된 셈이다.[159]

첫째, 원경기 8현은 거경관인 중에서도 상층관인의 생활기반이었다. 그러한 데는 충선왕대 田民辨正에서 폐단을 일으킨 인물을 통해 유추 가능하다. 世家·勢家·自利爲先者·豪猾之徒·有勢力·權勢·勢要之家 등은 원의 세력을 배경으로 탈점을 통해 功臣田·경기 8縣田·先王이 제정한 內外田丁을 차지했다. 농장노동력을 확보하고 良人을 賤人化, 부역을 꺼리는 流民을 초집해 공노비

---

158) 『東國李相國前集』 권12, 冬日與客飮冷酒 戲作, 雪滿長安炭價擡.

159) 分節的 構造라 함은 도시사회사에서 사용하는 개념으로, 도시공간이 사회 각 계층에 따라 분점되어 가는 현상을 지칭한다(伊藤裕久, 「都市社會の分節構造」『年報都市史研究』 8, 都市史硏究會, 2000).

를 탈점하기도 했다.[160] 世家 權要之家로 표현되는 이들은 상층의 거경관인이라 여겨진다. 이들이 경기 8현에 집중적으로 경제기반을 마련했던 것이다. 경기 8현은 국초부터 관인의 田莊 경영은 물론 나루·포구가 잘 갖추어졌던 곳이다.[161] 상층 거경관인이 농장에서 생산된 다양한 작물을 주 거주지역인 개경으로 원활히 수송하기 위해서는 통행의 관문이 되는 원경기 8현을 반드시 경유해야 했다. 원경기 8현은 개경으로 통하는 要路에 해당된 때문에라도 상층관인은 이곳의 경제기반을 장악하고 있었다.

공간의 계층별 분점은 비교적 상층관인의 분묘가 원경기 8현에 집중되는 발굴 경향성에서도 뒷받침된다. 일반적으로 고려시대 관인 분묘는 계층별로 조영형태가 구분된다. 석실묘·판석조 석곽묘는 왕실과 고위귀족이 주류를 이루고, 할석조 석곽묘·토광묘·화장묘는 하급 지배층이 분묘 주인공인 경우가 대부분이다. 대부분의 원경기에 해당하는 지역의 분묘유적 중심 조영 연대는 10~12세기 전기이며, 석실묘·석곽묘 외에도 묘역시설을 갖춘 토광묘가 주류를 이룬다.

지배층 가운데 상층 거경관인 일부는 지방의 연고지에 분묘를 정한 사례도 있지만, 송림·덕수·임진현 일대가 관인의 매장지로 최대로 선호되었다.[162] 원경기에서 출토되는 대부분의 석곽묘·토광묘는 묘역시설이 설치된 상층거경관인의 것이다.[163] 이는 거경관인이 개경으로 출입하기 용이한 요로지역인 임진현·송림현의 원경기 일대를 선호함으로써 주변에 거주구역을 조성한 때문이라 여겨진다. 대표적 판석조 석곽묘는 파주 서곡리 벽화분을 꼽을 수 있다. 서곡리 벽화분의 묘주는 충렬왕대에서 충목왕대까지 활동한 고위관료 權準이다.

---

160) 위은숙, 앞의 논문, 277쪽.
161) 정은정, 「고려전기 京畿의 형성과 大京畿制」『한국중세사연구』 17, 2004.
162) 『역주 고려묘지명집성』(하).
163) 李義仁, 『고려시대의 고고학』, 서울경기고고학회, 2006, 14~15쪽.

원경기에서는 묘역시설을 갖춘 석곽묘와 일부 토광 석곽묘에서 부장품으로 교구와 고급자기류뿐 아니라, 상층의 거경관인의 것으로 추정되는 의복이 출토되기도 했다.[164] 14세기 즈음 임진·송림·파주 일대에서 몽골 귀부인의 쓰개인 署署가 나왔다. 署署는 원의 황태후가 사여해 왕비가 주로 착용했으며 귀족여성도 주 구매층이었다.[165] 몽골침략 직전에는 고려인 일부가 자발적으로 胡服 착용을 선택했다. 국가차원에서 몽골풍 복식착용이 본격적으로 논의된 때는 고종 16년이 처음이며[166] 충렬왕 이후는 호복이 관복으로 강제되었다.[167] 胡服이 통용될 애초에는 고려에서는 보기 드물게 金絲를 넣어 화려하게 직조된 것이었다. 금사가 새겨진 호복의 착용대상은 그 희소성으로 보아서, 품계가 낮은 관인층에게까지 일상화될 이후보다는 다소 상층의 거경관인에 해당한다. 다량의 용정차나 화장품을 비롯해 원경기에서 출토된 署署와 같은 의복을 확보하려면, 奴僕을 대리시키거나 직접 대원무역에 참여해야했다. 대원교역에서 구매력의 수준을 갖추려면 상층의 거경관인이어야 한다.

둘째, 원경기 바깥에서 경기 남부 일대, 한강을 끼고 있는 충청도 지역, 외곽의 남한강 일대는 분묘 중심조영 연대가 대체로 13세기 후반에 해당된다. 이 지역은 원경기 8현에 비하면 상대적으로 석실묘의 조성 사례가 적다. 확인된 매장지 62개 가운데 경기는 56, 지방은 6개 정도이다. 무인집권 전후로 본관으로 매장지를 선택하는 경우가 늘긴 했지만, 확인 가능한 분묘의 주인공은 李兆年·金祿·趙公卓 등 향리계층에서 출사한 인물이다. 이들이 자신의 연고지에 분묘를 쓰기 시작했던 것이다.[168] 13세기 후반 품관층의

---

164) 李義仁,「중부지방 고려분묘의 유형과 계층」『한국상고사학보』45, 2004 ; 주영민, 「고려시대 지배층 분묘연구」『지역과 역사』17, 2005.
165) 『高麗史』권89, 列傳2 后妃2.
166) 『高麗史』권23, 高宗 16년.
167) 『高麗史』권125, 列傳38 申裔.
168) 김용선,『高麗墓誌銘集成』, 아시아문화연구소, 1993 ; 앞의 책, 2004, 182~184쪽 ;『역

입경이 빈번해짐에 따라 관인의 최종 매장지도 점차 외방으로 확산되는 추세이다. 시기가 하강할수록 원경기 외곽에서 외방까지는 품관층이나 퇴거 관인들의 생활처로 선호된 것은 이와 맥락을 같이 한다.

물론 경기 남부 일대로 퇴거한 관인 중에는 상당한 거부도 있을 수 있지만, 대부분의 품관층이나 낙향관리는 그렇지 않은 경우가 허다했다. 이들 지방 품관층이나 낙향관리는 추후 조선 향리층의 근간이 되는 부류로서, 지방사회의 정착을 염두에 두고 경제기반과 생활공간을 향리에 마련해 나갔다. 관련하여 원경기의 바깥이나 외방 분묘에서는 앞서 원경기에서 주로 출토된 署署에 비하면 상대적으로 질이 떨어지는 몽골식 의복인 搭護가 발굴되어 주목된다.

『老乞大』에서는 몽골인의 복장 가운데 帖裏와 搭護가 화려한 것으로 묘사되지만169) 실제 고려인이 입은 帖裏는 소박하여 이후 관인의 일상복으로 용도가 변경되었다.170) 搭護는 문수사·해인사의 외방 사찰에서 발견되었다. 문수사에서 발굴된 탑호는 趙暾171)의 것이다. 해인사에서 발견된 탑호는 승봉랑 봉선고 부사 李承密의 것이다.172) 趙暾·李承密은 모두 원간섭기의 관인이다. 이들이 착용한 搭護는 문수사·해인사에서 기거하면서 평소 즐겨입던 일상복이다. 후기 지식인들은 개경사찰뿐 아니라 지방사찰을 독서공간으로 활용하거나 기거하기도 했다. 識者들이 사찰을 독서공간으로 활용한 것은 유·불교 전환기의 사조를 반영한다. 당시 사찰독서는 대유행이었다. 지방에 퇴거처를 삼은 趙暾·李承密가 행한 사찰독서도 시대의 조류에서 어긋나지 않아 보인다.173) 몽골 호복 가운데 상대적으로 저렴하고 소박한 帖裏 搭護의

주 고려묘지명집성』(하), 李兆年 墓誌銘 ; 고혜령, 「이인임 정권에 대한 일고찰」, 『역사학보』 91, 1981, 2~8쪽 ; 『高麗史』 권113, 列傳26 安祐 附 金得培 ; 『稼亭集』 권4, 趙公墓塋記.

169) 『飜譯老乞大』(下) 下人, 209~226쪽.

170) 「鄒縣元代李裕庵墓整理簡報」, 山東鄒縣文物保管所 『文物』 78-4.

171) 『高麗史』 권111, 列傳24 趙暾.

172) 안명숙, 「文殊寺 유물 抱와 직물류에 관한 연구」 『대한가정학회지』 24-1, 1986.

173) 黃仁圭, 「고려후기 儒生의 夏課와 사찰」 『한국종교교육연구』 22, 2006. 李集도 불교에

착용주인은 금사 호복을 즐겨하는 층보다는 품계가 낮은 관인층이라 하겠다. 지역적으로는 원경기 외곽과 외방에 이들 생활기반의 분포가 밀집되는 경향이었다.

왕도를 畿輔하던 경기지역이 원간섭기에는 왕실과 일부 상층관인의 사적 재원으로, 그들의 시장경제 참여의 한 축으로 변하였다. 원간섭 당시 경기지역은 관인의 계층에 따라 소비품목과 수요가 달라졌다. 이 시기 출토된 관인의 분묘와 생활기반에서는 두 계층성을 찾을 수 있다. 개경 가까운 원경기에서는 송림현·임진현의 교통 결절점에 상층의 거경관인이, 원경기 외곽과 외방 주요사찰, 포구주변 통행요충지에 품관이 경제 활동기반을 마련하였다. 곧 공양왕대 경기좌우도가 실시될 원경기─원경기 외곽은 관인 계층별로 영역을 분점하는 '분절적 공간구조'로 전환하게 되었다.

2) 수취방식의 변화와 京畿左右道制 실시

(1) 경기지역의 수취방식 변화

경기의 제도는 국왕과 신료간 봉건적 질서를 바탕으로 한 정전제적 토지모델이 군현제에 투영된 것이다. 『周禮』에서는 왕성 안을 邦中, 왕성~50리 이내를 近郊, 50~100리까지를 遠郊로 하는 郊地라 하였다. 『書經』에서는 甸腹지역을 國中 方甸 家梢 方縣 方都로 구분하고 있다. 100리까지를 國中이라 하였는데 都城·近郊·遠郊까지를 지칭한다. 200리를 甸地·邦甸, 300리까지를 梢地·家梢, 400리를 縣地·邦縣, 500리를 畺地·邦都라 하였다.[174] 國中으로부터

경도되었고, 그의 아들이 甑山寺와 佛國寺에서 독서하였다. 李存午의 경우도 山寺에서, 정몽주는 경상도 龍宮 大竹里에 소재한 興國寺에서 독서한 사실이 있다(『遁村雜詠』, 七言絶句 訪中菴於甑山寺不遇 ;『石灘集』(上), 還朝路上望三角山 遺稿 ;『東文選』권 16, 七言律詩 ;『西厓先生文集』권2, 詩 寄李進士中陽 問 興國寺遺跡 竝書 ;『圃隱先生文集』권2, 詩 5絶).

공간의 서열에 따라 賦役과 貢賦를 달리 편성해 차별을 두었다.[175) 甸腹
지역은 國中으로부터 지리적 원근에 따라 주민에 대한 부역을 구분했다.
郊와 邦甸은 왕실에 필요한 노동력을 직접 제공하고 果園을 만들어 도성에
공급하는 役을 부담했다.

고려에서도 『周禮』, 『書經』과 같이 國中~甸腹에 해당되는 지역에 役을
차등 부과했을 것이다. 都內에서는 국초부터 坊里役이 부과된데다 郊外에서
는 果園과 籍田 등이 소재한 점을 보아 조세곡이나 柴草 생산을 전담하였다.
경기지역의 민호에 대한 수취는 지방과는 차별적이었다.[176) 개경 교외와
경기민에게 부과된 課役은 果園에서 생산된 소채류를 수도에서 빈객접대나
제사의례에 충당케 하는 것이었다. 왕실 재정원이 되는 경기지역 수취는
國初에는 현물이 주류를 이루었다. 그러다가 12세기 이후 국가적 祀典禮와는
별도로 각종 도량·기우제 등과 같은 임시적 잡사의 배설이 증가하면서,
인근 경기에 제사용 물화의 수급이 요구되었다.[177)

경기는 王都와 지방의 사이지점이어서 수도의 영향력에 직접 놓이면서도
이를 지방사회에 전달하는 중간적 입지에 있다. 원간섭기 개경은 원과의
公私 교역물량의 증대에 자극받아 시장구조가 변화되고 있었다. 이미 개경에
서는 각종 필요품을 市廛이나 유통기구를 통해 구입한데다 부세 수취에서도
고용노동과 물납제가 점차 늘기 시작했다. 왕도의 수취방식 변화에는 이
시기 유통영역의 진일보한 변화를 국가부문에서 적극 수렴한 측면이 있다.
왕도 인접한 경기 역시 공적 재정원으로서 의미를 상실한 가운데 관인의

---

174) 『周禮』 地官 載師.
175) 『書經』 夏書 寓公. 家梢지역은 낟알 사료용 볏짚을 납부하였고, 邦縣은 도정하지
    않은 거친 곡식, 邦都는 도정된 곡식을 납부하였다. 이처럼 甸腹 지역은 지리적
    원근에 따라 주민에 대한 부역을 달리 편성했고, 도성 안 주민을 國人, 도성 밖
    주민을 府民으로 구분해 불렀다.
176) 이정희, 『고려시대 세제연구』, 국학자료원, 2000, 248쪽.
177) 정은정, 「12·13세기 개경의 영역 확대와 郊外편제」 『역사와 경계』 67, 2008.

일상생활 기반과 사적 유통의 공간으로 변질되었다. 경기의 이러한 지역적 변화를 국가차원에서 수렴하려 했다.

이는 곧 여말 당시 전반적으로 요역에서 물납 고립제와 과렴 상세 징수로 뒷받침된다. 물납제와 관련해서 외방 주현민의 細布·綾羅·威席 등의 물품을 호세가가 구입하고 있다.[178] 이미 12세기 이후 물납이 가능한 민이 상당수 존재한 까닭에 개경으로부터 먼 원지의 인정을 징발하기보다는 경기에 우선적으로 물납제가 채택되었을 것으로, 다른 여느 지역보다 이른 시기에 민간 부문의 항상적 잉여가 존재한 때문이다.

고용노동제는 이 시기 일반적 현상으로 짐작된다. 福田으로 영암사의 우물을 팔 때에 동원된 우물기술자는[179] 京工匠이 아니라 민간의 장인일 것이다. 당시 사찰과 관아의 빈번한 수축공사 덕분에 그 주변지역에서는 遊離民이 생계를 유지할 수 있었다.[180] 안동의 法曹 관청을 고쳐 藥院으로 칭한 것처럼 외방 관아의 移置와 개칭이 다수였던 점을 감안한다면, 관아 신축공사에 인근 민이 고용노동으로 동원되었을 것이다.

고용노동도 경기지역에서 선행했다. 경기지역의 대표적 고립제는 柴炭貢이다. 柴炭貢은 驛에서 장작감류의 중앙관청에 시탄을 납부하는 貢役이다. 이전에 炭所에서 제공하던 시탄을 여말에는 驛에서 부과하였다. 개경 주변 경기지역은 외방으로 뻗어나가는 驛路의 출발점이자 종착점이라서 일대의 柴炭貢은 과중했다. 충숙왕 15년에는 왕이 원에 들어가는데 재원을 조달하기 위해 盤纏都監을 설치하였다. 品官과 개경민에게 白紵布를 바치게 하고, 경기 8현의 민호에게는 布를 차등있게 거둔 사례가 있다.[181] 경기 8현 민호에게서 柴炭貢과 雇立制가 출현한 측면과 盤纏 경비를 차정한 데는 해당 지역이

178) 『高麗史』 권84, 刑法1 職制 忠宣王 卽位 敎書.
179) 『稼亭集』 권7, 靈巖寺 新井銘.
180) 『牧隱文藁』 권1, 安東藥院記.
181) 『高麗史』 권79, 食貨2 課斂. 忠烈王 28년.

수도의 도회적 영향아래 놓여, 과중한 수취를 감당할 그 만큼의 경제적 역량이 뒷받침된 때문에 가능하였다.

경기지역 성장의 밑바탕에는 시장경제의 활성화도 한 몫을 차지한다. 원간섭 당시 고려의 정체성이 원에 의해 왜곡된 상황이라 하더라도, 중앙정부 차원에서는 재지적 기반을 국고로 환수하려 애썼다. 상세징수 노력이 그 일환이다. 상세 징수는 중기 이후의 유통영역의 성장과 교역을 둘러싼 여건 변화에 조응한 것이다. 중기 이후 서남해 교역권은 국지성을 벗어나 전국 시장권을 유기적으로 연결하게 된다. 여말에는 船商과 行商의 상업활동이 매개가 되어 전국 각 浦口간 상권이 이어졌다.[182] 이를 단적으로 보여주는 교역품으로는 魚鹽·米穀이 있다. 鹽은 생활 필수품목으로 지형적 조건을 감안해 각지에서 방식을 달리하여 공급되었다.[183] 鹽 생산에 유리한 연해에 는 鹽倉이 설치되어 소비자간 和賣가 이루어졌다. 鹽 획득이 곤란한 내륙군현 에서는 연해 군현의 鹽倉에서 운반해 온 鹽을 구입했다. 각 지역의 관아를 통해 鹽의 和賣가 이루어졌는데 官이 개입한 형태라 하겠다. 京中에서는 염 판매기구로서 鹽浦를 설치했으며, 담당하는 鋪吏를 두었다.[184]

내륙군현과 연해간의 鹽 생산과 수급방식의 차이로 인해, 이를 조달할 상인이 필요했다. 의종대 이미 鹽 상인이 확인되는데다[185] 德房院에는 魚鹽을 무역하는 상인의 숙박이 빈번했다고 전한다.[186] 이러한 추세로 미루어 보면

---

182) 고려말 驪興의 村市, 西江의 漁市, 남북한강의 市 등에서 잉여생산물이나 농가부산물 을 시장에 내다파는 경우를 확인할 수 있다(『陶隱集』 권2, 送金秘監回自京師 觀親驪興 仍作一首 獻呈李知郡 … 村市 … ;『益齋亂藁』 권10, 西江風雪 … 魚市 ;『鷄林類事』 日早晚 爲市 …).

183) 『東文選』 권81, 泰安郡客舍新創記 ; 권82, 平海郡風月樓記.

184) 權寧國,「14세기 榷鹽制의 成立과 運用」『韓國史論』 13, 1985, 36쪽.

185) 의종대 활약한 尹承解가 전라도 진도민이 魚鹽의 이익을 믿고 농사에 힘쓰지 않자 독려해 농장으로 돌려보낸 기록이 있다(『東國李相國前集』 권35, 碑銘 登仕郎檢校尙書 戶部侍郎 行尙書都官 員外郎 賜紫金魚袋 尹公墓誌銘). 鹽의 이익을 도모한 鹽 상인이 존재했음을 보여준다.

186) 『東文選』 권64, 奉先弘慶寺記 ;『陽村集』 권13, 德房院記.

고려후기에는 鹽 전업상인이 더욱 증가했을 것으로 짐작된다. 공양왕대 연해포구에서 생산된 소금이 船商과 負商을 통해 내륙군현에 판매되었다.[187]

포구를 중심으로 하는 미곡시장도 형성되었다. 미곡은 고려후기에는 뇌물의 품목으로 등장하기까지 했다. 王旨別監 林貞杞가 쌀을 배에다 싣고 뇌물을 주었다고 하는데,[188] 이는 조운선 외에 私船 주조가 가능했던 당시 사회적 분위기에 따른 것이다. 임정기의 미곡 수수행위는 시장판매를 염두에 둔 것이다. 米價의 지역간 차액이 발생함으로써 쌀값이 떨어지는 추수기에 싼 값에 매입했다가 쌀이 귀해지는 춘궁기에 비싼 값에 판매되기도 했다. 米價의 지역별 가격차를 활용해 미곡거래를 담당하는 전업상인이 존재했을 것은 짐작된다. 瓷器는 이미 고려 전·중기부터 사치한 귀족문화에 충당할 목적에서 수급되고 있다. 소금과 미곡은 사치적 수요보다는 일상적 필수품목으로 자기류와는 차이가 있다. 어염·미곡 등은 농가의 부산물이거나 잉여생산물로서, 생필품 조달의 전업적 상인의 등장에는 광범한 민간 생산수준의 향상이 뒤따른다고 하겠다.

미곡·어염·도자기 매매를 통해 확인되는 전업상인은 14세기에 남해안 교역을 매개로 거대한 해상세력으로 성장하였다. 14세기 즈음(1368년) 葉希載·王子賢·陳氏 등 昌國의 왜구가 蘭秀山에서 봉기에 실패한 후 그에 가담했던 陳魁五·林寶一의 일부세력이 제주도를 거쳐 전라도의 고부에까지 잠입해 와 결국 체포된 적이 있다. 이 사건에서 제주도의 洪萬戶는 이들에게 배를 제공해 주고 전라도 고부에서는 高伯一이 대가를 받고 숙식을 제공해 주었다. 왜구에게 숙식과 선박을 제공해 주었던 자들은 남해안 일대의 해상세력으로 볼 수 있다.[189] 전부터 船商의 상업활동이 꾸준히 이어져 14세기경에는 국제관계에 관여할 정도로 거대한 해상세력으로 성장하였다.

---

187) 權寧國, 위의 논문.
188) 『高麗史』 권106, 列傳19 崔守璜 ; 권123, 列傳36 林貞紀.
189) 金琪燮, 「14세기 倭寇의 동향과 고려의 대응」『韓國民族文化』9, 1997, 88쪽.

서남해안 일대 船商의 상업활동은 당시 동아시아 교역활동과 매개되어 더욱 활발히 전개되었다. 중국의 명주에서 일본으로 항해하다가 신안군 증도 연해에서 좌초된 신안선은 이와 무관하지 않다. 신안선이 침몰된 지점 인근에 포구가 다수였던 데서, 명주→ 한반도 서남해→ 일본으로 도착하는 항로를 따라 교역거점이 형성된 것으로 추정된다.190) 신안선은 일본까지의 교역을 염두에 둔 선박이다. 신안선 정박지는 동아시아 통교권에 속한 고려에서 포구 시장권 성립을 상정할 수 있는 단서가 된다.

중기까지 點의 형태로 조성된 교역권은 여말에 이르러 행상·선상의 상업활동을 매개로 국지성을 극복하기에 이른다.191) 내륙의 경우도 국지적 상권을 초월하고 있다. 東州 유역권의 임진강은 결빙기 때와 강수량이 적은 시기에는 이동이 용이했다. 서해안과 강화도의 물산이 임진강을 건너 포구 간 유입을 통해 함경도 삭녕까지 전해졌다고 한다. 이때 포구에서 적재되어 유통된 물품은 전조곡과 자기류 등 대형품 외에 일상생필품도 포함된다.192) 임진강 방면의 상품 유통을 미루어, 원간섭기에는 포구와 내륙시장간 결합이 이루어진다. 그러나 14세기 무렵 포구상권은 서남해협을 끼고 있는 각 포구와 내륙 시장권까지를 잇는 형태라 하겠다. 아직까지는 전국의 중소포구와 내륙수로의 구석구석까지 연결하려면 선박의 항해기술과 농업생산력이 급증하는 조선후기까지를 기다려야 했다.193)

---

190) 강봉룡, 「신라말 고려시대 서남해지역의 한 중 해상교통로와 거점포구」 『한국사학보』 23, 2006.

191) 고려의 교역권은 대외교역의 성격 변화에 따라 12세기 단계에서는 경기 남부→ 무인집권기에는 경기 남부와 서남해 교역권의 연결 → 원간섭기에는 전국 포구와 내륙장시권의 연결이 서서히 진전된다고 하겠다. 무인집권기에는 12세기 무렵의 경기 남부 교역권뿐 아니라 서남해 교역권이 유기적으로 연결될 단서가 마련되었다.

192) 문화재보호협회 철원군, 『철원군 향토지-철원 금화 평강』, 1977 ; 金崙禹, 「감악산비와 철원 孤石亭」 『慶州史學』 9, 1990 ; 강원도 철원군, 『철원군의 역사와 문화유적』, 1995.

193) 고동환, 「조선후기 船商 활동과 浦口間 상품 유통의 양상」 『한국문화』 14, 1993.

원간섭기에 활발히 전개된 상업활동과 교역권 형성을 국가에서는 간과하지 않고 재원으로 적극 포섭하였다. 각종 명목의 상세 징수가 그것이다.

첫째, 對元 무역과 결부되어 무역관세를 부과하였다. 원대에는 국가가 재정과 유통부문에 적극 개입함으로써 상세징수액이 증가했다.[194] 원에서는 국내 상세징수 외에도 대외교역에서 시박법을 제정함으로써 무역관세 수입을 추구했다. 고려에서도 원에 무역하러 간 상인 가운데 일부가 시박세를 부담하기도 했다. 충렬왕대 周侍郞이 복건행성에 무역갔을 때 泉州와 廣州市舶司의 예에 준해 3/10세를 부과하려 했지만, 복건행성평장사가 고려와 원의 긴밀성을 강조해 1/30세를 취하자고 주장했다.[195] 이 정도의 市舶稅를 감당하려면 일단은 상층의 거경관인이어야 했다. 대원무역은 권세가와 국왕이 앞세운 거상들이 다수였기에, 이들은 원의 市舶稅는 거뜬히 감당할 수 있었다. 고려에서도 대원교역품에 일정 과세를 징수했을 가능성이 있다.

상세징수의 부과는 원의 상업정책과 결부되어야 할 것이지만, 국내적으로는 일단 세수 증대로 이어진다. 세수 증대는 시장적 물류의 유통에 대해 국가규제력을 높이는 것으로서, 公·私 부문에서 시장적 유통의 활성화는 국가재정적 물류·官物의 수송체계로서 漕運과 결코 따로 뗄 수 없다. 중기까지 조운을 규정하던 송대 轉般法에서 원간섭기에는 원에서 변화된 조운방식을 수용하였다. 轉般法은 唐代에 연원하는 것으로 원거리 육로 물화수송의 편의를 위해 중간에 기착지로서 轉般倉을 신설하여 수도로 반입케 한 것이었다. 그러다가 남송 이후 원대에 이르러 海運의 중요성이 부각되면서 轉般法이 쇠퇴해진데 반해, 해운은 물류량에서는 더욱 증대한 경향이었다.[196] 원간섭

---

194) 『元史』 권4, 中統 2년 6월 ; 『元典章』 권22, 戶部 江南諸色課程 至元 13년 ; 宮澤知之, 「中國專制國家の財政と物流」 『中國の歷史世界』, 東京都立大學出版會, 2002 ; 西奧健志, 「宋代大運河の南北物流」 『東洋學報』 89-1, 2007.

195) 『穆庵集』 권16, 妖燧, 「福建行省平章政事史公神道碑」 ; 張東翼, 「高麗と元の間經濟交流」 『學人』 4, 1993.

196) 星斌夫, 『大運河-中國の漕運』, 近藤出版社, 1971, 65~76쪽.

기 고려 조운선에는 官物수송 외에도 私貨수송량과 적재 비중이 높아졌다. 고려에서도 원의 조운법에 엮여져, 해운을 통한 수송이 증대한데다, 공적 수송량뿐 아니라 사적 물류의 수송량도 늘어남으로써 시장적 유통의 활성화가 촉발된 것이라 하겠다.

商稅 징수 품목으로 茶鹽이 유통되고, 국가가 權鹽場을 설치한 점도 상세 징수액의 증가와 무관하지 않다.[197] 원간섭기 元律의 적용이 강제되면서 시행법인 權貨令의 영향으로 고려에서도 鹽法條가 새로이 등장하게 되었다. 鹽法條의 신설은 鹽稅의 징수가 국가 세입원 증대에 기여한 바가 컸음을 뜻한다.[198] 충혜왕대에는 임시적 수취이긴 하나, 과렴으로 포구세를 거두어들였다. 잡세로서 船稅도 추징되었다. 船稅는 내외상선에 대한 과세를 뜻한다. 船稅에 대해서는 개경으로 유입하는 선박에 대한 통행세 명목으로 부가된 것인지 그 세원을 밝히기는 모호하다. 단지 이미 최충헌 집권기에 洪州·金州 등 서남해안의 魚梁船稅를 감면한 조치가 있다.[199] 그 외의 지역에서도 어량선세 추징의 개연성은 충분하다.

요컨대 원간섭기 전례없는 대원교역으로 인해 늘어난 교역량은 개경뿐 아니라, 왕도 가까운 경기지역의 상권 생성에 활기를 불어넣었다. 고려후기 국왕들은 상업 진흥을 상세 징수와 함께 수취방식에 변화를 주어 국가차원으로 적극 수렴해 나갔다. 고려말 경기 일대의 수취는 대체로 전곡이나 공물 등 현물납이 아니라 물납, 고립제, 상세 부과 형태로 전환되었다. 어량세·선세·포구세·관진상세 등의 잡세 품목은 개경과 경기지역의 상품유통을 국가가 규제한 것이라 할 수 있다. 商稅 징수는 개경 가까운 경기지역을 시작으로

197)『高麗史』권79, 食貨2 鹽法 忠宣王 元年 2월 ; 白南雲,「鹽の專賣」『朝鮮封建社會經濟史』(上), 1937 ; 內藤雋甫,「高麗時代の鹽法について」『羽田論叢』4, 1950 ; 姜順吉,「忠宣王의 鹽法改革과 鹽戶」『韓國史硏究』48, 1983 ; 北村秀人,「高麗時代の貢戶について」『人文硏究』32-9, 1981 ;「高麗時代の所制度について」『朝鮮學報』60, 1969.

198) 위은숙,「원간섭기 元律令의 수용문제와 權貨令」『民族文化論叢』37, 2008.

199)『高麗史』권129, 列傳42 崔忠獻.

점차 전국단위의 收稅풍조로 나아갔다.

(2) 開城府의 개편과 京畿左右道制 실시

원간섭기 경기지역의 도회적 변화 양상을 국가는 수취를 통해 환수해 나가는가 하면, 적극적으로는 개성부 직제의 개편과 제도적 정비로써 규제하려 했다. 전면적 개혁까지는 아니어도 충선왕 즉위 후부터 공양왕대까지 경기지역을 관할하는 개성부 직제에 대해서는 꾸준한 개편이 시도되었다.

> 開城府 … 충렬왕 34년에 충선왕이 給田都監과 5部를 開城府에 병합하고 城內를 관장하게 하였다. 判府尹은 1인인데 從2品, 尹은 2인인데 1인은 兼官으로 正3品, 少尹은 3인인데 1은 兼官으로 正4品, 判官은 2인인데 正5品, 記室參軍은 2인인데, 正7品으로 모두 品에 따라 繕工하는 職事를 띠었다.[200]

> 공양왕 원년에 家舍와 財物 追倍를 관장토록 하였다. 공양왕 2년에 中朝의 應天府가 中書省에 直申하던 예에 의거하여 本府로 하여금 都評議司에 直報토록 하고, 또 孝子 順孫을 襲用하고 義夫 節婦를 旌表하는 일과 大小의 學校를 點考하여 인재를 養成하는 일, 惡逆과 奸僞를 금하여 풍속을 바로잡는 일, 그리고 農桑·戶婚·田土·逋欠·宿債·牧民의 職任을 장악토록 하였다.[201]

충선왕 복위년에 경기지역을 관할하던 개성부에 尹을 두어 왕경 5部를 관장케 하고, 별도로 開城縣令이 경기 8현을 분리 통치하도록 하였다. 開城府尹은 경기 8縣의 祿科田 지급 업무를 담당한 給田都監과 宮闕都監의 업무를 관할함으로써 직능이 확대되었다.[202] 給田都監과 5部를 開城府에 병합시켜

---

200) 『高麗史』 권76, 百官1 開城府. 忠烈王 34년.
201) 『高麗史』 권76, 百官1 開城府. 恭讓王 원년.

도성 안을 맡게 하고 종2품인 判府尹 1인을 비롯한 京官을 두었다. 개성현에는
따로 현령을 두어 도성 밖의 京畿를 관할케 하였다. 충선왕대 開城府는
다시 설치한 것이 아닌, 문종대 지방관부로 격하되던 開城府를 재편한 조치로
서, 開城府 아래 開京 5部와 개성현령이 병존하는 구조를 띤다. 그러나 開城府
가 통치하는 중심은 어디까지나 개경 5部이다. 충선왕대 개성부의 개편은
수도 개경의 행정을 일임하는 관청이 생겼다는 제한적 의미를 띤다.[203]

충선왕대 開城府尹은 주로 정3품이 보임되다가 공민왕 5년에는 종2품으로
격상되었다.[204] 공민왕 11년에는 개성부에 判府事를 별도로 두어 都評議使司
에 참여할 정도였다.[205] 동왕 22년에는 坊里軍을 점검하도록 한 都摠都監도
설치되었다.[206] 이후 공양왕 원년에 開城府로 하여금 가옥·재물 등에 관한
사무를 맡아보게 했다. 이듬해 원의 應天府가 중서성에 직예하는 관례와
마찬가지로 開城府도 都評議使司에 보고하도록 했다.[207]

고려말 開城府의 기능은 고종 4~5년 판관녹사를 설치하게 된 이후부터
搜檢亡卒의 임무를 띠었고 5부는 개성부와는 별도의 기구로서 공공위생
업무가 특히 많았다. 공양왕 원년 개성부는 가사와 재물추배를 담당하면서
都評議使司에 直報하는 체제였다. 各司와 權務로부터 개성부의 임무수행을
보호하려던 조치라 하겠다. 明의 應天府에서 孝子 順孫 襲用 旌閭 檢考 學校
政風俗 農桑 戶婚 등 소위 牧民之任이 부여된 사례에 버금가는 것이다. 또한
各司都監 개인에 의해 개별 집행되던 행정을 開城府가 총괄집행토록 한 조치는
鄭道傳·趙浚의 상서에 보는 바와 같이 私的 지배를 근절시키려는 의도에서
나왔다. 이후 조선 건국 초, 태조 3년 6월에는 개성부 기능의 강화를 추구하였

202) 『高麗史』 권76, 百官1 開城府, 恭讓王 2년.
203) 박종진, 「고려말 조선초 開城府의 위상」, 『동방학지』 170, 2015. 6.
204) 『高麗史』 권76, 百官1 開城府, 恭愍王 5년.
205) 『高麗史』 권76, 百官1 開城府, 恭愍王 11년.
206) 『高麗史』 권44, 恭愍王 22년 5월 丙辰 ; 권77, 百官2 諸司各色都監 都摠都監.
207) 『高麗史』 권76, 百官1 開城府 恭讓王 2년.

다. 불법적 일을 고발하지 않은 7隣과 色掌에게 연대책임을 지우고, 실제 개성의 도로관리와 禁火는 街巷都監이 담당하도록 하였다.[208]

개성부 직제의 개편과 관련해서는 공민왕대부터 논의가 시작된 첨설직을 들 수 있다. 공양왕대 添設職 혁파론이 진전되면서 그 해결책은 宮城宿衛府를 설치하여 添設官을 거경숙위자로 만들자는 것이다.[209] 외방거주자들이 衛王室해야 할 것이 제기되었지만, 한양천도 후 거경숙위자의 上京조치는 본격화되었다. 各道 各衛의 時散武官 등용을 요청하였는데 당시 정도전의 방안은 숙위자에게 實職을 수여하여 등용케 하는 것이다. 공양왕 3년 1월에는 軍制를 5군에서 3군으로 정비하여 3軍 都摠制府를 성립하였다.[210] 居京宿衛하는 受田品官은 新舊 京所의 거주자로서 42都府와 각 成衆愛馬와 함께 귀속되었다.[211] 공양왕 연간까지 일련의 제도적 조치를 계기로 개성부는 坊里의 행정·형벌을 소관하는 것 외에도 경제적 측면까지 진폭을 넓혀 관할하게 되었다.

왕도와 인근 경기지역에 대한 행·재정적 정비가 개성부 직제의 재편을 계기로 마감되는 듯해도 실제 경기전역에 조성된 관료의 사적 경제기반을 제대로 장악하기란 용이하지 않았다. 공민왕대 조차 반원개혁은 親元세력과 元의 정치적 영향력을 배제하는 선에서 마무리되어 일정한 한계가 있었다. 당시의 개혁은 친원세력의 정치·경제적 기반을 국가재정 부문으로 환수하고 일반민의 피해를 줄이는 정도의 소극적 의미만을 띠었다.[212]

원간섭기에 경기지역에 대한 점진적 통제 조치는 추후 전국단위의 지방제도 개편과 맞물려 진전되었다. 충선왕은 복위 후 지방제도를 정비하는데, 5道에는 제찰사, 양계에는 존무사를 설치하였다.[213] 공민왕 5년 이후 쌍성총

208) 『世宗實錄』 권3, 世宗 8년 6월 16일.
209) 『高麗史節要』 권34, 恭讓王 2년 1월.
210) 『三峯集』 권8, 事實 恭讓王 3년 1월.
211) 『高麗史節要』 권35, 恭讓王 3년 1월.
212) 洪榮義, 「恭愍王 初期 改革政治와 政治勢力의 推移」(上) 『史學硏究』 42, 1990.
213) 『高麗史』 권34, 忠肅王 元年 正月 ; 권77, 百官2 外職 按廉使 ; 『高麗史節要』 권22, 忠宣王

관부가 혁파되자 동 20년에는 도순문사·도절제사로 명칭이 변경되었다. 이 과정에서 경기지역에 군사적 통제도 병행하였다. 공민왕 9년 경기에는 兵馬都統使를 시작으로 京畿右道兵馬使, 京畿左道兵馬使, 京畿倭人追捕副使, 京畿左右道都統使 등 軍事職을 설치했다.[214) 왜구와 관련된 兵馬職이지만, 左右道 兵馬使 설치는 차제에 행정은 물론 경제적 부문에서도 京畿가 左右道로 구분될 여지를 제공하였다. 예컨대 우왕 14년에는 경기좌우도에 찰방 겸 諸倉庫田民使를 분견해 행정기구화했다.[215) 공양왕 2년에는 이듬해 5월 과전법 시행의 준비작업으로 京畿左右道制가 시행되기에 이른다.[216)

공양왕대의 경기는 王京과 분명히 구분되면서도 점차 道로서 확고한 위치를 점하였다. 경기가 道로서 확립된 공양왕 2년 경기를 확장해 左道와 右道로 분별하고 각각 都觀察黜陟使를 설치하였다. 개성부와 경기지역의 통치체제는 제도적으로 분리되나, 開城尹 1인이 京畿觀察使를 겸임하는 형태로서 開城府는 京畿의 행정에 이하 지속적으로 관여하였다. 고려말 판윤 판사가 설치되던 개성부는 조선초 開城留後司로 위상이 전도되었고, 책임자도 留侯였다. 조선 건국 두해 뒤 태조 2년 개성에 내성을 축성한 다음 한양으로 천도하였다. 태조 4년에는 開城留後司로 개칭되었으며 이곳에 留侯, 副留侯, 斷事官, 經歷, 道使를 각 1인씩 파견하고, 開城縣令을 혁파해 開城留後司에 소속시켰다.[217) 세종 20년에는 開城留侯府라 하였고 세조 12년 京畿道에 開城을 예속시키고 留守·斷事官·經歷·道使를 없애고 尹·判官 각 1인만을 두었다. 예종 2년 다시 留守·經歷·道使를 1인씩 두었다.[218) 開城留侯가 京官職과

　　　元年 2월 ; 변태섭, 앞의 책, 231~233쪽.

214) 『高麗史』 권39, 恭愍王 9년 ; 권40, 恭愍王 13년 正月 ; 권113, 列傳26 鄭地.

215) 『高麗史』 권137, 列傳50 禑王 14년 正月.

216) 朴龍雲, 『高麗時代 開京硏究』, 一志社, 1996, 89~92쪽, 90~91쪽, 170쪽 ; 李存熙, 『朝鮮時代地方行政制度硏究』, 一志社, 1990, 84~86쪽.

217) 『世宗實錄地理志』 舊都開城留守(下).

218) 『新增東國輿地勝覽』 권4, 開城府(上) 建置沿革.

外官職으로 교차되는 일련의 과도 정황을 겪은 후, 조선 開城府는 특수한 성격의 外官으로 바뀌어 갔다.[219] 조선건국 직후 舊都 개경을 중시하여 開城留後司를 설치하긴 했어도[220] 이후부터는 개성유후부의 강역은 축소되어 갔다.[221]

한편 원간섭기 경기지역의 분절적 구조와 공간 변동은 보다 구체적으로 京畿左右道의 설치에 반영되었을 것으로 파악된다. 다음의 〈그림 7〉 경기·좌우도 지역의 분포도에서 보듯이 대체로 임진강·한강 방면을 연결하는 축은 京畿左道, 예성강 방면의 거점은 京畿右道로 편성되었다.

원간섭기 경기지역은 국가 공적 재정원으로서의 기능을 상실한데다, 관인 계층별로 원경기→ 경기외곽에 각각 생활공간이 형성되었다. 특히 개경에서 남경 방면의 경기외곽에 조성된 품관층 한인·군인·부호층의 지역거점은 공민왕대 개혁정치로서는 국가차원으로 환수하기는 곤란했다. 개성부 직제와 경기지역에 대한 개편은 충선왕대부터 간간히 논의되어 왔어도 개혁의 한계로 인해서 비록 개성부직제의 개편을 통해 부원세력, 국왕측근세력이 경기지역에 마련한 사적 생활기반 혁파를 목표하지만 완전 혁파하기란 불가능한 일이었다. 공양왕 2년 京畿左右道 설치와 동 3년 科田法 시행으로 경기지역에 대한 전면적 개편이 시도되었다.

219) 고려말의 개성부 체제와 운영은 조선초 경기제에서 계승된다(박종진, 「고려말 조선초 開城府의 위상」『동방학지』70, 2015. 6 ; 홍영의, 「여말선초 개성부의 위상과 判事(留侯)의 역할」『한국학논총』35, 2011. 2 ; 김창현, 「고려 개성부와 조선초 한성부의 직제와 영역」『서울과 역사』95, 2017).

220) 『太祖實錄』권7, 4년 6월 乙亥.

221) 조선전기의 개성부는 유후부로서의 구조를 띤다. 개성부는 구도이자 군사요충지로서 유수부 기능을 전담하게 되었다. 관아를 설관하고 분직하면서 낭청인 경력과 도사가 하좌하여 일을 처리하는 등 경아문으로서 한성부와는 동일한 체제이다. 태조 3년 수도를 한양으로 결정하면서 개경을 개성유후사로 고쳤다. 개성의 서쪽 개성현을 혁파하여 개성유후사에 병합하였고 개성부 남쪽의 정주는 태종 13년 개성유후사에 병합되다가 태종 18년 해풍군으로 복구되었다. 세종 24년 해풍군은 덕수현과 병합하여 풍덕군이 되었다. 이 영역이 선초 개성부의 기본영역으로 확정되어 줄곧 유지되었다.

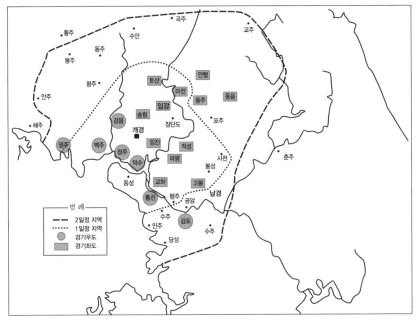

〈그림 7〉 京畿左·右道 지역 분포도

　　조선건국 직후에 새 수도 한양의 배후지역이 정비되었다. 경기과전이
한양 주변으로 지급되면서 조선의 경기제 편성은 한양을 기점해서 남하했다.
공양왕 2년 경기를 좌우도로 구분해 경기좌도에 장단·임강·토산·임진·송림·
마전·적성·파평현, 경기우도에 개성·강음·해풍·덕수·우봉을 두면서 경기
를 확장하고 양광도·교주도·황해도 일부를 좌우도로 귀속되던 것을 조선건
국으로 인해 지역이 조정되었다.

　　일단 한양에서 먼 황해도 방면의 평산·배천·곡산·수안·재령·서흥·신은·
협계는 황해도로 이속되어 경기에서 제외되고, 양광도의 광주·수원·양근·용
구·처인·이천·천령·지평 군현만이 경기로 확정되었다. 이때 광주 수원부
소관 군현을 경기좌도, 양주·부평·철원·연안부 소관 군현을 경기우도로
편성했다. 舊都 개경을 중시해 開城留後司를 설치했어도 추후 개성유후부의
강역은 축소되어 갔다.[222) 처음 개성·송림을 개성유후사에 소속시킨 다음

346

태종 13년에는 해풍·덕수의 두 현을 추가한 후, 태종 18년에는 해풍현을 군으로 승격시켜 덕수현에 합속하고, 송림현도 임강현에 합속시켰다. 세종대까지 개성유후사의 관할은 개성현만이 남게 되었다.[223]

4. 본격적 남경천도론의 전개와 兩京制 논의

원간섭기 동안 개혁 지향의 국왕은 다양한 부문에 걸쳐 각종 제도개혁을 단행하려 했다. 그러나 당시 시도한 개혁은 사회경제적 모순으로 일어난 민의 유망과 저항에 직면한 세족과 신진관료를 포함한 지배층의 자구책에 불과한 것이었다. 전면적 토지분급제의 재조정이나 稅制의 근원적 개혁, 농장과 賜給田의 혁파에 대한 개편이 아니라, 주로 前王의 측근세력을 제거하는 정치적 목적에서 치러졌다.[224] 이 시기 개혁 자체는 원의 묵인과 고려 국왕의 대타협 하에 이루어져 그 수위와 완성도는 낮았다.

그럼에도 고려 국가적 체례를 재수립하려는 방안에서 각종 國制는 미온적이나마 복구노력이 진전되고는 있다. 국도의 정상적 회복에 주력하지만, 몽골전쟁을 경험한 직후 홍건적과 왜구와의 격전을 치르는 동안 피폐한 王都를 복구하기란 여의치 않았다.

---

222) 『太祖實錄』 권7, 4년 6월 乙亥 ; 李存熙, 『조선시대의 한양과 경기』, 혜안, 2001, 149~152 쪽.

223) 『世宗實錄』 권31, 8년 丁月 壬子 ;『新增東國輿地勝覽』 권13, 京畿道 豊德郡. 이후 개성부는 정조 20년(1796)에 금천군의 대동면과 소남면, 장단부의 사천면이 개성부에 이속되었다. 순조 23년(1823)에는 남쪽의 풍덕군이 개성부에 병합되면서 개성부영역은 조강(한강)까지 늘어난다(『松都誌』『開城誌』 연혁). 조선후기에 와서 개성부의 동남쪽과 북쪽이 어떠한 이유에서든 종횡으로 영역이 늘어난 데는 토지개발이라는 요인이 작용하지 않았나 싶다.

224) 박종기, 「14세기의 고려사회─원간섭기의 이해문제」『14세기 고려의 정치와 사회』, 1994, 24쪽.

홍건적은 공민왕 전후에 고려 서북부에서부터 수차례 전역을 공격해 왔다. 1차 홍건적 침입 때 3,000여 명이 압록강을 건너와 약탈한 뒤 돌아갔는데 도지휘사 김원봉이 보고하지 않았으므로 호부시랑 김지상을 파견해 엄중히 견책한 일이 있다.[225] 홍건적은 압록강을 건너와 靜州·麟州·鐵州를 공략했고, 서경에 이른 후에는 개경의 서북면 일대까지 위협하였다.[226] 2차 홍건적 침입 때는 潘誠·沙劉·關先生·朱元帥·破頭潘 등이 10만 대군을 이끌고 압록강을 건너 朔州에 진격하였다. 이후 1만여 병력으로 절령책이 공격을 당하자[227] 홍건적의 침입을 피하여 공민왕은 개경의 부녀자와 노약자를 성 밖으로 보내었다. 그러나 홍건적의 선봉대가 흥의역에 이르러 개경을 압박하고 급기야 수도 개경을 함락시켰다.[228]

공민왕 10년 홍건적의 침입을 피해 국왕은 안동으로 남행하였다. 남행의 경로는 임진강의 두솔원·분수원·영서역·사평원·광주·경안역·이천현·음죽현·충주·복주였다.[229] 몽진 기간 동안 한때 강화천도가 제기되기도 하였으나,[230] 강화천도론은 홍건적의 침입으로 개경이 피폐한 상태에서 임시적 차원에서 논의된 것이었다. 공민왕은 곧 안동에서 청주를 거쳐 개경으로 환도하였다.[231] 그러나 이미 홍건적에게 수개월동안 점령당한 서북면은 물론 수도 개경은 완전히 초토화되어, 환도는 왕도의 정상적 기능회복에는 미치지 못하는 수준의 미온적 차원에 불과하였다.

개경 서북부에서 홍건적 침입이 지속되는 동안 남쪽에는 왜구도 함께 창궐했다.[232] 공민왕 원년 왜구 선박 50척이 합포에 침입하여[233] 2년 뒤에는

---

225) 『高麗史』 권39, 恭愍王 8년 11월 戊午.
226) 『高麗史』 권39, 恭愍王 8년 12월 丁卯, 戊辰.
227) 『高麗史』 권39, 恭愍王 10년 10월 丁酉.
228) 『高麗史』 권39, 恭愍王 10년 11월.
229) 『高麗史』 권39, 恭愍王 10년 11월.
230) 『高麗史』 권40, 恭愍王 11년 9월.
231) 『高麗史』 권40, 恭愍王 12년 1월 丁未.

전라도 조운선 200척을 약탈하고,[234] 同 6년에는 승천부·흥천사를 약탈하고
는 교동에 침입했다. 그 다음 달에는 강화에 침입하여 교동현에 화재를
일으키기도 했다.[235] 창궐 초기인 공민왕대의 왜구는 그 이전과 비교하면
침입지역이 하삼도 외에도 전국 연해지역에 확대되는데다, 개경 근교에
자주 출몰하였다. 원간섭을 물리친 직후에 맞닥뜨린 홍건적·왜구 침입으로
수도 개경이 왕도로서 지녀야 할 권력 중심성을 기대하기란 현실적으로
불가능하다시피 한 형편이었다.

　외적의 침입으로 京의 복원이 쉽지 않은 터에, 이미 무인집권기에 형해화된
多京 경영도 불안정하였다. 多京制를 舊制 太祖成憲에 따라 정상화시키려
전면적으로 노력하지만, 원간섭 아래 추진된 미온적 관제개혁으로서는 京
명칭을 복원하는 정도에 그치고 말았다. 충렬왕이 다경의 관제와 관직을
정할 때, 서경은 평양부, 남경은 한양부, 동경은 계림부라 하였다. 충선왕
즉위년 관제개혁에서는 전왕인 충렬왕대에 평양부·계림부·한성부로 실치
된 서경·남경·동경 각 경의 명칭을 고려 구제에 의거해 회복하였다.[236]
남경이라는 명칭은 공민왕 5년 기철을 제거할 때 복구하였으며 同 6~10년
사이에는 남경유수를 운용하다가 이후 한양부를 설치하였다. 그러나 공민왕
말기까지는 남경에 대해서 남경광주도, 한양부원군, 남경, 한양이 혼용되거
나 치폐를 거듭하다,[237] 우왕대에 이르러서야 남경의 공식 지명을 한양으로

---

232) 왜구는 고종 10년에서 공양왕 4년까지 519회 침입했다. 다시 왜구가 창궐한 충정왕
　　2년부터는 연평균 12회로 침입했다. 왜구 침입이 가장 극심한 때는 우왕대였는데
　　월 평균 4회를 넘고 있다. 왜구의 침입지역은 충청·전라·경상지방에 우선되었다.
　　그러나 개경 연해와 경기도에도 침입횟수가 빈번했다(朴宗基,「고려 말 왜구와
　　지방사회」『한국중세사연구』 24, 2008).
233)『高麗史節要』권26, 恭愍王 원년 7월.
234)『高麗史節要』권26, 恭愍王 3년 4월.
235)『高麗史節要』권26, 恭愍王 6年 5월.
236)『世宗實錄』권148, 地理志 京畿 楊州條.
237)『高麗史』권41, 恭愍王 18년 6월, 21년 6월 ; 권44, 恭愍王 22년 6월, 7월.

지정하였다.[238]

원간섭의 시기와 元明교체의 정국에서도 高麗 舊制를 회복하려는 관제개혁
은 원에 의해 왜곡된 국정 운영을 바로잡으려던 국왕 나름의 의지에서
비롯된 것이다. 그러나 多京의 명칭 회복만으로는 원세력에 기댄 당시의
전반적 권력구도를 쇄신할 정도까지는 되지 못했다. 때문에 차선책으로
이 시기 고려국왕은 元制가 강요하는 틀에서나마 三京으로 고른 순행을
통해, 전기의 多京制를 탄력적으로 운영 복원하려 했다. 원의 정치적 강요에
의해 고려국왕의 종조 복위가 거듭되던 상황에서 고려국왕 주도의 자율적
권력 행사가 결코 쉽지 않았다. 삼경의 정상적 운영도 쉽지 않던 차에,
胡漢風이 공존하던 원간섭기의 국왕은 차선책으로 삼경권역에 고르게 遊獵,
畋獵함으로써 해당지역에 지속적 관리를 도모하였다.

〈표 5-1〉 원간섭기 국왕의 유렵 행차

왕	유렵 장소	행차 유형	비고	연월일
충렬왕	북산 낙산사	행차	·	1년 3월 신묘
	저곶	유렵	·	2년 1월 임진
	승천부	조수 유람	·	2년 3월 무인
	〃	유렵	·	12년 2월 계축
	도라산	행차	·	2년 4월 계유
	〃	유렵	·	10년 11월 기해
	〃	유렵	·	14년 2월 정축
	〃	유렵	·	16년 9월 정미
	수강궁	유렵 관람	·	4년 11월 정유
	덕수현 마제산	유렵	이궁 건설	기타 생략
	창락원	유렵	·	2년 8월 기묘
	적전 남교	유렵	·	2년 10월 갑신

---

238) 나각순, 「고려말 南京復置와 漢陽遷都」 『江原史學』 17·18집, 2002, 10쪽. 원간섭기
관제를 격하시킬 때 남경은 平壤府·鷄林府와 함께 漢陽府로 칭해져서 副都로서 지위를
상실하였다. 충렬왕 34년에는 한양부로 개편, 평양부·계림부와 동격이었고 공민왕
5년에는 기철을 제거함으로써 남경으로 복구되었다. 공민왕 6~10년에는 南京留守를
운용하였다가 이후 漢陽府를 설치 운영하였다. 그러나 남경광주도·한양부원군·남
경·한양이 동시에 사용되었다.

적전	매 사냥	·	5년 9월 갑자
묘곳	매 사냥	·	5년 9월 을축
남교	유렵	·	5년 10월 신사
도원역(동교)	유렵	·	5년 10월 경인
동교	유렵	→ 수강궁	20년 10월 경자
〃	유렵	→ 수강궁	21년 2월 무술
〃	유렵	→ 수강궁	25년 3월 임진
서교	유렵	·	8년 2월 을미
〃	유렵	·	22년 2월 병인
〃	유렵	활리길사	26년 10월 정유
금교	유렵	·	8년 5월 병인
〃	유렵	·	11년 5월 계사
저탄	유렵	·	8년 8월 병오
보현원	유렵	·	5년 11월 을축
성밖	유렵	·	5년 3월 임신
동천	방목	·	5년 4월 무인
마천 서쪽	유렵	왕 세자 영접	18년 4월 경인
진봉산	유렵	·	34년 4월 무술
천수사 남교	유렵	·	2년 3월 신해
흥왕사 → 적전	유렵 관람	달로화적	3년 5월 정유
충청도	유렵	·	8년 9월 을해
공암 → 안남	유렵	화렵	8년 9월 경진 임오
안남	유렵	·	17년 11월 무오
남경	유렵	·	27년 11월 경신
서경	피서	충렬왕, 제안	1년 3월 신묘
백주	온천	간유지 파견	1년 3월 계사
〃	유렵	·	9년 8월 정유
증산	매 사냥	·	5년 9월 병오
평주	유렵	·	10년 10월 정사
〃	유렵	·	11년 1월 을유
〃	온천	·	11년 11월 을유
〃	온천	·	12년 11월 을유
〃	온천 유렵	·	14년 11월
〃	온천 유렵	·	18년 4월 신묘
〃	온천	巖防,三甦相地	19년 9월 계축
〃	온천	→ 묘련사	26년 12월 무인
목촌	유렵	·	15년 4월 무오
서해도	유렵	·	12년 5월 정축
〃	유렵	·	13년 3월 계유
〃	유렵	·	15년 9월 정축
〃	온천	·	25년 11월 경자

	삼각산	유렵	신도 건설	9년 8월 병오
	남경	유렵	·	9년 10월 갑신
		유렵	·	27년 11월 경신
충숙왕	흥천사 앞뜰	유렵	·	5년 3월 무진
	경천사 앞뜰	유렵	·	5년 9월 을축
	연화사	유렵	·	7년 6월 임신
	임강	유렵	·	5년 11월 갑신
	덕수현	유렵	·	6년 6월 임자
	서교	유렵	·	5년 12월 무신
	교외	유렵	·	7년 2월 갑술
	〃	유렵	·	7년 8월 계유
	남교	유렵	·	8년 4월
	동교	유렵	충혜, 惡少	후6년 8월 병자
	〃	유렵	충혜, 惡少	후6년 10월 을미
	평측문 밖	매 사냥	·	충혜즉위전 2월 계사
	유림	매 사냥	·	충혜즉위전 2월 기유
	서해도	유렵	·	4년 2월 무술
	〃	온천 유렵	·	5년 1월 계유
	〃	유렵	·	15년 4월 신해
	목촌 고원사	유렵	·	15년 5월 신미
	백주	유렵	·	15년 5월 신묘
	〃	행	藤嚴寺	후7년 6월 병인
	평주	온천	·	7년 9월 정해
	해주	유렵	·	후4년 4월 기사
	〃	유렵 행	·	후5년 1월
	봉성	유렵	·	4년 2월 임자
	한양	유렵	·	4년 2월 신유
	?	유렵	·	4년 10월 계해
	양광도	유렵	·	6년 2월 갑진
	철원	유렵	→ 고석정	6년 6월 정미
충혜왕	강음	유렵	·	1년 1월 임진
	〃	유렵	·	1년 3월 임인
	〃	유렵	·	후2년 12월 병인
	〃	유렵	惡少	후3년 2월 계해
	서교	유렵	·	1년 2월 갑인
	〃	유렵	·	1년 10월 계해
	동교	유렵	·	후2년 10월
	〃	유렵 수박희	→ 화비궁	후4년 2월 기유
	〃	매사냥	·	후4년 6월 정미
	〃	참새잡이	·	후4년 6월 갑인
	〃	유렵	·	후4년 9월 병자

청교역(동교)	輜馬步	이수산	후3년 1월 정해
?	유렵	·	후3년 1월 병신
?	유렵	·	후3년 2월 정미
해주	유렵	·	1년 2월 을축
서해도	유렵	·	2년 2월 정미

〈표 5-1〉에서 보면 충렬왕대는 남경권에 11회, 개경권에 18회, 서경권에 6회로 유렵 행차하였다. 충선왕대는 유렵이나 행차가 거의 확인되지 않아 소강상태인 듯하다가, 충숙왕대 남경권 6회, 개경권 5회, 서경권 5회, 충혜왕대는 남경권 1회, 서경권 2회, 개경권 5회이다. 비중의 차이는 있지만 삼경 각 권역에 고른 유렵 행차를 통해서나마 전래의 삼경에 대한 관심을 유지하고는 있다. 하지만 원간섭기 각 京의 畋獵 행위는 천도론까지 연결되지는 못했다.

유렵을 넘어 실제 定都를 향한 움직임이 가시화된 시기는 공민왕대 와서이다. 공민왕은 홍건적·왜구 침입으로 격전을 치르면서 수도로서 기능을 완전 상실한 개경을 대체할만한 도읍 후보지를 물색하였다. 당시 거론된 천도후보군은 한양이다. 공민왕 5년 반원정책의 일환으로 관제개혁 과정에서 한양천도가 논의되었다.[239]

공민왕 5년 6월 천도를 위해 서운관에 명령하여 남경을 상지케 하고는 12월 남경궁궐을 보수하였다.[240] 이후 천도의 명분 확보를 위해 태조진전에 알현하였다.[241] 같은 해 공민왕은 부원세력과 기철 일파를 제거하기 직전에 보우를 왕사로 책정하였다.[242] 보우는 풍수지리설에 근거하여 한양에 수도

---

239) 고려말 조선초의 천도론에 대해서는 다음의 글이 참고된다(박경자,「고려 말 한양천도론의 실상」『鄕土서울』66, 2005 ; 이익주,「공민왕대의 개혁정치와 한양천도론」『鄕土서울』68, 2006 ; 金基德,「韓國 中世社會에 있어 風水·圖讖思想의 전개과정-高麗初期에서 朝鮮初期까지 遷都論議를 중심으로-」『한국중세사연구』21, 2006. 10 ; 이형우,「고려 공양왕대의 천도론」『역사와 담론』57, 2010. 12 ; 장지연, 앞의 책, 2015).

240)『高麗史』권39, 恭愍王 5년 12월.

241)『高麗史節要』권26, 恭愍王 6년 1월.

를 옮기면 36개국이 조공해 온다고 하였다.[243] 보우를 등에 업고 국가기업을 연장하려던 공민왕의 한양천도론은 신료의 반대에 부딪혀 좌절되었다. 이후 공민왕 9년 태묘에 천도를 위한 길흉을 묻자 불길하다는 점괘에 따라 한양성 궁궐 수즙이 불발하였다.[244] 같은 해 개경 가까운 백악으로 이어하고는 곧바로 궁궐을 영조해 신경이라 했다.[245] 동 11년 8월 홍건적 침입에 대응하기 위해 강화도 천도를 모색하기도 하였다.[246]

공민왕 14년에는 국왕권을 위협할 우려가 있던 무장세력을 견제하는 차원에서 신돈을 기용했다. 신돈의 등장으로 홍건적 침입과 흥왕사 난 이후 실추된 국왕권이 잠시나마 회복될 수 있었다. 공민왕 18년 三蘇에 순주하려 했지만, 신돈이 충주로 도읍을 청했다.[247]

공민왕대 신돈은 『道詵密記』에 의거해 松都의 기운이 쇠퇴했으므로, 淸州로 천도하면서 三蘇로 순주할 것을 권유했다. 공민왕대 신돈이 제기한 三蘇는 평양·충주·금강산 일대로 기존의 三京과 三蘇를 혼합해 새로운 형태로 만든 것이다.[248] 신돈이 충주로 천도를 제기한 까닭은 자신의 핵심기반인 경상도와 연결되고, 원주 일대에 신앙 형성의 기반이 있는데다 금강산 일대는 원으로부터 수복한 쌍성 일대를 수호하는 데 기반이었기 때문이다. 그러나 확실한 것은 공민왕 후반 천도후보지는 충주 일대로까지 연장되고 있다는 지점이다. 물론 안동 몽진기간 동안 충주에 체제한 경험이 바탕이 된 것이겠지만, 충주지역은 남한강 유역에 입지해 개경보다는 남경 가까운 지역으로 수운과 교통이 편리해 경제적 입지를 충족한다. 공민왕 후반부터는 천도지역

---

242) 『高麗史』 권39, 恭愍王 5년 4월 癸酉.
243) 『高麗史』 권106, 列傳19 尹諧 附 尹澤.
244) 『高麗史』 권39, 恭愍王 9년 7월.
245) 『高麗史』 권39, 恭愍王 9년 7월 乙卯 辛未.
246) 『高麗史』 권39, 恭愍王 11년 8월.
247) 『高麗史節要』 권28, 恭愍王 18년 8월 己酉.
248) 김창현, 『고려의 남경, 한양』, 신서원, 2006, 195쪽.

이 남경에 보다 인접하고, 경제적 효용가치가 남경천도의 주요쟁점이 되었던 것이다.

우왕 원년에는 홍건적 왜구침입이 본격화된 위에, 농장과 사원의 침탈이 가속화되었다. 같은 해 8월 서운관에서 재앙을 피하기 위해 도읍을 옮기자는 논의가 있었지만 최영의 반대로 실패했다.[249] 왜구침입을 우려하여 내륙의 철원에 수도를 정하였으며 연주 북악신경 북소 기달산을 상지하기도 하였다. 우왕 3년 정당문학 권중화가 철원을 상지하고 궁성을 수축하려 계획했으나, 역시 최영의 반대로 실패하였다.[250] 철원천도 계획을 포기한 우왕은 곧이어 7월 연주(장단)로 천도를 시도하였다.[251] 당시 이곳을 상지한 공경부윤 진영세가 연주는 五逆의 땅으로 도읍하기 불가하다 하여 천도론이 중지되었다.[252]

우왕 4년 정월 부왕 공민왕이 경영하던 白岳 新京을 상지하였으나 더 이상 논의의 진전이 없었다. 11월에는 『道詵祕記』에서 제시하던 北蘇 기달산을 도읍터로 선정하여 상지관을 파견하였다. 그곳에서 北蘇 궁궐의 舊基 180칸을 발견하고 北蘇造成都監을 설치하였으나 궁벽한 땅이라 하여 천도를 중지하였다.[253] 北蘇천도론이 무산되자 같은 해 12월 左蘇 白岳山으로 천도하고자 左蘇造成都監을 설치하였다.[254]

左蘇造成都監을 설치하려 했다. 당시의 공론이 수도를 이전하려고 했다. 좌소에 백악산, 우소에 백마산, 북소 기달산 등 3개소에 궁궐을 창건한다는 문구가 있었으므로 이 공사를 일으킨 것이다.[255]

---

249) 『高麗史節要』 권30, 禑王 元年 8월.
250) 『高麗史節要』 권30, 禑王 3년 5월.
251) 『高麗史節要』 권30, 禑王 3년 7월.
252) 『高麗史』 권133, 列傳46 禑王 3년 7월 ;『高麗史節要』 권30, 禑王 3년 7월.
253) 『高麗史』 권133, 列傳46 禑王 4년 11월.
254) 『高麗史』 권133, 列傳46 禑王 4년 12월.

삼사좌사 權仲和와 문하평리 조민수가 檜巖에 가서 도읍터를 잡았다. 이것은 서운관에서 도선이 말한 左蘇가 바로 이곳이라고 말하였기 때문이다.[256]

禑가 新京에서 사냥하였다. 서운관에서 國都를 옮길 것을 제의하였으므로 이에 의논하여 한양으로 國都를 옮기기로 했다.[257]

9월에 白州 수령 洪順이 글을 올려 건의하기를, "남경의 진산 三角山은 火山으로서 목성 가진 나라의 서울 터이니 그곳으로 도읍을 정하는 것이 적당하지 않습니다"라고 하였으나 禑가 듣지 않았다.[258]

禑가 최영과 함께 요동을 침공할 것을 비밀히 의논하고 京城의 방리군을 동원하여 한양의 중흥성을 수축하게 했다.[259]

우왕 5년 11월에는 좌소의 위치에 대해서 서운관이 이견을 제시하였는데 도선이 말한 바, 좌소는 백악이 아니라 회암이라 하였다. 당시 보우 역시 좌소를 남경 가까운 會庵寺로 보았다. 회암사 일대의 山水가 西쪽의 蘭陀寺와 닮았다고 하면서, 三山兩水의 명당 관념과 결부짓고 있다. 三山兩水에서 三山은 삼각산, 兩水는 한강과 장단 사이의 임진강으로 해석하였다. 개경 일대는 송악·용수산·진봉산·동강·서강의 三山兩水 지역이다.[260] 보우가 추진하여 건립한 회암사의 초창 지역은 예성강을 벗어나 개경보다는 남경에

---

255) 『高麗史』 권133, 列傳46 禑王 4년 12월.
256) 『高麗史』 권134, 列傳47 禑王 5년 10월.
257) 『高麗史』 권134, 列傳47 禑王 7년 8월.
258) 『高麗史』 권134, 列傳47 禑王 8년 9월.
259) 『高麗史』 권137, 列傳50 禑王 14년 2월.
260) 『高麗史』 권41, 恭愍王 18년 7월 ; 李相瑄, 「恭愍王과 보우」 『李載龒還曆紀念韓國史學論 叢』, 1990, 278쪽.

가깝다.

좌소의 위치 비정을 둘러싼 저간의 논의 끝에 우왕 7년에는 서운관에서 재이가 잦으니 천도를 청하자고 상소를 올리자, 한양천도가 재론되었다. 이듬해 우왕 8년 한양천도를 결행하였으나 6개월 뒤 다시 구도 개경으로 이어했으니, 前年의 한양천도는 移御 수준의 의미만을 지닌다. 우왕 13년 요동정벌과 관련해서 한양의 중흥성을 수리하고 천도준비 작업을 완료하였지만 위화도회군을 계기로 한양천도는 더 이상 진전이 없었다. 이 당시 한양천도 추진에 대해서 민심의 이반은 심각한 수준이었다. 게다가 천도반대론자 중에서 백주 수령 홍순은 남경의 진산 삼각산은 火山으로 木性을 가진 나라의 도읍터이니, 그곳에 도읍을 정하지 말자고 하였다.[261]

공민왕대부터 우왕대 홍건적·왜구 침입으로 개경이 복구되지 못하자, 한양천도론이 왕성하게 전개되었다. 개경에 대한 대안으로 한양 외에 다양한 천도후보군을 물색하는 과도적 정황 가운데, 무인집권기에 최초 논의되기 시작한 삼소도 재론되었다. 잠시나마 공민왕대 신돈이 북소 기달산과 금강산 충주 일대를 삼소로 비정하였으나, 대체로 三蘇 중 左蘇가 집중적으로 논의되었다. 공민왕·우왕대 좌소는 전대 거론된 개경북부 방면에서 보다 남하하여 개경남부의 한강 유역으로 특정되기에 이른다. 좌소가 회암사로 비정되는 가운데 한양천도론도 점차 확산되어 이후 결실을 맺어간다.[262] 무인집권기 국도 재편안으로 제기된 삼소제는 원간섭기에 삼경이나 삼소 어떤 논의도 없다가, 공민왕 이후 재등장하였다. 그러나 이때의 삼소제 논의는 좌소에 집중되는가 하면, 왜구·홍건적 침입으로 사실상의 복구가 더딘 개경을 배재한 단경(한양 중심)의 수도운영을 지향하고 있다.

우왕 말 金佇 사건을 계기로 창왕까지 폐위되고 이성계 세력은 군사력을 동원하여 공양왕을 옹립하였다. 공양왕 즉위 후 尹彝·李初 사건과 정몽주

---

261) 『高麗史』 권134, 列傳47 禑王 8년 9월.
262) 『高麗史』 권106, 列傳19 尹諧.

피살사건을 계기로 조선으로 교체된다. 공양왕대는 조선의 입장에서는 건국 주도세력에게 물적 토양을 제공하려는 의도에서 과전법을 위시한 각종 재정제도의 개혁을 단행하는가 하면, 사상적 변화가 수반되는 긍정적 시기이다. 공양왕 당시 시도한 각종의 제도개혁이 조선건국의 밑받침이 되긴 했어도, 국왕 자신은 고려왕조 체제를 고수하려 다분히 노력하였다. 즉위 후 두달 만에 經筵官을 설치하여 정관정요를 강하라고 명령하는가 하면,『書經』無逸篇,『詩經』七月篇을 강독케 하였다. 문묘참배와 경연에도 주도적으로 적극 참여하였다. 문묘 배알이나 종묘를 수리하는 일이나 적경원 행차와 같은 왕실관련 의례행사에 적극 참여함으로써, 고려국왕의 지위를 고수하려 무척 애썼다. 일련의 관제개혁을 시도하거나[263] 공양왕 자신을 지원하는 정치기반 확보에 나름 주력하였다. 당시 공양왕의 지지세력으로 조선건국 주체세력에 비견할만한 거대한 勢를 갖지는 못했으나, 환관이나 종친이 두로 포진되었다. 차츰 국왕 자신이 주도하는 정국운영을 모색하고 왕권강화의 동력을 마련해 나갔다.

앞서 5월 尹彝·李初 사건을 계기로, 남아있던 反이성계파에 대한 마지막 숙청작업을 단행한 후에 이성계 세력은 완전히 정국을 장악하였다.[264] 9월에는 公私田籍을 소실하고 沈德符·池湧奇·朴葳를 제거함으로써 실제 이성계 일파가 군사권까지 완전히 장악하였다. 이성계 세력에 의한 정치세력 숙청과정에서 공양왕 자신도 신변위협을 느낀데다, 현실정치의 이해관계와 왕권강화의 의지가 합치되어 漢陽遷都가 결행되기에 이르렀다.[265]

---

263) 공양왕의 관제개혁에 대해서는 재상중심의 국정운영을 추구하여, 국왕의 역할을 최소화하고, 국왕의 역할을 단지 재상을 선발하는 것에 그치도록 한 것으로 파악하기도 한다. 공양왕대 사대부 중심의 관제개혁 성과가 조선으로 계승된 것으로 보았다 (박재우, 「고려 공양왕대 관제개혁과 권력구조」『진단학보』 81, 1996).

264) 『高麗史』 권45, 恭讓王 2년 5월 癸巳.

265) 공양왕대의 정치운영과 개혁 논의는 조선의 건국과 사대부세력의 형성 분화와 관련해서 일일이 열거할 수 없을 정도이다. 여기서는 공양왕대 천도론과 관제개혁에 직결되는 연구만 제시한다(李廷柱, 「恭讓王代의 政局動向과 斥佛運動의 성격」『韓國史研

漢陽遷都論은 공양왕 2년 7월 서운관에서『道詵密記』에 의거하여 개경의 地氣가 쇠하니 송도의 地德을 쉬어야 할 것이라고 청한데 이어서,[266] 문하평리 裵克廉을 양광도찰리사로 파견해 한양 궁궐을 수리하면서 시작되었다.[267] 한양천도론에 반대한 자는 朴宜中·姜淮伯·안원의로 이들이 중심이 되어 개경으로 환도할 것을 재차 건의하였다. 한양천도가 찬반 논란을 겪는 와중에, 공양왕은 구언교서를 내려 개경 演福寺 탑을 중창하기도 하였다.[268] 당시 연복사 탑의 중창에는 강회백·유정현 같은 공양왕 측근세력이 지지를 하였지만, 尹繪宗·金自粹·金貂·朴硝의 이성계 부류는 반대를 하고 나섰다.[269] 연복사 탑 중창논의는 척불론에서 출발하지만, 고려 舊都에 대한 회고와 왕조의 중흥을 도모하려던 공양왕의 의도가 숨겨져 있다. 이어 공양왕 3년에는 개경으로 환도하였다.

공양왕이 舊都의 상징적 조영물로 연복사 탑을 상정하여 이를 중창하고 수도 개경을 복구하려던 노력은 당시 홍건적·왜구 침입이 종식된 평화상황이라 가능하였다. 그러나 무엇보다 多京 경영과 관련해서 주목되는 사실은 직전의 우왕대에 漢陽 중심의 單京에다 群小의 천도후보지가 난립하던 단계에서, 공양왕대에 이르면 개경과 한양의 兩京制로 나아간다는 점이다. 곧 무신집권기 삼소논의가 개경·남경의 양경제를 처음 제기하던 단계에서 공민왕·우왕대 한양 중심의 단경제, 이후의 공양왕대에는 개경·남경의 양경제가 다시 복원되어, 조선 건국 후 漢陽定都가 결행되기까지 양경제는 어느정도 유지되었다.

究』120, 2003 ; 박한남,『조선시대의 정치와 제도』, 집문당, 2003 ; 홍영의,『고려말 정치사 연구』, 혜안, 2005 ; 이형우,「공양왕대 윤이·이초 사건」『圃隱學研究』18, 2016. 12).

266)『高麗史』권112, 列傳25 朴宜中.
267)『高麗史』권45, 恭讓王 2년 7월.
268)『高麗史』권46, 恭讓王 3년 4월 癸未, 6월 庚辰.
269) 이연주,「공양왕대의 정국동향과 척불운동의 성격」『한국사연구』120, 2003.

조선 건국 후 태조는 한양천도를 결심하고 남경 이궁을 수리하였다.[270] 도평의사사에 명령하여 천도를 실행에 옮기도록 하였다. 한양천도론은 여전히 고려시대의 地氣衰旺說에 입각하지만 점차 國都 풍수는 감소되고 국가의 운명을 地氣와는 분리하게 되었다. 人君의 수양과 민본정치에서 國運을 모색하게 되었다. 태조 2년에는 한양이 아닌 계룡산이 새 도읍지로서 부각되었다. 權中和가 계룡산이 조운의 편리, 도로의 사정, 성곽축성 기지로서 적합함을 들어 계룡산에 천도하기를 주청하였다. 그러나 河崙이 계룡산의 新都 건설을 반대하였고, 태조 3년 母岳의 남쪽을 천도지로서 추천했다. 국토의 중앙에 입지한데다 한강의 조운이 편리한 점, 산수가 길하다 하여 전왕조의 秘記에서 후보지로 든 지역과 부합한다는 점에서 母岳이 천도지로 선정되었다. 이듬해 태조 3년에는 고려왕족을 대거 숙청하는 작업을 단행하여, 개경의 민심은 상당히 불안하였다.[271] 이런 상황에서 태조는 開城府에 명령을 내려 개경의 규율을 엄히 할 것과 개성부내의 호구를 조사하고 장마철 농번기를 보낸 후 천도를 추진하도록 지시하였다. 정도전은 시기를 늦춰 민심이 안정되기를 기다려 천도를 추진하는 데 동의하였으며, 아울러 국토의 중앙에 있는 개경의 수도로서의 장점을 언급하였다. 전반적으로 건국초창기에 천도에 대한 합의가 이루어지지 않은 상태에서 태조가 한양에 행차하고 광실원 임진현 북쪽 고려 때의 신경 터, 개성 부근의 도라산을 상지하였다.[272]

신료들은 한양천도의 결정에 상당한 불만이 있었던 듯하나, 도평의사사에서 한양천도를 건의하고 왕이 가납하는 형식적 절차를 거친 직후인 태조 4년 10월 한양천도가 일단락되었다.[273] 한양부의 객사를 임시로 이궁으로

---

270) 조선초기 한양천도 이어를 당시 정치세력의 동향과 정국의 추이와 결부지어 연구한 견해는 다음과 같다(장지연, 『고려 조선 국도풍수론과 정치이념』, 신구문화사, 2015 ; 김윤주, 「조선초기 遷都와 移御의 정치사」『서울학연구』45, 2011).
271) 『太祖實錄』 권6 太祖 3년 6월 11일 己卯 ; 7월 19일 丙辰 ; 8월 1일 戊辰.
272) 『太祖實錄』 권6, 太祖 3년 8월 辛卯 ; 太祖 3년 10월 辛卯.
273) 『太祖實錄』 권6, 太祖 4년 10월.

삼고, 국왕과 왕실 구성원의 임시거처로 삼았다. 이 해에 새 궁터에 종묘 사직을 짓고 경복궁을 창건하였다. 경복궁은 고려 숙종대 南京의 이궁지 延興殿보다 남쪽에서 백악을 주산으로 한 북좌남향 방면에 소재하였다.[274] 태조 4년 당시는 도읍 건설의 기초를 다지는 수준이었는데, 궁궐 관아터를 지정하는 정도로 마무리되었다. 同 7년 門樓를 건설하고, 각종 관아시설을 마련하면서 한양은 도성으로서의 기능을 갖추게 되었다.[275] 태조는 舊都 개경에 대한 기억을 없애려, 정도전에게 명하여 新都 漢陽 八景을 짓도록 한 점에서[276] 한양을 명실상부한 도성으로 각인시키고자 하였다.

그런데 1차 왕자의 난을 겪으면서 태조 정권이 종결되고 정국이 변화하였다. 태조 정권의 핵심인물인 정도전·남은도 죽임을 당하고, 정종은 즉위 후 숙청을 지속하였다. 그러나 왕위에 오른 정종보다는 실제 권력은 이방원에게 집중되었다. 1차 왕자의 난 직후 정종대 한양천도 초기의 이상 징후로 인해 서운관에서 피방을 재청하여, 정종 원년 송도로 환도했다.[277] 정종이 개경에 환도하면서 한성부가 위축되었다. 문하부에서는 한성부가 하는 일이 없으니 판한성부사를 혁파하고 한성부윤 1인 체제를 제안하였다.[278]

2차 왕자의 난 이후 왕위는 태종에게 이양되었다. 태종 2년 정월 태종은 의정부에 명령을 내렸는데 순행하는 곳마다 종묘를 세워 제사지내라 하였다. 태종대 종묘 國都의 문제는 태종 4년 7월 10일에 논의되었다. 12월 壽昌宮의 화재사고를 계기로 한양으로의 재천도가 시도되었다. 이 무렵 종묘와 사직을 개경으로 옮기자는 논의가 있었고 3府의 공식논의가 建德殿 터에 새 궁궐을 짓자는 것이었다.[279]

---

274)『太祖實錄』 권1, 太祖 4년 10월.

275)『太祖實錄』 권6, 太祖 7년.

276)『三峯集』 권1, 進新都八景詩.

277)『定宗實錄』 권1, 定宗 1년 2월 26일.

278)『定宗實錄』 권1, 定宗 2년 4월 6일.

279) 이연주, 앞의 논문, 1994 ;『太宗實錄』 권5, 太宗 3년 2월 23일.

송경은 순행지, 종묘가 있는 한양은 도읍지로서 명확해지고, 궁궐은 건덕전 옛 터에 짓기로 결정되었다.[280] 아직까지 한양을 수습하지 못한 상황에서 왕의 환도계획은 무산되고 개경이 도읍으로 지정되었다. 정사는 개경에서, 종묘제사는 한양에서 치르자는 제안이 있었고 이후 한양 재천도를 논의하였는데, 태종은 한양으로의 환도 수준을 넘어서 이궁 건설을 지시하였다. 조정의 논의는 한양에 궁궐을 짓는 것으로 논의가 모아졌고, 따라서 昌德宮으로 개명된 離宮을 짓는 데 성공하였다.[281]

태종 4년 9월에 상왕 정종이 한양으로 이어한 데 이어, 태종과 태상왕 태조가 10월, 11월에 이어했다. 당시 태종은 개경과 한양을 절충하는 방향에서 도읍경영안을 매듭지었다.[282] 이때 양경제는 개경으로 도읍을 옮기지 않겠다는 결의이며, 앞으로 한양 중심으로 도읍을 경영하겠다는 의지를 천명한 것이기도 하다.

… 帝位에 오르시어 비로소 新都를 세우시고, 兩儀가 상서를 낳아 이로써 聖德을 나타내니, 해와 이 비치는 곳은 한결같이 기뻐 춤추나이다. 조용히 보옵건대, 歷代의 守成이 모두 兩京을 두어 다스렸사오니, 대개 草創 때에는 틈이 없었다가 繼述할 때에야 有終하였나이다.[283]

… 좌정승 趙浚이 즉시 찾아서 상고하게 하였는데, 이에 成周 때 兩京制度를 찾아냈다. 漢京은 太祖가 창건한 도읍지이고, 松京은 인민이 생업에 안정된 땅이므로, 兩京을 폐지할 수 없으니, 松都에 따로 종묘를 세우고 신주를 만들어서, 四時의 제사를 두 곳에서 모두 행하여, 周나라의 鎬京·洛邑의

280) 『太宗實錄』 권5, 太宗 3년 2월 23일 己酉.

281) 『太宗實錄』 권9, 太宗 5년 9월.

282) 『太宗實錄』 권9, 太宗 5년 9월 ; 권10, 太宗 5년 10월 癸酉.

283) 『東文選』 권32, 卞季良 表箋, 賀建都北京龍馬出現松柏凝脂表.

제도를 본받자는 것으로 아뢰었다. … "漢京은 다만 종묘가 있을 뿐이나, 松京은 장차 자손 만세의 땅이 될 것입니다." 하니, 의정부에 하교하였다. "한경은 태조가 창건한 땅이고, 또 종묘가 있는 곳이니, 혹은 가기도 하고 혹은 오기도 하여, 兩都를 폐지함이 없도록 하라. 이제부터는 다시 의논하지 않을 것이다."[284]

兩京制는 周 성왕대 동쪽지역을 평정한 후 洛邑을 副都로 정해서 이전에 있던 胡京과 함께 兩京의 형태를 갖추었던 것을 조선이 모방한 것이다. 태종대의 兩京制는 당시 周禮를 국시로 삼았던 정국 구상과 일치한다. 조선의 국가초석이 되는 周禮的 질서에 따라 그 일환으로 兩京制는 채택되었다. 兩京制의 연원을 周禮에 빗댄 것은 조선의 국가체제를 周禮的 질서에 근간해 재정립하려는 의도로 이해된다. 이후 양성지는 요·금·발해의 5京, 고려 4京이었는데, 조선의 개경·한양의 兩京制만으로는 전국을 운영하기 곤란하다고 지적했다.[285] 京都 漢城府를 上京, 開城府를 中京, 全州를 南京, 慶州를 東京, 平壤을 西京, 咸興을 北京으로 삼아, 5京을 두자고 건의했다. 5京의 군사적 기능을 중시해 陪都의 시행을 확대하자는 논의지만, 조선초에는 개성부에 국한되어 兩京이 시행되었다.

한양을 도읍으로 설정하면서 한성부의 체제가 정비된다. 한성부는 여말 개성부와 원대도의 통치체제를 기본 모델로 삼았다. 元代에는 도시행정만을 위한 독자적 관아가 설치되는데, 警巡院 錄司事가 그것이다. 元 大都 이전 단계에는 도시부와 농촌부를 병합해서 통치했는데 도시팽창에 따라 도시행정·재정만을 전담하기 위한 관서로 설치된 것이다. 元 大都의 경우 城內에 左右警巡院, 城南 상업지역에 南城警巡院을 두었다.[286] 警巡院 錄事司의 직무는

---

284)『太宗實錄』권10, 太宗 5년 11월 更子.
285)『世宗實錄』권3, 世宗 2년 3월 丁酉.
286)『元史』권58, 地理志1 大都.

公課의 징수, 요역의 科派, 형사·민사 재판, 치안유지, 풍속교정, 방화 소방, 빈민구제 등이었는데 원의 멸망과 함께 錄事司는 폐지되었다.[287] 조선의 한성부 역시 科田 지급처로서의 경기를 제외하고, 도성과 성저 10리만을 관할하게 되는데 원의 警巡院을 모방한 것으로 보인다.[288] 한성부는 중앙관서로서 경관직이지만, 행정계통상으로는 지방관서의 직능을 병행했다. 도성의 행정 치죄형옥 재정을 관장하는 기관으로 도성과 경기가 분리 통치되었다.

고려말 개경 5部坊里는 현종대 완성된 그것보다 크게 늘어났다. 자연촌락으로서 里가 개발되고 더불어 里를 坊이 포괄하는 형태로 정비한 것이라 파악된다. 조선시대에 와서는 개성의 5부방리 구역이 크게 축소되었다. 세조 12년 部坊을 4部 4坊으로 구획하였다. 이를 다시 城內와 城外로 가른 다음에 城內는 北部, 城外는 동서남북으로 구분하며 그 외에 7面을 설치하였다. 기왕의 개성 나성 안 동서남북부의 4부와 나성 밖에 7면을 두었다. 이때 동부 인흥방, 서부 의흥방, 남부 예안방, 북부 지안방을 설치하였는데, 개성이 수도로서 기능을 완전 상실한 조선시대에 이르면 개성의 坊은 사실상 유명무실한 것이었다.

나성 안의 북부는 내성 안의 지역 전체, 동부는 남대문 밖 대로의 동쪽, 서부는 남대문 밖 대로의 서쪽, 남부는 남대문 밖 大路의 猪友橋 이남 길 좌우지역에 해당한다. 나성 밖에도 7면을 두었는데, 동면·청교면·남면·서면·중서면·북서면·북동면이 포진되어 있다. 조선초 개성부에서 인구가 가장 밀집한 곳으로는 남대문 안에 위치한 북부이다. 이곳은 고려궁궐인 만월대를 위시한 주요전각이 자리하여 개성 지배층의 집단적 거주지역이다. 그 다음은 내성에서 떨어진 남부, 서부는 타부에 비해서 인구가 희소한 편이다. 내성 안의 4부 지역인구는 28,569명, 나성 밖 7개 면의 인구에 비해 약간 많다. 나성 안 4부 4방 체제는 조선말까지 유지된다. 나성 외곽 면 지역은 추후

---

287) 山根幸夫, 「中國中世의 都市」 『中世史講座』 3, 學生社, 1982, 84~87쪽.
288) 이상구, 「中國의 中世都市」 『동양도시사 속의 서울』, 서울시정개발원, 1995.

지속적으로 확대된다. 개성부의 성내 거주자 모두 공상의 무뢰였다. 고려시대 5부 35방리제가 조선초 4부 4방으로 축소되고, 인구가 감소되면서 개성의 영역은 나성 안에 머물렀다.[289]

고려말 5部坊里의 里正은 호적과 부역을 비롯한 각종 民居 관련한 업무를 관할하였다. 이러한 점은 개성부를 모델로 삼은 조선의 한성부 직제와 업무에서 유추 가능하다. 다만 한성부는 성저 10里 내의 호구에는 전세만 수취하고 다른 부가세를 부여하진 않았다. 선초 개성부에서 거둬들인 田稅는 한양으로 上納되지 않고 개성부 자체의 경비인 勅使 사신접대 등에 소요되었다. 여타의 군현에서는 어록전·공수전에서 지방관과 관청경비를 조달하지만 개성부는 京衙門과 마찬가지로 田稅를 留守·經歷 등에게 녹봉으로 지급하였다. 여말 開城府와 유사한 기능을 갖는 한성부와 조선초기 개성부의 재원 입지출 사정은 고려말의 사정에서 소급된다.

조선초기 개성의 핵심도로는 내성의 남문인 남대문 밖 남북과 동서로 연결되는 십자가 연변이다. 중심도로망인 十字街의 모양새를 보면 개성의 도시공간은 조선초기에는 나성 안쪽에 치우쳐 위치한다. 선초 개성에는 수도 한양과 마찬가지로 시전이 있었다. 전 왕조 개경의 시전은 광화문에서 십자가에 이르는 좌우변 1,008칸의 장랑이 건축되어 몇 개의 칸이 구획되어 있다. 그러나 태조 3년 한양천도를 거행하면서 개성주민을 강제로 이주시켰고 개성시전은 결국은 官市로서 기능을 상실하였다. 조선후기의 개성 市廛은 상업중심지인 남대문 안팎 십자가 남북도로 양측에 위치한다. 일제강점기 자료에 의하면 백목전 선전이 남대문 안쪽에 위치하고 청포전은 남대문 밖에 위치하였다. 상업중심지는 남대문 안팎에서 십자가 남북 양측에 위치하는데 남대문 밖 동부의 京市署라는 지명에서 이곳은 시전이 집중되었을

289) 林鳳植 편저, 『開城誌』上 郡名 ; 『開城郡面誌』松都面, 경인문화사 영인, 1995 ; 『松都誌』 권1, 疆域, 部坊 ; 임용한, 「조선초기 漢城府의 기능강화와 주민재편 작업」 『서울학연구소』 3, 1994.

것이라 유추된다.[290]

선초 개성의 시전은 매일 남대문 안팎에서 開市되는데 해뜨면 인구가 결집하고 아침을 먹을 때 파하는 朝市였다. 당시 다른 군현의 유통기구가 5일장 체제로 유지되는 데 반하면 상설시장의 기능을 한 개성의 시전은 진일보한 시장이다.[291] 적어도 개경유후사를 두고 중시한 일정 시점 동안은 개경 한양의 시전 모두 중히 여긴 것으로 이해된다.

개성의 구세력을 관리하고 통치할 유후사의 의미는 차츰 희석되었다. 세종 20년(1438)에는 개성유후사를 개성부로 하였다. 그 장관은 開城留侯-開城留守로 하고 開城留守府를 설치하였다. 이는 開城을 외관으로 삼고자 하는 첫 조치이다. 開京은 조선 태종대까지 兩京체제 안에서 일정한 권위가 유지되다가 세종 이후 외방인 開城에 京都의 특수지위가 일시적으로 부가된 것이다. 세조대 군사기능을 수행하면서는 개성을 외관절도사로 하여금 통치하도록 하였다.[292]

지금껏 살핀대로 원간섭기 천도지역은 개경 가까운 三蘇와 한양으로 논의가 중첩되다가 우왕 이후 한양으로 집중되었다. 중기 천도론이 수도개경을 고수한 채 형식적 순행에 그쳤다면, 여말의 천도론은 개경을 버리고 새로운 도읍으로서 한양 定都를 지향한 것이다. 또한 조선초까지 개경과 남경이 모두 중시되는 양경제가 실시되었다. 이는 곧 12세기 전후 고려국왕이 유통이 편리한 남경을 주목한 데서부터 출발하며, 무인집권기에 이르면 개경권역과 남경권역의 중간지점에 삼소를 두었다. 원간섭기에는 삼소의

290) 善生永助,「商人と商廛」『朝鮮人の商業』朝鮮總督府, 1925, 13~17쪽.
291) 고동환,『조선후기 개성의 도시구조와 상업』『지방사와 지방문화』12-1, 2009. 339~341쪽.
292) 조선초 개성부의 개편방향과 유후사의 의미가 퇴색되는 추이는 관련연구에서 대체로 견해가 일치한다(홍영의,「여말선초 개성부의 위상과 판사(유후)의 역할」『한국학논총』35, 2011 ; 박종진,「고려말 조선초 開城府의 위상」『동방학지』170, 2015 ; 김창현,「고려 개성부와 조선 한성부의 직제와 영역」『서울과 역사』95, 2017).

위치가 보다 남하하여 한양 중심으로 해석된다.

삼소의 위치를 두고 달리 해석될 여지는 얼마든 있다. 고도의 정치행위가 풍수이념으로 윤색된 데 일차적 요인이 있다. 그보다 삼소제 자체가 중기 이후 삼경제가 제 기능을 상실한 비상의 대안이라는 점에 주목할 필요가 있다. 국도 재편안인 三蘇制 내에서도 부각되는 권역을 살피면, 크게 보아 개경권역 → 개경·남경의 양경 권역 → 남경권역으로 옮아가는 양상을 찾을 수 있다.

三蘇制에 내재한 多京制의 경향성과 공민왕 이후에 자주 거론되는 左蘇의 해석여부를 놓고 볼 때, 전체적으로 도읍위치가 북쪽에서 남향한다는 지점과 경제적 중심지가 도읍지로 부상된다는 것을 알 수 있다. 게다가 이미 무인집 권기에 삼경제의 파행적 운영 속에서 거론된 삼소제, 그 안에 내재한 개경·남 경의 兩京制는 여말선초까지도 이어지며, 한양정도가 결행될 때까지 유지되 었다. 달리 말하면 조선건국 초창기에 개경과 한양이 모두 중시된 것은 舊都에 대한 예우차원에서 이루어진 것이지만, 兩京制 시행의 단서는 고려 무인집권기에 물화이동에 편리한 남경을 중시했던 데서 근간을 찾을 수 있다.

맺음말

수도는 王都로서 권력중핵이자 시장적 기능이 동시에 발현되는 이중적 공간이다. 동양 전근대 사회의 수도는 天子의 거주지·국가 공권력의 소재지로서, 수도의 都市性은 전 시기에 걸쳐 고정된 것이 아니라, 사회 내외의 변화와 이에 따른 국가규제력 간의 역학관계에 따라 달라진다고 하겠다.

수도 인근에서 그 都市性에 직접 영향을 받는 지역으로서는 '경기'를 들 수 있다. 특히 고려시대의 경우 수도와 경기지역의 역학관계는 副都 경영의 문제와도 직결되어 있다. 개경이 군사·정치도시로서 위상이 부각될 때는 군사·정치거점으로서의 서경이 중시되었고, 경기제 또한 개경과 서경을 잇는 경기 북부를 중심으로 포진되어 있다. 개경이 경제·유통의 중심지로 부각될 때는 물화이동에 편리한 남경이 중시되고, 그 결과 경기제 역시 개경과 남경을 잇는 방향으로 정비되었다. 수도는 시기에 따라 역동적으로 변화해 가는 공간으로 수도의 도시변화에는 인근 경기지역과 부도 경영의 문제가 그물망처럼 얽혀있다고 할 것이다.

이 책은 首都·副都·京畿地域을 분산적으로 고찰하지 않고, 고려 전 시기에 걸쳐 이를 총체적으로 점검하고자 했다.

이하 지금까지 살펴본 내용을 정리하는 방향에서 맺음말을 대신할 것이다.

제1장은 왕도 개주가 고려왕조의 수도로 선정될 수 있었던 입지조건과 본격적 定都사업이 이루어지기 전까지 開京의 위상을 검토하였다.

태조 초창기 개경은 분지형태의 폐쇄적 공간으로 심리적 안정감을 가져다 줄 수는 있었다. 하지만 태조대 개경은 선대의 지지 기반과 후삼국통일 전쟁을 수행하기 위한 전략적 요충지로서, 수도로서는 제한된 조건을 갖추었다. 태조 당시는 군사적 입지를 충족하는 수준에서 首都性을 발휘하는 정도이다.

　신라하대의 혼란을 수습하고 고려를 건국한 태조는 초창기 후삼국통일 전쟁과 북방족과의 대치국면으로 인해 수도 정비에 전력을 다할 수 없었다. 태조 원년 철원에서부터 同 2년 송악현과 개성현의 두 현을 합쳐 王都 開州가 설정되었다. 開州는 분지 지형으로 후백제와 태봉 영역의 중심부에 위치해 방어와 공격의 군사작전을 펼치기에 유리하며, 수도로서의 전략적 입지를 만족하는 곳이었다. 이때 王都 開州는 지방의 거읍에 불과했다.

　태조 2년부터 市廛이 입전하지만 국내외 상업활동에 대한 통제는 미흡했고, 태조대의 재정운영과 관료군에 대한 물적 지원은 전시과 시행이 본격화되는 이후의 단계보다는 제한적이었다. 이로써 국왕과 신료간 봉건적 질서나 在京的 기반에 따른 왕경인의 자기 인식을 기대하기는 곤란한 상태였다. 개경은 권력 중핵·왕도로서의 구심력을 갖추기엔 미흡했고, 태조대에는 군사도시로서 의미가 짙었다.

　성종대까지 궁성과 황성 주변으로 각종 행정·재정시설과 사직단, 주거구역으로서 5部坊里가 차례로 마련되었다. 성종 14년에는 王都 開州의 용례를 벗어나 王京開城府의 명칭을 획득하였다. 태조대 州 단계보다는 왕도로서는 통치행정의 중심성을 확보한 단계라 할 수 있다. 성종대 대외교역은 국가가 주도했지만, 국내 교역활동에 대한 규제력은 전면적이지 못했다. 철전 주조와 관영상점의 개설로 재지호족을 통제의 대상으로 하지만, 시전 건립 장소는 개경 내에 제한적으로 머물렀다.

　성종대 王京開城府의 설치로 개경은 태조대의 군사적 입지에서 정치적 구심력을 크게 확보할 수는 있었지만, 여전히 京으로서는 한계가 있었다.

왕경개성부가 관할하는 영역이 도성 외에도 지방으로서 赤縣·畿縣까지 포괄했다. 이때 도성과 지방은 미분화된 상태였다.

현종대 羅城 건설로 나성 안과 밖을 구분하게 되면서 성종 14년까지 개경이 王都로서 갖는 한계는 크게 극복되었다. 현종대에는 王城이 수도를 대표하는 보편적 의미로 쓰였다. 현종대의 나성 건설로 도성정비는 일단락된데다, 도읍으로서 지위도 갖추어졌다. 현종대에는 개경에 상주하게 될 관료군에 대한 국가적 토지분급제와 함께 성종대까지 확보한 통치행정의 중심성 외에도 국내외 물화집산에 대한 국가통제력은 점증되었다. 전시과 제도의 시행을 거치면서 거경관인의 대우체계가 마련되어 거경인식이 두터워졌고, 지방단위에서 독자적으로 운영되던 재정은 중앙중심으로 편성되어 나갔다. 현종대에는 개경은 정치·재정·국가적 유통체계의 중추로서 도읍 지위를 구축했다.

태조 초창기에는 수도가 전략적 입지로서 중시되었다면, 성종·현종대에 정치·재정의 중심으로 부각되었다. 수도는 전국 통치행정의 중추로서, 권력 중핵으로서, 王都로서의 위상은 현종대에 다져질 수 있었다.

王都로 부각되면서 王都를 지원할 각종 도시시설이 배치되었다. 도성공간이 중세적 경관으로 연출된 위에다 국왕권을 장엄하기 위해 도성공간에 차별적으로 국가시설을 배치하고 民居를 구분했다. 개경은 周禮的 모델보다는 당시 동아시아 전반의 고대국가 해체·중세전환기 도성과 흡사하다. 국왕은 권위를 드러내기 위한 장엄장치와 규모·시설에 대한 적극적 관심을 두었다. 궁성은 국왕의 공간으로서, 궁궐과 후원 등이 조성되었다. 궁궐은 『周禮』와 같이 남북주축선에 일렬로 배열된 형식이 아니라, 자연지세를 감안해 건덕전과 회경전 두 구역으로 구성되었다. 국왕은 사적 공간으로서 後苑 조성에도 관심을 두었는데 국왕권 강화의 시기에 후원 조성은 현저하였다. 또한 궁궐에서는 국가 불교의례가 설행되어 동 시기 동아시아 중세전환기의 도성과 궁궐 운영방식은 동일하였다.

궁성 밖에서 황성 주변으로는 관아시설과 함께 외방으로 뻗어나갈 御街가 조영되었다. 개경의 관아시설은 궁성 밖에서 동남으로 치우친 자연적 길로서 의 官道 주변에 포진되었고, 특히 시전은 唐代와 같은 엄격한 坊市制 하에 立廛하지는 않았다. 御街의 경우는 正殿인 會慶殿을 출발해 都內 각 사찰 前路와 연결되어 이 역시 고대도성 일반에서 보이는 계획도로와는 형태면에 서 구분된다. 나성에는 민거·수공업장 등이 차례로 분포되어 성곽의 영역에 따른 주거지역의 신분별 통제를 하였다.

개경이 王都로서 지위를 갖추게 되면서 개경 주변지역 정비도 병행되었다. 우선 태조 초창기 王都 주변지역에 대한 정비는 광역 패서지역을 축소하는 방향으로 전개되었다. 태조가 궁예정권 아래 있을 때부터 패서지역은 태조의 지지기반이 되었다. 그러나 태조가 王都 중심으로 지배력을 공고히 하게 되면서는 패서지역 호족은 태조의 집권력에 저해되는 존재였다. 패서지역 세력을 제어할 목적으로 태조는 전체 대동강·예성강 일대에 걸친 넓은 패서지역을 영역적으로 분리해 나갔다. 그 결과 원래의 패서지역 가운데서 대동강 방면은 서경권역으로, 예성강 일대는 이후 개경권역으로 흡수되었다. 태조대 사실상의 전체 서경권역이 분리 축소됨으로써, 王都 주변의 개경권역 이 순차적으로 확대될 수 있는 기반이 되었다. 개경·서경의 양 축을 중심으로 각종 국가시설이 집중적으로 분포하면서 점차 고려시대 '경기'는 실체를 드러내었다. 성종 14년 왕경 배후지역으로서 적기현제가 제도화되기 전까지 해당지역에는 築城 州의 분포, 왕릉 시설이 이른 시기부터 정비되었다. 개경·서경방면 경기 북부 일대에 국가 정책적 배려가 우선되었고, 그 결과 이후 수도 개경을 보익할 수 있었다.

제2장은 개경이 도읍체계를 구축하면서 王都로서 위상이 갖추어지고, 京域도 확정되었음을 살폈다. 개경의 영역이 都內와 郊外공간을 포함하는 구조로 정비되는 것은 성종·현종대 경기제의 실시와 나성건설을 계기로

해서이다. 나성건설을 전후해서 개경 교외는 황성 바깥에서부터 나성 바깥을 지칭하는 범주로 정리되었다.

처음 교외지역은 국왕과 관련한 시설로서 국왕릉과 유렵지, 국가제사시설이 분포하는 상징적 공간이었다. 개경의 四郊는 각각 방위에 따라 기능별로 분화되었는데 남교는 국왕의 책명, 서교는 사절단의 영송, 군대의 사열, 동교는 적전, 북교에서는 기우의식 등이 치러졌다. 개경 내외를 관통하는 역로망과 대외교역로가 정비되면서 개경의 四郊 지역은 물화유통의 기착점으로 기능하게 되었다. 개경이 王京으로서 실체가 분명해지는 것은 지방으로서 京畿制 실시가 병행된 때문이다. 이렇듯 개경·서경 방면의 경기 북부일대가 태조대로부터 기반을 다져 온 결과, 성종대 왕경을 지원하는 적기현지역이 제도적으로 확정되었다.

성종대의 적기현제는 법제적 차원은 아니어도 적현과 기현 간에도 격차를 두면서 赤縣·畿縣이 구분되었다. 왕경을 赤畿縣 외에도 10道制의 일환인 關內道가 중첩적으로 에워싸고 있다. 이는 왕경을 중심으로 赤縣→ 畿縣→ 關內道를 순차적으로 배치함으로써 王京의 格을 높이는 효과를 가져왔다. 성종대 적현·기현·관내도의 서열적·위계적 공간 배치는 王都가 정치중심지로서 확고해진 것과 맥락을 같이한다.

현종 이후 문종대까지 국가재정원의 확보 노력과 함께 관인생활의 안정적 기반과 이의 효율적 관리를 목적으로 田柴科 柴地는 개경 가까운 곳으로부터 차례로 분급되었다. 田柴科 柴地의 畿內 분급지와 공양왕 2년 田制 개혁과정에서 언급된 京畿左右道 지역이 대체로 일치한다는 점에서 문종대 대경기제 시행은 일단 긍정된다. 경기 확대에는 이전의 군사적·행정적 차원보다는 물화의 흐름에 따른 수세구역 확보가 중시되었고, 이로써 경기지역의 편성원리가 성종대 적기현제와는 달라졌다.

문종대까지 경기가 확장되는 과정 안에서는 실제 현종대 이후 추진된 제반 재정제도의 정비와 운영이 질적으로 변화하였다. 현종 9년에는 성종대까지 왕경개성부가 왕경과 적기현을 일괄 통치하던 단계에서 왕경 5部坊里는 독립하고, 경기는 각각 開城縣과 長湍縣의 兩翼으로 구분되었다. 현종 9년의 개성현과 장단현의 주속현 편성은 각각 수세의 편의를 위해 驛道와 水運의 경유지역에 따라 이루어졌다. 현종 9년의 이러한 경기 편성원리는 이후 지속적으로 유지되었다. 문종대까지 확대된 경기지역은 대체로 남경 방면은 1일정, 경기의 연원이 오래된 서경 방면은 2일정으로 편성되었다. 연쇄적으로 대경기제의 공간구조는 王都 개경을 정점으로 남경·서경의 副都 영역이 고르게 망라되었다. 이는 행정·경제 양 부문에서 王都의 권력중핵으로서 강화된 위상이 대경기제 공간구조에 투영된 것이다.

제3장은 12세기 전후로 고려전기 이래 구축된 통치질서가 확산되면서도, 사회 각 부분에서 사적 부문의 비중이 커져갔고, 이에 조응해 개경의 도시변화도 수반된 것으로 서술하였다.

수도권 지역의 개발과 권역 확대는 앞선 시기부터 점진적으로 이루어진 국가적 관심과 배려의 결과이다. 국가차원의 각종 토목공사의 설행과 국왕의 잡사 제장의 행차는 처음 국왕과 수행관리를 위한 편의시설을 구축하는 형태로 진전되지만, 이즈음 국가의 공적 분위기가 팽배해지는 가운데 사적 측면의 노정은 일부 부정적 부문의 도시문제를 촉발하는 계기가 되기도 하였다. 그러나 12세기 당시는 이후의 무인집권기에 비한다면 다양한 부문에서 국가가 도시위기를 관리하려 애쓰고 있다. 일원적 국가권력이 가동되지 않았더라면 도시영역의 팽창과 유통 영역의 확장성은 자칫 도시병폐라는 부정적 방향으로 전개되었을 것이다. 아직까지 공권력이 살아있던 12세기 開京과 京畿 三京은 각자 확장된 형태로 유기적으로 결합될 수 있었다. 수도권 영역이 가장 팽창한 모양새로 존속되던 시기는 곧 도시환경 재정비 유신지교의 반포, 도시문제를 즉각적으로 대처하면서 경제관련 율령을 반포하거나 도시치안 문제에 적극적이던 12세기 전후 시점이라는 것도 주목된다.

　우선은 12세기의 국왕은 만연하던 사회 위기감을 극복하려는 차원에서 국왕 자신의 주도 하에 초재를 위시한 잡사를 설행하거나 이궁·별궁 행차를 빈번히 감행하였다. 국왕의 비상시적인 행차라 하더라도 교외공간의 이동에는 각종 편의시설을 필요로 하기 마련이다. 都內와 郊外를 원활히 이동하기 위한 국가주도의 대규모 役事 외에 민간차원의 교량·첩로 등의 중수 신축이 이어졌다. 도성 건설 당시의 御街 외에 자연도로가 발생하였고, 개경의 도시경관이 전기에 비해 다소 복잡해졌다.

　개경의 도시변화에 따른 관인 및 기층사회의 동요에 12세기 고려국왕들은 국가차원에서 적극적으로 통제하였다. 환경·위생정비, 도시 淸淨性 유지, 관인사회의 기강 단속, 治水 구휼기관의 정비, 유이민 대책으로서 환본정책을 시도한 사례는 그 일환이다. 당시 개경의 시설증대와 京域 확대로 인해 수도 인접한 경기지역의 景觀이 변화되었다. 개경의 都心－郊外－京畿地域이 유통기구와 代納과 같은 유통구조의 성숙으로 점진적으로 연결되기 시작하면서, 경기 남부지역은 개발이 진전되어 변화해졌다.

　경기지역의 이러한 경관 변화는 문종 후반부터 관인의 최종매장지가 경기 확대에 따라 점차 외곽에 조성되는 양상을 우선 꼽을 수 있다. 田柴科 柴地를 분급받은 관인들은 퇴거지 주변에 일상생활공간을 조영해 나갔다. 田柴科 柴地의 분급조치는 오히려 해당지역에서 관인 주도의 사적 개발을 독려하는 계기로 작용했던 것이다. 경기 남부 일대에서는 민간차원의 유통영역으로서 村市를 들 수 있다. 개경·경기지역에서 재정적 물류가 유통하는 경로 위에 자생적 시장이 중첩적으로 성립되어 개경권역과 남경권역을 중심으로 민간교역처가 생성됨으로써 경기 남부의 경관 변화를 초래하였다.

　남경 방면은 개경의 도회적 영향력 아래 놓여 성장하고, 수도 자격을 구비함으로써 고려중기 이후 천도지로 부상하였다. 12세기 이후의 국왕들은 남경개발 이후 개경보다 수세와 유통이 유리한 남경에 지속적 관심을 두었고,

그 결과 남경건도순주가 제기될 수 있었다.

제4장에서는 무인집권기를 전기 이래 개경의 도시변화가 부정적 측면으로 노정되어 도시위기가 증폭되는 시기로 규정하였다. 관인의 현실정치 참여와 경제적 간극에 따라 유통방식이 분화되는데다 기층사회의 동요에 따라 도시문제가 확산되었다. 이는 왕도에서 공적 구심력이 이완된 것과 맞물려 있다. 왕도의 구심력 약화는 국왕권의 항상적·집약적 행사가 용이하지 못한 사정 속에 있다. 당시 국왕 공간으로서 궁궐이 자주 위협받고 후원조성이 전무하다는 점과 개경 사원이 사상적 결집력을 갖지 못한 채 관인의 사적 원당 경영이 늘어난다는 점과 아울러 대몽 항전을 전후한 시기 재이 발생과 관련해 방재조직·왕도의 공공성 유지를 위한 각종 정책이 적시에 제시되지 못했다.

그렇다고 무인집권기 집정자가 왕도의 도시문제를 방관하지만은 않았다. 더 이상의 도시문제 확산을 강력하게 제지할 일원적 국가권력이 부재하던 무인집권기 전후의 권력자는 새로운 도읍 경영 전략으로 삼소천도를 제기하였다. 삼소 천도론은 도참의 횡행과 위기상황에 대한 임기응변식의 대응책으로 무인집권기에 등장한다.

삼소 천도론은 직전에 이미 고려왕조 자체를 위협하던 각종의 난을 겪은 뒤라서 고려 왕조의 심장부, 개경이 도읍으로서 정상적 위상을 갖기란 쉽지 않은 때에 거론된 개경 중심의 국도 재편안이다. 이때 천도지역으로 제기된 삼소는 개경 부근을 진산으로 설정하는 것이어도, 실제 범역상으로는 개경 북부의 좌소 장단현을 중시한 논의이다. 좌소를 중히 여기는 가운데, 이 무렵 임진현 방면 행차도 함께 늘고 있는 추세이다. 따라서 무인집권기 좌소 장단현과 임진현의 부각은 개경권과 남경권의 양경을 모두 중시한 데 따른 것이다. 이후 여말선초 한양 정도 이전까지 양경제를 태동시킨 것이 무인집권기 삼소론이다. 삼소론 등장의 의미를 여기서 모색할 수 있다.

12세기 전후해서 개경·남경 두축의 兩京制 시행과 대경기 지역 내에서의 군현 변화로 경기권역은 점차 축소되었다. 종전의 개경·서경·남경을 대폭 아우르던 삼경제에서 서경이 탈락하여 개경·남경 두 축의 양경이 경영되는데다, 실제 대경기제는 문종대부터 무인집권 직전까지는 파행적 형태로나마 유지되었다.

다만 대경기 안팎으로 전국단위 군현체제의 변화에 연동하여 적지 않은 변화가 생겨난다. 대경기와 동서북면의 경계에 해당하는 서해도·교주도 일부가 동북양계에 편성되는가 하면, 대경기 내부에 도제가 단순 감찰·순찰 수준을 넘어 중간기구로서 역량이 강화되어 가는 흐름이었다. 표면적으로는 직전까지 팽창하던 경기영역이 점차 줄어드는 양상으로, 구조적 측면에서는 경기의 수세구역이 잠정적으로 조정되는 방향으로 진전되어 간다.

그러한 정황 위에 江都 시절 전후한 시기 왕도를 중심에 둔 전면적 국가체제 정비가 곤란한 가운데 경기지역도 제한적으로 정비되었다. 강화도 시절은 江都를 지원할 배후지역을 정비할 여력은 없었고, 기존 개경 인근 경기지역의 기반을 활용했다. 당시에는 개경과 강화도의 길목인 승천부 일대가 부각되었다. 또한 몽골침입으로 남경 방면 경기지역 군현 대부분이 피폐했기에, 개경을 지원하는 배후지역으로서는 기능을 하지 못했다. 개경환도 이후에 왕도의 기간시설이 일부 복원되긴 했어도 전면적이지는 못했다. 도시 치안도 부재하여 개경의 왕도로서 위상은 상당히 실추된 상태였다. 원종대 최소한의 공적 영역으로 수도인근 경기 8현의 확보에 주력함으로써, 경기권역은 축소 환원되기에 이르렀다.

제5장은 원간섭기 원과 단일한 정치·경제권으로 묶이게 되면서 수도 개경과 인근 경기의 경관도 왜곡되었음을 점검했다. 원간섭기 고려는 원의 정치적 요구에 충실히 대처하면서 국왕의 정치적 노선에 따라 수도개경에서

의 궁궐 운용방식에 차이가 났다. 원간섭기 국왕은 원 大都에 경제기반을 두었기 때문에 원과 고려사이의 유통이익을 장악하였다. 국왕이 수행원을 대리로 내세워 적극적으로 대원교역에 가담함에 따라 시전에 유입되는 대원교역의 물품량이 증대되었고, 京市署 직제의 개편이 뒤따랐다. 대원교역에서 방대한 물화와 이를 방출할 장소의 확대가 요구됨으로써 개경 인근 場市가 물품 조달의 기능을 했다.

원간섭기에 원의 정복지 정책에 따라 京畿左右道가 실시될 지역이 분점되었고, 경기지역에서는 관인의 경제적 기반에 따라 교역기구 참여양상과 사치품 일상생필품의 구입처도 구분되었다. 경기 8현은 국초부터 관인의 전장 경영과 함께 나루 포구가 잘 갖추어졌던 곳이다. 상층의 거경관인은 경기 8현을 그들 경제적 기반으로 삼았다. 원경기 외곽은 품관층이나 퇴거한 관인들의 생활처로 선호되었다. 물론 퇴거한 관인 가운데는 상당한 거부도 있었지만, 품관층이나 낙향관리의 경우 그렇지 않은 경우도 허다했다. 고려 후기에 이르러서는 점차 지방품관층이나 낙향관리가 각 지역거점에서 생활공간을 형성해 나갔다.

공양왕대 경기좌우도가 실시될 경기지역은 관인의 계층분화에 따라 분절적 구조가 생성되었고, 물화이동에 따르는 거점도 형성되었다. 경기지역의 이러한 도회적 기반을 원간섭기 국왕은 商稅의 징수를 통해 재원으로 확충하면서, 국가차원으로 포섭해 나갔다. 원 간섭기 경기 일대의 수취는 대체로 전곡이나 공물 등 현물수취가 아니라 점차 물납·고립·상세 부과로 전환하고 있다. 商稅의 징수는 당시 전국단위의 수세풍조이지만, 개경과 가까운 경기지역에서부터 이러한 양상이 진전되고 있다.

원간섭기 개혁 지향의 국왕들은 開城府 직제를 개편했다. 이후 공양왕대 경기좌우도의 실시로써 관인계층별로 독자적으로 형성되어 왔던 거점영역을 국가부분으로 환수하게 되었다. 공양왕대 경기좌우도 시행 때는 임진강·한강 방면을 연결하는 축은 경기좌도, 예성강 방면은 경기우도로 편성되기에 이르렀다. 아울러 반원개혁기 부원세력을 청산하려는 국왕들의 천도정책이 제기되었다. 고려후기에 이르러 무인집권기 이래의 천도론의 핵심인 좌소의 위치가 한양으로 고정된다. 여말 삼소론은 남경천도를 겨냥한 것으로 이후 조선의 개창과 함께 한양 定都의 초석이 되었다.

1. 자료

『高麗史』『高麗史節要』『宣和奉使高麗圖經』『三國史記』『三國遺事』

『入唐求法巡禮行記』『鷄林類事』『東京雜記』『稼亭集』『老乞大』『大覺國師文集』

『陶隱集』『東國李相國集』『東文選』『遁寸集』『穆庵集』『牧隱集』『圖隱集』

『圃隱先生文集』『補閑集』『三峰集』『西厓先生文集』『西河集』『石灘集』『陽村集』

『櫟翁稗說』『益齋集』『破閑集』『朝鮮王朝實錄』『太祖實錄』『太宗實錄』『世宗實錄』

『新增東國輿地勝覽』

『宋史』『宋會要輯要』『元史』『元高麗紀事』『永樂大全』『元典章』『元豊九域志』

『周禮』『扶桑略記』『小右記』

金 育,『松都誌』

鄭昌順,『松都誌』

金文淳,『松都續誌』

金履載·徐喜淳,『中京誌』

韓在濂,『高麗古都徵』

林孝憲,『松京廣攷』

釋 成能,『北漢誌』

李重煥,『擇里志』

金龍善 편,『高麗墓誌銘集成』, 한림대출판부, 1993.

『高麗名賢集』, 5冊 성균관대 대동문화연구원, 1973~1990.

노명호 외,『韓國古代中世古文書研究』(상·하), 서울대출판부, 2000.

李基白 편,『韓國上代古文書資料集成』, 一志社, 1987.

李基白 편,『高麗史 兵志 譯註』, 경인문화사 1969.

李蘭英 편,『韓國金石文遺輔』, 아세아문화사, 1979.

李智冠 편,『校勘譯註 歷代高僧碑文』(고려편 1) 가산문고, 1994.

李智冠 편,『校勘譯註 歷代高僧碑文』(고려편 2) 가산문고, 1995.

李智冠 편,『校勘譯註 歷代高僧碑文』(고려편 3) 가산문고, 1996.

張東翼,『元代麗史資料集錄』, 서울대출판부, 1997.

張東翼, 『宋代麗史資料集成』, 서울대출판부, 2000.

조선총독부 편, 『朝鮮金石總覽』(상), 아세아문화사, 1976.

한국역사연구회 나말여초연구반, 『譯註羅末麗初金石文』, 혜안, 1996.

허흥식 편, 『韓國金石全文』(중세 상), 아세아문화사, 1984.

허흥식 편, 『慶州先生案』, 아세아문화사, 1982.

2. 저서

강은경, 『고려시대 호장층 연구』, 혜안, 2002.

강은경, 『고려시대 기록과 국가운영』, 혜안, 2007.

강진철, 『고려토지제도사연구』, 고려대출판부, 1980.

高柄翊, 『東亞交涉史의 研究』, 서울대출판부, 1969.

高裕燮, 『松都의 古蹟』, 悅話堂, 1977.

具山祐, 『高麗前期 鄕村支配體制 硏究』, 혜안, 2003.

國防軍史硏究所, 「여·요전쟁」 『韓民族戰爭通史』 II(高麗時代編), 1993.

權寧國 외, 『譯註 『高麗史』 食貨志』, 韓國精神文化硏究院, 1996.

董鑒泓(成周鐸 譯), 『中國都城發達史』, 學硏文化社, 1993.

金甲童, 『羅末麗初의 豪族과 社會變動 硏究』, 고려대 민족문화연구소, 1990.

金琪燮 외, 『일본 고중세 문헌 속의 한일관계사료집성』, 혜안, 2005.

金琪燮, 『韓國 古代·中世 戶等制 硏究』, 혜안, 2007.

金庠基, 『高麗時代史』, 東國文化社, 1976.

金龍善, 『고려묘지명집성』, 아시아문화연구소, 1993.

金容雲·金容局, 『空間의 歷史』, 現代科學新書, 1992.

金昌錫, 『삼국과 통일신라의 유통체계 연구』, 일조각, 2004.

金亨中, 『韓國中世警察史』, 수서원, 1998.

김갑동, 『나말여초의 호족과 지방사회변동 연구』, 고려대 민족문화연구소, 1990.

김갑동 『고려의 토속신앙』, 혜안, 2017.

김기덕, 『고려시대 봉작제 연구』, 청년사, 1998.

김남규, 『고려양계지방사 연구』, 새문사, 1989.

김당택, 『고려무인정권연구』, 새문사, 1987.

金龍善, 『高麗 金石文 硏究』, 일조각, 2004.

김인호 『고려시대 사람들의 사유와 집단 심성』, 혜안, 2017.

김일우, 『고려초기 국가의 지방지배체계 연구』, 일지사, 1998.

김창현, 『고려후기 정방연구』, 고려대 민족문화연구소, 1998.

김창현, 『고려개경의 구조와 그 이념』, 신서원, 2002.

김창현, 『고려의 남경, 한양』, 신서원, 2006.

김철웅, 『韓國中世의 吉禮와 雜祀』, 경인문화사, 2007.

김철웅, 『고려시대의 道敎』, 경인문화사, 2017.

南仁國, 『고려중기 정치세력 연구』, 신서원, 1999.

도현철, 『고려말 사대부의 정치사상연구』, 일조각, 1999.

라츠네프스키·김호동 譯, 『몽고초원의 영웅 칭기스칸』, 지식산업사, 1992.

문경현, 『고려태조의 후삼국통일연구』, 형설출판사, 1987.

민병하, 『고려무신정권연구』, 성균관대출판부, 1980.

朴京安, 『高麗後期 土地制度研究』, 혜안, 1996.

박경자, 『고려시대 향리연구』, 국학자료원, 2001.

朴龍雲, 『高麗時代 開京研究』, 一志社, 1996.

朴恩卿, 『高麗時代 鄕村社會 研究』, 一潮閣, 1996.

박재우, 『고려 국정운영의 체계와 왕권』, 신구문화사, 2005.

朴宗基, 『고려사 지리지 역주』, 한국학중앙연구원, 2016.

朴宗基, 『지배와 자율의 공간 고려의 지방사회』, 푸른역사, 2002.

朴宗基, 『고려의 부곡인 경계인으로 살다』, 푸른역사, 2012.

朴鐘進, 『고려시기 재정운영과 조세제도』, 서울대출판부, 2000.

朴鐘進, 『고려시기 지방제도 연구』, 서울대출판문화원, 2017.

白南雲, 『朝鮮封建社會經濟史』(上), 改造社, 1937.

邊太燮, 『高麗政治制度史研究』, 一潮閣, 1971.

山根幸夫, 李相梲 譯, 『동양도시사 속의 서울』, 서울시정개발연구원, 1994.

杉山正明, 『몽골세계제국』, 신서원, 1999.

서울대동아문화연구소, 『중국역대 도시구조와 사회변화』, 서울대출판부, 2003.

서인원, 『조선초기 지리지 연구』, 혜안, 2002.

成周鐸, 『中國都城發達史』, 학연문화사, 1993.

손영종, 『고구려사』 2, 과학백과사전종합출판사, 1997.

송경록, 『북한향토학자가 쓴 개성이야기』, 푸른숲, 2000.

신명호 『조선왕실의 책봉의례』, 세창미디어, 2016.

신복룡 외, 『고려시대 공공성 2』, 한국학중앙연구원, 2016.

신은제, 『高麗時代 田莊의 構造와 經營』, 景仁文化社, 2010.

신채식, 『송대 관료제 연구』, 삼영사, 1981.

신호철, 『후백제 견훤정권 연구』, 일조각, 1993.

安秉佑, 『高麗前期의 財政構造』, 서울대출판부, 2002.

안지원, 『고려의 국가불교 의례와 문화』, 서울대출판부, 2005.

원영환, 『조선시대 한성부 연구』, 강원대출판부, 1984.

위은숙, 『高麗後期 農業經濟研究』, 혜안, 1998.

陸軍本部, 『高麗軍制史』, 1983.

윤경진, 『고려사 지리지의 분석과 보정』, 여유당, 2012.

尹龍二, 『韓國陶瓷史研究』, 文藝出版社, 1993.

윤용혁, 『충남, 내포의 역사와 바다』, 서경문화사, 2016.

尹龍赫, 『高麗對蒙抗爭史硏究』, 一志社, 1991.

이강한, 『고려의 자기, 원제국과 만나다』, 한국학중앙연구원, 2016.

李景植, 『朝鮮前期 土地制度史硏究』, 一潮閣, 1986.

李基白, 『高麗光宗硏究』, 一潮閣, 1981.

이기백, 『高麗貴族社會의 形成』, 一潮閣, 1990.

李基白, 『高麗兵制史硏究』, 一潮閣, 1968.

이기백, 『崔承老上書文硏究』, 一潮閣, 1993.

이기봉, 『고대도시 경주의 탄생』, 푸른역사, 2007.

이범직, 『韓國中世禮思想硏究』, 일조각, 1991.

李丙燾, 『高麗時代의 硏究』, 乙酉文化社, 1948.

李炳熙, 『高麗後期 寺院經濟 硏究』, 景仁文化社, 2008.

이수건, 『한국중세사회연구』, 일조각, 1984.

이수건, 『조선시대 지방행정사』, 민음사, 1989.

이순자, 『일제강점기 고적조사사업 연구』, 경인문화사, 2009.

李泳澤·田容新, 『韓國古地名辭典』, 고려대민족문화연구소, 1993.

이정신, 『고려시대의 특수행정구역 소 연구』, 혜안, 2013.

이정희, 『고려시대 세제연구』, 국학자료원, 2000.

李存熙, 『朝鮮時代地方行政制度硏究』, 一志社, 1990.

이종묵, 『조선시대 경강의 별서－남호편』, 경인문화사, 2016.

이종묵, 『조선시대 경강의 별서－동호편』, 경인문화사, 2016.

이종묵, 『조선시대 경강의 별서－서호편』, 경인문화사, 2016.

李宗峯, 『韓國中世 度量衡制硏究』, 혜안, 2001.

이진한, 『高麗時代 宋商往來 硏究』, 경인문화사, 2011.

李熙德, 『高麗儒敎政治思想의 硏究』, 一潮閣, 1984.

이희인, 『고려 강화도성』, 혜안, 2016.

張東翼, 『고려후기 외교사연구』, 一潮閣, 1994.

張東翼, 『元代麗史資料集錄』, 서울대출판부, 1997.

張東翼, 『宋代麗史資料集錄』, 서울대출판부, 2001.

장지연, 『고려·조선 국도풍수론과 정치이념』, 신구문화사, 2015.

전기웅, 『나말여초의 정치사회와 문인지식층』, 혜안, 1996.

鄭淸柱, 『新羅末高麗初 豪族硏究』, 一潮閣, 1996.

趙仁成, 『태봉의 궁예정권』, 푸른역사, 2007.

주영민, 『고려시대 지방 분묘의 특징과 변화』, 혜안, 2013.

蔡尙植, 『高麗後期佛敎史硏究』, 一潮閣, 1991.

蔡雄錫, 『高麗時代의 國家와 地方社會』, 서울대학교출판부, 2002.

村山智順 著·崔吉成 譯, 『朝鮮의 風水』, 民音社, 1990.

崔永俊,『嶺南大路』, 고려대민족문화연구소, 1990.

최정환,『고려 정치제도와 녹봉제 연구』, 신서원, 2002.

최종석,『한국중세의 읍치와 성』, 신구문화사, 2013.

최혜숙,『高麗時代 南京研究』, 景仁文化社, 2004.

최희림,『고구려 평양성』, 과학백과사전출판사, 1978.

豊島悠果,『高麗王朝の儀礼と中國』, 汲古書院, 2017.

河炫綱,『高麗地方制度의 研究』, 韓國研究叢書32, 1977.

河炫綱,『韓國中世史研究』, 一潮閣, 1988.

한국역사연구회,『개경의 생활사-고려 오백년 서울』, 휴머니스트, 2007.

한기문,『고려시대 상주 계수관 연구』, 경인문화사, 2017.

韓基汶,『高麗寺院의 構造와 機能』, 民族社, 1997.

한정훈,『고려시대 교통운수사 연구』, 혜안, 2013.

洪承基,『高麗 太祖의 國家經營』, 서울대출판부, 1996.

洪元基,『高麗前期軍制研究』, 혜안, 2001.

황선영,『나말여초 정치제도사 연구』, 국학자료원, 2002.

3. 논문

강경남,「파주 혜음원지 출토 고려청자 연구」『문화사학』 21, 2004.

강문석,「鐵原還都 이전의 궁예정권의 성격」, 한양대석사논문, 2004.

강봉룡,「신라하대 패강진의 설치와 운영」『한국고대사연구』 11, 1997.

강봉룡,「신라말 고려시대 서남해지역의 한 중 해상교통로와 거점포구」『한국사학보』 23, 2006.

姜玉葉,『高麗 前期 西京勢力의 研究』, 이화여대박사논문, 1997.

姜玉葉,「羅末麗初 浿西地域에 대한 일고찰」『이화사학』 20·21합집, 1999.

강은경,「고려후기 豪長層의 변동과 양반 향리호적의 정리」『동방학지』 97, 1997.

강은경,「고려초 州官의 형성과 그 구조」『한국중세사연구』 6, 1999.

강재구,「高麗 元宗代 麗·蒙 關係의 추이와 東寧府의 설치 목적」『한국중세사연구』 47, 2016.

姜喜雄,「高麗 惠宗條 王位繼承亂의 新解釋」『韓國學報』 7, 1997.

고동환,「조선후기 船商 활동과 浦口間 상품 유통의 양상」『한국문화』 14, 1993.

具山祐,「高麗 成宗代 對外關係의 展開와 그 政治的 性格」『韓國史研究』 78, 1992.

具山祐,「高麗 成宗代 鄕村支配體制의 강화와 그 정치·사회적 갈등」『韓國文化研究』 6, 1993.

具山祐,「고려시기 한국과 일본의 촌락 구조 비교 연구」『韓國民族文化』 9, 1997.

具山祐,「고려 成宗代 정치세력의 성격과 동향」『한국중세사연구』 14, 2003.

具山祐,「金海 大成洞 東上洞에서 출토된 高麗 治所城의 기와 명문」『한국중세사연구』

45, 2016.

具山祐, 「晋州 平安洞에서 출토된 高麗・朝鮮前期의 기와 명문」 『역사와 경계』 101, 2016.

權純馨, 「高麗中期 南京에 對한 一考察 : 文宗~仁宗代를 中心으로」 『향토서울』 49, 서울특별시사편찬위, 1990.

權寧國, 「14세기 権鹽制의 成立과 運用」 『韓國史論』 13, 1985.

金甲童, 「고려건국기의 청주세력과 왕건」 『한국사연구』 48, 1985.

金甲童, 「高麗時代 羅州의 地方勢力과 그 動向」 『한국중세사연구』 11, 2001.

金甲童, 「高麗時代의 南京」 『서울학연구』 18, 2005.

김기덕, 「高麗時代 西京의 風水地理的 考察」 『史學研究』 73, 2004.

金琪燮, 「고려전기 農民의 土地所有와 田柴科의 性格」 『韓國史論』 17, 1987.

金琪燮, 「高麗末 私田抹弊論者의 田柴科 인식과 그 한계」 『歷史學報』 127, 1990.

金琪燮, 「14세기 倭寇의 동향과 고려의 대응」 『韓國民族文化』 9, 1997.

金琪燮, 「신라촌락문서에 보이는 村의 立地와 개간」 『역사와 경계』 42, 2002.

金琪燮, 「고려말 鄭道傳의 토지문제 인식과 전제개혁론」 『역사와 경계』 101, 2016.

金光洙, 「高麗建國期 浿西豪族과 對女眞關係」 『史叢』 21・22合輯, 1977.

金九鎭, 「元代 遼東地方의 高麗軍民」 『李元淳教授華甲紀念史學論叢』, 1986.

金基德, 「高麗時代 開京의 風水地理的 考察」 『한국사상사학』 17, 2001.

金南圭, 「高麗 仁宗代의 西京遷都運動과 西京叛亂에 대한 一考察」 『慶大史論』 1, 1985.

김동욱, 「11・12세기 고려 正宮의 건물구성과 배치」 『건축역사연구』 13, 1996.

김동욱, 「고려 正宮에 대한 연구」 『건축역사연구』 7-2, 15호, 1998

김동욱, 「조선초기 창건 경복궁의 공간구성 : 고려 궁궐과의 관계에 대해서」 『건축역사연구』 15, 1998.

金東哲, 「고려말의 流通構造와 상인」 『釜大史學』 9, 1985.

金杜珍, 「王建의 僧侶結合과 그 意圖」 『韓國學論叢』 4, 1982.

김명진, 「고려 태조 왕건의 기병 운영에 대한 검토」 『軍史』 101, 2016.

김보광, 「12세기 초 송의 책봉 제의와 고려의 대응」 『東國史學』 60, 2016.

金三顯, 「고려후기 場市에 관한 연구」 『명지사론』 4, 1992.

金庠基, 「妙淸의 西京遷都運動과 稱帝建元論에 대하여」 『國史上의 諸問題』, 1960.

김상기, 「開城府의 復設과 京畿地域의 擴張」 『高麗時代史』, 東國文化社, 1961.

김성환, 「고려시대 '中古'의 인식과 도참」 『史學研究』 61, 2000.

김순자, 「원간섭기 민의 동향」 『역사와 현실』 제7, 1992.

김영제, 「宋代 中國과 高麗 사이의 海上 交易品 : 東南아시아 地域과의 比較를 통한 檢討」 『역사문화연구』 60, 2016.

김영제, 「浮梁에서 橋梁으로」 『동양사학연구』 76, 2001.

金永春, 「高麗太祖의 西京遷都論」 『芝芚金甲主教授華甲紀念史學論叢』, 1994.

金煐泰, 「高麗 開國初의 佛教思想」 『韓國史論』 18, 1988.

金毅圭, 「高麗武臣執權期 文臣의 政治的 動向」 『史學論志』 3, 1975.

386

金載名,「高麗時代의 京倉」『淸溪史學』4, 1987.

金載名,『高麗 稅役制度史 研究』, 한국정신문화연구원 박사논문, 1994.

金在弘,「태안 침몰선 고려 목간의 문서양식과 운송체계」『한국중세사연구』47, 2016.

김지희,「고려 우왕대 이인임 세력의 혼인이 인적관계에 미치는 영향」『인문학연구』
        30, 2016.

金昌錫,「삼국 및 통일신라의 현물화폐 유통과 재정」『역사와 현실』제42, 2001.

金昌錫,「삼국 및 통일신라의 상업과 유통」, 서울대박사논문, 2001.

김창석,「고려전기 虛市의 성립과 그 성격」『역사와 현실』제53, 2004.

김창현,「고려 서경의 성곽과 궁궐」『역사와 현실』제41, 2001.

김창현,「高麗의 運數觀과 都邑經營」『한국사학보』15, 2003.

김창현,「고려의종의 移御와 그에 담긴 관념」『역사와 현실』제53, 2004.

김창현,「고려 서경의 사원과 불교신앙」『韓國史學報』20, 高麗史學會, 2005.

김창현,「원간섭기 고려 개경의 사원과 불교행사」『인문학연구』32권, 2005.

김창현,「고려 서경의 행정체계와 도시구조」『韓國史研究』137, 2007.

김창현,「고려 개성부와 조선초 한성부의 직제와 영역」『서울과 역사』95, 2017

金澈雄,『高麗時代 雜祀研究』, 고려대박사논문, 2001.

김철웅,「고려와 송의 해상교역로와 교역항」『중국사연구』제28집, 2004.

金賢羅,『高麗後期 下層身分 研究』, 부산대박사논문, 2006.

金皓東,「李義旼政權의 再照明」『慶大史論』7, 1994.

金皓東,『高麗武臣政權時代 文人知識層의 研究』, 영남대박사논문, 1992.

나각순,「高麗末 南京復置와 漢陽遷都」『江原史學』17·18, 2002.

南仁國,「高麗 肅宗의 卽位過程과 王權强化」『歷史敎育論集』5, 1983.

문경호,「1123년 서긍의 고려 항로에 대한 재검토−夾界山~馬島 安興亭 구간을 중심으로」
        『역사와 담론』78, 2016.

문성렵,「12세기 묘청일파가 주장한 서경천도와 건원칭제에 대하여」『력사과학』3,
        1980.

文喆永,「고려중기 사상계의 동향과 신유학」『국사관논총』37, 1992.

박미라,『中國 祭天儀禮 研究 : 郊祀 儀禮에 나타난 上帝와 天의 이중적 天神觀을 중심으로』,
        서울대박사논문, 1997.

朴方龍,「都城·城址」『韓國史論』15, 1985.

박성진,「개성 고려궁성 남북공동발굴조사의 최신 조사성과」『서울학연구』63, 2016.

朴龍雲,「高麗開京의 五部坊里制」『韓國史學報』創刊號, 1996.

박윤미,『高麗前期 外交儀禮 研究』, 숙명여대박사논문, 2017.

박윤진,「高麗時代의 開京 一帶 寺院의 軍事的 政治的 性格」『韓國史學報』3·4호, 1998.

박종기,「高麗時代 村落의 機能과 構造」『震壇學報』64, 1987.

박종기,「고려시대 남경지역의 개발과 경기제」『서울역사박물관 연구논문집』창간호,
        2003.

박종기,「고려중기 남경 건설의 배경과 경영」『鄕土서울』第68號, 2006.

박종진,「고려무인집권기의 토지지배와 성제시책」『역사와 현실』제17, 1998.

박종진,「고려시기 개경사 연구동향」『역사와 현실』제34, 1999.

박종진,「고려시기 개경 절의 위치와 기능」『역사와 현실』제38, 2000.

박종진,「강화천도시기 고려국가의 지방지배」『한국중세사연구』13, 2002.

박종진,「高麗時期 按察使의 機能과 位相」『東方學誌』122, 2003.

박종진,「고려전기 開城府의 변천과 지리적 범위」『동방학지』157, 2012.

박종진,「조선후기 개성읍지에 기록된 '개성'의 산」『한국문화』62, 2013.

박종진,「고려말·조선초 개성부의 위상」『東方學志』170, 2015.

박진훈,「고려시대 관인층의 장례기간 분석─묘지명 자료를 중심으로─」『歷史敎育論集』 59, 2016.

朴平植,「高麗時期의 開京市廛」『韓國史의 構造와 展開』, 河炫綱敎授定年紀念韓國史學論 叢, 2000.

朴平植,「高麗後期 開京商業」『國史館論叢』98, 2002

박한남,『고려의 대금외교정책 연구』, 성균관대박사논문, 1993.

朴漢卨,『高麗建國의 硏究』, 고려대박사논문, 1985.

朴漢濟,「북위 낙양사회의 호남체제」『태동고전연구』6, 1990.

朴漢濟,「조조의 鄴都를 아는가」『역사비평』1998년 여름호(통권 43호), 1998.

朴漢濟,「隋唐 長安城의 市場風景」『歷史敎育』제84집, 2002.

朴昊遠,「高麗의 山神信仰」『민속학연구』2, 1995.

朴昊遠,『韓國 共同體 信仰의 歷史的 硏究』, 한국정신문화연구원 박사논문, 1997.

方東仁,「浿江鎭의 管轄範圍에 관하여」『靑坡盧道陽博士古稀紀念論文集』, 1979.

배숙희,「13~14세기 歸化人의 유형과 고려로 이주」『歷史學報』233, 2017.

徐聖鎬,「한국중세의 도시와 사회」『동양도시사 속의 서울』, 서울시정개발원, 1994.

徐聖鎬,『高麗前期 手工業 硏究』, 서울대박사논문, 1997.

徐聖鎬,「고려시기 개경의 시장과 주거」『역사와 현실』제38, 2000.

孫禎睦,「風水地理設이 都邑形成에 미친 影響에 대한 硏究」『都市問題』8~11號, 1973.

宋寅州,「高麗時代의 禁軍」『한국중세사연구』3, 1996.

신안식,「고려시대 개경의 나성」『명지사론』11·12합집, 2000.

신안식,「고려전기의 축성과 개경의 황성」『역사와 현실』제38호, 2000.

신안식,「高麗 開京의 '都內와 郊'」『역사민속학』18, 한국역사민속학회, 2004.

신안식,「고려시대 개경의 四郊와 그 기능」『명지사론』14집, 2004.

신안식,「고려전기 개경의 영역정비」『한국의 도성─도성 조영의 전통』, 서울시립대학교 서울학연구소, 2003.

신은제,「고려시대 田莊의 범주와 용례」『지역과 역사』15호, 2004.

신혜원,「14세기를 전후한 한양과 남경의 도시구조에 관한 연구」, 한양대석사논문, 2006.

심승구,「경기를 통해 본 서울의 정체성」『서울학연구』58, 2015.

안명숙, 「文殊寺 유물 抱와 직물류에 관한 연구」 『대한가정학회지』 24-1, 1986.
안병우, 「경기제도의 성립과 경기의 위상」 『경기도 역사와 문화』, 경기도시사편찬위원회, 1997.
안병우, 「고려시기 서경의 재정구조」 『典農史論』 7, 2001.
梁元碩, 「려말의 流民문제」 『李丙燾華甲紀念韓國史學論叢』, 1956.
여호규, 「新羅都城의 공간구성과 王京制의 성립과정」 『서울학연구』 18, 2003.
오기승, 「몽골제국의 동방 경영과 요동 고려인 세력」 『中央史論』 43, 2016.
吳永善, 「고려전기 군인층의 구성과 宿衛軍의 성격」 『한국사론』 28, 1992.
吳榮勳, 「신라 王京에 대한 고찰 – 성립과 발전을 중심으로」 『慶州史學』 11, 1992.
烏云高娃, 「고려와 원의 정치적 통혼과 문화교류」 『사림』 58, 2016.
위은숙, 「13·14세기 고려와 요동의 경제적 교류」 『民族文化論叢』 34, 2007.
위은숙, 「원간섭기 元律令의 수용문제와 權貨令」 『民族文化論叢』 37, 2008.
윤경진, 「고려사 지리지 '대경기' 기사의 비판적 검토 – 공민왕 18년 경기 度田으로의 재해석」 『역사와 현실』 제69, 2008.
윤경진, 「고려의 三韓一統意識과 '開國' 인식」 『한국문화』 74, 2016.
윤경진, 「고려전기 京畿의 편성과 운영」 『역사문화연구』 33, 2009.
윤경진, 「고려 按察使의 연원과 5道按察使의 성립」 『한국문화』 61, 2013.
尹武炳, 「소위 赤縣에 대하여」 『李丙燾博士華甲紀念論叢』, 一潮閣, 1956.
윤신영, 「고려시기 서경 5부에 대한 간단한 고찰」 『력사과학』 4호, 1994.
尹龍爀, 「高麗 對蒙抗爭期의 佛敎儀禮」 『歷史敎育論輯』 13·14合集, 1989.
尹龍爀, 「제주 삼별초와 몽골·동아시아 세계」 『耽羅文化』 52, 2016.
윤은숙, 「元末 토곤 테무르 카안의 耽羅宮殿」 『耽羅文化』 53, 2016.
윤훈표, 「고려말 이성계의 군사 활동과 조선 건국 주도 세력의 결집 양상」 『韓國史學史學報』 33, 2016.
이 재, 「궁예와 태봉의 역사적 재조명」, 제3회 태봉학술제, 철원군·철원문화원, 2003.
李康漢, 「고려후기 元 屯田의 운영과 변화」 『歷史學報』 196, 2007.
李康漢, 「13~14세기 高麗 元 交易의 展開와 性格」, 서울대박사논문, 2007.
李康漢, 「1308~1310년 고려내 牧·府 신설의 내용과 의미 – 충선왕대 지방제도 계수관제 개편 방향에 대한 검토」 『한국사연구』 158, 2012.
李玠奭, 「元代의 카라코룸 그 興起와 盛衰」 『몽골학』 4, 1984.
李玠奭, 「몽골제국 성립기 상업에 대한 일고찰」 『慶北史學』 9, 1986.
李玠奭, 「14世紀初 元朝 支配體制의 再編과 그 背景」, 서울대박사논문, 1998.
이경식, 「16世紀 場市의 成立과 그 基盤」 『韓國史硏究』 57, 1987.
이경식, 「高麗時期의 兩班口分田과 柴地」 『歷史敎育』 第44輯, 歷史敎育硏究會, 1988.
이근화, 「高麗成宗代의 西京經營과 統治組織」 『韓國史硏究』 58, 1987.
李基東, 「新羅下代의 浿江鎭」 『韓國學報』 4, 1976.
李基白, 「韓國風水地理說의 起源」 『韓國史市民講座』 14, 1994.

李基範, 「崔氏政權의 成立과 山川裨補都監」, 『成大史林』 5집, 1989.

李基成, 「高麗時代 五部坊里의 構造와 運營」, 국민대석사논문, 1994.

李武容, 「韓國 都市景觀의 近代性－景觀 硏究의 지평확대를 위하여」, 『문화역사지리』 11호, 1999.

李丙燾, 「妙淸の遷都運動に就いて一考察」, 『東洋雜誌』 38-9, 1927.

李炳熙, 「高麗時期 落成行事의 設行」, 『文化史學』 21, 2004.

李炳熙, 「高麗時期 佛敎行事 設行時 參席者와 施納行爲」, 『靑藍史學』 10, 2004.

李炳熙, 「신라말 고려초 철의 소비와 사원」, 『靑藍史學』 25, 2016.

李相瑄, 「恭愍王과 보우」, 『李載龒還曆紀念韓國史學論叢』, 1990.

이우종, 「중국과 우리나라 도성계획원리」, 『대한건축학회지논문집』 10-11, 2006.

이원교, 『전통건축의 배치에 대한 지리체계적 해석에 관한 연구』, 서울대건축학과 박사논문, 1992.

이익주, 「고려시대 남경 연구의 현황과 과제」, 『도시역사문화』 3, 서울역사박물관, 2005.

이익주, 「1219년(高宗 6) 고려-몽골 '兄弟盟約' 再論」, 『東方學志』 175, 2016.

이인재, 「고려중후기 지방제 개혁과 감무」, 『外大史學』 3, 1990.

이재범, 「弓裔政權의 都邑禪定 및 利都에 관한 사료적 검토」, 『史學硏究』 80, 2005.

이정기, 「고려시기 양계 통치체제 연구」, 숙명여대박사논문, 2012.

李正守, 「16세기 黃海道의 米穀生産과 商品流通」, 『釜大史學』 19, 1995.

李鍾玟, 「고려 중기 청자제작의 확산과정과 그 배경」, 『湖西考古學』 34, 2016.

이형우, 「공양왕대 윤이·이초 사건」, 『圃隱學硏究』 18, 2016.

이혜옥, 「高麗初期 西京勢力에 대한 一考察」, 『韓國學報』 26, 1982.

李義仁, 「중부지방 고려분묘의 유형과 계층」, 『한국상고사학보』 45, 2004.

임용한, 「조선초기 한성부의 기능과 한성판윤」, 『서울과 역사』 95, 2017.

林地煥, 「中國 帝都의 御街 計劃」, 『전북대논문집』 38, 1994.

장상렬, 「고려왕궁－만월대 건축에 쓴 척도 기준」, 『고고민속논문집』 2, 1988.

장상렬, 「만월대 장화전 건축군에 쓴 자에 대하여」, 『조선고고연구』 4, 1986.

장상렬, 「만월대 회경전 건축군에 쓴 자에 대하여」, 『조선고고연구』 3, 1989.

장지연, 「개경과 한양의 도성구성 비교」, 『서울학연구』 15, 2000.

장지연, 「麗末鮮初 遷都論議에 대하여」, 『韓國史論』 43, 2000.

장지연, 「고려후기 개경 궁궐 건설 및 운용방식」, 『역사와 현실』 제60, 2006.

장지연, 「고려초 卽位儀禮와 喪禮를 통해 본 권위의 성격」, 『한국중세사연구』 47, 2016.

장호수, 「개성지역 고려왕릉」, 『韓國史의 構造와 展開』 河炫綱敎授定年紀念論叢, 혜안, 2000.

전룡철, 「고려의 수도 개성성에 대한 연구(1)」, 『력사과학』 2호, 1980.

鄭景鉉, 『高麗前期 二軍六衛制 硏究』, 서울대박사논문, 1992.

鄭東勳, 「고려 공민왕대 대중국 사신 인선의 특징」, 『東國史學』 60, 2016.

鄭東勳, 「고려-남송 외교 관계에서 商人의 역할」, 『동서인문학』 51, 2016.

丁善容, 「궁예의 세력 형성과정과 都邑선정」『한국사연구』97, 1997.

정성권, 「혜음원지 출토막새기와에 대한 고찰」『문화사학』19, 2002.

정요근, 「7~11세기 경기도 북부지역에서의 간선교통로 변천과 '長湍渡路'」『韓國史研究』 131, 2005.

정요근, 「고려 중후기 임진도로의 부상과 그 영향」『역사와 현실』제59, 2006.

정요근, 「高麗 朝鮮初의 驛路網과 驛制 研究」, 서울대박사논문, 2008.

鄭龍範, 「高麗時代 中國錢 流通과 鑄錢策」『지역과 역사』4호, 1997.

鄭龍範, 「고려 전 중기 유통경제 연구」, 부산대박사논문, 2014.

鄭龍範, 「고려 중·후기 別墅의 운영과 도시근교농업의 발달」『역사와 경계』99, 2016.

鄭殷禎, 「고려전기 開京의 도시기능과 그 변화」『한국중세사연구』11, 2001.

鄭殷禎, 「고려전기 京畿의 형성과 大京畿制」『한국중세사연구』17, 2004.

鄭殷禎, 「고려중기 경기지역의 공한지 개발」『지역과 역사』16호, 2005.

鄭殷禎, 「12·13세기 개경의 영역 확대와 郊外 편제」『역사와 경계』67, 2008.

鄭殷禎, 『고려시대 개경의 도시변화와 경기제의 추이』, 부산대박사논문, 2009.

鄭殷禎, 「元 수도권정비의 영향과 고려궁궐의 변화」『역사와 경계』76, 2010.

鄭殷禎, 「고려전기 경주권역 정비와 邑內·外 분리」『韓國史研究』154, 2011.

鄭殷禎, 「고려중기 경주의 邑基 이전과 景觀」『사학연구』106, 2012.

鄭殷禎, 「원간섭기 開京의 賜宴 변화와 그 무대」『역사와경계』89, 2013.

鄭殷禎, 「원간섭기 開京의 雜戲藝人과 후원자(patron) 출현」『한국중세사연구』37, 2013.

鄭殷禎, 「13·14세기 개경 都內의 변화-侍奉·侍衛機構의 배치를 중심으로-」『한국중세사연구』41, 2015.

鄭殷禎, 「고려말 東北面 경계의 공간분절과 多層的 권력」『지역과 역사』39, 2016.

鄭殷禎, 「14세기 元明교체기의 胡·漢共存과 개경의 望闕禮 공간」『한국중세사연구』49, 2017.

정찬영, 「만월대 유적에 대하여」『조선고고연구』1989-1, 1989.

鄭學洙, 「고려 개경의 범위와 공간구조」『역사와 현실』제59호, 2006.

鄭學洙, 「高麗前期 京畿制 研究」, 건국대박사논문, 2007.

趙二玉, 『8세기 統一新羅의 北方進出研究』, 이화여대박사논문, 1996.

조진욱, 「신안선의 무역 모델과 의미-신안선의 고려 기항 여부와 목적을 중심으로」 『東北亞歷史論叢』55, 2017.

주영민, 「고려시대 지배층 분묘연구」『지역과 역사』17호, 2005.

진민경, 「高麗武人執權期 消災道場의 設置와 그 性格」, 부산대석사논문, 1997.

진영일, 「高麗諸王의 西京巡幸考」『濟州大學校論文集』26, 1987.

蔡雄錫, 「高麗前期 貨幣流通의 基盤」『韓國文化』9, 1988.

蔡雄錫, 「12·13세기 향촌사회의 동향과 민의 대응」『역사와 현실』제3, 1990.

蔡雄錫, 「고려중·후기 '무뢰'와 '호협'의 행태와 그 성격」『역사와 현실』제8, 1992.

蔡雄錫, 「高麗後期 流通經濟의 조건과 양상」『韓國 古代 中世의 支配體制와 農民』, 金容燮

敎授停年紀念韓國史學論叢, 지식산업사, 1997.

최종현, 「개경과 남경 사이」 『서울학연구』 63, 2016.

崔惠淑, 「高麗時代의 南京遷都」 『竹堂李炫熙敎授華甲紀念韓國史學論叢』, 1997.

崔惠淑, 「高麗時代 南京巡幸」 『鄕土서울』 第58號, 1998.

崔惠淑, 「高麗時代 南京 設置背景에 대한 再檢討」 『史學研究』 第58 · 59, 1999.

河炫綱, 「高麗西京考」 『歷史學報』 35 · 36, 1967.

한국역사연구회, 「12세기 전반기 정치세력과 정치운영」 『역사와 현실』 제9, 1993.

韓基汶, 「高麗太祖의 佛敎政策」 『大邱史學』 22, 1983.

한정수, 「고려시대 개경의 사전(祀典) 정비와 제사 공간」 『역사와 현실』 제60호, 2006.

한정호, 「최치원의 합포별서(合浦別墅)와 창원의 장소성」 『伽羅文化』 28, 2016.

한정훈, 「고려전기 驛道의 형성과 기능」 『한국중세사연구』 12, 2002.

한정훈, 「高麗時代 交通과 租稅運送體系 研究」, 부산대박사논문, 2009.

한혜선, 「고려후기 분묘 출토 陶器의 지역적 차이와 그 배경」 『한국중세사연구』 45, 2016.

한혜선, 「고려전기 분묘 출토 자기해무리굽완의 확산과 소비양태」 『한국중세사연구』 47, 2016.

허흥식, 「朝鮮前期 紀行文으로 본 開京의 遺蹟化過程」 『高麗時代研究』 II, 한국정신문화연구원, 2000.

허흥식, 「開京 山川壇廟의 神靈과 八仙宮」 『民族文化論叢』 27, 2003.

邢基柱, 「도성계획과 우주적 상징주의」 『지리학』 20-2, 1985.

邢基柱, 「都城計劃縱考」 『日本學』 5. 東國大日本學研究所, 1987.

洪淳權, 「高麗時代의 柴地에 관한 考察」 『震檀學報』 64, 1987.

홍영의, 「고려 수도 개경의 위상」 『역사비평』 통권 45호, 1998.

홍영의, 「고려전기 개경의 五部坊里 구획과 영역」 『역사와 현실』 제38호, 2000.

홍영의, 려말선초 개성부의 위상과 판사(유후)의 역할」 『한국학논총』 35, 2011.

4. 국외 저서 및 논문

岡本堅次, 『浮浪と盜賊』, 教育社歷史新書 日本史31, 教育社出版サービス, 1981.

古橋信孝, 『平安京の都市生活と郊外』, 吉川弘文館, 1998.

駒井和愛 『中國都城と渤海研究』, 雄山閣, 1957.

宮澤知之, 『宋代中國の國家と財政』, 京都大學出版部, 2001.

宮澤知之, 『中國の歷史世界』, 東京都立大學出版會, 2002.

金子裕之 『古都發見－藤原京と平成京－』, 岩波書店 , 1996.

唐代史研究會 編, 『隋唐帝國と東アジア世界』, 汲古書院, 1979.

龜田博, 『日韓古代宮都の研究』, 學生社, 2000.

都市史研究會, 『都市と宗教』, 新人物往來社, 1997.

島田正郎, 『遼代社會史研究』, 巖南堂, 1978.

渡辺信一郎, 『中國古代の王權と天下秩序－日・中比較史の視點から－』, 校倉書房, 2003.

渡辺信一郎, 『天空の玉座－中國古代帝國の朝政と儀禮－』, 柏書房, 1996.

藤島亥治郎, 『朝鮮建築史論』1・2, 1930(景仁文化社 復刻本).

藤田元春, 『尺度宗考』, 刀江書院, 1929.

妹尾達彦, 『長安の都市計劃』, 講談社, 2001.

梅原郁, 『中國近世の都市と文化』, 京都大學出版, 1984.

福島和夫, 『中世音樂史論叢』, 和泉書院, 2001.

峰岸純夫, 『中世の災害と戰亂の社會史』, 吉川弘文館, 2001.

寺地遵, 『宋元時代史の基本問題』, 汲古書院, 1996.

斯波義信, 『宋代商業史研究』, 風間書房, 1968.

山中章 外, 『律令國家轉換期の王權と都市』(國立歷史民俗博物館研究報告134集), 2007.

杉山正明, 『モンゴル帝國と大元ウルス』, 京都大學出版會, 2004.

杉村龍造, 『中國の庭』, 東京 來龍堂, 1966.

西岡弘晃, 『中國近世の都市と水利』, 中國書店, 2004.

西村幸夫, 『日本の景觀計劃』, 泰林文化社, 2006.

星斌夫, 『大運河－中國の漕運－』, 近藤出版社, 1971.

岸俊男, 『古代宮都の探究』, 塙書房, 1983.

岩村仁, 『モンゴル社會經濟史の研究』, 京都大學人文科學研究所, 1968.

愛知大學綜合鄉土研究所, 『景觀から地域像をよむ』, 名著出版, 1992.

愛宕元, 『中國の城郭都市』, 中公新書, 1991.

魏榮吉, 『元・日關係史の研究』, 敎育出判センター, 1985.

伊藤政敏, 『日本の中世寺院』, 吉川弘文館, 2000.

伊原弘, 『中國中世都市紀行』, 中公新書, 1988.

伊原弘, 『中國人の都市と空間』, 原書房, 1993.

佐久間重男・護雅夫・三上次男, 『中國文明と內陸』, 講談社, 1974.

佐藤圭四郎, 『イスラーム商業史の研究』, 同朋社, 1981.

佐竹靖彦, 『元の大都』, 中央公書, 1984.

周藤吉之, 『中國の歷史』 第5卷, 講談社, 1974.

周藤吉之, 『唐宋社會經濟史研究』, 東京大學東洋文化研究所, 1981.

周玉珠, 『宋代東京研究』, 河南大學出版社, 1992.

中世都市研究會, 『都市空間』, 新人物往來社, 1994.

中村榮孝, 『日鮮關係史の研究(上)』, 吉川弘文館, 1965.

中村春壽, 『日韓古代都市計劃』, 六興出判, 1978.

陳高華, 『元大都』, 北京出版社, 1982.

陳高華 著, 佐竹靖彦 譯, 『元の大都－マルコポーロ時代の北京－』, 1984.

靑山定雄, 『唐宋時代の交通と地誌地圖の研究』, 吉川弘文館, 1963.

亢亮,『風水與城市』, 天津: 白花文藝出版社, 1999.

碕具富士南,『中世の農業と氣候』, 吉川弘文館, 2002.

John, W. Dardess, "From Mongol Empire to Yuan Dynasty", *Monumenta Serica*, 1973.

加藤繁,「宋代商税考」『史林』19-4, 1934.

駒井和愛,「元の上都並びに大都の平面について」『東亞論叢』, 1940.

宮澤知之,「元朝の商業政策」『史林』64-2, 1981.

鬼頭清明,「新羅における都城制の發達」『朝鮮歷史論集』上, 1979.

金關恕,「都市の出現」『古代史の論点』3, 小學館, 1998.

今西龍,「古開城考」『大正五年度古蹟調査報告』, 1916.

吉田光男,「高麗時代の水運機構 江について」『社會經濟史學』46-4, 1980.

內藤雋甫,「高麗時代の鹽法について」『漢文學紀要』『羽田論叢』4, 1950.

大村拓生,「中世前期の首都と王權」『日本史研究』439, 1999.

都市史研究會 編,「首都性」『年報都市史研究』9, 1999.

藤田騰久,「漢唐長安の都市水利」『中國水利史研究』22, 1992.

瀬野馬熊,「高麗 妙淸の亂に就いて」『東洋學報』18-2・4, 1929・30.

末松保和,「高麗開城府考」『稻葉還曆記念滿鮮史論叢』, 1938.

妹尾達彦,「唐長安の都市生活と墓域」『東アジアの古代文化』123, 2005.

梅原郁,「宋代商税諸考補説」『東洋史研究』18-4, 1960.

梅原郁,「宋代の地方都市」『歷史教育』14-12, 1966.

木村誠,「統一新羅の王畿」『東洋史研究』42-2, 1978.

武田幸男,「六世期における朝鮮三國の國家體制」『東アジア世界における日本古代史講座』4, 學
　　　生社, 1980.

本田知生,「宋代の都市研究の諸問題－國都開封を中心にして」『東洋史研究』37-2・1, 1978.

北村秀人,「高麗時代の所制度について」『朝鮮學報』60, 1969.

北村秀人,「高麗時代の藩王についての一考察」『人文研究』24-10, 1973.

北村秀人,「高麗時代の貢戶について」『人文研究』32-9, 1981.

北村秀人,「高麗時代の京市の機能について」『朝鮮史研究會論文集』31, 1993.

北村秀人,「高麗時代の地方交易管見」『人文研究』, 大阪市立大學文學部紀要 第48卷 第12分
　　　冊, 1996.

斯波義信,「中國都市をめぐる研究概況－法制史を中心に－」『法制史研究』23, 1973.

斯波義信,「宋代の都市城郭」『中嶋敏先生古稀記念論集』, 1981.

山根幸夫,「中國中世の都市」『中世史講座』3, 學生社, 1982.

山内晉次,「古代における朝鮮半島漂流民の送還をめぐって」『歷史科學』122, 1990.

山尾幸久,「日本古代の都市について」『彌生の環濠都市と巨大神殿』, 池上曾根貴跡史蹟指定20
　　　周年記念事業實行委員會編, 1996.

森克己,「日元貿易の發展」『新訂 日宋貿易の研究』(卷1), 國書刊行會, 1975.

杉山信三,「高麗末朝鮮初の木造建築に關する研究」『韓國の中世建築』, 1984.

森平雅彦,「高麗王位下の基礎的考察－大元ウルスの分權勢力と高麗王家－」『朝鮮史研究會論文集』36, 1998.

森平雅彦,「駙馬高麗國の成立－元朝における高麗王の地位についての豫備的考察」『東洋學報』79-4, 1998.

森平雅彦,「高麗における元の站赤ルートの比定を中心に」『史淵』141, 2001.

西本昌弘,「畿內制の基礎的考察」『史學雜志』93-1, 1984.

西奧健志,「宋代大運河の南北物流」『東洋學報』89-1, 2007.

石田幹之助,「元の上都に就いて」『考古學雜誌』28-2/『東亞文化史總考』, 東洋文庫, 1973.

細野涉,「高麗時代 開城－開城城門の比定を中心とする復元試案－」『朝鮮學報』166, 1998.

烟地正憲,「北宋·遼間の貿易と歲贈について」『史淵』111, 1974.

伊藤裕久,「都市社會の分節構造」『年報都市史研究』8, 都市史研究會, 2000.

伊原弘,「中國宋代の都市とエリート常州の發展とその限界」『史潮』新28號, 1990.

日本史研究會,「首都論の創造」『日本史研究』476, 2002.

日野開三郎,「五代·北宋の歲幣 歲賜考」『日野開三郎 東洋史學論集』10, 三一書房, 1984.

林和男,「中國近世の地方都市－太湖平原の鎭市と交通－」,『空間·京觀·イメージ』, 地人書房, 1983.

前間恭作,「開京宮殿簿」『朝鮮學報』26, 1963.

前川要,「中世村落と都市－地域社會における集村化と都市の成立－」『考古學研究』第45卷 2號, 1998.

井上秀雄,「新羅王畿の構成」『朝鮮學報』43, 1968.

井上孝範,「北宋期 陝西路對外貿易」『九州公立大學紀要』10-2・11-1合併號, 1976.

町田章,「中國都城との比較」『季刊考古學』第22號(古代の都城), 雄山閣, 1988.

足二建洋,「古代都城平安京の都市計劃と使臣」『地理』5, 2004.

周藤吉之「高麗前期の鈴轄巡檢と牽龍」『東洋大學大學院紀要』, 1976.

櫛木謙周,「古代國家の都市政策－淸掃の制を中心にして－」『日本史研究』517, 2005.

曾我部靜雄,「日中の畿內制度」『史林』47, 1964.

曾我部靜雄,「周禮の井田法」『社會經濟史學』50-54, 1984.

池和田有,「書評『中世の天皇と音樂』」『史學雜誌』116-11, 2007.

淺野忠,「古代日本朝鮮における國家形成と都市」『朝鮮史研究會論文集』30, 朝鮮史研究會, 1990.

村田治郎,「元大都の都市計劃に關する一考察」『滿洲學報』3, 1934.

幸徹,「北宋の過稅制度」『史淵』83, 1960.

찾아보기

400

402

민족문화 학술총서를 내면서

21세기의 새로운 미래를 향해 나아가는 현 시점에서 한국학 연구는 새로운 전기를 맞이하고 있다. 한국은 물론이고, 아시아·구미 지역에서도 한국학에 대한 관심은 고조되고 있으며 여러 분야에서 다각도로 심층적인 분석이 이루어지고 있다. 이러한 추세에 발맞추어 우리나라의 한국학 연구자들도 지금까지의 연구를 기반으로 하여 방법론뿐 아니라, 연구 영역에서도 보다 심도 있는 연구가 요청되고 있는 형편이다. 따라서 우리는 동아시아 속의 한국, 더 나아가 세계 속의 한국이라는 관점에서 민족문화의 주체적 발전과 세계 문화와의 상호 관련성을 중시하는 방향에서 연구를 진행하여야 할 것이다.

본 한국민족문화연구소는 한국문화연구소와 민족문화연구소를 하나로 합치면서 새롭게 도약의 발판을 마련한 이래 지금까지 민족문화의 산실로서 중요한 역할을 수행해 왔다. 그런 중에 기초 자료의 보존과 보급을 위한 자료총서, 기층문화에 대한 보고서, 민족문화총서 및 정기학술지 등을 간행함으로써 연구소의 본래 기능을 확충시켜 왔다. 이제 이러한 성과를 바탕으로 한국학 연구자의 연구성과를 보다 집약적으로 발전시켜 나아가기 위해서 「민족문화 학술총서」를 간행하고자 한다.

「민족문화 학술총서」는 한국 민족문화 전반에 관한 각각의 연구를 체계적으로 정리함으로써 본 연구소의 연구 기능을 극대화하는 역할을 할 것으로 기대한다. 또한 본 학술총서의 간행을 계기로 부산대학교 한국학 연구자들의 연구 분위기를 활성화하고 학술 활동의 새로운 장이 되기를 바란다.

아울러 본 학술총서는 한국학 연구의 외연적 범위를 확대하는 의미에서 한국학 관련 학문과의 상호 교류의 장이자, 학제간 연구의 중심 기능을 수행함으로써 명실상부한 한국학 학술총서로서 자리 잡을 수 있도록 해야 할 것이다.

1997년 11월 20일
부산대학교 한국민족문화연구소